〔英〕温斯顿·丘吉尔

二战回忆录

从战争到战争

〔英〕温斯顿·丘吉尔◎著

常安妮◎译

吉林出版集团股份有限公司 | 全国百佳图书出版单位

图书在版编目（CIP）数据

从战争到战争 /（英）温斯顿·丘吉尔著；常安妮
译 . -- 长春：吉林出版集团股份有限公司，2023.7
（二战回忆录）
ISBN 978-7-5731-1314-6

Ⅰ . ①从… Ⅱ . ①温… ②常… Ⅲ . ①第二次世界大
战—史料 Ⅳ . ① K152

中国版本图书馆 CIP 数据核字（2022）第 005783 号

审图号：GS（2021）134 号

二战回忆录

CONG ZHANZHENG DAO ZHANZHENG

从战争到战争

著　　者：〔英〕温斯顿·丘吉尔
译　　者：常安妮
出版策划：崔文辉
项目统筹：郝秋月
责任编辑：王　妍
出　　版：吉林出版集团股份有限公司（www.jlpg.cn）
　　　　　（长春市福祉大路 5788 号，邮政编码：130118）
发　　行：吉林出版集团译文图书经营有限公司
　　　　　（http：//shop34896900.taobao.com）
电　　话：总编办 0431-81629909　　营销部 0431-81629880/81629900
印　　刷：三河市兴国印务有限公司
开　　本：720mm×1000mm　1/16
印　　张：24.75
字　　数：355 千字
版　　次：2023 年 7 月第 1 版
印　　次：2023 年 7 月第 1 次印刷
书　　号：ISBN 978-7-5731-1314-6
定　　价：66.00 元

印装错误请与承印厂联系　　电话：0316-7151807

致　谢

　　我能写成这本书，离不开亨利·博纳尔爵士、艾伦准将、牛津大学沃德姆学院迪金上校提供的帮助。亨利·博纳尔爵士在军事方面的问题上给了我很大的帮助，艾伦准将在海军问题上给了我帮助，迪金上校在欧洲和一般问题上给了我帮助。而且，在我写《马尔巴罗传》的时候，迪金上校也给了我帮助。在措辞上，爱德华·马什爵士对我帮助很大。还有许多人审阅过原稿并且提出了意见。我在这里一并对他们表示感谢。

　　给了我宝贵帮助的还包括伊斯梅勋爵。在以后，他和我的其他一些朋友还会继续帮助我。

　　我要感谢英王陛下政府，我能复制某些官方文件的原文，有赖于它的批准。按法律规定，这类文件的王家版权属于英王陛下政府文书局局长。

温斯顿·斯宾塞·丘吉尔

序　言①

我将第一次世界大战的事情，在之前通过《世界危机》《东边战线》及《战争之后》三本书加以了叙述。因此，我必须认为"二战回忆录"是对它们的延续，它们合起来组成了对第二次"三十年战争"的记载。

笛福写了一本叫《骑士回忆录》的书。在写作的过程中，笛福对重大军事和政治事件的议论，用一个人的个人经历串联了起来。在本书的写作上，我竭力模仿了笛福的叙述方法。

我是用不同的立场，以及比之前几本书更大的权威来写这部书的，因为既作为政府高级官员又经历过两次最大灾难的人，或许只有我。所不同的仅仅是：我在第一次世界大战时担任的是次要职位，而在第二次对德国的战争中，我整整五年时间都担任英王陛下政府的首要人物。

我是通过对秘书的口授来处理所有公务工作的。在担任首相期间，我发布了将近一百万字的指示、私人电报、备忘录及摘要。我必须说，我在担任首相期间每天写出来的这些文件，会有很多不足的地方，因为我那时每天要处理许多重要的事情，而作为依据的资料又只能是当时所能够得到的。不过，它们是我，一个在不列颠帝国和联邦的战争，以及政策上负有主要责任的人，对当

① 本册及下册《晦暗不明的战争》在英文原版中同属一卷。——译注

时看到过的那些重大事件的真实记载。这种对战争和政府工作的逐日记录工作，我不知道在将来还能否再有。叙述历史是后人的工作，因此我并不把我的这些文件称为历史。但是，我有把握称它们是对历史的一个贡献，是对后世提供的一份借鉴。

人们在对我做出评断的时候，我希望他们的评断基于这样一点：我在三十年的行动和主张中投入了毕生精力。如果在事情发生之前我没有公开或者正式发表过看法，又或者没有提出过警告，我严守不在事情发生之后批评在战争或政策上任何举措的原则。事实上，我在后来回忆的时候，已经将当时争论中许多严厉的话改得更加温和了。我非常难过，因为我在写作过程中，要叙述许多我爱戴和尊敬的人同我的不同看法，我必须这样做，因为在未来之前将过去的教训叙述出来是一项必要的工作。那些诚实而善良的人的行为也被收入书中，我希望不会有人因此而轻视他们。对后一部分人，我认为他们实际上更应该去反思自己是如何履行公职的，以便于用过去的教训指导未来的工作。

我并不奢望所有人对我所说的一切都表示认同，我写出它们也并非为了迎合大众。我对它们的论证，完全是以我的看法作为基础的。在核实材料的事情上，我是极其认真和谨慎的。我所得出的结论当然会获得一些新的补充，因为敌方被缴获的文件会公布一些信息，也因为后来会有一些新的发现，还因为不断地会有一些历史事实被公布。但只要所有情况没有完全弄清楚，我的结论必须以当时真实的记录及成文的意见作为根据。我也是因为这一点而认为我写这部书是非常重要的。

罗斯福总统有一天问我应该给这次战争起一个什么名称，他当时正在就这件事征求大家的意见。我立即告诉他，应该叫"不必要的战争"。这次战争比任何一次战争都容易被阻止。给世界带来巨大伤害的上次战争所遗留下来的东西，被这次战争几乎破坏殆尽。在付出了最大的牺牲和努力之后，数以亿万计的人现在获得了正义事业的胜利。但是，我们获得和平与安全了吗？我们其实处在比已经被克服的上次危险更为严重的危险当中，完全可以将现在比作人类悲剧最高潮时期。我们必须从发生过的事情当中总结经验教训，只有这样才能更好地处理后面的事情。我无比愿意看到，后人将以前的一些错误改正，并且能够以人类的需求和光荣为根据，让正在拉开序幕的可怕的未来景象得到控制。

温斯顿·斯宾塞·丘吉尔
写于肯特郡威斯特罕的恰特威尔庄园
1948 年 3 月

译　序

　　《二战回忆录》毫无疑问是十分卓越的著作。一方面，书中收录了大量政府文件、会议记录、来往电函等，具有珍贵的史料价值；另一方面，行文简洁，气势磅礴，文学性强。这种兼具历史与文学双重价值的著作，是不多见的。

　　1953 年，丘吉尔凭《二战回忆录》荣获诺贝尔文学奖。早在二战之前，丘吉尔就已发表许多著作，颇有文名，但此次获奖仍引起很大争议。原因在于，此次评奖打破了多项铁律。比如，诺贝尔文学奖一向不颁发给在任的政治领导人，以免文学奖成为政治斗争的工具，而丘吉尔当时是再度出任英国首相。在丘吉尔之前，以及之后，没有任何一位在任的领导人获得过诺贝尔文学奖，丘吉尔真的是"前无古人，后无来者"。

　　评奖方为何不惜打破规则，非要将诺贝尔文学奖授予丘吉尔呢？这与当时的世界形势及丘吉尔的政治态度不无关系。二战后苏联社会变化巨大，斯大林去世，赫鲁晓夫上台，氢弹研制成功……诺贝尔文学奖颁发者瑞典离苏联不远，甚为忌惮。而丘吉尔当时是反苏的，与瑞典利益一致。二战后不久，1946 年 3 月，丘吉尔就在美国发表反苏联的演说，而当时欧洲与苏联至少表面上还是盟友关系。

　　丘吉尔反苏、仇视共产主义，根本上是为了维护英国利益。这既有历史原因，也有文化传统，甚至个人性格方面的原因，这里不多谈。本文要谈的是，丘吉尔这种倾向在《二战回忆录》中时有体现，比如诋毁俄国革命、贬低列宁、否定世界共产主义运动等，对相关历史的描述，有时也会以偏概全。读者在读到此类文字时，须谨慎判断。

我们这个版本的出版，力求忠实于原著，未曾轻易删减。原著的写作，距今已经七八十年，受时代背景局限，出现偏颇或错误在所难免，读者不难辨认并自行纠正。另外，西方人对宗教和民族关系的看法，是较为随意的，读者留意即可。这里还要提一下本书中的某些用词，比如《从战争到战争》中"满洲事变"等说法，是历史情况决定的，对这类词汇，我们保持了原貌。

《二战回忆录》是一套相当复杂的书，涉及政治、地理、历史、军事等诸多方面，千头万绪，也涉及不少专业知识和术语，翻译起来相当困难。各位译者虽然已经尽力，但仓促之中难免有疏漏和错误，还望读者批评指正。

目　　录

英语世界的人民是怎样因为自己的失算、

掉以轻心和善良而放纵敌人再次武装。

第一章　成功者的傻事

1919—1929 年

为了扫除战争，战斗——流尽鲜血的法国——莱茵河边疆——《凡尔赛和约》中的经济条文——不了解赔偿——奥匈帝国因《圣日耳曼条约》与《特里亚农条约》而覆灭——魏玛共和国——美国不同意英美对法国做出承诺——克列孟梭离任——彭加勒夺取鲁尔——马克垮台——美国的孤立政策——英日联盟告终——英美海军裁人——法西斯——怎样才能让第二次世界大战不易发生——一个忠实的和平承诺——成功者失忆——失败者铭记——第二次世界大战的道德沦丧——因为没能让德国解除武力

在第一次世界大战完结之后，人们坚信世界将得到安定，这也是一种普遍的愿望。要是所有人都坚守公正的理念，以惯常的道理和严谨处事，各国民众这一真心的期望想要达成，原本是没什么困难的。"为扫除战争而战"这句话已经获得了所有人的赞誉，而且大家已经采取行动让它变成了现实。那个时候，威尔逊总统被视为美国权力的掌控者，曾让国际同盟的构想家喻户晓。他的构想经过凡尔赛的英国代表团的打造、实化，变成了一种组织机构，这无疑是人类艰难前行的路途上的一个丰碑。这个时候，获胜的协约国不可战胜，至少对他们的敌人来说，是这样的。对于国家内

部的重大难题，还有很多他们难以回答的问题，他们非应对不可。可是各个条顿国——引起多半个中欧战乱的元凶，已经趴伏在他们跟前；俄国因为受到了德国的重大攻击，已经身处内战带来的动荡中，且渐渐被布尔什维克或者说是共产党掌握了。

＊　　＊　　＊

1919 年夏，协约国部队虽然是在莱茵河一域扎营，不过他们的桥头阵地已经深深地插进了战败的、解除武力的、饥饿的德国国境内。各个获胜国的领袖在巴黎商讨、争论将来的举措。放在他们跟前的欧洲地图，差不多可以任由他们按照自己的想法改动。他们在五十二个月的艰苦卓绝和奋勇拼搏之后，终于让条顿国家联盟低下头来等着他们处置，联盟中所有的四个成员国，都不能反抗协约国的意图，即使是最微小的反抗也不能。恶首德国，人们一致认为它是导致世界遭逢这场厄运的元凶，现在彻底由获胜者掌控，而获胜者本人，在这番磨难之后，看上去也摇摇晃晃。这次战争是民族之战，而不是政府之战。所有大国的一切生灵都把力气花在了怒火和屠杀上。那个时候，每个在巴黎聚集开会的战时领袖，都受到了人类历史上最强的、最汹涌的浪潮的威压。《乌得勒支和约》和《维也纳和约》的时期已经成了过去，那时的贵族政治家和外交家，不管是获胜还是失败，在开会探讨的时候都谦虚知礼，民主政治的这种喧闹是没有的，他们完全能够按照一致认可的基准来对各式制度进行修改。当下因为众多宣传教育的挑动，亿万人全都表示一定要把复仇进行到底。那些伫立在让人眩晕的胜利最高点的领袖，要是在出席会议的时候，把战士们在战场上用鲜血换来的东西扔了，一定会倒霉的。

凭着自己的拼搏和牺牲，法国自然居于首位，为了守护自己的土地，法国在国土上与侵略者进行搏斗的时候，差不多有一百五十万人牺牲了。在一百年的时间里，巴黎圣母院的钟楼曾经五次（1814 年、1815 年、1870年、1914 年和 1918 年）看到普鲁士刺目的刀光，听到枪、炮震耳欲聋的咆哮。而此次，在长达四年的痛苦的时间里，法国有十三个省被普鲁士冷酷地控制了。大面积土地一个挨着一个被敌军毁坏，或者在双方激烈的争斗中变成断壁残垣。从凡尔登到土伦，差不多所有人家都在哀悼逝去的亲人，或是照料受伤的生还者。曾经参与过1870年的那场战争的法国人，以及受过那场战争的苦的法国人，很多都成了重要人士。以他们的感受而言，刚结束的这次战争，是无与伦比的，比以往更为严酷，法国竟能取胜，简直就是奇迹。他们对于德意志帝国怀着恐惧之心。他们记得1875年俾斯麦想要展开预防之战；他们记得1905年德尔卡塞被逼离职的冷酷胁迫；1906年的摩洛哥事件、1908年的波斯尼亚之争，还有1911年的阿加迪尔危局，都曾经让他们惶恐。英国人听见德国国王"铁甲拳头"和"闪亮的盔甲"的演讲，可能会觉得好笑，但在法国人的心里，这却是实实在在的灾难的征兆。几乎五十年的时间，他们都活在德国武装力量的威胁中。现在，这漫长的压制终于靠着血的代价除去了，安宁和平安总算变成了现实。法国民众满怀激情兴奋地高喊："再不能发生第二次！"

可是未来满是凶兆。在人口数量上，法国人口不到德国人口的三分之二。法国人数没变，德国人数却在增加。在十年之内，或者用不上十年，德国每年都有大量的年轻人到了可以当兵的年纪，数量相比于法国，肯定要多出一倍。曾经，德国差不多是以一个国家的力量和几乎全世界为敌，且差点儿就赢了世界。了解详情的人非常清楚，有很多次，局势之所以能够转败为胜，完全是因为在战斗紧要关头的一些巧合和时机。然而，以后一旦再出现什么动荡，强悍的协约国还会再一次派几百万军队来法国的战场，或者是东边的战线上吗？现在正处于分裂和动荡中的俄国，已经变成了另一副样子。意大利有很大的可能会加入敌对阵营。英美两国和欧洲隔海相望，鞭长莫及。将英国这个帝国联结到一起的线条，看上去只有这个帝国的民众才能明白。曾经参与过维米山之战的强悍的加拿大军队、参与过维莱—布雷顿诺之战的光辉的澳洲军队、参与过到处都是弹坑的帕森达勒之战的勇敢的新西兰军队，还有曾经在 1914 年冬天在埃曼蒂艾尔战线固守的坚毅的印度军队，未来到底要在什么样的情况下，他们才会再一次来法国和弗兰德呢？英国，性喜和平、漫不经心，且厌恶军国主义，它何时会再次派两三百万的军队到阿图瓦和皮卡第的平原上奔驰？美国两百万出众的后辈何时能再一次渡过重重大海，来香巴尼和阿尔贡呢？法国那个时候尽管主人的身份毋庸置疑，但已经精疲力竭，失去了大量的人员；在眺望将来的前途时，它觉得非常幸运，同时也感到惊慌。哪儿是安全的？赢得的一切，要是没有安全，看起来也没什么价值，而且就算是在胜利的呼声中，生活自身也让人无法承受。再没有什么需求比安全更加紧迫，无论付出怎样的代价，用什么样的办法，都要得到它，即使这个办法是严酷的，甚至残忍的。

＊　　＊　　＊

　　德国的部队在战斗停止那天开拔，井然有序地回了自己的国家。这时获得了光辉头冠的协约国总司令福煦元帅，用军人的气势说："他们打得很好，让他们留着武器吧。"但是他提出以后法国的国界一定要移去莱茵河。德国的武装会被除去，军事制度会被粉碎，据点会被捣毁，德国将会变穷，它要承担不计其数的赔偿款，它将身陷内斗之中；不过用不上十年或二十年，这一切都会过去。"整个日耳曼民族"坚不可摧的威势会东山再起，没被熄灭的普鲁士士兵的焰火再次燃起，不过莱茵河既广阔又深邃，河水湍急，一旦被法国占据，设立防御，就能作为守护法国的鸿沟，法国人就能世代享受安宁的生活。可是英语国家的人们的想法却跟法国的完全不一样，要是没他们帮忙，法国早就被打败了。《凡尔赛和约》里的领地条款，事实上保留了德国原本的领地。在欧洲，它仍旧是最大的只有一个民族的国家。福煦元帅在听说《凡尔赛和约》签署了的消息时，说的话十分精准："这不是和平，这是停战二十年。"

＊　　＊　　＊

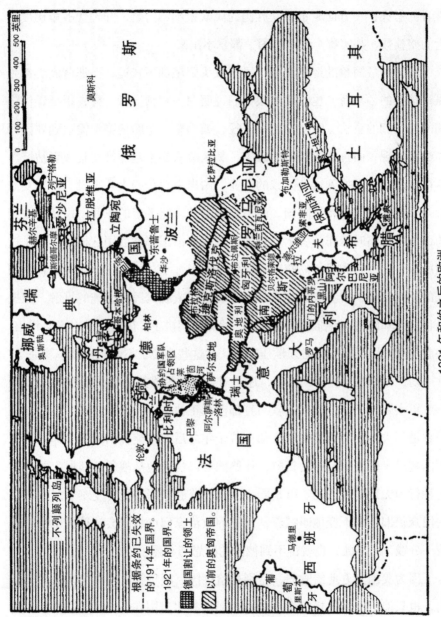

1921 年和约之后的欧洲

和约里的经济条款是那样严苛、愚笨，明显没有达成的可能。德国被判处的非缴不可的赔偿款，额度高得令人震惊。这一条文一方面昭示了获胜者的怒火，一方面昭示着获胜国的民众根本不清楚，和现代战争用度相近的赔款数，其实哪个战败的国家都拿不出来。

对这种最简单的经济真相，民众从头到尾都不知道，而那些满心都是赢得选票的领导者，也没胆量跟他们说明白。和领导者一样，报纸媒体强调的是主流的看法。赔款只能用服役，或用车、轮船把物资输送到外国的办法来实现；而且提出赔付的国家，其社会只要不是非常蛮荒或者被严厉掌控着，就会干扰到这个国家的产业，站出来解释的人几乎没有。其实只有一个办法可以盘剥战败国，即带走想要的、能带走的东西，役使战败国的部分民众临时劳作或者永远劳作。现在连俄国都学会用这招了，可是这招所获得的好处和战争的花费一比，就差很远了。可是那个时候，各个国家的领导者都不曾注意到这点，也没能越过或脱离民众鲁钝的见解，跟选民将这一基础的、残酷的真相说清；就算他们讲了，民众怕是也不会相信。获胜的协约国仍旧坚持必须欺压德国，"这些小矮子不哎哎叫就不算完"。这一切，无论是对世界的昌盛，还是对日耳曼民族的情绪，都影响巨大。

可实际情况是，这些条款一直都没真正执行。反而是获胜国虽然从德国拿走了大约十亿镑的财富，却在若干年之后，以英美两国为主体，给了德国超过十亿五千万镑的贷款，让德国可以快速地从战争的残骸上复兴。这种行为无疑是大方的。可是同一时间，获胜国那些受苦受难、悲惨不堪的民众仍旧一成不变地叫喊着，他们的政治家们也承诺会让德国拿出"最后一分钱"，如此，也就得不到德国的感恩与喜爱了。

因为美国大方地给欧洲，特别是给德国巨额贷款，所以德国最终只给出，也只能给出后来规定索要的赔付额。其实美国在 1926 年到 1929 年的三年里，从各个渠道通过分期偿还的办法拿回的赔偿款，差不多只是原本就没期望能收回的、给德国贷款的五分之一，可是所有人看上去都非常开心，好像都觉得这种情况能够持续到永远。

这一切的行为，历史会判定它的癫狂。他们援助了战祸源泉，造就了"经济风暴"（对于这一问题，以后还会说），德国贪得无厌地吸食所有大方借给它的钱。尽管远比不上美国的规模，但因为在支援战败国这件事上谬误的观点，以及这类贷款的可观利润，英国的投资者也参与了。如此德国获得的贷款是十五亿镑，与之相对的是，它交的赔偿款的数额仅仅是以各种花样——或者让出国外的财物和外汇，或者用美国的巨额贷款玩魔术，赔付了十亿镑。这所有的一切就是一个凄惨的故事，里面有各式愚昧的行为。这要花多少力气，毁多少品德，才能编出这个故事啊。

＊　　　＊　　　＊

《圣日耳曼条约》和《特里亚农条约》将奥匈帝国完全割裂了，是第二个大惨剧。几个世纪以来，很多不同的民族曾因为这个庄严的罗马帝国残存下来的化身，能够过同一种生活，拥有经商的好处和安全的优势。可是，所有这些民族，不管是哪个，在我们这个时代，都没有充足的力量和精力，能靠自己的势力阻挡再次兴盛的德国和俄国带来的压力。这些民族中的每一个都想离开联邦或帝国体系，他们的这种希望，受到了被视为自由主义的条例的鼓舞。东南欧飞快地分割出众多小国家，造成了普鲁士和德意志帝国相对变大的结局，普鲁士和德意志帝国虽然因为吃了败仗而精疲力竭，千疮百孔，可是它的领地仍旧完整，且在本地的势力是最大的（在当地占有压倒一切的优势）。哈布斯堡帝国之下的各个民族和省份，只要得到独立的，全都陷入了凄惨的处境中，就像古时候的诗人和神学人员描绘的，落入地狱般的折磨。华美的都城维也纳，长时间被守护着的文化和传统的故乡，众多公路、铁路、河流的交通枢纽，却变得冷冷清清，到处都是饿死的尸体，就像一个走了大半民众的贫民窟里的大型商城。

获胜者将西方自由主义国家花费很长时间追逐的梦想，强行放在了德国人身上。从此，德国没了强制兵役的重担，不用再维持庞大的军事装备。

尽管它不讲信用，但巨额的美国贷款却持续到来。在魏玛，按照最终的修正意见拟定了一部民主宪法。皇帝被罢免了，非富非贵的人得到了选举权。在这个纤弱的政体下面，德国这个强悍的民族，虽然打了败仗，但本质并没有受损，它的激情仍在。对于帝国制度，美国人早就存有偏见，对于皇权制度，美国人早就有看法，劳合·乔治对此也没努力抵抗，如此一来，这就相当于直接告诉战败的皇权王国，相比于继续保持皇权制度，建立共和国更能从协约国手中获得优待。事实上，让魏玛共和国变成君主立宪制，让德国皇帝尚年幼的孙子当立宪国王，另外设立摄政院执掌政权，好让它能够被强化、稳定，才是聪明的做法。可惜没能这么做，德国民众的国家生活里因此出现了一个空白。由封建力量和军官组成的一切实力集团当下正处于暂时的割裂状态中，然而，他们原本是能够在君主立宪制下联结到一起，并为了这个制度去敬重、扶持民主议会这个新的制度的。魏玛共和国和它所拥有的自由主义，全都无法获得德国民众的忠诚，诱发他们的幻想。因为在他们看来，这些都是敌人强行施加在他们身上的。垂垂老矣的兴登堡元帅有段时间被德国民众寄予了厚望。之后没多长时间，各种大型势力都陷入了惶恐不安的状态中，空白显现。一段时间之后，一个天生暴虐的狂徒，一个史无前例、腐蚀人心极为恶毒的仇怨的总代言——下士希特勒，大步流星地迈进了这个空白区。

*　　*　　*

因为战争，法国已经倾尽民财。那一代人自 1870 年起就想要打场仗报仇雪恨，现在他们已经赢了，可是国家的财富也被消耗得非常厉害。在胜利到来的时候，法国已经疲惫不堪。法国自从取得了光辉胜利的那天起，就对德国满怀恐惧。正是因为这种惧怕之心，福煦元帅为了法国的安危，为了抵御比自身强大得多的邻国，提出把法国的边界移至莱茵河。可是在英国和美国的政治家们却没有同意福煦和法国的提议，因为在他们看来，不管是威尔逊总统说的那十四点，还是《凡尔赛和约》所依据的民族主义、民族自决原则，将德国民众的生活居住的地方收纳到法国的领地中，都是不符合的。因为想要拉拢克列孟梭，他们于是同意：一、英国和美国一起确保法国的安危；二、制定非战区；三、彻底永远解除德国武装。虽然克列孟梭心里并不认可，福煦也不同意，但他们还是答应了。因此威尔逊、劳合·乔治和克列孟梭签署了保证协议，可美国参议院却否决了此协议，不承认威尔逊的签字。我们在整个签约过程中，对威尔逊总统的意见意愿都非常敬重，可最后，我们得到的却是一份不太友好的告知，跟我们说，对于美国的宪法，他们得再好好了解一下。

克列孟梭，这个世界知名的泰斗，和英美这两个国家有过特别交往的严肃又优秀的人物，法国人民在惶恐、愤怒和动荡中瞬间就舍弃了他。普鲁塔克曾经说："强国的一个印记就是对自己的伟人过河拆桥。"被削弱得这么厉害，在这种时候发这种脾气，实在太草率了。政治集群诡秘的行动在法兰西第三共和国中再一次兴盛起来，政府各部长换了又换，参与其中，要么有好处可拿，要么把它当成乐子。无论如何，这已经成了法兰西第三共和国的表征，想在这样的情形下，找个人替代克列孟梭，还得和克列孟梭一样强悍，太难了。

彭加莱是在克列孟梭之后出现的最强悍的人，他试图在法国的保护、控制下建一个自主的莱茵兰。这完全没有成功的可能。为了逼德国上交赔偿款，他毫不犹豫地发兵鲁尔。这自然是因为想逼迫德国信守条约，可是英国和美国的言论却对其进行了强烈的指控。因为德国的财政和政治正处于广泛的骚乱，而1919年到1923年之间，又缴纳了几次赔偿款，使得马克垮掉得非常快。法国夺取鲁尔这件事，引起了德国强烈的愤恨，也因此出现了肆无忌惮地发放纸币的事，将这种彻底毁掉物资交流的基石的行为做得既有目标，又有计划。在通货膨胀最后的那段时间，四十三万亿马克才抵得上一英镑。这次通货膨胀无论是在经济层面上，还是社会层面上，导致的结果都极糟糕，且产生了长久的影响。中产阶层的财产全都被消耗掉了，国家社会主义大旗由此有了自然的拥趸。托拉斯①的接连冒头，导致德国的整个产业结构被毁，所有的流动资金都失去了。与此同时，内债、以固定资产作保和作抵押的产业债自然也得结算清楚或者赖掉，但靠它们还补不上流动资金的缺失。所有这些情况导致的一个直接后果就是国家资不抵债，从外国借了大量贷款，之后的若干年，这也成了这个国家的一个特征。德国人就和他们目前的情况一样，即悲伤又愤怒。

对于德国，英国人开始的态度是极为冷酷的，可是没过多长时间就换了方向，并且走到了线外。劳合·乔治与彭加莱意见不合，彭加莱的策略坚决又目光深远，可他易于亢奋的个性已经成了将这一策略变成现实的绊脚石。无论是思想或是行为，这两个国家都不协调，而英国人已经明显地表现出了对德国的怜悯，甚至是敬重。

＊　　　＊　　　＊

国际同盟才建立起来就遭到了冲击，差点儿夭折。威尔逊总统说的那些准则，被美国遗弃了。总统是想为了自己的理想继续努力的，可是当他正准备选举活动的时候，突然中了风，自此之后差不多两年的时间里，这两年漫长也重要，他一直被病痛纠缠着，变成了一个无法工作的残疾人。共和党在1920年的总统大选中夺得胜利后，他的党派、策略就都被替换了。共和党获胜后，孤立主义思潮在大西洋另一岸马上盛行起来。欧洲做了蠢事，就由着他们倒霉好了，不过律法定好的欠款一定要还。同时，为了抵挡进口物品而上调了关税，可是欠款又只有借助这些物品才能还上。1921年华盛顿会议，美国提出了对未来影响深远的一条建议——削减海军，英国政府和美国政府抱着极大的热情砸沉了它们的船舰，拆掉了它们的军事装备。按照奇怪的逻辑，既然让败落的国家解除武装力量，那在道义上，

---

　　① 托拉斯指的是一些具有相同特质或者彼此有关的企业，以独享市场、获得丰厚的利润为目的，建立的垄断组织。——译者注

获胜国也得把自己的武装力量解除，否则就没有道理了。法国，无论是莱茵河疆界的提议，还是承诺协议这件事，法国的希望都彻底破灭了。不仅如此，法国因为还留有军队受到了英美两国指控，而这支军队只是以广泛服役为根基，已经进行了大裁员的。

美国清楚地告诉英国，若日本严格遵守的英日同盟持续下去，英国和美国的关系就会受到阻碍。因此，这一联盟结束了。联盟的终结在日本引起了很大的震动，认为亚洲国家被西方世界甩掉了，很多对将来的和平可能有关键意义的接触都被斩断了。

不过在这个时候，日本也有能安慰自己的地方：在世界各国海军力量的排名上，由于德国和俄国战败，它在一定时间内升级成第三。华盛顿海军协议中对于主舰比例的规定是五比五比三，按照这一协议，日本主舰的力量虽然要比英国和美国低一些，但以它建造船舰的能力和财政力量而言，想要实现给它限定的比例也得花不少时间。日本还严密关注着英美，这两个海军最强的国家正在互相削弱自身力量，以致它们提供的能源比原本可以提供的少很多，也远不能达成其责任提出的要求。所以在欧洲和亚洲，获胜的和约国以和平为名飞速建成的基础，也为下次战争扫清了前路。

*　　*　　*

尽管这样，和平仍旧有一个可以信赖的保证。德国的武装已经解除，它的大炮、武器全部被毁，它的船舰在英国斯科帕湾都自己砸沉了，它规模巨大的军队也已经被解散了。按照《凡尔赛和约》，德国为了维持国内稳定，可以有一支长时间服役的特定队伍，但这支队伍的人数最多只能有十万人，且不能在它的基础上添加储备人员。在限定的名额之内，每年增加的新兵不能再接受军事训练，能够对部队进行训练的官员已经被辞退了。在所有方法都用尽之后，将领的人数只剩下了十分之一。一切军事飞机都不允许存在。潜水艇已经被禁，受限的德国海军只规定有几艘不足一万吨的舰艇。波兰和捷克斯洛伐克像是矗立在中欧一般昂首独立。曾经因为错吃了贝拉·库恩的药而闹出麻烦的匈牙利，现在恢复了过来。法国陆军对名誉的皇冠十分满意，是欧洲军事力量最强的，在这之后的几年里，人们认为法国的空军也是顶级的。

直至 1934 年，在欧洲，说全世界也可以，获胜者的力量仍是无敌的。在这十六年里，前和约国的三个国家，或者甚至是只需要英国、法国和它们的欧洲朋友下个决心，任何时间都能以国际同盟之名，以国际同盟的道德力量和国际能量做盾牌，对德国的武装力量进行制约。但遗憾的是全都没有。恰恰相反，直至 1931 年，获胜国特别是美国，还在竭尽所能以让人眩晕的国外限制法在德国榨取每年应该上交的赔偿款。德国又为什么有能力上交呢？因为美国给了它数额更加巨大的贷款，全部过程因此变得非常荒唐，得到的只有仇恨。另一边，合约中关于清除德国武装力量的条款，要是在 1934 年以前严格施行了，人类的和平与安宁是能够长期保持下去的，本用不着武力和流血牺牲。可是在合约未被严重背离时，人们放任了，都没去管；在合约被严重违反的时候，也不去注意。如此，长期和平的最终保障就化成了泡影。在胜者的愚蠢行为中，落败者的罪孽虽然没有找到获得谅解的原因，但得到了滋长的养分和借口。要不是这些愚蠢行为，罪恶的行为就失去了诱因和机会。

＊　　＊　　＊

本章中，我描述了一些事和景象，在我心里，是想将人类历史中史无前例的惨剧是如何发生的说清楚。战争一定会造成生命和财富的流失并不是这一惨剧的唯一表现。在第一次世界大战里，战士们展开了惊心的杀戮，各国累积的财富消耗一空，直至战争终结，欧洲文明的基本架构依然屹立不倒。在炮火轰炸的烟尘忽然消失的时候，参战的各个国家尽管仍有对敌人的愤慨，可是仍认可彼此是有着悠久历史的人种。整体来说，战争准则并未被践踏。相同的专业基石在敌对两方的军人间还存在。获胜国也好，战败国也罢，都维持着文明国家的气度。在十九世纪，各个文明国之间的关系一直处于调节状态，神圣的和平得以建立，它除了经济条例不能实现，对这种方针却合适。为了保护我们大家，特别是保护欧洲，以防再次发生战乱，律法得到了一致的认可，国际组织得到建立。

可人和人之间的联系在第二次世界大战中全都不见了。心甘情愿被希特勒驱使的德国人犯下了滔天大罪，人类历史中所有黑暗的记载都不曾有这么大的规模，这么阴狠的本质。六七百万的男人、妇女和儿童被德国集中营一步步地大规模杀害。德国也好，俄国也罢，在东线的战争中，都设计过并施行过对所有人的残杀。对毫无防范的城市进行空袭，这样残暴的行为，只要德国开始做，力量越来越强的同盟国就会用二十倍的规模作回击，最终以用原子弹摧毁广岛和长崎达而告终。

现在，我们总算逃出了物质覆灭、道义沦丧的灾祸，这样的情形，是以往多少世纪以来，人们想都想不到的。可当我们历经各种艰难困苦，取得胜利后，又遇到了各种难题和危机，和我们曾经费尽心力征服的难题和危机相比，它们并非那么恐怖，而是更恐怖。

作为一个在那段时间生活过、工作过的人，我想要做的就是告诉读者：原本第二次世界大战的惨剧有多容易避开；凶徒的恶毒在好人的懦弱下是怎么被滋养的；只有坚毅和信心才能给百姓带来安全，而各个民主国要是不团结成一个更大的组织，那它的体系和习惯又怎能生出这些特质？在自卫这件事上，在十年或十五年的时间里，我们是如此没有政策原则。在此书中，我们将看见，谨慎和克制的主张是怎样成了可能引发重大危机的主要原因；因为安全和想过宁静生活的想法而选择妥协策略，又是怎样直接成了灾难的中心。我们还会看见，这几年不管各国政治怎样变化，各个国家一起推行广泛的国际措施有多必要。

最简单的策略是怎么样的？是让德国在三十年内解除武装，获胜国则保有充足的军事实力；且在这段时间内，就算和德国无法签订协议，也需要建一个更有力量的真真正正的国际同盟，这个国际同盟要确保协议能够实行到底，或者一定要在商讨和各方面全都接受后才能改动。既然三个或是四个大国政府，曾共同让自己国家的人做了最高程度的牺牲，为了一致的事业，人们也坚定地竭尽全力，且总算得到了早就渴望的结局；那各国就该保证协同行动，确保至少留住最基本的东西，这样的条件，按理说是非常合乎情理的，可是获胜者的力量、文明、学识、知识和科技，连这么一个合情合理的需求都满足不了。他们仍是一天天地混日子，从一次竞选到另一次竞选，结果刚过二十年，就出现第二次世界大战的令人胆战心惊的征兆。对于那些曾经奋勇杀敌、马革裹尸的人们的孩子，我们只得进行这样的描述：

> 他们忍着肩上的痛楚，并肩前行，
> 以沉重的步子，
> 走出生命的明亮原野。[1]

---

[1] 西格弗里德·萨松。——原注

第二章　和平的鼎盛时期

1922—1931 年

鲍德温先生上台——劳合·乔治下台——重新启用保护关税策略——英国首个社会党人政权——鲍德温先生获胜——我任职财政大臣——战争债务与赔偿款——国内各个阶层的情况持续好转——兴登堡获选德国总统——洛迦诺大会——奥斯汀·张伯伦的功勋——和平的最兴盛的时期——宁静的欧洲——德国再次兴盛——1929 年的选举——我和鲍德温先生的矛盾——印度——经济风波——美好愿景的逝去——失业——麦克唐纳第二个政府的崩塌——我开始被赶出政治舞台——英国的经济暴动——1931 年的竞选

鲍德温是英国在 1922 年间出现的一位新领导人。在世界舞台上，他本来是个名不见经传的或者说未曾被人留意过的人，他在国内的工作也仅是个平凡的角色。在战争时期，他曾经担任过财政大臣，而后做的是贸易大臣。1922 年 10 月，他替代了劳合·乔治，从那时开始，他都是英国政坛上的中坚力量。直至 1937 年 5 月，他卸下繁重的工作，带着满满的荣耀和民众的敬重，冷峻、寡言地退休回到伍斯特郡的老家。在我下面所说的事情中，有些是我和这位政治家的关系。尽管我们有时存在很大的矛盾，但在这整个岁月中，一直到最后，我们私人之间都没出现过让人不快的见面或者交流，我也从未觉得，和他在私人间，无法诚挚地谈话和互相理解。

*   *   *

由于爱尔兰法案，劳合·乔治的联合政权受到了党内施加的压力，这种压力随着大势所趋的选举的接近而逐渐加强。问题出现了：在选举之前，对于联合政府，我们是把它维系下去，还是先将其解散。联合政府里的各个党派和各个内阁大臣已经一起工作很多年了，一起担负了很多职责，因此在全国人民面前团结一致，看上去对民众的利益和英国的政治气魄更有好处。为了让更加强悍的保守党易于认可，我和首相曾经在这一年的年初递交过书面辞呈，并以个人的身份去援助保守党奥斯汀·张伯伦组建的新政府。保守党的领导们认真地分析过这封信的提议后，毫不犹豫地回复说，我们这样的牺牲，他们无法认可，还说我们一定要同进退。这种仗义的精神没能获得别的党内成员的认可，保守党此时认为自己非常强悍，他们能够自己掌控国家权柄。

保守党以决定性的票数议定脱离劳合·乔治，而将联合政府终结了。当天下午，首相离职。这些人，他们早晨还是我们的友人和同事，到了晚上，就成了我们在政治上的对手，专心致志地希望将我们赶出政治舞台。除了寇松勋爵这个出人意表的特例，曾经跟我们共同战斗的全部优秀的保守党人，还有多半内阁大臣，都跟着劳合·乔治离职了。保守党的四个最有能力人物：阿瑟·巴尔弗、奥斯汀·张伯伦、罗伯特·霍恩和伯肯黑德勋爵也在其中。在这一重要时刻，我因为得了阑尾炎去做手术，劳合·乔治政府辞职的事，我直到第二天早上清醒过来才知道，除了阑尾，我还丢了我的自治领及殖民地事务官的职务。在我出任这一职务的时候，我自认，不管是在议会上，还是在行政上，我都有不错的成就。那位博纳·劳先生——一年前曾经因为重大的健康问题和我们分开——勉为其难，答应担任首相。他组建的内阁叫作"第二届十一人内阁"。优秀的鲍德温先生出任财政大臣。首相让国王下达将议会解散的命令，人们也希望有些变化。凭借鲍德温先生的帮助，比弗布鲁克勋爵做核心拥趸和顾问，博纳·劳先生得到了更多的票数——七十三票，有很大的可能会掌政五年。1923年年初，博纳·劳先生离职，从首相的位子上退休。鲍德温先生出任首相，寇松勋爵只能在新的政府中做外交大臣了。

如此，从1923年开始的十四年时间，或许这个时间叫"鲍德温－麦克唐纳的掌权期"也可以。这两个政治家，一开始轮流替代，后来产生了政治上的兄弟情，一起掌控英国。他们在名分上代表的是彼此敌对的两个党派，代表的是两种不一样的理论和彼此敌对的权益，可事实上，他们志同道合，看法一样，办法一致。我国宪法自从有了首相这个职务之后，不管是哪两个首相，他们之间确实从没发生过这种情况。非常怪异，他们两个非常投契。拉姆齐·麦克唐纳的很多见解都是古旧的托利党有的，而史丹利·鲍德温，只有保护关税这点属于工业家的坚不可摧的坚持，他的个性和工党之中的很多人相比，都是一个和善的、更加诚挚的社会主义代表。

*　　*　　*

突然获得的在政治上的显赫地位，并没有让鲍德温先生眩晕。他在别人恭贺他的时候说："你为我祈祷吧。"没过多久，他就觉得有点儿惶恐，担心劳合·乔治会以保护关税旗帜，集结很多和战时内阁一起辞职的、抱有不同政治见解的保守党领袖对政府中的多数进行分离，或者挑衅党派领袖。因此他在1923年秋决定率先发招，将保护关税的事自己先提出来。他于10月25日在普利茅斯进行演讲，结果仅是让新选拔出来的议会还没到时间就夭折了。他竭力辩解说自己没想要这样，不过要是当真了，那就小瞧了他对英国党派政治的深入了解了。按照他的提议，十月议会解散，因此还不到十二个月，就又举行了第二次竞选。

在自由通商的大旗下，自由党聚集到一起，我也参加了。在选举中，我们的身份是平衡者；尽管它党内人数有限，但阿斯奎斯先生只要想，就有很大的可能组成内阁。拉姆齐·麦克唐纳先生率领的工党在下院中所占的议事席位刚刚超过五分之二，因为阿斯奎斯没有组建内阁的意思，麦克唐纳先生才能成为大不列颠首位社会党首相，而且他能做满一年，也多亏了有更长历史的两个政治党派的默认和互相争斗。被数量相对较少的工党掌控的英国极不平静，对自由党和保守党这两个反对党来说，政治环境极有好处，因此它们找了个机会，在一个重要问题上攻击工党政府，并一次成功。于是就又办了一次选举——还不足两年就办了三次。大选的结果是，各个党派得到的席位都加在一起，还要再加上二百二十二席才能比得上保守党的。^①鲍德温先生的身份在这次选举开始的时候还非常轻微，对于选举的成绩也没什么特别的奉献。但是因为他之前一直是保守党的领导人，所以在选举结果出来的时候，他自然再次登上了首相之位。

在这个时候，我在保守党中很受拥戴。威斯敏斯特的补充选举——发生在大选的六个月之后——表明保守党的势力确实握在我的手里。尽管我参选的身份是独立宪政主义者，但为我服务、给我投票的保守党人有很多。我手里的三十四个组委会办公室，每个办公室都有一个保守党主事，他们的这种做法，并不符合党的领导人鲍德温先生以及党组织的本意。这样的事，以前也是没听说过的。所有票有两万多张，我只输了四十三票。以宪政主义者的身份，我在竞选中得到了一万张投票，再次获选成为埃平选区的代表。在那个时间，我并不会去借助保守党的声明。我和鲍德温先生在两次选举中间有过若干次气氛不错的会面，但在我看来，首相的位子他留不住。现在他赢了，在这之后，他会怎么看我，我一点儿都不知道。我父亲曾经做过财政大臣，当鲍德温先生邀我出任这一职务时，既让我觉得突然，也让保守党瞠目。过了一年，我在选举我的民众的支持下，再次正式加入我已经离开了二十年之久的保守党和喀尔顿俱乐部，我本人并没有觉得有什么压力。

---

① 保守党席位数为413，自由党席位数为40，工党的席位数为151。——原注

我们欠美国的债务，是我在财政部碰到的首个国际问题。欧洲协约国在战争结束时一共欠了美国差不多一百亿美元。在这里面，英国欠了四十亿。另一方面，别的协约国一共欠我们七十亿美元，其中俄国占大头。1920年英国曾经提出要取消所有的战争债务。如此，在账面上，英国少说亏损七亿五千万英镑。实际上，数字或许还要翻上一番，因为币值自那时起跌了一半，可是解决的方案却由始至终一条皆无。1922年8月1日，劳合·乔治掌权期间的巴尔弗照会曾声明，要是美国不跟英国讨债，那英国也不会跟欠自己钱的国家讨债，同盟国家也好，曾经的敌对国家也罢，都不去索债。这个宣言是有意义的。1922年12月，博纳·劳政府派财政大臣鲍德温率英国使节团去华盛顿访问，最后英国答应：英国不管从欠债的国家追回的欠款有多少，都会偿还美国所有战争债款，利息不再是百分之五，降低到百分之三点五。

了解情况的各层人等对于这一协议都非常重视，特别是首相自己。在战争中，英国也和此次战斗一般，始终在打仗，已经被弄得一穷二白，而英国因为这一协议，在以后的六十二年里每年都得拿出去三千五百万镑。别说英国，就是很多没有利益关系的美国财政泰斗，都觉得这一协议所依据的条件，不管对欠债者还是借贷者，都是严苛而没有预见性的。柯立芝总统说："他们难道没朝我们借钱吗？"这句简短的话虽然是真的，但也并不全对。各国间支付偿款，要是用运货或者劳动服务的办法，特别是用互利互惠的交易，是公正又对两方有利的。可是支付偿款的办法，要仅仅是专断、人为地把战时财政形成那些巨款兑现支付，那一定会将全球经济的整个进程打乱。这种支付偿款的方法，不管是跟谁讨要，一起获胜但被战争重创的同盟国，还是一个落败的敌对国，都会引发这样的情形。鲍德温－柯立芝债务协议的施行，是之后不长时间，使得世界经济崩毁、影响世界再次兴盛，并引发怨愤的一个明显原因。

美国最近提高了关税，且差不多将全部已经挖掘到的黄金全都藏到了自家的地下金库中，这让归还美国债款、支付利息变得更难了。它强加在其他协约国身上的决议也没什么大差别，仅仅是相对轻些。各个国家抓紧时间压榨德国成了这种行为最先的结果。1922年巴尔弗照会的策略，我完全支持，那时还曾为它做了辩解，在我做财政大臣的时候，我又再次提起它，并为其采取行动。在我看来，英国若是因为这个而成了既欠着美国钱的国家，也成了帮美国追债的国家，那华盛顿那边必定可以发现，追债并不是一个聪明的行为。可是这样的反应并没有在美国出现，实际上，对于这种言论，那边是非常不快的。美国仍旧坚持英国每年非还债不可，仅仅是将利息降低了。

所以我们不仅要跟德国追偿已经缩减的欠款，还必须跟别的协约国一起商量应对方案，好让我们可以获得每年必交的三千五百万镑给美国国库。德国因此遭受的压力非常大，还得被逼无奈忍受一个让人厌烦的国际监督组织来干预其内政。英国三次对美国进行了完全支付，这笔钱是怎么来的呢？是英国按照修改后的道威斯方案的比例从德国榨取的。

＊　　　＊　　　＊

我当时居住的地方是唐宁街11号，和鲍德温先生做了近五年的邻居。每天早上，我去财政部上班，从他住的地方经过，差不多都会去看望他，在内阁会议室中聊上几分钟。在他的顾问团里，也有我的一席之地，无论发生什么情况，我都逃不开干系。这五年里国内的复苏成果不俗。这是一个谨慎而精干的政府，这段时间里，每年都有明显的发展、恢复。在大政方针上，虽不敢说发生什么不得了的大事件让人震惊、议论，但按照经济标准评判也好，按照财务标准判别也罢，民众的生活的确有了改进。我们任期到了的时候，国内和全球的情况和我们刚刚任职时比，无论是舒适度，还是富裕程度都强多了。这句评价普通，但也非常真实。

政府在全欧洲都有了良好的名誉。

兴登堡此时登台掌握了德国的大权。艾伯特，德国战争之前的社会民主党领导人、战败之后德意志共和国首位总统，于 1925 年 2 月末离世。现在国家一定要选个新的总统。以前德国全民始终处在大家长式的独裁政治中长大成人，言论自由和反议会党的影响远大的惯例调控着他们。掉了毛的落败战神张着翅膀，将极端民主制和各类自由权益带给德国人。可是德国的所有经历让整个国家支离破碎、茫然无措。各个政党、派别彼此争锋，明争暗斗。朝向兴登堡元帅的浓烈的期盼出现在这一片杂乱中。兴登堡此时已经离职归家，可仍旧被人拥戴着。他忠诚的对象仍是在外逃亡的国王，支持"以英国为模板"改回帝制。这样的行为，虽然最符合情理，但也是最不符合世俗喜好的。依照魏玛宪法，当他被选为总统候选人时，他觉得非常惶恐。他几次三番地说："让我的日子宁静些吧！"

可是让他登台的力量一直都在，最后提尔皮茨海军大将被找出来去劝他，他才下定决心，丢下自己本来的打算，担负起国家的重担。兴登堡从来都是一个为了国家能够尽忠职守的人。台尔曼和马克斯，他们分别是天主教中央党和共产党，是他选举时的对手。德国大选召开的时间是 4 月 26 日，那天是星期天。让我意外的是，投票的结果彼此相近：兴登堡得到的票数是一千四百六十五万五千七百六十六票；马克斯得到的票数是一千三百七十五万一千六百一十五票；台尔曼得到的票数是一百九十三万一千一百五十一票。名声赫赫的兴登堡，因为各方多次劝服才勉强同意参选，他既没有阻碍哪方的利益，又在大选中占优，最后当选。早晨七点的时候，他的儿子奥斯克尔把他叫醒，将这个消息跟他说了，他责备他的儿子说："你就是八点再把我叫起来，事情会有什么变化吗？为什么要提前一个小时叫我？"说完，就又去睡了，等他起来，已经是平时被叫起的时间了。

兴登堡一获选就被法国当成是德国的新的挑衅。英国这边就没什么反应。我始终想看到德国再次获得自己的荣耀和尊严，以消弭战争引发的仇怨之心。因此我并没有因为这一消息而感到焦虑。我和劳合·乔治再次会面的时候，他跟我说："这个老人是非常讲道理的。"确实，兴登堡在还清醒的年纪里，当真是这种人。就算是反对他反对得最厉害的人也得说："和暴君相比，没用的人更好些。"① 可他已经七十七岁了，任职的时间有七年那么长，能想到他可以再次当选的人少之又少。在各个党派间，他尽力做到公平，他做总统的时候，确实给了德国一种平稳的能量和宁静，而这种能量和宁静让相邻的国家感到压力。

＊　　＊　　＊

德国政府在 1925 年 2 月跟赫里欧——法国当时的总理，说了个提议。德国政府的备忘录宣称：要是和莱茵河有利益瓜葛的各个国家，特别是英国、法国、意大利和德国，能够签个协议，美国政府做担保人，规定在一个较长的时间内担负不向签约的国家宣战的责任，那德国会发布声明表示认可。另外，德国也能接受，承诺保持莱茵河一域边界现状的协议。这件事是非常要紧的。法国政府开始跟它的同盟国协商。英国那边，3 月5 日，奥斯汀·张伯伦在下院将这条信息公布于众。会谈的进程因为法国和德国国会遇到险情而被推迟，不过在伦敦与巴黎磋商过之后，1925 年6 月 16 日，德国的外交部部长斯特来斯曼接到了在柏林的法国驻德大使提交的正式的照会。照会声明，德国要是不能先加入世界同盟，就什么协议都不签订；一切改变协议条款的建议，德国都不能提；应该将比利时加到签订合约的国家之中；最后，为弥补莱茵兰合约，应该签订一个法德裁判协议。

对于英国应该选择什么样的姿态，英国下院 6 月 24 日进行了讨论。张伯伦先生说，按照协议，只有西欧才是英国担负职责的地方。法国或许

---

①　来源于特奥多尔·莱辛（1933 年 9 月被纳粹暗杀）。——原注

想明确它跟波兰和捷克斯洛伐克间的特别联系，可英国担负责任只是世界同盟合约中清晰说明的。对于西欧协议，各个自治领并不关心。史默兹将军想规避地区协议，加拿大并不热络，英国政府的提议只有新西兰预备全盘接受，不过我们仍旧坚持。我认为我们最终的目的，好像就是将法国、德国这两个国家千年以来的矛盾摆平。要是不管是经济、社会，还是道义，我们都将高卢和条顿的两大种族紧密地凝聚在一起，以防新的争端产生，从而达成一体的兴盛和彼此依存，消弭曾经的敌对，那欧洲就能再次振兴。我觉得，对英国民众来说，可能再没有什么好处能超过对法、德间的纠纷进行调解了。此外，好像也没有能和它进行比较或者相矛盾的利益。直到现在，我的看法也还是这样。

因为外交官奥斯汀·张伯伦先生的提议得到了各个党派的敬重，所以内阁全都支持他。7月，德国回应法国照会，同意将西欧和约与德国参加世界同盟这两件事联系到一起，不过声明，对于广泛裁撤武装力量的事需要先订立和约。对于西欧和约及和它相关的事项，白里安先生来英国花了大量时间进行探讨。8月，法国在英国彻底接受后，正式给予德国回应。德国必须没有任何要求，直接加入世界同盟，这是先决条件。德国政府同意了这一要求。这意味着协议将一直有用，除非彼此认可而对其进行修改。直到这个时候，协约国关于裁撤军事装备的实实在在的承诺，德国也没能拿到。不仅如此，对于德国人因为浓烈的民族主义的力量和情感而提的其他条件，比如将协议中有关战争罪行的款项删去，暂时搁置阿尔萨斯—洛林一事，让协约国大军马上撤出科隆等，德国政府的态度并不非常坚决，不过就算它坚决那样，协约国也不会同意。

10月4日，洛迦诺大会以此为基础正式召开。英国、法国、德国、比利时、意大利的代表在平静的湖畔聚集一堂。会谈成果为：首先，五国签署互相的承诺条款；其次，德国与法国、德国与比利时、德国与波兰、德国与捷克斯洛伐克间各自签订仲裁协议；再次，法国和波兰、法国和捷克斯洛伐克间各自签订特别协议。协议规定：若是西欧合约崩溃又有不合情理的军事行为随后发生，法国必须对波兰和捷克斯洛伐克这两国进行救援。如此，西欧民主国家全部答应，不管情况如何都确保彼此间和平安定，共同反对一切签署协议的国家毁坏协议、侵略兄弟国家。英国跟法、德两国做出神圣承诺：两国之中，无论谁被无理侵犯，都会对其进行救援。议会和整个国家兴奋地支持了这种对未来有很大的影响的军事责任。可以说，这种工作是以前不曾有过的。

英国或是法国有没有缩减军事装备的责任，或者缩减到什么地步？对于这一问题，并未受到影响。我当了财政官没多长时间，就遇到了这些事情。对这种双向承诺，我是这样看的：要是法国继续持有装备，而德国除去装备，那德国就没可能攻击法国了；另一边，要是法国攻击德国，这会让英国理所当然地变成德国的盟友，如此，法国一定不会攻击德国。理论上，这一提议好像不安全，要是德国和法国开战，我们就一定要在两方之中选一边加入。可是，一场这样的灾难是很难碰到的，这反倒是最佳的避免灾难的策略。因此，我素来不支持法国裁撤军备，而德国恢复武装力量，因为这马上就会让英国陷入危险，而且这种危险要大很多。另一边，德国人民切实受到了英国和世界同盟（德国按照协议已经加入世界同盟）的庇护。这就形成了一种平衡，英国——以终结德国和法国纠纷为重要权益，在这种平衡中大致的身份是公证人和裁判。这种平衡的局势我们期望能持续二十年，协约国的军备在这段时间里，因为长时间的和平、信赖的增加和财政压力的多方影响，也会慢慢减少。很明显，德国的力量只要和法国相近，就会出现危机，德国比法国更强的情况就更别说了，可这一切情形，因为神圣的条约好像都被清除了。

* * *

由于《洛迦诺公约》只跟西欧的安宁有关，所以想在它之后，有个"东欧的洛迦诺公约"，是防止德国和法国可能发生战争的宗旨和举措，若是能对将来可能发生的德俄战争的危险进行控制，那会让我们更愉快的。可德国并不想丢掉其在东部的要求，也不想接受疆域协议中，有关波兰、旦泽、走廊一域和上西里西亚的法规，就算是被斯特来斯曼统御的德国也一样。苏联因各个反对布尔什维克的国家组建的"防疫线"挡在身前，孤独地筹谋着。我们尽管仍未放弃努力，但在东欧那边没得到什么进展。我从没忽略过，让德国在东部疆界获得更多满意的妄念。但有可能的时间只有短短的几年，一直没遇到好时机。

＊　　　＊　　　＊

1925 年年末洛迦诺会谈制定的协议，人们都非常喜欢。鲍德温率先在外交部签名。由于外交官没有衙门，所以调用了我在唐宁街 11 号的食堂，和斯特来斯曼一起亲密、和睦地享用午餐。在极和睦的氛围中，我们共聚一堂，都相信欧洲最大的国家要是能真的众志成城，且自觉得到了安全，那欧洲的将来是风光无限的。奥斯汀·张伯伦先生在这一值得留念的文件得到议会真挚的认可后，拿到了嘉德勋章和诺贝尔和平奖奖金。他的胜利标志着欧洲振兴的高潮，自此开启了和平中兴的三年。虽然早就存在的敌视只是睡着了，新兵敲鼓的声音已经隐隐约约可以听见，但我们仍旧有理由去期望，按照实实在在获得的根基，我们将开通一条前进之路。

当鲍德温的第二届政府完结，欧洲波平如镜，这种平静不但往前数二十年没有，往后数少说也有二十年没有。我们自签订《洛迦诺公约》，就对德国生出了一种友好的感情，在《凡尔赛和约》定好的时间还差很久的时候，法国的部队和协约国派遣的军队就撤出莱茵兰了。新的德国参加了残损的世界同盟，并在英、美两国的贷款无微不至的辅助下迅速振兴。它新制的远洋船有着光荣的横渡大西洋最快客轮的称号。它的商贸发展迅猛，国内的情形非常昌盛。法国与其联盟体系，在欧洲看上去也平安无事。明面上，《凡尔赛和约》除去军事装备的条例也没受到毁坏。德国已经没有了海军。德国的空军也被禁，且还没有再起来。德国很多有权有势的人极不赞成战争，至少为了谨慎而如此，德国顶级指挥中心也觉得协约国不会让他们再次武装。另一边，我们前边却出现了这样的情况，在下面我管它叫"经济风暴"，可是仅有屈指可数的几个财政领域的人发现了这个，并且他们预见到恐怖的将来，被吓得什么都不敢说。

＊　　　＊　　　＊

1929 年 5 月的选举证明，政治党派的兴衰更迭和正常的追求变化的心理，是左右选民的重要因素。在全新的下院里，工党和保守党相比，所占的优势只有一点儿。占了大概六十席的自由党却处在至关重要的位置。自由党在劳合·乔治的带领下必定会站在保守党的对面，至少初期会这样，这是非常明显的。我和鲍德温认为，我们组建政府的身份不该是少数党，所仰仗的也不能是自由党不可信的支持。所以对于应该启用的举措，内阁和党派内部尽管看法不一，鲍德温仍旧向国王递交了辞职书。我们所有人一起坐专车去温莎交印，正式解职；拉姆齐·麦克唐纳在 6 月 7 日第二次出任首相，成了仰仗自由党扶持的少数党政府领导人。

＊　　　＊　　　＊

这个社会党出身的首相的愿望是：他的工党新政府，对于埃及能够大力妥协，能在印度展开宏伟的政治变革，还能为促成全球——至少也要是英国，裁撤军备等的再次尝试，以此让工党政府天下闻名。他算准了自由党会认可这些目标，从而能在议会中占优。我和鲍德温的矛盾自此出现。他在五年前选拔我做财政官引发的那层联系，从这开始就出现了明显的改变。自然，我们私下的沟通仍旧是令人愉悦的，但我们之间的矛盾是我们大家都清楚的。在我看来，身为反对党的保守党，面对国家和国内的所有大事，都该对工党政府做出激烈的反驳，应该守护英国的威严，就像迪斯累利勋爵和索尔兹伯里勋爵做领袖时那般，不管是不是能当即获得全国人民的支持，都该坚定地去争去辩。从我们看到的情况来说，鲍德温觉得强硬守护不列颠国的光辉荣耀的时期早就成了历史。他还觉得保守党的将来源自先习惯自由党和工党势力，再伺机而动，凭借精妙的谋略，在他们手里将言论的激烈情绪和多数选民抢过来。在这方面，他自然获得了极大的成就。在保守党的所有党务经纪人中，他是最优秀的，此前再没哪个人比他更优秀。作为保守党的领导者，他五次参选，成功三次。能对这些普遍性问题做出评判的，只有历史。

印度事件导致我们决然分裂。在保守党人印度总督欧文勋爵，以及之后的哈利法克斯勋爵的强力扶持，甚至怂恿下，首相提出了印度自治的提案。伦敦因此举办了一个奇怪的会谈，而会谈的核心竟然是甘地先生，他刚刚才被释放，离开敞亮便捷的警察局。而在1929年和1930年的会谈中出现的辩论的详情，就不在这本书里一一表述了。我和鲍德温先生的关联，在政府决议为了让甘地能够以印度民族主义代表的身份参加伦敦会谈，而将其释放的时候，就断裂了。对于事情的发展，他看起来非常合心，他跟首相、总督意见相同，毅然决然地将是反对派的保守党带上了这条路。我坚定地相信，这种做法的最终结局，不但是害我们丢了印度，印度民众也必定会遭遇不可估量的损害。所以没多长时间，我就因为这件事辞职，离开了"影子内阁"。1931年1月27日，我去信给鲍德温先生，说："大家都知道我们在印度策略上的矛盾了。以前受你之邀，我加入了你的事务委员会，当下，我相信自己不该再出现了。不用多说，我会全力在下院帮你抵抗工党政府；在选举中，我也会为了造成工党的失利而竭尽所能。"

*　　*　　*

1929年，直至第三季度后期，特别是在美国，还都随处显现着日趋兴盛的希望和景象。猖獗的投机活动受到了极致乐观主义的放纵。有人写书表明，这个时候持续增加的企业机构和科学已经征服了经济危机。纽约证券交易所主管9月的时候还说："我们知道的一段时间发生一次的经济危机，明显已经被我们终结了。"可一股激烈的风暴在10月的时候突然席卷华尔街。尽管最有实力的组织已经出手干涉，但惊慌抛售的浪潮却无法制止。为了稳固、维系市场，若干主要银行筹集了十亿美元。可所有这些都是白费心思。

在之前的时间里，迅速累积以纸面金额为表现形式的所有资产，一下子变成了泡影。美国以信用扩张这一宏伟的建筑为基石，发展出来的数百万个家庭的兴旺，现在忽然被证实仅仅是一种假象。就算是最出名的银行，在这以前，也以低利息鼓舞民众参与整个国家的股票投机，不仅如此，还通过分期付款的措施买房、买家具、买车、买各种家庭必需品，还有延期付款的方法，创建了宏伟的商业体系。现在这一切都完了。大量制造的工厂处于无序、麻痹之中。而仅仅是一天之前，数以千计、万计的技术人员和工人上班已经是坐汽车了，这让停车场也成了一件急需解决的事。全社会始终在做非常兴旺的制造行为，生产让亿万人享用的各式各样的好产品。可今天社会却处在工资急剧下滑，失业增多的惨境中。和英国的银行系统相比，美国的要分散得多，也不那么稳固，不再支付的地方银行有两万家。在物资和服务上，人与人的交换模式已经被撕成了碎片，且华尔街的分崩离析影响了不管贫穷、富贵的所有家庭。

希望获得的财富可以越来越多，希望一起享受美好生活的人可以越来越多，这曾经是让美国民众目眩神迷的美好的幻想，可别觉得这仅仅是假想狂和市场狂。从没有哪个社会，像它一样制造、同享和互换过数目这么大、式样这么多的物资。要是人们能将自己的勤奋和技能发挥到最大限度，那互相间能增加的好处，确实是不可估量的。但是，实际获得的成果却远比不上虚荣、假想和贪婪，华美的外观终于尽毁。1929年至1932年，在股票市场崩盘后，紧随其后的就是物价暴跌和随之发生的生产紧缩，因此导致了大面积的失业。

混乱的经济生活带来的结果是全球性的。失业及制造萎缩又导致交易的广泛收紧。各个国家为守护国内市场相继采取政策控制关税。这次大危难又引发了激烈的金融危机，麻痹了国内的信用贷款。世界到处都是倒闭和失业。麦克唐纳政府曾经做过各种各样的承诺，可1930年到1931年，眼前从一百万到近三百万的失业者，把他弄得头晕目眩。传言美国的失业人口高达一千万。这个庞大的共和国，它全部的银行业都处在动荡之中，且马上就能垮掉。德国和别的欧洲国家也受到了它引发的灾难的影响。但说英语的国家中，还没有被饿死的人。

＊　＊　＊

英国这种岛国，其经济、人工因素极高，对这种经济来说，信心和诚信关系重大，可是对一个将打击资本做基石的政府或党派来说，这样的信心和诚信总是难以长期保有。摆在眼前的问题，麦克唐纳的工党政府根本没法儿解决。就是用党纪或者某些必需的强有力的手段来均衡预算，他们也做不到。一个政府，本就处在少数的位置，又失去了所有经济信心，想在这种情形下维系下去，怎么可能？

工党政府被此次风暴击败，英国金融诚信忽然垮台，自由党及其不良的均衡实力的崩溃，这一切造成了联合政府的出现。看起来，想要平息这次危局，只能依靠各个党派建起的政府。麦克唐纳先生和他的财政官员以浓烈的爱国之心，全力牵引工党人支持联合政府。鲍德温先生始终觉得，只要自己的权限还在，其他人完全可以为官做宰。当下，他情愿在麦克唐纳下面工作。他这种心态当然是让人敬重的，但真实情况并不是这样。劳合·乔治先生还在术后调养（以他的年纪而言，情形并不乐观），因此大部分自由党人在赫伯特·塞缪尔爵士的带领下加入了众党联合政府。

联合政府并未对我发出邀请。我和鲍德温在印度事件上已出现了政治分歧。我对唐纳工党政府的策略也不认可。和其他人一样，我也觉得建立联合政府是必需的。不过我并未被放在这一政府之中，对此我并不奇怪，也没觉得不开心。其实政府重建时，我正在戛纳作画。我要是在那个时候受到邀约，会怎么做呢？我也不清楚。其实，完全没必要去探讨那些从不曾出现的让人疑惑的引诱。同年夏天，我曾和麦克唐纳说起过联合政府的问题，他觉得有意思。可是我当时在政治舞台上的位置非常尴尬。我在内阁做官已经长达十五年，当下正忙着写《马尔巴罗传》。那个时候的政治，对那些身处喧闹的政治风暴中心的人而言，确实是激动人心。不过我可以坦言，在国家危难之秋被扔到一边，并不曾让我觉得愤怒，难过就更谈不上了，只是有些不大方便罢了。自 1905 年起，我去下院参会时一直都坐在前排，可以直接从自己的座位上站起发言，相对方便一些。我可以将讲稿放在桌子上，让人觉得我是在即兴演讲。现在，我得在政府席那边的过道后找位置，这不太容易，在发表意见的时候，我必须用手拿着稿件，只能凭运气跟别的有名的内阁官员进行讨论。不过，我仍旧时常得到机会发表意见。

＊　　＊　　＊

金融危机并不曾因为新政府组建而终结。等我从国外回来，我发现势不可挡的选举即将开始，但任何问题都没能处理好。选民的决议并没有辜负英国这个民族。在姆齐·麦克唐纳先生——工党的创始人的带领下，联合政府宣告建成。他们向民众提出了一个纲要，要戒奢行俭，牺牲奉献。这是旧版的"热血、辛勤、眼泪和汗水"，只是那个时候，战争与关乎生死的危机引发的激荡和需求还没出现。必须执行最严厉的金融政策，所有人都必须减少薪资、俸禄或者进项。一个严格遵循戒奢行俭的政府，民众被要求去投票支持它。人们就像平常被激起英雄义气所做的那般，做出了回应。虽然发生了这些事：政策背离了曾经的宣言，解除金本位；鲍德温先生不能再支付且永不用再支付战争债务给美国（这些美国的战争债款是鲍德温强迫 1923 年的博纳·劳内阁给美国的），但总算再次拥有了信心和诚信。新政府得到的支持是绝对占优的。麦克唐纳先生出山组建内阁，不过在所属的党派，拥护他的人只有七八个，且获选议员的只有五十个他所在政党的反对派和他曾经的拥趸。他的身体情况和精神状态急速减弱，在左右生命轨迹的近四年的时间里，他越来越老，站在英国政治体制的最顶端掌权。希特勒在这四年的时间里，很快出现了。

第三章 暗处的危机

1928 年我的感悟——对未来之战的致命的惊惧——一些战争技巧的预测——协约国对战争和军国主义的厌恶——"安稳的时局不会永存"——德国的陆军——十万义勇军的束缚——赛克特将军的任务和看法——"沙恩霍斯特第二"——1927 年 1 月裁撤协约国管理委员会——德国飞行制造业——失信与假扮——德国海军——拉特瑙的军事装备方案——能够改造的工厂——"十年无大战"协定

对于英国政府从欧战停战到 1922 年年末这四年的更替情况，我在自己写的《战争过后》这本书中写了些感悟。这本书写于 1928 年，我在那个时候就已经极大地感觉到将来的灾难。

战争直至基督纪元二十世纪初，才开始步入能够灭亡人类的时期。人类已经建立了庞大的国家和宏伟的帝国，各个民族的兴盛带着十足的团体观念，这让杀戮工作能够按照以前预料不到的数量和决心进行规划、执行。单个人的突出优点都被集结到一起，以发展大规模杀戮的实力。在漫长的时间内，丰富的资金、展开全球贸易和信用贷款的物资，还有雄厚资金的累积，将个别国家民众的心力花在了践踏和毁灭的工作上。民主政治体制使得亿万民众的信念能够展现出来。教育不仅将战斗浇灌进了所有人的大脑里，还让所有人都能对眼前的目标起最大效用。报纸成了一种用具，能让人与人之间更凝聚，并互相鼓劲儿。而宗教，虽然它的基础论调聪明地避开了谈论战争，但它通过各种方法，不偏不倚地对每个参战的人进行激励和慰藉。最终，科学开启了它的宝库和隐秘，满足了人们罔顾生死的需要，将那些工具和装备，放到了他们手里，这些工具和装备可以说起到了决定性的效用。它引发了很多奇异特征的到来。不但有了防范的城市遭遇了饥饿，全民族都被按部就班地放到了或者将被放到因为饥饿而虚弱的进程中。所有人都参加的战斗，不是以这样的角色，就是以那样的角色，全都是攻击目标。在曾经的战争里，老弱妇孺是不能被伤害的，可天空被打开了一条通路，将死亡和恐惧带离远在战场之外的后方。铁道、船舶和汽车等交通工具奇妙地被利用起来，让千万、百万的人能够持续参战。他们因为医学和外科的优化发展被一次又一次送回屠杀场。只要能在这种大面积挥霍行为中起作用，任何物品都会被挥霍。战士的负隅顽抗也能让它发挥军事作用。

但大战前四年发生的所有事都只是预备，为第五年战争揭幕而已。1919 年的战争怕是可以看见破坏力的。德国部队要是能保持气势，顺利退到莱茵河，那他们在 1919 年夏受到的攻击，其力量和技艺，恐怕会是此前从未有过的、无与伦比的恐怖。他们的城市将被千万架飞机炸毁。他们的战线将被数以万计的大炮夷为平地。协约国那个时候正在展开各种布置，预备在相同的时间，将二三十万配置了所有必须设备的部队，用机械化交通工具每天行进十到十五英里，持续不断地进行越野行进。恶毒到让人无法相信的毒气，只有一种莫测的防毒面具（德国人那时还没有制造出来）才能真正抵御，它能堵塞受攻击的敌对阵营的所有抵御，让一切性命处在麻痹之中。德国人那时候自然也有自己的打算，不过已经过了气愤的时候，已经发出了消除警钟。

1919年的惊悚因此出现在了主体作战国家的文件中。

就像战争开始时一般，战争的停止也是突然、全体的。世界抬起头颅，张望灾后的残骸，不管是获胜者，还是落败者，都长出一口气。数以百计的实验室，数以千计的兵器制造厂、工厂和各类代理处，那里的人瞬间起身，从他们数年潜心奋战的工作中脱离出来。他们的方案尚未实现，还没执行就被人扔到了一边，但他们的学识没有；他们的材料、数据和创造，被各个国家的军事机构急急忙忙地打包到一起，还标上"备以后查询"。1919年的战争没能开启，但它的各式观点仍在朝前滚动。所有国家部队都披着和平的外衣，研究、斟酌、凝练着这些观点。如果战斗再启，所用的兵器和装备会是1919年战斗使用的那些吗？不，会是那些兵器的发展和壮大，那会更恐怖、杀伤力更大，是谁也比不上的。

就是在这样的情形下，我们走进了所谓"和平"的这个精疲力竭的时间段。无论如何，它给了我们一个时机去考察全局。就像高山从飘荡的云层中慢慢展现，一些让人担心，但毋庸置疑真实存在的真相已慢慢出现。能够肯定的是，自此之后，只要战争开启，所有人都将参战，每个人都得精疲力尽，都免不了要受到敌军的强力进攻。能够确定的是，发觉自己面临生存危机的国家为保证自己能够存活，将不择手段。在接下来的战争中，他们很可能，不，是一定会采取一些大面积的、不受限的毁灭性武器和策略，可能一射出去，就失去了控制力。

人类以前从没处在这种情形中：没有获得令人看重的品质上的进步，没有获得足够的、正确的理智引导，却首次掌握了确定能够毁掉自己的武器。人们的一切荣光和劳作，在人类的发展进程中，将人类送上这样一个顶峰。对人类来说，能停下来是最好的，该认真考虑一下自己担负的新的职责。死神正在"立正""是""听令"，预备完成工作，预备大量屠杀整个人类；预备一听到呼唤，就碾碎人类文明留下的所有东西，让其再没有复原的可能。它差的只是一声号令。它等着一个人，一个精神弱小、彷徨失措的人来发出这声号令，这个本该被它害的人，却在现在，只是这一瞬间，成了它的主人。

＊　　　＊　　　＊

这些言论都发表于 1929 年 1 月 1 日。现在这个元旦已经是十八年后的了，我仍旧无法写出和原来不同的话。在两次战争中间，由我自己担负责任的所有言论和行为都只有一个目的——不让第二次世界大战爆发；当然，还有就是，万一最糟糕的情况出现了，要确保我们可以获胜，或者最低也要能够活下来。还有哪次战争比第二次世界大战更难防范吗？恐怕再也没有了。我们每分每秒都预备启用军事力量以抵抗暴政，防范世界的灭亡。可英、美及别的协约国国家，若是在处置与它们相关的事项时，采用的是平常处理事务时，用的那种坚持到底的精神和普通人家平时有的常识的话，原本是不需要拿军事力量充当没有法律协奏的进军的。非但如此，我们在正义工作中，一定要扛着流血牺牲的风险吗？其实还可以用实力的。英、法，特别是力量强悍的美国，因为扔掉了自己的目标，甚至是诚心支持的见解，由着形势一步步发展，最终到了他们最担心的顶点。当下我们又遇到了极为相似的新问题，这些国家应付的办法，但凡还是那种良善但鼠目寸光的，第三次大暴动就不可避免，到了那个时候，能够活下来讲故事的人，恐怕就一个都没有了。

＊　　　＊　　　＊

我早在 1925 年就曾写过一些有关技术层面的看法和疑虑，是现在还不适合忽视的：

是不是有新的使用方式能让爆炸的能量史无前例的猛烈，超过截至目前已经发现的所有爆炸能量？是不是能创造一种炸弹，像橘子那么大，但有诡秘的力量，可以毁掉一大群建筑？或是凝聚千吨炸药的能量，瞬间铲平整座城市？就算是现存的炸弹，能不能装备在空中运输工具，以无线电或者别的"线"进行控制，不用人驾驶，就能自发、持续地对敌人的城镇、兵器制造厂、大营或是船上进行轰炸。

而毒气和各式各样的化学攻击，还仅仅是某本惊悚著作里写出的首个章节而已。能够确定的是，莱茵河两边的人都在使用科学，且花了极大的耐性对这一切新式毁灭手段进行研究，不仅如此，不要觉得这些手段只是无机化学，还有对疾病的钻研——系统地筹备各类病毒，故意施加给对方的人、牲畜，这必定不仅发生在某个大国的实验室中。这些就是武装科学正冷血迸发的轨迹：损毁作物的害虫，致马、牲畜于死地的炭疽热，既毒部队也毒全部地区的瘟疫。

这一切言论，说出来的时间都是在差不多五十年前。

*　　*　　*

一个骄傲的民族战败之后，一定会想要尽快重整旗鼓，这是理所当然的。对于被迫遵守的协议，但凡有法子，他们都不会遵守。

> ……安静的局势将发生变化
> 在它眼里，在悲痛中做的承诺是
> 被武器所逼，是没有效用的。

因此获胜者有责任迫使落败的对手一直解除军事力量。要想实现这个目标，他们非采用两种举措不可：首先，要保证自己的军事装备充足，同时，对于原协议中不准原敌对国恢复武装能力的各个条款，必须以全神贯注的警醒和威势坚持到底。其次，他们采用的手段，必须是宽厚的，以让落败国兴旺发达为目的，尽量让它满足于本身所处的状态，还得竭尽所能创建一个切实友善、具有相同权益的基础，好慢慢除去使用武装力量的动机。

我这些年提炼了一个原则："先除去落败国的怨气，后缩减获胜国的军备。"文后边能够看出，在很大的程度上，英、美、法三国所用的方法却是截然相反的。就这样，下面就有故事说了。

建立一支军队，将一个强国的所有男人都集中到一起，这并不是个容易的任务。获胜的协约国按照劳合·乔治的提议，要求德国部队的人员以十万为限，不准招兵，可这少量的武力却成了一个中心，一个大熔炉，只要有可能，那里就能生出百万大部队。这十万个人就是十万个脊柱，只要决议扩张，战士就会成为中士，中士就会变成长官。就算这样，也不能说劳合·乔治防范德国恢复陆军的方案想得不周全。德国按照要求建立的十万士兵的质量，没有哪个国家和平时期的监察能够掌控。问题不在这里。光是为了守护边境，德国训练有素的战士就需要三四百万。而想建一个足以跟法国陆军对抗，更别说比法国全国规模更大的队伍，不仅要培养骨干，恢复曾经的部队和体制，还得施行国家招兵体制，每年征召到参军年纪的男人。志愿军、青年活动、扩充警察、老战友会及所有民办的和非法机构，都能在过渡时期发挥效用。但要是没施行广泛的国家兵役，就只是有个架子，却总是缺少外部的肌肉。

因此，德国要是没有征过几年兵，就没有建成一支能跟法国部队相抗的队伍的可能。这里有一条线，要是没显著地破坏了《凡尔赛和约》，就没办法越过。此前能进行秘密、聪明和细致的筹备，但必定会在某点下定最大的决心越线，明目张胆地反对战胜者。劳合·乔治的准则这样看也没什么错。要是那个时候曾使用权限，且谨慎地将这一准则坚持到底，那德国的战争机器就没可能重新制造。每年征召的新兵，进部队之前就算受的教育再好，也得先去联队或别的机关待两年或以上，现代陆军不可或缺的预备队没经过这个训练期，是无法慢慢建成、扩张的。法国虽然在之前的战斗中损失惨重，但它可以按部就班、持续地对每年参军的士兵进行训练，并将受过训练的士兵登记为预备兵，变成国家全部战士中的一员。这样的预备部队，德国有十五年都是禁止建立的。法国的军事体系在这些年里却可以平顺地训练，并凝聚出有系统的势力，这股势力源自长时间不间断地武装和操练。德国陆军或者能养育、发展自己的军事精神和习俗，但想和法国的这股势力相抗，就算是做梦也没戏。

＊　　　＊　　　＊

赛克特将军是将来德国陆军组织和陆军中心的制造者。早在1921年，赛克特就私下忙着在纸上打造一支完善的德国陆军，且谦逊地跟协约国军事管制委员会就自己的各式行动进行分辩。其传记的著作人拉本璐将军，在1940年德军势如破竹的时候，是这么写的："要是从1920年到1934年，中心将领只能满足小部队的需要，那1935年到1939年的工作，想要展开就很难了。"比如《凡尔赛和约》要求军官部队成员的数目要从三万四千人减少到四千人。为了打破这个要命的限制，德国人使用了各种办法，并且就算和约国军事管制委员进行了各种努力，德国仍旧一步一步地将重新建立陆军的方案施行起来了。《赛克特传记》的著作人这样写："敌人曾想尽办法想要毁了指挥部，国内的各个党派也都认可了。协约国管制委员会按照其身份，曾有很多年正确地想将指挥部的操练变得极为落伍，让它的指挥部建不成。他们曾用直接的手段去查明指挥部的长官到底是怎么磨炼出来的，可这个机密，我们成功地守住了，体系制度也好，培训科目也罢，全都没有暴露。赛克特一直坚持立场，因为指挥部要是被毁，想重建就太难了……尽管指挥部的形态已经被毁，但其内容仍在……"事实上，穿着普通服装的指挥部长官和他们的助理有好几千人，他们以建设部、研究部和文化部成员为名聚集在柏林，深切地探索过去和将来。

拉本璐还有段精辟的解释："要是没有赛克特，今天（1940年）德国概念上的指挥部就不存在了，因为这个机构不经过数辈人的努力是无法建立的；就算军官的资质再好，再勤奋，短时间也建不成。为了确保在现实的重大检验里能够掌权，就不能让理念断层。个人的学识和能力并不足够，有组织地发展出的多数人的力量，在战争中不可或缺。想要成功培养出这种团队力量，没几十年是不行的……在一个十万人构成的小部队里，除非创造一个宏伟的理论制度，否则将军的气场就会变小。想要实现这个目标，还得倡导大面积的体育锻炼和军事运动……这么做是为了培训一批高级将领，而不是训练指挥部。"这些人在考虑问题的时候，将能够以正式的军事需要来进行。

在赛克特看来，从第一次世界大战的个人教训中发展出的谬论是必须规避开的。那次战争里的所有经验，都被深入系统地分析过，制定了新的操练方案，并编写了各式各样的新的科目。当下所有的操作典籍都被重写了，这种编写针对的不是有十万士兵的部队，而是为了德意志帝国的军事力量。为了瞒过协约国的调查，这些操练典籍的所有条目的印制都使用了特殊字体，且没有保密。而那些专供与内部使用的操练典籍却是私密的。他们不断重申的重要准则，即一切主要兵种都得紧密协作。不仅步兵、摩托军、炮兵这样的重要兵种必须进行紧密的战略协作，机关枪军、迫击炮军、冲锋枪军、反坦克武装兵、陆军空军队及其他兵种，也应该彼此协作。德国各个武装领袖都觉得，1939年和1940年的战争的策略成功，这一理论居功至伟。赛克特1924年已经发觉德国陆军部队的人数在逐渐增多，比十万人的禁制多了。其传记的著作人说："这种效果，没用十年就达成了。"1925年，年老的陆军元帅马肯森向赛克特道贺，恭喜他建成了德国陆军，并将其比喻为沙恩霍斯特，这个比喻是合适的。法国在耶拿之战后占据德国的若干年，沙恩霍斯特曾经私下将普鲁士军集中到一起来抵抗拿破仑。"积年的烈火始终燃烧，德国军事力量里的一切长期的要点都不曾被协约国的控制毁掉"。

1926年夏，赛克特率所有指挥官带着顾问们和通讯部队进行了一次大规模的军事演练。当时虽然没有部队，但事实上，每个将军、指挥官和指挥部的将领，都借着它学到了不少战争艺术和调动一支德国正规陆军的技巧事项。只要时间到了，这支队伍就能将德国的地位升至从前。

好多年前，就开始给正规体系外的战士做短时间的小型操练了。这些不符合法制的士兵，被叫作"黑兵"。这些黑兵自 1925 年起就全都归国防部统领，国家出钱维系。指挥部 1925 年的方案，是想在协议规范外，对部队进行扩建、发展，将现存的符合法令的七个步兵师扩充两倍，然后是三倍，不过赛克特的终极目标是最低要建六十三个师。这个方案自 1926 年开始的主体妨碍就是普鲁士社会民主党政权的抵制。1932 年，社会民主党政权被颠覆。直至 1933 年 4 月，其军事系统成员才超出十万，但其实力，早在那之前就已经稳步地攀到这一数字之上了。

＊　　　＊　　　＊

人们在洛迦诺会议之后，都怀着善心和期盼，这种感情促使英、法政府采用了一个尽管并不是不能挽救，却存在很大问题的决议，即取缔协约国管制委员会，用一个考察计划来代替它。这个计划由世界同盟支持，得到了各方的认可。只要任何一个国家提出要求，就能对其进行考察。传言这样的布置能够扩充《洛迦诺公约》。可这一期望并没有达成。尽管福煦元帅的汇报指明，德国的军事力量已经切实地解除了；但我们得说，一个有着六千五百万民众的国家，将其军事力量永远解除，这是无法实现的。一些防范手段必不可少。就算这样，协约国管制委员会仍旧在 1927 年 1 月撤出了德国。那个时候，德国人正用很多隐秘的、不明显的手法毁坏《凡尔赛和约》，是已经知道的事，他们明显在写书面方案，好让德国再次变成一个军事国。他们有童军、士官队，还有由年轻人和退伍兵建成的很多没有军事装备的志愿团机构。但陆军也好，海军也罢，哪有什么能够在大规模举行的情况下，还能不被察觉呢？而施行国家招兵制建空军，或在《凡尔赛和约》的禁制之外铸造军舰，那就是明目张胆地背弃德国该承当的责任，不管什么时候，这都会在德国已经加入的世界同盟中被指出。

而空军，更不能做出确切的限定。《凡尔赛和约》不许德国建空军，德国因此在 1920 年 5 月正式遣散了空军。赛克特在其送别指示里说，他期望空军再建，空军灵魂不会消失。他对这种做法极为支持。他的第一步就是在德国的国防部成立一个特别的组织——由曾经有过亲身经历的空军将领构成。它是私下成立的，别说没让协约国委员会知道，就是其本国的政府也没被告知。这个组织之后慢慢变大，直至所说的"空军细胞"进入了国防部中所有事务单位或监察机关，成了陆军将领。民航航空部的部长是赛克特派过去的，是个有阅历的战时将领，他让民航的治理和进展能和军事需求相匹配。这个民航航空部加上德国民航企业，还有在陆军或是海军中乔装过的空军机构，其职位多半由过去的空军将领承担，他们根本不具备商用航空的学识。

德国所有能被发现的重建武力装备的行动，当时协约国所持有的权限和能力是可以阻止的。而那个时候，英、法、意三国提出的激烈的同盟条件，强迫德国信守和平协议的条款，德国也是无法违背的。1930 年到 1938 年，这八年的过往，在我们回想的时候，我们会发现，曾经我们拥有的时间是那么长。最迟在 1934 年之前，我们都有机会一点儿兵力都不用就让德国无法重建武力装备。时间，绝不是我们所短缺的。

第四章　阿道夫·希特勒

双眼失明的下士——来自底层的领导者——1923 年慕尼黑骚乱——《我的奋斗》——希特勒的事——希特勒与德国陆军——史莱歇的诡计——经济风波来袭——布吕宁总理——一个君主立宪的政治体系——同等的武备——史莱歇的阻挠——布吕宁下台

　　1918 年 10 月，在英国军队攻击柯明附近区域时，德国的某个下士因为芥子气所伤而在一段时间内双眼俱盲。在他去波美拉尼亚的医院住院的时候，德国的各个地区不但处在失败之中，还四处都有革命爆发。他是奥地利海关的一个下层税务人员的儿子，在他年轻的时候，他曾想成为一名了不起的艺术家，可他没能进去维也纳的艺术学校，而是在维也纳困苦地活着，之后他又搬去了慕尼黑。有时候他的工作就是给房子刷涂料，他通常不是正式工。物质上，他过着极端贫苦的生活；精神上，他内心掩藏着极大的愤怒和仇恨，觉得世界辜负了他的才华，害他不能功成名就。他并没有因为自己遇到了厄运而成为一名共产主义者，却踏上了对立的路，反倒是有了一种不合常理的种族忠诚观，并且对德国和日耳曼民族有一种疯狂而令人费解的崇敬。战争到来之时，他当即热心满满地当兵去了，他在西线一个巴伐利亚团里从军四年，阿道夫·希特勒早些时候的命运就是这样。

1918 年冬，在他双眼俱盲、孤独地在医院治病的时候，他觉得自身的挫折可能和全日耳曼民族的磨难密切相关。这个病痛正逐渐好转的团级单位信差，因为战争失利的震撼，法律、治安的崩溃，法国人的获胜，感到极为苦闷，他被折腾得身体虚弱，形容枯槁，不过自此生出了一种奇异的精神上的能量。他认为以常理而言，德国没能取胜，是无法理解的。他觉得里面一定存在一个巨大而阴毒的同敌人勾结的诡计。这个阴郁的小卒，只靠自己短浅的个人经历，自己的冥思苦想，就想将这场灾难的根由推断出来。他过去在维也纳的时候，曾经跟一些偏激的德国国家人民党小团体在一处厮混，在那儿，他曾经听说一个种族——犹太人做的各种恶事和破坏性的事——与北欧的日耳曼民族为敌，并盘剥他们。他狭义的爱国主义的愤慨和对有钱人和上等人的嫉恨，交融成无法克制的怨毒。

这个不起眼儿的病患总算离开了医院，出院之后，他仍旧穿着军装。军装让他感到骄傲，这种骄傲和小学生对军装所有的那种骄傲差不多。当他将眼睛上的纱布揭开，看到的景象那么凄惨。战争失利的动荡真是太恐怖了。在沮丧和疯狂的氛围里，他周边浮现出红色革命的外形。在慕尼黑的街道上，装甲车狂冲乱撞，朝惊恐闪避的行人撒传单或者射子弹。某些和他一起从军的人，明目张胆地把红袖标戴在制服上，狂喊标语，抵制世界上他钟爱的全部。就像刚从梦里醒过来一般，忽然间，所有的东西都变清晰了。他看到他的职责在眼前发光：他觉得得从这些疫病中把德国解救出来，他得为德国复仇，得将这一充当主人角色的民族带上它早就定好了的命运。

他团里的将领们见到手下们那种鼓动性的革命情感，觉得非常担心，不过他们非常开心，不管怎么样，总算找出了一个人，看上去清楚情势的根由。希特勒仍愿意待在部队，担任"政治教练"或者说是间谍之职。他借着这个名头，搜集了某些消息——进行叛乱和破坏活动的诡计方案。

没多长时间，他的上级安排他去参与地方上各类党派的聚会。1919年9月的某个夜晚，在慕尼黑的一个啤酒酒楼中举办了一个德国工人党的聚会，这位下士在那儿首次听到人们说的话跟他心里的想法一模一样，都是抵制犹太人，抵制投机分子，抵制让德国陷入深谷的"十一月罪犯"。他在9月16日就成了这个政治党派的一员。没多长时间，为了和他在部队的职责相匹配，他承担了这一政党的宣传任务。德国工人党于1920年2月在慕尼黑召开首次大会，希特勒控制了那次会议，还为党纲初稿制定了二十五个要领。希特勒此时已经成了一个政客，自此，他的救国运动开始了。那年四月，他离开军队复员，从此以后，他就把全部生命花在了党派的扩张上。到次年年中，他已经将原本的领导者挨个赶走了。他凭借自己的热情和天赋，让那些入迷的伙伴认可了他单个人的统治，他已经成了"首领"。他花钱收购了一个不好的报纸《人民观察家报》，让其充当这个党的喉舌。

共产主义者没多长时间就将他们的对手辨别出来了。他们想要扰乱希特勒的聚会，因此在1921年年末的几天里，希特勒首次组建了自己的先锋队。截至到那个时候，所有的事都发生在巴伐利亚地区内部，但因为德国民众在战争之后的几年处于民不聊生的状态中，所以国家的各个地方有很多人开始聆听这个人的新福音。1923年，整个德国因为鲁尔被法国侵占，极为愤慨，导致现在被叫作国家社会主义党的成员有了极大地增加。德国中产阶层的基石因为马克的崩毁而被毁去。在无望中，他们中有不少人成了这一新的政治党派的成员。在仇恨、为国家报仇和爱国的亢奋里，他们为自己的悲苦找到了慰藉。

最开始，希特勒就讲得很清楚，魏玛共和政府出现于激烈的抵制和对战败羞耻的攻击中，想要获得政治权限，必须从它着手。这个"首领"周边，1923年11月就有了一帮坚贞的党内人士，戈林、赫斯、罗森堡和罗姆是当中最出色的。这些积极分子坚信，已经到了夺得巴伐利亚政权的时候。

鲁登道夫将军在部队中是有威信的，他以自己的名字为这次冒险的活动助长声势，并走在这次动乱队伍中的前列。在战争之前，人们时常说："由于德国严格禁止所有革命，所以德国不会发生革命。"在这次事件中，慕尼黑的地区政局将这句箴言重建了。警员开枪了，但非常小心地不让鲁登道夫的身体受伤，鲁登道夫将军笔直地迈着步子朝前，向警员的队伍进发，警察还向其敬礼。被打死的请愿者大概有二十个，希特勒扑倒在地，和别的首领从事故现场逃出。1924年4月，希特勒被判监禁四年。

尽管德国政府维护了治安，德国的法院对行凶者进行了惩处，但国内各地区都觉得政府这么做是在攻击同族，是在伤害德国最诚挚的孩子，以给外国人效力。希特勒的监禁于是从四年缩短为十三个月。在兰茨贝格监狱服刑的那十几个月，他得以将《我的奋斗》一书的大纲写完，这本书写了他的政治哲理，是写给在最近这次暴乱中殉难的人的，也是协约国的政治军事领袖，在他最终得到了政治权柄后，最值得细致分析的书。重振德国的纲要、党的传播技巧、反对马克思主义的方案、国家社会主义的国家理念、德国在全国天经地义地应该拥有顶级身份，都清清楚楚地写在书里。

《我的奋斗》其中心非常简单。国家是一个战斗系统，因为人是争斗的动物，而国家是争斗者的集合。一切活着的生物，要是不为了存活而争斗，就必定会消亡。一个国家和民族不再战斗，那也一样非灭亡不可。一个种族，必须将来自外界的污渍去除，因为它的战斗能力由它的纯净程度决定。犹太种群一定是和平主义的、国际主义的，因为它分布于全球各处，因此所有的国度，其最要紧的责任就是让民众向国家主义发展。对于单个人而言，最重要的优点不是聪明才智，而是心志和决心。不计其数的只能听命的人，远比不上有指挥天赋才能的人贵重。军事举措必不可少，因为能保证种族延续的只有暴力。种族非战斗不可，苟且偷安的种族一定会腐烂消亡。若是日耳曼民族能马上团结到一起，那它已经成了地球之主了。全新的德意志帝国，必须将一切在欧洲各个地方散乱生活的日耳曼人都收拢在自己的怀中。一个种族失败了，它可以因为重新获得了自信而得到救赎。让队伍相信自己无往不胜是首要工作。为了让日耳曼民族再次崛起，必须让民众确定，自由是有希望通过武力再次获得的。从本质上说，权贵政治的准则是对的，理性主义行不通。让德国人能凭借最少的训练变成军人，就是教育的终极目标。史上最神圣的震动天地的剧变，若是少了极端的、肝胆俱裂的激情这一动力，是无法想象的。资产阶级的好品质——安定、有序，做不了任何事。现在世界的走向已经到了这种神圣的剧变，新的日耳曼国，必须让我们为世界上的最后一场最神圣的决斗，时刻备战。

外交政策可以采取任何措施。外交的职责是让一个民族可以兴盛、存续，而不是让它悲壮地垮塌。德国可能的盟友只有英国和意大利。如果德国无法让自己存活，就没有人会让它继续活下去。无论是跟上帝祈求，或是跟国际同盟祈求，都拿不回它丢失的省市，能够做到的只有武装力量。和一切对手同时开战的错误，德国决不能再犯。它必须在当中选一个危害最大的敌手，以所有力量来攻打。世界什么时候才能认可德国？只能等到德国重获平等的权益，重获自己阳光下的身份的时候。德国绝不能使用感性的外交策略。要是只是因为情感的原因就对法国展开攻击，那可不聪明。德国想要的是在欧洲占有更多土地。战争之前的殖民策略不对，德国应该将其丢掉。德国必须努力朝苏联，特别是各个波罗的海国家扩展，绝不应该跟各国结成同盟。

希特勒政策的"精髓"就是这些。

希特勒持续作战，并慢慢以一个国际性人物的身份崭露锋芒，不过各个获胜国因为被本身的难题和派系战争烦恼搅扰，并没有太把他放在心上。国家社会主义党，也就是将来的"纳粹党"，在漫长的时间中将德国民众、部队、国家机器，还有那些莫名其妙恐惧共产主义的工业家稳稳地抓在手里，从而成了德国的一股让全世界必须另眼相待的势力。希特勒在1924

年年末出狱时，曾说恐怕得耗费五年，他的运动才能重启。

*   *   *

在《魏玛宪法》的民主条例中有一条规定：国会四年一选。人们想通过这一条款来保证德国民众能够有彻底、连续的权利掌控国会。当然，事实是这个条例仅仅是让他们活在一个这样的情境中：有持续亢奋的政治刺激和持续进行选举活动。所以希特勒与他理论的发展就有了精准的记载。1928 年的时候，他在国会的席位只有二十八个；1930 年，增加到一百零七个；1932 年是二百三十个。此时，德国的所有机构都有了被其法令制约着的国家社会主义党的间谍。各种针对犹太人的恐吓、侮辱和暴行，在各地肆虐开来。

这样繁杂可怕的事，它一切的亢奋和罪孽，还有所有起伏跌宕的过程，就没必要在此书中按照年份一一详细描画了。《洛迦诺公约》的失色竟是一瞬的事。美国大量借贷的支付，让人觉得繁华正在重建。兴登堡元帅成了德国总统，其外交部部长由斯特来斯曼担任，大部分德国民众都是冷静得体的，他们凭借对崇高、庄重的权威，坚不可摧的热衷来拥护兴登堡，直至他离世不再呼吸。但是别的各式强大的原因在这个疯狂的国家也发挥了作用，对这个国家来说，不管是安全感，还是让国家荣耀和报仇的心愿得偿，魏玛共和政府都做不到。

战争结束后的几年中，德国的陆军指挥部在共和政府和民主体制——由获胜者强行赋予的，带着落败的污渍——这一虚假不实的外衣背后，掌控着德国的实际政权和身为国家的长期机构。这些人掌握着总统和内阁的任命和罢免。他们坚信兴登堡元帅代表着他们的权限，是他们心意的经纪人。可兴登堡在 1930 年已经八十三岁了，他的个性和智力从此时开始就在慢慢退化。他日渐变成一个偏激、执拗和刚愎自用的老人。兴登堡在战争中曾经树立起高大的形象，可是当下，德国的爱国人士却用对其及早离世的渴望来表达对他的尊敬。这切实证明，兴登堡眼下已经成了"木制泰坦神"。将军们一段时间以前就了解到，他们得找个合心的继承人来接替这个年老的元帅了。但国家社会主义党迅猛崛起的势力却压制了寻觅新人的行动。希特勒曾在1923年慕尼黑暴乱失败之后，发表过一个在法律上符合魏玛共和制度的党纲，但与此同时，他却鼓动设计增加纳粹党的军事、半军事机构。敢死队或者叫"褐衫队"，加上党卫队———一个虽然人员稀少，但纪律严苛的中心机构，从起初非常小的机构，发展为人员众多、灵活性程度很高的机构，致使军方对他们的行动和尚未显露的能量极为恐惧。

敢死队的领头人是来自部队的军官罗姆，他是希特勒的伙伴，在战斗的若干年里，一直是希特勒的心腹和友人。罗姆是敢死队的总参谋长，他是一个能力和胆识都非常强，有浓烈的私人欲望的人，还是一个性变态。在夺得政权这一又难又险的路上，他的恶行并不曾阻碍他跟希特勒的互利互惠。就像布吕宁诉苦时说的那样，原本的德国国家人民党的大部分机构收纳进去了，1920年在波罗的海跟波兰同布尔什维克党人交战的自由同志会也在其中，除此之外，还有国家人民党的退伍兵机构——钢盔团。

在深入分析过国内风向后，陆军将领只得相信，作为站在纳粹党活动对面的军官阶级，他们已经无法掌控德国了。这两个派别，全都决意要将德国救出地域，要回敬战败的仇恨。不过德国陆军这个机构是替德国皇帝帝国建立的，守护的是德国社会里的封建领主阶级、贵族阶层、地主阶层和别的富足的阶层；而敢死队则差不多已经成了一个，由狂躁和愤怒的造反者的不悦，以及失去产业的人的悲观之战煽动出来的革命活动。他们跟他们斥责的布尔什维克党人之间有着势同水火的矛盾。

陆军那边觉得，若是跟纳粹党打，跟把落败的德国碾碎没什么两样。尽管陆军的高级军官曾经以德国人本有的坚毅和严苛抵制过纳粹党对国内政治事务的见解，但1931年和1932年，他们全都相信，为了他们本身和国家，他们只能跟纳粹党携手。希特勒那边，尽管他已经预备使用一切进攻工具去夺得政权之城，但在他身前的，却是那些曾经带领神圣绚烂的德国的领导者，这些人是他年轻的时候曾经仰慕和效忠的。所以不管是对他，还是对陆军而言，双方之间有理所当然的、准备好的完成交涉的条件。陆军高级军官们慢慢发现，纳粹党的能量是那么大，以至于兴登堡的德国领袖的位子，已经到了非由他接手不可的地步。希特勒那边也清楚，他要想将自己振兴德国的计划变成现实，就必须跟陆军里的柱石结成联盟。买卖一商量好，德国高级军官就开始劝说兴登堡，让他重视希特勒，将他当成将来的德国总理。希特勒就承诺，会控制褐衫队的行动，让陆军参谋部能够限制它，在没有别的办法的时候，取缔褐衫队。就是这样，希特勒借着交易条款获得了德国统治力量的忠诚，获得了公开的行政处置权，得到了德国国家领导人确切的承袭权。这个下士，一步步向上爬，已经爬上了极高的位置。

不过，国内仍有别的杂乱的情况。要说德国陆军参谋部是一把总的钥匙，掌控着德国内部各党派的力量，哪想得到，开这把钥匙的手绝不会只有一双。史莱歇将军此时握有一种玄妙的，有时候起到关键作用的力量。他是那些慎重又有隐藏实力的军方人员的政治参谋。对于他，各个党派都心存一定的疑虑，且觉得他是一个敏锐、能干的政治活动家。他的学问是普通军人没有的，参谋部的军事操练宝典和其相比，差得远呢。史莱歇老早就意识到纳粹活动的紧要，并觉得需要进行阻止、限制。另一边，在这种可怕的聚集群众滋事的恶行和日渐扩增势力的敢死队中，他还发现，要是他参谋部的同僚用得好，里面的一种武器是可用的，或许能用来重建德国崇高的地位，并且说不好还能建立他本人的位置。带着这种想法，史莱歇在 1931 年起跟纳粹敢死队参谋长罗姆在暗中谋划开来。就这样，两件大事同时启动。陆军参谋部跟希特勒勾连，而史莱歇又在其中跟希特勒的重要下属，且有机会成为希特勒强劲敌手的罗姆展开他私人的诡计行为。史莱歇一直在跟纳粹党中的革命分子联系，特别是罗姆，这种联系直到三年之后，他们俩被希特勒下令枪决才结束。从此之后，政局就变得更简单，对留下的人来说，也变得更好处理了。

*　　　*　　　*

经济风暴的攻击此时到了德国。因为国内债款逐日增加，美国的所有银行都不愿意上调给德国的极不划算的贷款。波及所到之处，让德国各个地方的工厂大规模关门，很多公司忽然倒闭，而德国和平振兴的所仰仗的基石就是这些工厂和公司。德国失去工作的人数在1930年冬增至二百三十万。同时，赔款事项又走进了一个新的进程。美国总理事吉尔伯特先生身为协约国代表，曾在以往三年中，接下了协约国要求德国赔偿的巨款，赔给英国的款项也在里面（当时，从我的手经过，自发交付美国国库）。这样的行为必然坚持不了多长时间。美国委员杨格先生早在1929年夏，就在巴黎拟定、建议、要求探讨出一个极为紧要的降低赔款的方案，这个方案除了给出了支付赔偿款的截止日期，还让德国的国家银行和每条铁路线从协约国的掌控中走了出去，不仅如此，还提议取消赔款委员会，另外建立国际清算银行。商业霸主胡根堡是个暴虐的人，希特勒和他的国家社会主义活动就是跟以他为代表的，在某种水准上以他为头领的工商业利益团体携手。他们展开了一次无功但粗暴的运动，以反对协约国提出的这一意义重大又仁慈的妥协方法。德国政府费尽了九牛二虎之力才勉强让德国国会以二百二十四票对二百零六票将"杨格计划"通过了。外交部部长斯特来斯曼此时生了重病，生命岌岌可危，在死前，他做了最后的事是：让协约国同意其部队还远远不到《凡尔赛和约》限定的日期就撤离莱茵兰。

可对于战胜国明显的妥协，德国民众多半没什么反应。这些妥协在以前，或者关系不太僵的时候，可能会被视为朝着平息纷争或者实现真和平的大跨步。但现在，德国眼前的失业威胁随时随刻会到来，黑暗可怖。因为马克贬值，中产阶层老早就失去资产只得冒险。斯特来斯曼在国内的政治水平因为世界经济的负担下降了。希特勒带领着纳粹党，胡根堡带领着资本巨鳄，对他发动了凶猛的进攻，最后将其颠覆。天主教中央党领导人在 1930 年 3 月 28 日被任命为总理。

＊　　　＊　　　＊

布吕宁，威斯特伐利亚的天主教教徒，是个爱国人士，全心全意地希望用现代民主政治的格局重塑曾经的德国。拉特瑙先生未被刺杀之前，曾经以准备战争为目的制定好了工业方案，他继续推进。他还努力在越发紧张的动乱中，保持财政上的平稳。人们并不喜欢他经济节俭和减少文官数量及薪金的计划。怨恨的浪潮更加湍急。布吕宁借着兴登堡总统的扶持，将对立的国会取消了。他在 1930 年的大选里获得了国会中的多数票。现在，他用最后鲜明的努力，召集旧德国剩下的力量，对重燃的、残暴的和卑下的国家主义一派的动乱进行抵制。为实现这一目标，他首先要做的就是想办法保证兴登堡再次获选总统。布吕宁总理想有个全新的，也显眼的处理手段。他觉得要想让德国得到和平、安全和荣耀，只能复辟帝国主义制度。要是兴登堡再次获选总统，他能成功劝说这个老朽的元帅，在其最后任职的时间里担任摄政，好在他离世的时候恢复帝制。若是这一策略能成，那希特勒眼下明显正要进入的德国最高权力的空白区就能被补上。从全局上看，这条路是对的。但要如何做，布吕宁才能将德国带上这条道路呢？若是见到德皇威廉，正倒向希特勒的保守派或许会回头；但社会民主党也好，工会内部的势力也罢，没有人会同意老德皇或者皇太子东山再起。布吕宁的方案并不是要建立第二个帝国，而是想组建一个英国式的君主立宪的政治体系。他希望德皇太子的儿子中，有一个适合做立宪君王。

布吕宁在 1931 年 11 月就将自己的方案秘密报告给了裁决一切的兴登堡。这位年老的元帅的回应剧烈又怪异，他非常惊奇，且表示强烈反对。他说自己仅是得到了德皇的托付。一切别的处理方案，都是在侮辱他作为军人的尊严。他信仰的君王体制和从皇子中选一个当皇帝的方案不可调和，坚决不能毁坏皇位的宪法和法律传统。与此同时，由于德国人不欢迎德皇回国，德国就只有兴登堡自己了。他说到此结束，没得商量。他说："我在这，就在这待着。"布吕宁跟这位老将军进行了激烈辩论，或许还花了不少时间。这位总理有个强硬的道理：这个君主体制的处理方案虽然不合规范，但兴登堡一定要答应，不然纳粹专制革命就必定会发生。但两方什么条约都没形成。但是布吕宁能说服兴登堡改变主意也好，不能也罢，就算是为了让德国政治不会顷刻之间垮掉，也必须行动起来，确保兴登堡再次获选总统。布吕宁方案的第一步成功了。1932年3月，总统大选举行，第二次投票的结果是兴登堡获得多数，赢了他的强敌希特勒和共产党台尔曼，又一次获选。可眼下又非解决国内经济局势跟欧洲的干系。日内瓦正在开裁军大会，而为了抵制《凡尔赛和约》给德国带来的羞辱，希特勒又掀动了一个纷乱的运动。

经过反复思考，布吕宁起草了一个修改《凡尔赛和约》的宏伟的方案，还在1932年4月去了日内瓦，得到了意想不到的热情招待。在他和麦克唐纳、史汀生和诺曼·戴维斯的磋商里，好像有很大的机会签订条约。德法的"军事平等"是这次磋商的基石。然而这个准则有多种保留的说法，真让人吃惊，这些人神智又没有模糊怎么会相信在这样的基石之上能够建立和平？对于这一问题，以后几章还会谈到。要是在这个决定性的事情上，获胜者能够妥协，那就有很大的机会将布吕宁拖出困境。还能有更明智的第二步，大体就是取消赔偿以振兴欧洲。要是这种处理方案施行了，那布吕宁本人的位置，必定会被提到获胜者的位置上。

美国巡回大使诺曼·戴维斯，曾经给法国总理塔迪厄打电话，让他马上从巴黎赶赴日内瓦。哪知道布吕宁这么倒霉，塔迪厄已经接到了另外一个信息。当时史莱歇正肆无忌惮地在柏林行动，他前脚刚告诫法国大使说，别跟布吕宁谈，布吕宁很快就要垮台了。塔迪厄同时可能也在疑虑法国在"军事平等"这个计划中的军事位置。无论如何，塔迪厄没去日内瓦，布吕宁也在5月1日回了柏林。在这种情况下，布吕宁什么都没带回柏林，对他而言，这是致死的，必须启用激烈的，甚至是不惜一切代价的措施，以处理德国内存在的严重危险的经济危机。但人民已经对布吕宁政府丧失了信心，启用这些措施必需的力量，它已经不具备了。5月，布吕宁努力了满满一个月。同时，塔迪厄在莫测的法国议会政治里，也被赫里欧取代了。

法国新任总理宣称，他预备对日内瓦谈判中形成的计划进行讨论。美国驻柏林大使按照命令催德国总理必须马上回日内瓦，一点儿都不能耽搁。5月30日早上，布吕宁收到了这份电报。但史莱歇的辛劳此时已经成了。兴登堡被他劝服决定将布吕宁从总理一职上罢免。那天早上，当布吕宁拿到美国邀约的电文（满怀期望但言辞并不谨慎的电文）时，他已经清楚，自己的命运改不了了。为了不被明文罢免，他在中午就请辞了。就这样，战后德国的最后一个有希望让德国民众享有和平、文明的宪政，朝和平共处的道路上前进的政府终结了。要是史莱歇没有用诡计，塔迪厄没有耽搁，布吕宁一定能为协约国的提议所救。这些提议现在只能跟别的政府，别的人商量了。

第五章　被蝗虫吞噬的年代

1931—1935 年

麦克唐纳——鲍德温联合政府——印度的分裂——全德的大暴动——兴登堡和希特勒——候补者史莱歇落败——希特勒出任总理——1933年2月27日国会大火——大选中希特勒获多数——新的主人——有实质的裁军——1932年的德国——1933年英国的空军预算——军备状况的平等——"麦克唐纳方案"——"好在有法国陆军，感谢上帝"——希特勒从世界同盟中退出——纽约冒险记——平静的恰特威尔庄园生活——一些高智商的友人——马尔巴罗古战场——普齐——保守党的姿态——远东之危机——日本进军中国——个人的责任个人担

　　表面上 1931 年选举出来的英国政府是最厉害的，但其实却是最脆弱的。工党是首相麦克唐纳用了一辈子的心血建立的，却跟他破裂了，双方对抗情绪浓厚。他的政府说是联合政府，其实却是保守党占上风，所以尽管他站在政府的顶端，却一点儿也不忙。鲍德温先生更愿意得到实质的权利，他退到幕后掌控政权。约翰·西蒙爵士担任外交大臣之职，他是自由党领导人的一员。内维尔·张伯伦先生统筹主体事务，他很快就要接替斯诺登先生担任财政大臣了。由于没能摆平经济危机，工党备受指责，以致在大选中严重受挫，当下担当首领的是极端和平主义者乔治·莱斯勃里。从 1931 年 8 月到 1935 年 11 月，欧洲大陆的全部局势在这一政府超过四年的掌政期中被倒转了。

政府在新议会的首次聚会中，提出对印度政策进行信赖投票。当时我针对这一问题，提出了以下的修改建议：

> 这个政策并没有要求我院非按照《威斯敏斯特法案》的规定来制作印度自治领不可……并在这段时间里，一切关于印度自治的事都不能损害议会为维系印度帝国和平、有序和良好的管理而承担的基本任务。

这次发言，我说了一个半小时那么长，所有人都凝神倾听，不过不管民众如何说，对这件事都不会有一点儿影响，就如同后来对国防的事一般。在这条东方路线上，现在我们也走到了恐怖的终点，几十万不幸的民众原本只想在和平、正义的情境中活着，当下却陷在杀戮中。我大胆地跟各个党派不清楚情况的议员们说：

> 英国的权利只要有一瞬的放松，穆斯林与印度教徒间的原有的仇怨就会重燃，并有比原来还要严重发展到极为恶毒的趋势。我们很难想象他们的这种仇怨。做了一辈子邻居的印度人民，只要被这种感情控制，就将老幼妇孺全都扯进去，互相砍杀。英国很快会不再掌权，只要提要求，就能让英国撤离，自从人们相信这些事开始，穆斯林跟印度教徒间的关系就在变糟，其程度是百年来从未有过的。

在议会的休息室里，我们能够聚集的跟下院的三个政治党派抗衡的人只有四十多个。在这条下行的道路上，这不得不说是一个糟糕的里程碑。

*   *   *

同一时间，德国处于无序中，大事件接连到来。

1932 年 5 月，布吕宁内阁垮塌后的一年里发生了许多事。巴本和政治将领史莱歇始终想借着狡诈和诡计掌控德国，但眼下已经失去了这样的机会。巴本代替布吕宁做了总理，他想获得兴登堡身边心腹和国会里极端国家主义党派的认可。7 月 20 日，他迈出了关键一步。普鲁士的社会党政府被逼离开，巴本的敌人正踊跃谋划夺权。按史莱歇的计划，在希特勒的日渐变强的声名和实力背后，正动摇着德国政治的那些灰暗和私密的力量，将是夺权的武器。他想让希特勒运动变成德国陆军温驯的仆从，且通过这个，将两者都抓到自己手里。史莱歇自 1931 年起，开始跟纳粹敢死队首领罗姆来往，到了第二年就发展成史莱歇和希特勒自己的更正规的关系了。这两个人想要获得政治权利，看上去只有是巴本和兴登堡信赖巴本这一个阻碍了。

1932 年 8 月，希特勒接到总统的秘密诏令去了柏林。看上去往前走一步的时机就在眼前了。德国一千三百万选民在这位领导人的身后支持他。他只要提出，想来就一定会有高官厚禄等着他。他眼下所在的位置，跟墨索里尼进攻罗马的前一晚所处的位置差不多。但巴本并不曾关注意大利近期的历史。兴登堡是支持他的，他本人也没有下台的打算。希特勒拜见了年老的元帅，却没能让其对自己心生好感。"这个人想做总理吗？我给他个邮政局长的位子吧，印着我头像的邮票，他能舔一下。"希特勒的对手们拥有的那种力量在宫廷圈，希特勒并不具备。

国内的选民普遍心浮气躁，茫然无措。1932 年 11 月，全德举行了当年的第五次大选。在大选中，纳粹党受挫，席位从二百三十个减少到一百九十六个。于是，希特勒议价的筹码变小了。史莱歇将军得到了兴登堡的参谋们的支持，或许能够彻底丢掉他了。11 月 17 日，巴本离职，史莱歇出任总理。但这个新任总理相比于在明面上执掌政务，更适合在背后操作。他树敌过多。眼下，希特勒、巴本和德国国家人民党团结一致抵抗，这让史莱歇继续执政的希望变得更加渺茫。巴本动用了自己左右兴登堡的能力。为了安抚希特勒，将希特勒推到台前当官，承担职责，还有什么法子比这个更好吗？最后，兴登堡勉勉强强地接受了。希特勒因此在1933年1月30日出任德国总理。

那些将要抵制新规则，或者有可能会抵制新规则的人，用不了多久就会知道这个新主人的手腕了。2月2日，德国共产党的全部聚会和游行全部被禁，全国各个地方展开了对共产党秘密武器的搜索。局势在1933年2月27日晚上到达了顶点。国会大厦突然起火，褐衫队、黑衫队及别的分支团体遵命行动。一夜间，被拘捕的人达到了四千，共产党的中央委员也在其中。这一切都出自新上任的普鲁士内政部长戈林之手。这是在为下一次大选做预备工作，目的是保证击败共产党——这个新政权最危险的对手。戈培尔的任务是召集大选的活动，他自然有着高明的手腕和勃发的激情了。

但德国内部仍有很多不愿接受，或者强烈抵制，甚至踊跃抵制希特勒主义的势力。大选的结果，共产党得到的席位数是八十一个，有很多人在无措悲痛中将选票投给了他们；社会党得到的席位数是一百一十八个；中央党得到的席位数是七十三个；由巴本和胡根堡统领的德国国家人民党跟希特勒形成了联盟，获得的席位数为五十二个；人数较少的右派核心团体得到的席位数为三十三个；纳粹党得到了一千七百三十万张选票，席位数为二百八十八个。希特勒和其同盟——德国国家人民党借着大选的结果控制了国会。这个多数的选票是希特勒不惜一切手段，要尽了各种鬼蜮伎俩才在德国的选民中获得的。如此巨大的少数派以文明国家惯常的议会政治模式来说，会极大地影响到国家。但眼下新纳粹德国的少数派就会知道，他们是完全没有权利的。

1933年3月21日，在波茨坦临近腓特烈大帝墓地的驻扎着军队的教堂里，希特勒启动了第三帝国的首次国会。代表德国权势延续的陆军代表和再次兴盛的德国新贵冲锋队、党卫队的将领，坐在教堂的正中间。3月

24 日，所有的反对派都被国会的多数票压制或者说服了，在四百四十一票对九十四票的通过下，一切紧要举措权以四年为期限，被交给了希特勒总理。希特勒在议决案公布时，对着社会民主党的席次高呼："我不需要你们了。"

这次大选办得兴高采烈，热血沸腾的国家社会主义党团体在柏林的街道上举办了火焰游行。当队伍从他们的首领前边经过的时候，他们以异教徒行礼的模式对其行礼。这是个漫长的战斗，国外的人，特别是那些对战败的悲惨不熟悉的人，对此是很难明白的。希特勒终于来了，但是，来的并不是他自己。这个隐藏在欧洲的民族，它人数最多、最优秀，但同时也冷酷、矛盾、可悲，希特勒从战败的深渊里召唤出了这个民族深藏的狂躁的怒火。他召唤出了一个要将所有莫洛克神吞噬殆尽的恐怖信仰，而他就是这个信仰的祭司和分身。在我要讲述的内容里，并不包括这种怨毒、残暴的政治机关要用怎样无法想象的残忍和狠毒卑下的手法才得以建成，以及怎样让这个机关越发完美。在此，我需要告诉读者的仅仅是，在这一仍旧茫然无知的世界中，希特勒掌控着德国，并且德国正在用武器装备军队，这个新的恐怖的真实已经存在了。

在这些极端危险和不吉的变化正在德国进行的时候，麦克唐纳－鲍德温政府却因为金融危机的逼迫，觉得必须在一段时间内将已经很少的军事装备进行大规模的裁减和控制。对于欧洲发生的让人胆寒的预兆，他们一直视而不见。麦克唐纳跟他的保守党、自由党同事，积极地致力于减少获胜者军队，将它缩减到和《凡尔赛和约》强迫落败国裁撤的一样多。他们曾经在世界同盟，以及所有行得通的道路中，提出众多提案。法国的政治情境虽然仍旧是不值一提的持续更替，但它却将坚决地留下了法国陆军，将其当作法国和一切同盟国性命的核心和柱石。它的这种态度遭到了英美的指控。报纸和民众言论根本不看现实，并且这股逆流也非常强劲。

1932 年 5 月，当各个党派在下院对裁撤军队的美好品质大肆赞扬的时候，外交大臣提议划一条新的分割线，将武器分成两种，一种是应该留下的，一种是应该废除的。他将其称作"有质量的裁撤军备"。这种言论恰到好处地显露了它的荒唐，让说服议员变得困难。我说：

　　外交大臣告诉我们，很难用攻击和防御这两个领域来区分武器。这自然是对的，因为不管想到哪种武器，它都差不多既能用来进攻，也能用来防守；既能给入侵者用，也能给被攻击的无辜被害者用。说要将大炮坦克和毒气划入攻击型武器这一恶毒的领域，好让入侵者不易展开侵略。但这些武器，在1914年德国侵略法国的最高峰的时候，是不曾被使用的。说大炮是"一种攻击型武器"，在要塞中布置大炮有什么问题呢？在那儿，它的性质是和善、和平的；如果移到战场上去——而且，如果有必要的话，它当然会被搬到战场上去，它立刻就会变成恶劣的、罪恶的和肆意使用武力的，且只能被看作不容于人类文明的。比如坦克，德国人攻入法国后，挖深深的壕沟；在两年的时间里，英国和法国这两个国家，想将从法国的领地解放出来的一百五十万士兵射杀了。坦克会被发明就是为了抵抗德国以不丢掉之由，在法国的占领区布置的机关枪火力线，在驱赶入侵者的战斗中，它拯救了很多人的性命。很清楚，德国以守住所夺取的法国十三个省而使用的机关枪，现在要被看作是和善、防御性的机关枪，而被用来守护了协约国很多人性命的坦克，却被所有公允、正直之人责骂和指控……

　　相对恰当的分类，在我看来，那些用起来没有指向性的武器才该被禁止，这些武器造成的死伤，不仅是战场上的参战人员，还有远在战场之外的民众，有男有女，还有孩子。我认为在日内瓦开会的各个国家有机会得到会谈结论的方向应该在这儿……

　　最后，我首次正式发出战争将近的警示：

要是德国的军事力量跟法国的差不多,那我将感到极大的遗憾。某些人以为这样的相近,看上去是合理的。甚至觉得这种对待显示了对德国的公平,所有这些人都小瞧了欧洲形势的严峻程度。对于那些想看见德国跟法国军备等同的人,我要说一句:"你们难道想开战?"以我自己而言,德法短兵相接的情况,我诚心期盼终我一生,或者终我孩子的一生都看不到。我这么说,完全不表示我对德国人高尚的品德不敬重或者不钦佩,但我能够确定,一旦德国在军事地位上应该跟法国人相等这种论调成了真,就必定会将我们带到不可想象的灾祸中。

对于眼下情势的变化,英国空军在 1933 年 3 月的预算显示,政府、当朝的自由党、工党全都认识不足。我必须出声了(1933 年 3 月 14 日):

我听次官说,以空军而论,我们的国家只排第五,十年计划的施行要推后至明年。我觉得非常可惜。听见他骄傲地说,今年空军部门一个新机构都没成立,让我感到非常忧虑。这些论调随着事情的发展看上去越来越荒谬。我们该接受良言,花更多的心力增强我们空防建设。

*   *   *

在联合政府的名头下,英国言论对德国的防范看上去越来越松懈。1931 年 7 月 21 日,法国毫无意义地在一个备忘录中说道,按照《凡尔赛和约》的条例,在德国自己解除军备后,各国将兑现广泛裁撤军备这一一般承诺,但这并不是一种协议上的责任,更加不是不计时间、形势,必须强行实现的责任。但当德国使团在 1932 年参加裁军大会明确表示,希望能将其重整军备权限的所有制约都撤销时,竟然获得了英国报纸的强力支持。《泰晤士报》管它叫"对不公对待的及时挽回",《新政治家》报管它叫"对各个国家均等准则的绝对认可"。也就是说,应该让七千万德国人再次进行军事装备，为战斗做准备，而在最近的艰难的战争里，获胜的一方竟然什么不同意见都不能提。这是获胜者和落败者间地位的等同，是人数为三千九百万的法国，跟人数比它多了差不多一倍的德国间的等同。

德国政府因为英国的态度而有了胆量，他们将这种态度视为民主和议会体系在北欧种族引发的本质的懦弱和坚不可摧的消沉。他们身后有希特勒民族运动做后台，他们选择了一条骄傲的路。他们的使团在 7 月夹着公文包，从裁军大会中离开了。自此以后，获胜的协约国的主体政治指标就是好言好语地劝他们重回谈判桌。法国在英国不断的重压下，在十一月提出了名字不太公正的"赫里欧方案"。方案的条件就是将一切欧洲国家的国家防御部队变成短时间参军，人数有限的部队，认可各个国家地位相同，但实力相同则接不接受均可。但都已经认可了地位等同，实力上的等同就不管是原则上，还是实际情况上，都得认可了。这导致协约国政府能够提供"在保证各国安全的体系下的平等权益"给德国。在一些根本是想象的承诺中，法国勉为其难认可了这一没有价值的运算。德国就这样答应了返回裁军大会。这件事被称赞为一件有看重价值的和平的成功。

在主流言论的推进下，英国政府在 1933 年 3 月 16 日发布了"麦克唐纳计划"，这个计划的名字来自它的倡导者和草拟者。它的起点是认可了法国短时间服役部队理论（当时服役时间的标准是八个月），并在此基础上，为所有国家的部队限定明确的人数。法国的陆军平常的体制，其人数是五十万，应该减少到二十万，而德国，它的人数应该增加到跟这个数字一样。德国此时的兵力，尽管还缺不少经过训练预备的部队——这是因为想要达成这个效果，必须要每年征集一定数目的人参军才行。但德国或许已经有了总人数超过一百万的部分武装的积极的志愿军，在休整和半休整的工厂中，他们拿到了不少新式武器进行配置。

法国在第一次世界大战结束的时候，也跟英国似的，留着大规模的重型大炮，而德国部队的大炮其实已经按照约定炸得粉碎了。为了对这种显著的不公进行弥补，麦克唐纳先生提议，将机动炮队大炮的口径进行限制，要么是一百零五毫米，要么是四点二英寸。现在口径没超过六英寸的大炮还可以留着，但至此之后，添加的大炮其口径尺寸必须限制在四点二英寸内。英国的利益和法国的利益不一样，直到 1935 年提出举办新的海军大会之前，它可以由于保持和约里对德国海军军事装备的限制而取得保障。在协议限定的时间里，德国不能留有军用飞机，但三个协约国都得将空军减少为各国只有五百架。

这种损毁法国军事能力，让法国和德国平级的图谋，让我极为恼怒。1933 年 3 月 23 日，我在议会上说：

现在逼迫法国承认这个方案，是不是一种睿智的行为，我表示疑虑。在我看来，法国也不会认可。对于发生在德国的事，以及某些邻国的姿态，他们必定非常关心。我这几年始终在说："多亏了有法国陆军。"这是一个让人心烦的月份，我相信在这个月中，这么说的人可能还不少。当我们见到德国的情况，当我们怀着震惊和悲伤的心，当我们看见这一切：狠辣和好战的精神吵闹不休，恶毒地凌虐着少数派，取消文明社会拥有的常规防护，只因为种族就对大量的人进行残害，发生在这个世界上资质最高、学问最渊博、科学技术最先进的强国，我们必须感到幸运，因为他们的宣泄还只是对着自己，没有朝向其他地方。在眼下这个时间，让法国将部队裁掉一半，德国却翻倍，让法国将空军裁掉一半，德国的空军却维持原样，我以为这个提案，法国政府至少是眼下，有很大的可能会觉得不太合适。在方案中，对陆军和飞机力量所限定的数字，确保法国能有的飞机数目，跟意大利能够有的飞机数目一样，却没规定德国的空军实力该有多少。

我在那年 4 月，还说：

德国提出武器均等，陆海军的机构地位一样，我们听见某些人说："这么大的一个国家，你不能让它长期处在低下的位置上。他们应该有跟其他人一样的东西。"我从始至终都不认同这种言论。这样的要求是最恐怖的。生命中，没有什么是永远不变的，但德国的愤恨和不快——这种情感我们曾经可悲地看见过——只要德国还未曾将其丢掉，就切实得到了跟它的邻国彻底一模一样的军事实力，我敢确定，我们也免不了要面对为期不远的再次爆发的欧洲大战。

……我们在战争结束之后听见了一种言论，说我们的安全能够得到保证，因为德国会变成一个议会民主体系的民主国。现在这一切都消失了。现存的是最严苛的专制，是军国主义，以及召唤出各类斗争灵魂的办法，比如从各个高等院校再次倡导死战，到教育部指出，各个小学能够彻底运用鞭子等情形。逞凶为恶的非常多，还有对犹太人的残害，不少议员都说起过……

现在我先将德国搁下，说说法国。在欧洲，法国是仅存的神圣的民主国，不仅如此，我还可以愉悦地说，它还是一个军事强国。法国是若干国家和民族集合体的领导人。从比利时拐个弯到南斯拉夫和罗马尼亚的全部月牙形，它是这个地区里的所有小国家的担保人和守护者。它们每个都仰仗着法国。不管英国或者别的大国采取什么安全的程序，让法国的外交或军事减弱，只要这样做了，这一切小国家都必定会感到极大的惊讶和愤恨。这个在中间守护的力量，它们怕它被减弱，要是发生了，它们就只能对那个条顿大国言听计从了。

这些事，要是人们觉得都是毋庸置疑的真相，那就让人弄不明白了，为什么由可敬的先生们构建的当政的政府竟会这么做？而言论也会如此蜂拥地表示赞同。这就像盖了一床鸭绒被，闷得人透不过气来。我还记得我在下院说"多亏了有法国陆军"时，特别留意到，各方议员们脸上的神色表现出的尴尬和厌烦。说的一切话，都是浪费口舌。

但法国坚韧地撑着，要毁掉他们的重型武器，必须在四年之后才行。这一改动，英国政府同意了，但有条件，即法国必须接受，在将要签署的一份文件里确切定好，将其大炮毁掉。法国接受了。1932 年 10 月 14 日，约翰·西蒙爵士在抱怨了一阵子德国几周之前改了态度的事，然后在裁军大会上将这些提议的拟稿提了出来。结果让人意想不到。现下已经成了德国首领的希特勒，一掌权就下达各种指令，要让军事集训营或者工厂在整个国家的领域中，全都勇敢地往前走。自己的地位非常稳固，他已经感觉到了。那种堂吉诃德模式的提议，他甚至都不愿意搭理。他用傲慢的姿态下令，让德国政府从裁军大会和世界同盟中一起撤出。"麦克唐纳计划"的命运就是如此。

*　　*　　*

英国政府的蠢笨、法国政府的懦弱，真是不常见，但在这一哀伤的时刻，他们也真的体现了两个国家议会的主张。美国也避不开历史的指控。他们只关心自己的事，一心一意地忙着自由社会的各种好处、活动和变革，觉得欧洲发生的巨变跟他们无关，只是张口结舌地看着。美国有不少既能干又久经培训的官员，这些官员虽然有自己的看法，但并没有明显地改变美国外交策略的那种短视和对欧洲局势冷淡的态度。美国要是使用了他们的影响力，英国和法国的政治家就有被刺激，展开行动的可能。世界同盟虽然以往始终在受挫，但仍算得上是一个威严的机关，他原本是能运用国际法的惩治对希特勒的新的战争危机进行处置的。可美国人在这种严峻的情况中，只是耸了下肩。于是不过几年的时间，他们只得以新大陆的血和资产为代价进行自保，才能从灭亡中存活下来。

当我在七年后，在图尔目睹法国的悲苦的时候，这一切仍旧没有离开我的大脑；这也是就算是他们自己提出议和的时候，我也仅仅是说了些劝慰和担保的话的原因。眼下让我感到欣慰的是，这种担保现在已经在执行了。

*　　*　　*

1931年年初，我布置好在美国进行一次大范围的演说旅行，到了纽约。我在那遇上了一次重大的意外，差点儿丢了性命。12月13日，我去看望伯纳德·巴鲁克先生，停车后，我弄错了，在挨着马路的那边下的车，在我横穿第五大街的时候，完全没料到美国车行驶方向的原则跟欧洲相反，是靠右的，也没留意红色的信号灯——当时英国还没启用，结果被汽车凶狠地撞了。长达两个月的时间里，我瘫痪在床。我后来到巴哈马群岛的拿骚休养，渐渐恢复，才能缓慢地往前走。我在这种状况下，将整个美国逛了个遍，做的演说有四十场。白天在火车上睡一整天，晚上为大量的观众演讲。总而言之，在我看来，这是我一生中最艰苦的时间。我的身子在那一年非常虚弱，但我还是慢慢地又有了力气。

同一时间，在国内这边，国家的生活悄无声息地每况愈下。鲍德温先生在议会中对麦克唐纳先生的《印度法案》的重要准则表示了认可和支持，并由塞缪尔·霍尔爵士——新上任的印度事务官，将法案上呈给下院。西蒙委员会的汇报被束之高阁，这个法案连让议会讨论的机会都没有。我跟别的大概七十位保守党党员，建立了一个团队，叫"印度保卫同盟"，在之后的四年中，只要政府的印度策略不在西蒙委员会的提议内，就进行抵制。我们将事情上呈到党的会议上，抗争到最后，很多人都表示认可，有时候人数非常靠近，但通常都是处于少数的位置。对于印度的事，不当政的工党的表现跟裁军的事上表现的一样，在议会中对政府投赞同票，它成了一座桥，连接着在朝党和在野党左右两边坐在前方的领导。两个党的领导者们的拥趸组成了绝大多数，团结在一起以反对我们的团队，斥责我们为"顽固派"。希特勒得势，纳粹党掌控了全德，德国的军事力量迅速发展，进一步深化了我跟政府和各个党派间的矛盾。

1931年到1935年的这些年，我虽然为全局感到烦闷，但自己的日子过得还是挺开心的。我靠口述写出的文章过活，除了英国、美国的报纸，这些文章还在十六个欧洲国家的报纸上大范围刊登。我的日子，确实是手、嘴一起动。我在这段时间，接连将《马尔巴罗传》这本书的各册完成了。与此同时，我始终在思考欧洲形势和德国重建军事装备的事。我大多数时候在恰特威尔庄园生活，日子过得非常有意思。那里有两所小房子，宽广的菜园子，围绕的墙壁多半是我自己砌的。另外我还构建了各样的假山、喷泉和一个能将水净化干净的大泳池，还能加热，对莫测的阳光进行弥补。所以我从早上到晚上，完全没有阴郁懒散的时间。我跟我的全家愉快地在家里过着安宁的日子。

我这几年经常会见到林德曼，他是牛津大学实验科学的教授。他很久之前就已经跟我成为朋友了。我跟他认识是在第一次世界大战终结的时候，他在战斗时期，因为做了很多空中实验而出名，这些实验是为战胜那时因为"螺旋式下降"几近造成的毁灭性威胁，原本只有那些格外有勇气的驾驶员才能做。我们的来往自从 1932 年开始更加紧密了，他经常开着汽车，从牛津来到恰特威尔跟我待在一起。我们在那儿很多次对预见的渐渐靠近的危险进行彻夜长谈。被友人们叫作"教授"的林德曼，以后成了我现代战争科学的参谋，特别是在空中防御和与统计相关的事，是我的重要参谋。这全部战争期间，这种快乐、友好的友情都持续存在着。德斯蒙德·莫顿是我的另一个好朋友。当陆军元帅黑格 1917 年在刚从战场上召回的青年将领中选人，以扩充自己的顾问团的时候，德斯蒙德以炮兵精英的身份被举荐给了他。在那一年春天最残酷的战斗里，他曾经对法国阿拉斯前线前方的炮兵进行调度。除了军事十字勋章，他还得到了一个特别的荣耀。子弹从他的心脏穿了过去，尽管不曾离开他的身体，但他仍旧开心地活着。我在 1917 年 7 月担任军需大臣的时候，时常以总司令的宾客的角色去前线探访，德斯蒙德·莫顿作为总司令的心腹副官，经常受命跟我同行。我们游览了阵线的不少地方。这些游览有的时候非常危险。在游览时，这位优秀、英勇的军官让我们生出了极重的敬畏感，建立了友情。1919 年，当我成了陆军和空军大员，我安排他去情报处担当重任，他做了不少年。跟我毗邻而居，离恰特威尔只有一英里远。他获得了麦克唐纳的准许，能够不受约束地跟我说话，让我知道不少事。他在那个时候，还有后来战斗的时候，一直到我们赢得最后的胜利，一直是我最亲密的参谋中的一员。

莱尔夫·威格拉姆，那时外交部的风云人物，是外交事务的核心成员，我和他也产生了友情。他在部里的身份，已经到了可以对政策发出承担责任的意见的程度，不管是正式的交往，还是非正式的交往，他都能有广泛的随意处置的权力。他这个人讨人喜欢，也无所畏惧，他的信仰以渊博深邃的知识为根基，是他生活中的掌控力量。和我一样，他清清楚楚地看见了恐怖的危机正在日益靠近我们，但跟我相比，他有更确切的消息。这种相同的认知让我们互相接近。我们经常会聚到他在北街的小房子里，他跟他的夫人也经常会来我恰特威尔的家中。跟别的高官没什么不同，他跟我交谈时，是完全相信我的。这一切都促进我对希特勒运动观点形成，并强化了它。我当时在德、法和别的国家已经有不少关系了，这让我能给他提供很多消息，让我们一起分析。

对于政府的政策和事情的发展，威格拉姆自 1933 年开始感到非常担心。尽管他的上级对他的能力越来越看重，他在外交部的作用也增加了一些，但他仍旧多次想要辞职。他说话不仅恰当，还十分有力度，一切曾在重要事情上跟他接触过的人，以及合作过的人，都愈发重视他的意见。

*　　　*　　　*

在这么多年的时间里，我居然能在这个小圈子里做深入而精辟的探讨，这对我有重要的作用，或者对国家也是。而在这边，我也收集、提供了众多来自国外的消息。我跟法国的一些部长，还有法国政府的历任领导人都联系紧密。伊恩·科尔文，那位《晨邮报》有名的评论家的儿子，是《新闻纪事报》在柏林的记者。他深深地走进德国政治内部，跟德国的一些主要的将军和某些预见到希特勒运动将导致国家灭亡的人品高洁的大人物，进行了极端私密的联系。几个德国上流人士离开德国来见我，跟我吐露他们心里的烦闷和悲痛。这些人中的很大一部分，在战争时期都被希特勒杀害了。我也从别的层面进行调查和得到了我们全部空中防御形势的材料。如此，我就跟很多内阁大臣一般，对情况熟知了。我时常会将自己从各个层面得到的资料，特别是从国外的来往中获得的资料汇报给政府。我跟各个大臣，还有很多高官有着亲密、自由的私人关系。尽管我时常指责他们，但伙伴式的精髓仍在我们间留存。在下面的叙述中，大家可以看见，很多极为隐秘的文件他们都公开给我看了。在我做政府高官的漫长阅历中，我也对国家的一些绝密文件有所了解。这一切让我能够不借助报纸刊登的信息就能明确、坚持我的想法，尽管目光敏锐的人能从报纸中看出很多事。

* * *

印度的事和德国威胁的事这两个中心，我在威斯敏斯特议会中持续提起。在议会里，我经常进行警示演讲。尽管这些演讲引发了人们的关注，但糟糕的是，并不能让挤成一团的迷茫惶恐的两院倾听者明白过来，并展开行动。对于德国威胁之事，我采用了跟对待印度事项一样的办法，在议会中找了群友人协作，构成它的成员跟"守护印度联盟"很不一样。我们的团队由奥斯汀·张伯伦爵士、罗伯特·霍恩爵士、爱德华·格里格爵士、温特顿勋爵、布雷肯先生、克罗夫特爵士，还有其他几个人组成。我们时常按期聚一聚，大抵将我们的消息集中了一下。对于这个由他们自己的拥趸、前同僚或者上级构成的有一定影响力的非敌对组织，官员们还是挺看重的。任何时候，我们都能引发议会的关注，并提出进行正式讨论。

* * *

读者们，请允许我以一个比较放松的心绪，来说个我自己的离题的事。

因为要写那本《马尔巴罗传》，我在1932年夏天去了他在尼德兰和德国曾经打过仗的旧战场。"教授"跟我们一家一起，顺着马尔巴罗在

1705 年从尼德兰至多瑙河的那条声名赫赫的行军线路，高高兴兴地游玩了一次。我们从科布伦茨横渡莱茵河。当我们从这些漂亮的地方一路走过，途经一个个旧时著名的城市的时候，我理所当然地询问了希特勒活动的情况，我发现在所有的德国人心中，这是最重要的事。我感觉到了希特勒的气息。在贝伦海姆的田地中穿行了一天后，我坐车去了慕尼黑，大致在那儿待了一周。

一个不请自来的客人——汉夫施腾格尔先生，到里金纳旅店来看望我们中间的某些人，他谈了很多与"头领"相关的事，看上去，他跟头领很亲近。他这个人，看着精力充沛且能言善辩，英语说得非常流畅，我们于是邀他共进晚餐。他像是入了迷一般，对着我们将希特勒的运动和主张讲得活灵活现。他很有可能是奉命来跟我碰面，明显全心想要获得我的好感。他在饭后走到钢琴边上，弹琴歌唱，他弹了很多曲子，确实别有一番风味，我们十分享受。我喜爱哪些英国歌，他看上去全都清楚。他是一个交际高手，并且我们当时也清楚他是领导人的心腹。按照他的说法，我应该跟希特勒见个面，并且安排起来很方便。希特勒先生每天五点都到旅店来，必定非常希望能跟我聊一聊。

我那个时候对希特勒没什么民族上的成见。只是稍稍听说过他的理论和大作，他本人的人品行事，我就更不知道了。对于在国家落败的时候能挺身而出的人，就算我们立场相反，我也都是敬佩的。他要是喜欢，当然完全有权去做个热爱国家的德国人。我始终想让英国、德国和法国能和平共处。在我跟汉夫施腾格尔聊天的时候，我自然地说："为什么你们的领导人对犹太人如此残酷呢？我完全能够明白，对那些做了恶事或者抵抗国家的犹太人心存厌恶；无论是生活的哪个层面，要是因为他们想进行统治而进行阻止，我也是能明白的，但对一个人进行否定只是因为他的血脉，有什么意义呢？谁能决定自己的血脉呢？"他肯定将我这些话告诉希特勒了，因为他在第二天中午，脸色阴沉地来到我那，跟我说，由于希特勒那天中午来不了旅店，所以本来已经说好让我跟希特勒见面的事，也实现不了了。尽管我们在旅店又待了几天，但这仍旧是我跟"普齐"（他的昵称）的最后一面。希特勒弄丢了仅有的跟我相见的机会。之后他得势掌权曾经约过我好几次，我都婉拒了，因为情势到那个时候已经发生了巨变。

＊　　　＊　　　＊

美国在这一时段，仍旧一心一意地埋首在骤变的国内事项和经济事件中。欧洲和远方的日本注视着德国武力的兴盛。斯堪的纳维亚国、"小协约国"和一些巴尔干国家日渐惊慌。法国就更加焦躁了，因为它拿到了大量的关于希特勒运动和德国筹备战争的消息。我得到消息，对于德国严重损害合约的情形，法国有详细记载，但问什么不跟世界同盟提起这一问题，传召德国参会，将它的活动，以及它究竟在干什么解释清楚。当我问及我的法国友人，他们告诉我，这个可怕的行动，英国政府是绝不会同意的。如此，一边是麦克唐纳在鲍德温政治权力的帮助下，劝法国裁撤军备，并身体力行，亲身示范；一边是德国的力量能够快速发展，明目张胆地进行活动的时间越来越近了。

在这，我得不偏不倚地替保守党说几句。从 1932 年开始，劳埃德勋爵和克罗夫特爵士等知名人士在每届保守党全国代表大会上提出的，为应对国外日益严重威胁应马上强化军事力量的提案，差不多都是全票通过。可是，这时在下院中的执政党议会领袖，对议会的控制是很有效的，而政府中的三个政党和在野的工党又是那么冷心冷情，视若无睹，结果不管是国内赞同者的警示，还是局势的预兆、情报组织得到的明证都无法打动他们。这样悲剧重复发生的时间在我们的历史里并不是唯一的，在此时间段中，骄傲的英国好像从高地掉落，什么理念、宗旨都丢了，对外在危机的恐吓畏首畏尾，敌人正磨着刀，它却酸腐地拿那些老生常谈大讲特讲。

最卑下的情绪在这一晦暗的时间中，得到了各个政党领导们的接受或放纵。因为一个叫乔德先生的怂恿，牛津大学社团的学员在 1933 年通过了一项决定："我院坚决不为国王和国家战斗。"真是太丢人了。在英国内部，这样的小片段当然可以不欣赏，但德国、苏联、意大利、日本，却极大地感觉到英国的消沉颓丧，并因为这种观点引发了他们的某些谋划。认可了这项决定的笨孩子，他们绝对想不到，在即将爆发的战争里，他们的命运早就定好了，要么获得胜利，要么荣耀地死去，他们得在战场上表明，自己这代人是迄今为止英国最出色的；至于他们的前辈，因为没有上战场赎罪的机会，怕就找不到借口获得原谅了。①

*   *   *

我们在 1933 年 11 月在下院又进行了一次争辩。我回到了我的重要论述：

> （德国）异常地引进了大量废铁、镍和武备金属的原料，我们看见了；这个国家举国都在畅行军国主义信条的所有信息，我们看见了；我们还看到他们在向年轻人浇灌喋血的哲理，从蛮荒时期到现在，这是不曾发生过的。看看这些沸腾的力量，我们必须记得，就是这个德国，曾经与全世界为敌，且差点儿打败了全世界。在那场斗争里，它以一条人命来换两条半人命。② 这些筹备、这些哲学，以及这些公然宣扬的论调，你要是知道了，就不会觉得德国周边各国的恐慌无法理解了……

---

① 有个故事我忍不住要讲。一次，在牛津大学社团的牛津大学保守党协会的会议上，他们邀请我演讲。我那时没答应，但表示他们有一个小时的时间向我发问。其中有这样一个问题："在你看来，上次的战争，德国是罪魁祸首吗？"我回答说："毫无疑问，是的。"有一个获得了罗德斯奖学金的德国来英国留学的年轻人站了起来，他说："这样污蔑我的祖国，我没法儿待在这里了。"说完，在一大片欢呼声中，迈着大步离开了会场。我想这个孩子真有骨气。过了两年，这个年轻人因为被发现他的祖先有个犹太人，而在德国前途尽毁。——原注

②还没算苏联的损失。——原注

*   *   *

欧洲那边获胜方和落败方的军事力量发生了恐怖的逆转，此时，在遥远的东方，缺少掠夺性的和崇尚和平的国家间也显示出了彻底调和不足的情况。那里的事情成了欧洲事态恶化的复本，这全是因为协约国曾经跟同盟国以后的领导人们，不管是想法，还是行动都僵化迟钝引发的。

1929 年到 1931 年的经济危机，对日本引发的后果，并不比在世界别的地方更轻。从 1914 年开始，日本的人数从五千万增到了七千万，其金属制造厂从五十家增到了一百四十八家，生活费用持续增加，粮食产量裹足不前，进口的又非常贵，对原材料和国外市场需求一天比一天紧迫。日本货的制造，所用的劳动标准和英美不一样，英国和别的四十个国家，在严重的经济衰退期都越发觉得，为了抵制它们，必须采用限制政策或是关税政策。中国不但始终是日本棉纺物品和别的工业产品的重要输送市场，还是日本获得煤、铁的仅有的源头。所以日本策略的首要目标就是确保对中国的再次掌控。

1931 年 9 月，日本借一次地方动乱的由头，夺取了沈阳和南满铁路沿线的各个地区。1932 年 1 月，日本提出，中国得将所有抗日队伍遣散。1 月 28 日，被中国政府拒绝之后，日本在上海公共租界的北面上岸。虽然没有飞机、反坦克炮，以及一切现代兵器，中国仍旧顽强地抵抗了一个多月的时间。到了二月末，因为遭受了非常重大的损失，他们只得从吴淞口炮台撤离，退到距离海岸差不多十二英里新战线上。日本在 1932 年年初成立了伪满政府。又在一年之后吞并了中国热河省，并且日本部队一直扎进了非防御区，直到长城。日本远东力量的增强和它在海洋上获得的新的海军身份和这种掠夺行径是统一的。

日本对中国的残暴行径，从第一枪起，美国就激烈抵制，但孤岛策略却用了观望的姿态。美国若是世界同盟的一员，那它肯定会率领世界同盟对日本进行团体活动，而在这样的团体活动中，美国本身也会成为世界同盟的重要责任国。英国那边表示，不想单个跟美国展开协同活动；他们也不想在世界同盟盟约限定的职责外，因抵制日本的浪潮而被牵扯进去。英日联盟的终结，降低了英国在远东的位置和长时间建造出的利益，这让一部分英国人觉得不快。当时糟糕的财政状况和日益紧张的欧洲形势，让英国政府非常头疼，因为没机会得到美国在欧洲那边相对应的支援了，所以在远东那边，没能和美国站在一起起到大的作用，也没什么可以指摘的。

　　尽管没把应该交的钱交清，但中国仍旧是世界同盟中的一员。它跟世界同盟提出的要求，没有一点儿不公的地方。世界同盟在 1931 年 9 月 30 日提出，日本应将部队撤离"满洲"，在 12 月份，还派了一个考察团去那里进行查问。李顿勋爵受命成了这个考察团的主席。他出身名门大族。他以前曾经做过孟加拉省长和印度代理总督，有不少在东方的阅历。考察团全票通过的考察汇报是一份极有价值的资料，是仔细分析中日矛盾的根基。汇报中详细介绍了"满洲事件"的所有背景，给出的结论也清晰明了："满洲国"是日本指挥部的人造产品，是个傀儡政权，并不是按照人民的意愿建立的。在汇报中，李顿勋爵和他的同事们除了对时局的分析，还给出了切实的国际处理意见。即在"满洲"仍是中国领土的基础上，宣告"满洲"自治，受世界同盟庇护；再让中国、日本签订一个全局型协议，制定两个国家在"满洲"的权利。尽管这个建议未被世界同盟接受，但这并不会削弱李顿勋爵调查报告的价值。针对这个汇报，美国国务卿史汀生是这样说的："这份报告马上成了，并且仍旧是截至目前汇报中谈到的事情的非常公正的权威文件。"世界同盟于 1933 年 2 月发表声明，不认可"满洲国"。对于日本，世界同盟既不曾做出制裁，也不曾采取什么别的手段，日本却在 1933 年 3 月 27 日离开了世界同盟。德国和日本在上一次的大型战争中，彼此站在敌对的层面上，而眼下却用截然不同的心境结盟了。国际时局正迫切需要世界同盟的动作和势力，世界同盟却在公义的威信上表现出对一切实际支撑的无力。

我们不得不相信，在这一关乎生死的时间段里，应该被历史指控的，除了英国这一大致由保守党掌权的联合政府的行事，还有政府内部、外部的工党或者自由党人的行事。他们在动听的老生常谈中沉迷陶醉，不喜欢面对惹人心烦的真相；不管国家的根本权益，只想着得到大家的喜欢，拿到选票；全心崇尚和平，悲哀地认为只靠着自己的喜爱就能奠定和平的基石；联合政府里的两个党派的领导人明显都麻木不仁；对于欧洲的情形，鲍德温先生一无所知，只要说起欧洲的事，就觉得心烦；当时的工党被浓烈的和平主义感情掌控；自由党人又把热心放在了不现实的主张上；劳合·乔治，曾经战时的伟大领导人，没能继续在他的工作中拼搏，反倒使这种情形更加糟糕；一切措施都得到了两院绝对优势的多数认可：这一切将英国昏聩、无精打采的形象刻画了出来。这里虽然没有狡诈，但该承担的罪责无法逃避。虽然没有坏心或者诡计，却对世界陷入可怕、惨痛的境地起了明显的作用。以那时显露出来的进程而言，这种可怕、凄惨的情形，在人类历史中已经没有前例了。

第六章　日渐灰暗的情景

1934 年

春天的警讯——7 月 30 日德国残暴血洗——裁军大会告终——德尔弗斯博士于 7 月 25 日遭到暗杀——兴登堡的死亡——希特勒在 8 月 2 日成了德国领袖——意大利左右为难——亚历山大国王和巴尔杜于 10 月 9 日在马赛遇刺——11 月莱法尔担任法国外交部长——意大利与埃塞俄比亚 12 月在瓦尔一域交锋——1935 年 1 月 6 日法意协议——萨尔公民在 1935 年 1 月 13 日的表决

　　1933 年希特勒出任总理的事，并不曾在罗马造成激烈的回响。纳粹主义被当作是对法西斯论调的简略、粗野的抄袭。大德意志对于奥地利和东南欧的妄念，人所共知。墨索里尼料定意大利和新德国对上面两个地方的权益将无法调节。没过多长时间，他的想法就被证实了。

＊　　　＊　　　＊

　　德国要占领奥地利这一企图，希特勒早就开始绸缪了。"奥地利是日耳曼的，它必须回到伟大的日耳曼国之中。"这句话就写在《我的奋斗》的首页。所以自 1933 年 1 月，纳粹德国政府掌权那天开始，它的眼睛就注视着维也纳。希特勒当时还没有跟墨索里尼抗争的实力，而墨索里尼在奥地利的权益早就到了开门见山的程度。因为武力上仍旧虚弱，德国甚至连渗入、秘密行动都只能小心翼翼地做。就算这样，德国仍旧在开始的82个月就着手对奥地利施压了，一直让奥地利政府强行将下属的奥地利纳粹党员放进内阁和担任政府重要职务。这些奥地利纳粹成员曾在德国巴伐利亚设立的奥地利军团培训。奥地利人民每天的生活因为他们肆无忌惮地朝铁路线和旅行中心扔炸弹，以及德国飞机在萨尔斯堡和茵斯布鲁克的上空撒传单，而受到了极大的影响。奥地利总理德尔弗斯一方面要承受国内社会党施压的反对，另一方面还要对抗国外意图毁坏奥地利国独立的德国的诡计。但奥地利遭遇的危机还不仅仅是这些。奥地利社会党人参照德国邻邦这个糟糕的先例，筹建了一支私人武装，以此颠覆表决箱的决断。这一切危机在1933年都慢慢在德尔弗斯跟前显现出来。他只能跟法西斯意大利求援，且也得到了支援的承诺。1933年8月，他跟墨索里尼在里西奥尼会面。不管是私人关系还是政治关系，他们都形成了深切的谅解。因为坚信意大利会维持不干预的姿态，所以德尔弗斯觉得自己的力量已经足以解决他敌手中的奥地利社会党了。

苏维奇，是墨索里尼的重要外事顾问，在1934年1月到维也纳考察，以此对德国摆出警示的态度。他在1月21日将以下宣言公布于众：

> 奥地利处在中欧的腹地和多瑙河盆地，它领地尺寸的大小和人口的多寡远比不上它的地理位置的重要性，这是人所共知的。习俗和它的地理环境在众多世纪以来交付给它的使命，它若想完成，就必须先得到独立与和平生活的常规条件的承诺。在处理经济和政治问题时，意大利以固有准则为基础，长久保持的态度就是这个。

德尔弗斯政府在三周之后对维也纳社会党团体展开了行动。德尔弗斯自己的政党和费伊少校统领的"护国社团"受命解除奥地利社会党掌控的有实力的、也不合法规的队伍武备。后者激烈反抗，2月12日在首都展开了街头战斗。社会党的军事力量不过几个小时就被打散了。这件事不但让德尔弗斯更加亲近意大利，还让他在接下来跟纳粹党的渗入和阴谋行动进行抗争的时候更强硬，很多落败的社会党人在怒火、仇恨中投身纳粹一方。奥地利的情况跟德国相同，天主教跟社会党的争斗，让纳粹党得了好处。

＊　　＊　　＊

英国国王政府直至 1934 年年中仍旧能够不承担战争风险就能大致掌控全局。他们任何时候都能跟法国携手，且借世界同盟的组织对希特勒运动给予极大的威压，并且希特勒运动在德国境内还存在不小的矛盾。这么做，原本是用不着流血牺牲的，但慢慢地这个时机正在流失。在纳粹的治理下，武力装备好的德国正日益压迫过来。说起来都无法相信，麦克唐纳先生在鲍德温先生政治势力的援助下，直至这紧要一年的年尾，还在努力让法国裁撤军备。我于 2 月 7 日在议会提交的抗议没被采纳，我只得引用了：

> 举个例子，假设我们对法国的陆军进行了裁撤，将其降到跟德国一样的程度，帮德国夺得相同的身份，欧洲必定会因为这种改变而做出情感上的回应。德国接下来又会向前一步，说："一个有着七千万人口的大国家，它就该拥有跟海上最强悍的舰队相匹配的海上实力，你们怎能阻止呢？"若是如此，事情会怎么发展呢？到时候，你们会说："不，我们不答应。陆军是其他国家的事情。海军的问题却会左右到英国的权益，我们只能说'不'。"可是，到了那个时候，我们说"不"，又有什么道理呢？

> 通常战争的发生都是突如其来的。我曾经在这样的一个时间段生活过：那个时候，所有人都对未来将发生的事感到强烈的不安，觉得一点儿都控制不了，跟我们眼下的情况一模一样。忽然，事情真的来了——那是恐怖而迅猛的，就像是闪电，挡都挡不住。我因此提醒下院，让其回忆一下发生在 1914 年的事。当时德国跟法国什么争执都没有。

七月的某个下午，德国使臣坐车到了法国外交部，跟法国总理说："我们被逼跟俄国开战，战书很快就下了。法国的态度是怎么样的呢？"法国总理回复说，其内阁决议以满足自身利益为准则进行活动。德国使臣问："你们跟俄国有约定，对不对？""对。"法国总理回答说。如此，不过几分钟的时间，因为西方的这两个大国分别加入了一个阵营，导致东方原就非常糟糕的战场，瞬间扩张了好多倍。有时候就算表示中立也不起作用。以我们眼下知道的情况而言，在上面的那次谈话中，德国政府已经给它的使臣下权利，要是法国政府不遵守他们对其俄国盟友的职责，要是他们表示不想掺和到德国决意要展开的斗争中，那就让已经表明中立的法国，将图尔堡垒跟凡尔登堡垒交出来，给德国掌管，以担保将来不会变卦……

　　我们坐在这里的每一位，要不是有着妥当的安全保证，或许生命中的某个时间就会碰到一个到访的使臣，而且要是给不出答案，或者给出的回答，他觉得不满意，那用不了几个小时，伦敦就会有炸弹爆炸、建筑轰塌，烟尘炮火到处都是，告诉我们，我们始终不曾重视的空中防御拥有的各种缺憾。我们没有哪段时间会像现在这般易于受到攻击。战争开始之前，对自由党政府的抨击，我时常能听到……眼下要是糟糕地发生了什么跟我们希望相违背的灾祸，那眼下的掌权者就该受到更加严苛的指控。

　　以往的经验，半点儿不往心里记，也不去用，而当下所处的情况又远比以往更加危急。那个时候，我们不仅有海军，空军也没有危险。那个时候，海军是英国"可靠屏障"……我们现在无法这样说了。我们的处境因为那个罪该万死、十恶不赦的发明，还有空战的进化，已经彻底改变了。我们眼下已经不是二十年前我们所习惯的孤岛国家了。

　　因此，我提议毫不迟疑地马上做三个切实的决议。陆军上，跟整个欧洲一般对民用制造厂进行改造，好保证我们能快速转换为军事制造的应用；海军上，我们应该再次得到设计的自由。《伦敦条约》不但阻碍我们制造我们需要的船舰，还妨碍美国制造它或许要用，而我们也没理由不让其造的大型战舰，所以我们应该将其废除。作为伦敦条约国的一员，日本已经决议恢复建造船舰的自由，这有助于我们做这件事；空军上，我们该有一支空军，能够和法国、德国中相对强势的空军相抗。上院也好，下院也罢，政府在其中所占的票数都是绝对占优的，任何他们想做的事，都不会被拒绝。为了国家的安宁，他们只要充满信心和决心地将他们的意见说出来，就必定可以获得全民的支持。

* * *

欧洲此时出现了所有国家众志成城对抗德国危机的一点儿希望。英国、法国、意大利三个国家的政府为了维系奥地利的独立，于1934年2月17日发布了联合公告。3月14日，我也在议会上说：

我们眼下的外交策略是最恐怖的危机——我们始终在要求法国减弱他们的力量。我们如何说服他们的？我们说："你们把力量降一降吧。"我们一直给他们这种希望：他们力量减弱之后，若是遇到什么灾祸，我们会想办法伸出援手，尽管我们手里什么都没有，根本无能为力。还有什么策略比这更危险吗，我想不出来了。力图自立也好，力图联合也罢，都有能用的借口。但是没道理，一个陆地国家，你想跟他结盟，却让其降低实力，为了让陆地上的各个国家和睦共处，却又将自己极大地卷进纷争里。如此除了两面不是人，得不到任何东西。

罗马人有条警句是这么说的："抓紧你的武器，扩展你的边界。"可我们的警句好像是："减少你的武器，扩增你的职责。"另外，你的友人，他的武器也得减少。

* * *

意大利为实践前一句警句，眼下做了最后一试。意大利、匈牙利和奥地利三个国家在 3 月 17 日签署了罗马协议书，协议书规定三个国家中不管哪个国家遭到别国的侵犯，就展开磋商。可是希特勒的力量已经日渐增强，5 月 6 日，奥地利内部的破坏行动有更加严重的趋势。德尔弗斯当即将这些恐怖事件写成报告，递交给苏维奇，此外还配了一个文件，痛诉恐怖行动对奥地利的商业和旅游业的损害。

6 月 14 日，墨索里尼带着这个文件到威尼斯跟希特勒进行了首次会面。德国总理身披褐色的胶质雨衣，头上戴着一个汉堡样式的帽子，步下飞机，走近墨索里尼——他精神奕奕，身材臃肿站在身穿绚烂的法西斯制服的队伍中。见到他尊贵的客人，墨索里尼跟他的副官轻声说："他的样子不讨我喜欢。"双方在这次奇怪的会谈中，仅仅彼此恭维了一下德国模式和意大利模式的霸权制度的优点，再就是泛泛地互换了一下意见。对于自己客人的个性和所说的话，墨索里尼明显觉得毫无道理。他将自己的最终观感总结为"唠唠叨叨的僧人"几个字。不过他果真拿到了德国的一些保证：减小对德尔弗斯的施压。齐亚诺在会谈之后跟记者说："你们看，什么事也没有了。"

德国的行动在会谈之后减少了一些，但这是因为希特勒本身想全心处置国内的事，并不是墨索里尼倡议的功劳。

*   *   *

领导人在获得政权之后，拥护他登台的很多人之间就产生了巨大的分歧。在罗姆的带领下，褐衫队越发成了党内变革的代表。比如热心社会革命的格利戈尔·施特拉塞之类的某些老党员，生怕希特勒一得势，就被陆军、银行家和工业家等特权阶层拉拢了。卸磨杀驴的领导人，希特勒不是第一个。在冲锋队（也就是"褐衫队"）的普通队员眼里，1933 年 1 月的成功代表着他们能够肆意抢掠的，除了犹太人和靠国家灾难富起来的人，还有富人和社会中的既得利益阶层。领导人叛变的流言迅速在党内的某些人中传遍了。此种形势促使总参谋长罗姆竭尽所能行动起来。褐衫队的成员数在1933年1月的时候是四十多万人，到了1934年春，他招揽、组织的成员差不多到了三百万人。这个巨大组织的发展，让新形势下的希特勒感到非常惶恐；尽管这个组织告诉他，他们对他怀着无尽的忠诚，里面的大多数人也的确非常敬重他，但褐衫队其实已经慢慢从他本人的掌控离开了。在这之前，他握有私军，现在他掌握了国家的大军。他不希望以其中的某个来换掉另外那个，他希望全都拥有，并且在需要的时候，彼此制衡，所以他眼下必须把罗姆处理了。他告诉褐衫队的领导们："对于想颠覆现有秩序的所有图谋，我决意猛烈压制。因为二次革命的浪潮一定会引起动荡，所以我将用最严酷的力量进行镇压。国家权威已经明确建立，一切妄图抵抗的，不论身份高还是低，都要受到严惩。"

希特勒尽管满腹狐疑，但对于慕尼黑动乱的那个同志叛变的流言，他并没有马上相信。这个人在过往的七年时间里，始终担任着褐衫队的总参谋长。在1933年11月党、国家宣告合为一体的时候，罗姆就成了内阁成员。党、国家的合体，使得褐衫队和德国陆军合体了。整个国家快马加鞭地重整军备，这导致德国的军事实力的地位和领头人的事成了第一大政治事件。艾登先生1934年2月到访柏林，希特勒在这次会见中暂时答应，对褐衫队的非军事性进行一些承诺。罗姆跟陆军参谋长布洛姆堡将军原本就时常有争执，此时生怕自己这些年兴建的党军会被扼杀，于是不顾对自身行为的严重程度的警告，在4月18日公然提出清清楚楚的挑衅：

我们的革命，是国家社会主义的革命，不是国家的革命。我们甚至在"社会主义"下面加了重点号，眼下，跟反动趋势进行对抗的屏障，只有我们冲锋队，因为他们是革命理念的彻底的分身。从第一天开始，褐衫队的战士，就发誓要坚定地朝着革命之路前进，直至我们的终极目标变成现实。

"希特勒万岁"是褐衫队演说里不可或缺的结尾，他在这次的演讲中，将它省略了。

布洛姆堡在 4、5 月份持续跟希特勒说褐衫队的蛮横张狂。是对自己心生不快的将领们，还是那些曾为自己建立过众多丰功伟绩的褐衫队帮手，希特勒必须做选择。他决定选将军们。希特勒在 6 月初跟罗姆做了一次五个小时那么长的会谈，这是对罗姆进行安抚和迁就的最后一次努力，可是根本不可能再对这个狼子野心、心理不正常的极端狂热者进行迁就了。希特勒倾心渴望的是秘密特权阶层掌控的大德意志，而罗姆渴求的是人民武装的无产阶级共和国，两者之间隔着一条跨不过去的天堑。

褐衫队体系里有一股中坚力量，人数虽不多但受过高等培训。他们身穿黑色制服，叫党卫队，之后又被称为"黑衫队"。这个机构的宗旨是守护元首本人，并负责特别的秘密工作。领导他们的是海因里希·希姆莱。希姆莱原本是破败的家禽养殖场的场主。他估计希特勒和德国陆军这边，跟罗姆、褐衫队那边的争执已经到了一触即发的地步。他竭尽所能让黑衫队加入希特勒的战线。另一边，罗姆得到了党内，比如施特拉塞等有权势的人的扶持。他们看见他们沸腾的社会革命方案已经被束之高阁。德国陆军也有自己的背叛者。对于 1933 年 1 月的羞辱，以及当时陆军将领不曾推举自己继任兴登堡的事，前总理史莱歇一直念念不忘。希特勒和罗姆的争端，让史莱歇觉得机会到了。他草率地对法国驻柏林大使示意，希特勒很快就会下台。这样的角色，他在布吕宁事件中已经演过了，现在又演了一次，可是形势已经变得越发危险了。

到底是因为罗姆的政变的图谋已经一触即发，希特勒逼于无奈才出手，还是希特勒和将军们因为担心将来或许会发生的事，而在他们掌权的时候，下定决心要进行一次透彻的清剿？德国将会就这个问题争执相当长的时间。从希特勒得益和获胜者得益的角度而言，自然要确定这个案子是一个诡计。其实罗姆和褐衫队脱分得那样开的机会并不大。他们的活动只是存在某种威胁，还不到图谋政变的程度；不过二者之间的那条线，却是什么时候都能跨过去的。但他们那个时候正积蓄力量，之后又被对手先一步攻击了，却是货真价实的。

　　事情进行得非常迅速。德国陆军6月25日接到不能离营的命令，黑衫队得到了军火。而对手褐衫队得到进行警戒的命令。在希特勒的认可下，罗姆准备在6月30日将褐衫队所有高级将领聚集到一处，在巴伐利亚湖的维塞召开会谈。希特勒在29日得到示警说形势危急。他乘飞机去了戈德斯贝格，在那儿跟戈培尔见面。戈培尔向他呈报了一个惊天要闻：柏林将发生暴动。按照戈培尔的说法，罗姆的副官恩斯特曾经接到发起暴动的指令。这件事看上去可能性不大，因为恩斯特当时在不来梅，正准备从这个港口出发去做蜜月旅行。

　　希特勒在这个不辨真伪的信息的基础上，当即下定决心。他让戈林主理柏林事项，自己坐飞机去了慕尼黑，决心亲自对他的重要对手进行抓捕。希特勒在这个危急的时刻，显示出了一种恐怖的个性。飞行的全程，他都坐在副驾的位置上，聚精会神地沉迷在恶毒的思绪中。6月30日凌晨四点，飞机降落在慕尼黑边上的一个机场。除了戈培尔，跟着他的还有他的十几个个人保镖。他坐车到了慕尼黑的褐色大楼，接见当地冲锋队的领导人，当即抓捕了他们。他带着戈培尔和少量护卫在六点坐车到达维塞。

　　1934年夏，罗姆因为生病到维塞休养。他住在给他看病的大夫的个人的小别墅中。可以说，把这么一个地方作为指挥部，策划即将进行的动乱，真是没有比这更糟的了。这个别墅在一个狭小的死胡同一端，不管是进去的人，还是出来的人，都能轻易被人看到。传说褐衫队的领导者们将进行的会谈，一个大的能够充当它会议室的房间都没有。那里仅有一台电话机。这些真相都跟叛乱一触即发的论调不匹配。罗姆和他的信仰者们要是真的准备暴动，那他们确实太鲁莽了。

首领的一辆汽车在七点到了罗姆别墅前边。希特勒一个人,什么武器都没带,直接上楼,进了罗姆的卧房。他们两人到底发生了什么,这件事是永久的秘密。罗姆根本没想到,他跟他的私人顾问坐以待毙,什么麻烦都没有。希特勒那群人带着他们的犯人坐车回了慕尼黑。他们在路上遇见了一列卡车,上面装着褐衫武备队的成员,这些人奉命去维塞去参加午间会谈,去支持罗姆。希特勒下了自己的车,让他们的指挥官过来拜见,用信心满满的威信让他将这群人带回去。他马上听命了。要是希特勒晚到一个小时,或这群褐衫队的人早到一个小时,那整个形势就彻底不一样了。

到慕尼黑之后,罗姆跟他的伙伴们被关进了监狱,那座监狱跟十年前他和希特勒被监禁的是一个地方。当天下午,开始执行枪决。罗姆的狱室里放了一把手枪,可他不知感恩,所以狱室的门被打开,不过几分钟,一排子弹就将他射穿了。在慕尼黑,枪毙全部在下午时断时续地发生着。为了让士兵的情绪不用太紧张,行刑的队伍八个人一组,随时轮替。每十分钟,就能听见枪响了一排,延续了好几个小时。

同时,柏林那边,戈林得到了希特勒的命令,也启动了一样的措施。但都城这边,受害的人比褐衫队体系多。史莱歇被射杀在家中,他的妻子用自己的身体保护着丈夫,也一起死了。施特拉塞被俘获后,受到枪决。巴本的私人文书和心腹均被枪毙,不过他自己,因为外人不知道的理由活了下来。恩斯特被人从不来梅抓捕回来,死在了柏林的利希特菲尔德营房中。柏林跟慕尼黑情况相同,全天都能听到处决的枪响。二十四小时之内,德国内部很多跟罗姆阴谋没有关系的人也没了踪影,他们有些因为被公报私仇,有些因为久远的旧仇怨而没了命。比如对1923年的暴乱进行了镇压的巴伐利亚政府长官奥托·卡尔,他的尸体在临近慕尼黑的森林中被发现。这次被"血洗"的所有人数,各个方面估算不一样,大致在五千人到七千人中间。

希特勒在清算日当天下午坐飞机回了柏林。杀戮正持续扩张,眼下到了阻止的时候。当晚，某些党卫队（黑衫队）成员由于太喜欢枪决而做得过火，自己也被枪决了。7月1日凌晨一点前后，枪声停了下来。当天临近傍晚，希特勒出现在总理府的阳台上，接受柏林民众的庆贺，民众里有不少人原本觉得希特勒自己也被人杀掉了。有说他面色暗淡的，也有说他面露获胜者的得意之色的。他可能两者都有吧。他果断、无情，以迅疾的行动守住了自己的目标，毫无疑问，也守住了自己的命。在那个说是"以刀剑互砍的夜晚"，让国社党德国得以继续众志成城，让它能够迫害全球。

过了两周，希特勒在对他全心全意的国会上发言。他在两个小时的长时演讲中，为自己的行为进行辩解，说得有条有理。这次演讲证明，他对德国人的内心非常了解，也证明他辩述的才能毋庸置疑。这个演讲最出彩的地方是：

由于在这个关键的时刻，我身边只有几个人，所以必须展开像闪电那样迅疾的行动……几天之前，我还做着不严惩的打算，可到这个时候，已经没了从宽处理的退路。从古至今，暴动都是以钢铁一般的律条进行镇压的。要是有人对我指控说："你为什么不用正规法院去审问犯人？"我只能如此回答他："此时，我的肩上扛着德国人命运的重担，所以我就是德国的最高判决人……"这个国家还如此年轻，我不想让它走旧帝国的老路。那些被我下令处决的人，全都是这次暴动的首犯。

然后就是以下这段非驴非马但尚算形象的比喻：

我发布命令，烧掉所有毒疮，将好肉留下。这些毒疮不但正伤害着我国生活的水源，还伤害以外的世界。

这次由蛮横暴虐的恶势力做出的大屠杀，就算再怎么辩解，也足够证明，德国的新老板能做出任何事，同时也能证明，德国的情形跟文明国家没有半点儿相似的地方。现在，世界已经出现了一个建立在可怕的、残忍的镇压的基石上的霸权体制。抵制犹太人的活动是那样残忍、嚣张。为了消灭所有厌恶的或者心存不同政治见解的阶级，集中营体系已经在全力推广了。我对这个插曲记忆犹新。德国重整武装力量的所有进程当时已经有了明显的痕迹，我认为它有一种冷酷无情、阴森恐怖的色彩，它一闪一闪，发出刺眼的光。

＊　　　＊　　　＊

　　现在，让我们先回到下院这边。日内瓦裁军大会常委会在 1934 年 6 月进行了不定期的休会。我于 7 月 13 日说：

　　　　裁军大会已经成了历史的陈年旧迹，这让我非常开心。将裁军跟和平一概而论，大错特错，要裁军得先有和平。可是近年，一些国家的关系在持续变糟，敌意日渐增长，并且尽管这几年人们一直在做演讲，夸夸其谈，还时常摆酒设宴，但军事力量却一直在增加，事实上，是迅速增加。我们这个时代的特色就是如此。

　　　　要是各个国家再不会像现在很多国家这般，觉得处在重大的危机里，欧洲就能得到安全了，到了那个时候，军备的重压和担子将理所当然地消失，就跟长久处于和平环境中本该拥有的情况一般；到时，按照广泛的认可来签订这种性质的提案，就不难实现了。我真心渴望，政府逼着热爱和平、非军国主义的法国裁撤军备的时代已经终结。那些在各个层面多次对法国提起的忠告，法国一直没接受，这让我觉得是件幸运的事。那些忠告，我们的反对党领导人（莱斯勃里）一定是非常赞成的。

　　　　我们一辈子见到的德国不会只此一个。可是我们一定要想到，眼下，那个强悍的国家，那个有着高端的科学知识、聪慧、温顺但勇敢的民众，有七千万人口的国家，掌握在三两个不顾一切的人手里。君主制要顾虑长久利益，有很多要考虑的事，所以制定策略的时候会稳妥一些。但那里跟君主制不一样，那里完全没有民众言论，只有无线电广播和被严厉管控的报纸，这些恐怖的新闻制造机制造出来的事。德国的政治跟我们这儿没有一点儿相同之处。在那儿，你无法离职去做反对派。你无法从政府的椅子上走开，去找个常规议员的椅子坐。你有很大的机会，突然得到通知，给你一刻钟时间从你的高位上下来，你被送去警局，之后你或许没多长时间就受到了比撤职严酷得多的惩处。

就是军事独裁都不会做的事，我认为身处那种位置的人很容易会被引诱着去做。因为军事独裁虽然有很多毛病，但其基础到底是对客观现实的准确分析。而和军事独裁相比，那种独裁就可怕多了，因为为了从国内的重大危机中逃出来，那些人或许简简单单地就会展开对外界的探险，让全世界遭受悲惨的灾难。

*　　　*　　　*

没过多长时间，首次进行这种探险的诱惑就出现了。

1934年7月的月初，从巴伐利亚到奥地利的山路上，来来去去的路人川流不息。月底，奥地利边防战士抓到了一个德国的信差。他身上带着不少文件，其中还有秘密的电文，从电文中得到消息，有个彻底的暴乱方案将要实行。主持暴乱的是奥地利驻意大利大使安东·雷特伦。但对于危险正在临近的警示和25日早上明显能够察觉的将要发生的动乱的痕迹，德尔弗斯和他的阁员却显得麻木不仁。当天早晨，维也纳的纳粹党党员集合到一起等待命令；下午一点，一股暴乱分子带着武器冲进了总理府，德尔弗斯中了两枪，鲜血直流，没人救他，只能等死。另一队纳粹成员夺取了广播电台，宣布德尔弗斯政府倒台，雷特伦接任。

不过，别的德尔弗斯内阁成员采取的举措果决而有力。总统梅克拉斯博士发布正式指令，宁肯牺牲一切也要恢复秩序，并让许士尼格博士执掌政权。奥地利的军人大部分都支持政府，他们围攻被少量暴乱者占领的总理府，当时德尔弗斯被一群暴动的人抓着，已经快要死了。那时奥地利的各个省也发生了暴动，在德国巴伐利亚的奥地利军团各分支团队也穿过边界进入了境内。墨索里尼此时听说奥地利暴动的情报，当即致电奥地利"护国协会"的领导人斯塔亨堡亲王，承诺意大利必定会支持奥地利的独立。他特意坐飞机去威尼斯，见了德尔弗斯的夫人，表达自己深切的同情和安慰。同时，接到命令开赴博林纳山口的意大利师有三个。至此，希特勒知道自己实力不足，就撤了回去。跟暴乱有牵扯的德国驻维也纳大使里特和一些德国官员有的接到命令回国，有的被辞退，暴乱失败了。因为还得花长些的时间进行布置，所以在最新的清洗中活下来的巴本，被任命为德国驻维也纳的大使，依命要用更加精妙的手段展开工作。

巴本被委派为驻维也纳大使的目的很明显，策划覆灭奥地利共和国的运动。他担负的职责有两个，一个是对在奥地利进行秘密活动的纳粹党进行鼓舞，以后按月下发二十万马克的公款补贴；另一个是打倒或拉拢奥地利的政要。他刚上任的时候，并不如何遮掩自己，差不多可以说是鲁莽地向驻维也纳的美国大使泄密。美国大使向自己的国家汇报说："巴本跟我说，东南欧到土耳其的一切疆界都是德国自然的内陆，他担负让德国政治、经济的控制到全部这些地区的责任，而他说这些话的时候，所持有的态度是最胆大也最随意的。他痛快、直接地说，第一步就是掌控奥地利。德国政府想掌控东南欧，这是无法阻止的。法国、英国的策略跟'事实不符'，美国的也没什么不同。"

垂垂老矣的兴登堡元帅因为年迈糊涂，在这些惨剧和恐怖中做了德国陆军好几个月的提线木偶之后，离开了人世。希特勒变成了德国的领袖，与此同时总理的官位也没放下。他现在是德国掌握主权的人了。在残暴的党内清洗后，他跟德国陆军的交易完成，并得到了稳固。褐衫队员只得听命，他们再次强调忠于领袖。褐衫队里的一切敌人和潜在的敌人都被消灭了。至此，褐衫队每况愈下，只能在庆典的时候做些护卫队的工作。另一边，黑衫队成员的数目日渐增多，因为拥有特权且纪律严明而日渐扩张。已经成了在希姆莱的带领下，专职守护领袖的禁军，跟陆军将军和军方特权阶层平分秋色。它还变成了某种有一定武装实力的政治武装，以负责日渐增多的暗探行动。只要部署好的民选正式通过了，希特勒的霸权就能因这些权利到达彻底和完善的程度。

*　　*　　*

奥地利政变让法国跟意大利亲近起来；德尔弗斯遇刺引发的动荡，让两个国家的指挥部有了些来往。法国和意大利的关系，因为奥地利独立出现的危机而得到重整，这就必定会牵扯到地中海跟北非势力的平衡，以及奥地利跟意大利彼此在中南欧关系的情况。可墨索里尼急着做的，除了守住意大利在欧洲的位置，压制德国可能的威胁，还有确保其帝国朝非洲的延伸。跟英国、法国紧密协作以对抗德国，这个办法是有作用的。但如此，在地中海、非洲就免不了要跟英国、法国产生争执。墨索里尼想着：意大利、法国、英国都想要安全，这是不是真的能导致意大利的这两个曾经的盟友认可意大利在非洲的延伸方案呢？不管怎么样，这办法看上去似乎能让意大利政策变成现实。

*　　*　　*

斯达维斯基丑闻和二月暴动后，法国那边，杜梅尔格先生统领的右翼政府垮台，总理之职由达拉第先生接任，巴尔杜先生出任外交部部长。自签订《洛迦诺公约》，法国就急着完成在东欧安全举措上的正式条约，可是因为德国不想承担莱茵河之外的责任，德国不愿意跟波兰、捷克斯洛伐克签订有控制性的条约，小协约国对于苏联的意愿心存戒备。所有这一切加在一起，使得这个方案没法儿变成现实。就算这样，巴尔杜在1934年9月仍旧下定决心展开行动。他本来想制定一个东欧协议，将德国、苏联、波兰、捷克斯洛伐克和波罗的海国家都算上，让法国确保苏联在欧洲的界限，让苏联确保德国东边的疆界。对于东欧协议，德国和波兰都不愿意接受，不过巴尔杜总算在 1934 年 9 月 18 日让苏联政府加入了世界同盟。这是举足轻重的一步。苏联政府的公使李维诺夫对外交事务的所有方面都很擅长。他能对世界同盟起到很好的作用，他以他道义的口吻做了极其成功的发言，迅速成了位名人。

在他国的默认下，新德国强大起来。为了找到对抗德国的盟友，法国自然而然地将视线投向苏联，想再次树立战前势均力敌的形势。可一个惨剧却在十月份发生了。为了施行巴尔干政策，法国邀南斯拉夫国王亚历山大正式到访巴黎。国王在马赛上岸，巴尔杜赶去迎接，他们跟乔治将军同乘一车，路上是拿着两国国旗和鲜花夹道欢迎的民众。一个狠毒的刺杀阴谋，在克罗地亚人和塞尔维亚人社会最下层的密室里，再次跳上了欧洲的舞台，就像1914 年发生在萨拉热窝的情况一般，一群预备拼命的歹徒已经做好准备。

法国的保护工作做得太不严密，准备工作不足。在欢呼的民众中，一个人忽然窜出来，跳上汽车的脚踏板，拿着自动手枪，对着国王跟同乘的其他人员接连开枪。亚历山大国王当场死亡。乔治将军跟巴尔杜先生鲜血淋漓地走下汽车。那位晃晃悠悠、无力走动的将军，马上被送去了医院抢救。而那位部长被裹挟在人群中，过了二十分钟，才得到救助，却仍让他自己爬楼去警卫处长的工作室接受救治。医生给他的创口止了血，可是他流了太多血，并且已经到了七十二岁的高龄，不过几个小时，就去世了。对法国的外交政策而言，这是一记重击，在他的指挥下，这个政策有了头绪。他离世之后，外交部部长由莱法尔接任。

尽管莱法尔有着非常糟糕的经历和终局，但不能因为这个就否认他的气魄与能力。他的目光清晰而敏锐。在他看来，法国必须竭尽所能以避开战争。为了实现这一目标，他准备跟意大利和德国的统治者谈判。对于德国、意大利这两个国家的体制，他原本没什么偏见。他不信任苏联。对英国，他只是某些时候做出亲善的表现，事实上并不喜欢，并且他觉得英国这个盟友没什么用处。当时英国在法国的名声并不响亮。莱法尔的初衷是跟意大利完成某种程度的谅解，且他觉得已经到了合适的时机。对于德国的逼迫，法国一直感到不安，它准备往后大撤一步，以拉拢意大利。为了清除法国跟意大利关系里的重要隔阂，莱法尔先生在1935年1月到访罗马，签署了系列协议。两个国家都觉得德国重新整顿武装力量是违法的。他们答应，若是奥地利遇到独立危机，双方马上展开会谈。法国在殖民地的事情上，许诺在行政上，对在突尼斯的意大利籍民众的地位做出妥协，并将跟利比亚、索马里兰两个地方交接的部分土地送给意大利，还给了意大利吉布提—亚的斯亚贝巴铁路的两成的股权。这些会谈的目标，就是为法国、意大利、英国这三个国家展开更加正规的谈判打下基础，好建立统一战线以对抗日渐增加的德国胁迫。因为意大利在之后的几个月忽然入侵埃塞俄比亚，导致这所有的事都成了泡影。

*　　*　　*

1934年12月，在索马里兰交界处的瓦尔·瓦尔水泉，意大利和埃塞俄比亚两个国家的部队产生纠纷。之后意大利就拿这件事做由头，在全世界面前明目张胆地跟埃塞俄比亚提条件。至此，抵制德国的事，在欧洲就因为埃塞俄比亚的经历被干扰，整个变了模样。

*　　*　　*

此时，还有件事需要交代。《凡尔赛和约》的条例限定，十五年之后，萨尔盆地——原本是德国的土地，虽然不大，但有着大量的煤矿资源和重要的钢铁厂——要通过民众投票，让民众自己决定是不是重新回到德国。进行表决的时间定在1935年1月。表决的结果原本毋庸置疑，大部分民众必定会投票支持再次回归祖国德意志；并且萨尔这个地方，虽然名称上是归世界同盟管，其实却掌控在当地的纳粹团体手中，致使让表决结果有了双保险。尽管知道萨尔最后总会重新回归德国，但巴尔杜仍坚持给那些有机会投反对票，让萨尔不马上回归德国的人做出一些安全承诺。法国的政策风格，因为他的遇刺而发生变化。莱法尔在 1934 年 12 月 3 日就煤矿的事，跟德国人展开直接交涉；三天后，他在世界同盟上正式宣告，萨尔回归德国的事，法国不反对了。1935 年 1 月 13 日，在世界同盟的注视下，开始了正式的表决，英国曾经调遣了一个旅的兵力参与监督。除了仅有的掌握在世界同盟手里的但泽这块土地，这一小块被他国领地环绕的地方投赞同票，支持回归德国的民众有 90.3%。这个结局虽然是正常的，是大势所趋的结果，但希特勒的威信却因为国家社会主义此次道义上的获胜，而得到了极大的提升。不仅如此，他的威信好像带上了德国民众诚挚代表的王冠。世界同盟正义或坦荡的行事风格，并没有让希特勒变得好说话，让他有所感触就更谈不上了。他始终觉得协约国都是些萎靡的智力障碍者，这只是对他一贯的想法进行了证明而已。他开始全神贯注地展开他的首要目标：对德国的武力进行扩张。

第七章　失去空中均势

1934—1935 年

德国的近路——1933 年 10 月 25 日东弗雷姆大选——1934 年 2 月 7 日的会谈——鲍德温先生对于空中均势承诺——针对工党提出增加空军展开不信任投票——自由党的拒绝——我在 1934 年 11 月 28 日做出公开预警——鲍德温先生的抵触——希特勒在 1935 年 3 月宣告德国已经获得了空中均势——麦克唐纳先生的惶恐——鲍德温先生在 5 月 22 日的认错——工党跟自由党的立场——空军部的意见——在伦敦德里勋爵之后菲利普·凯里夫·里斯特爵士接任空军大臣

在德国的指挥部看来，德国的陆军是没办法在 1943 年之前完成重建，既有比法国更大的规模，又有配套的兵工厂和武器装备的。除潜艇之外，德国的海军想在十二年或是十五年以内恢复到原本的样子，也不可能，而且在重新建立海军的过程中，免不了要跟别的武装方案产生激烈的竞争。可青涩的文明糟糕地发明了内燃机跟飞行技艺，一种能让各个国家作战用的新式武器忽然出现，它能让各个国家战斗力的比较迅速发生变化。一个顶级大国，要是在人类持续积蓄的知识中、在科学的发展中占有一席之地，那它只要好好筹备四五年，就能建一支强悍的，也可能是战无不胜的空军。要是之前做了准备和考量，这个时间自然还能缩短。

跟陆军不一样，德国重建空军经历的时间很长，做了慎重和私密的筹备。赛克特在 1923 年那么早就下定决心，以后德国的空军必定是德国战斗机器的构成部分。那个时候，他暂时还能接受，在"没有空军"的陆军里建一个严密、完善的空军架构，要让别人不容易发现，起码开始几年不易被发现。在种种武力之中，再没有什么力量比空军的力量更难估计，甚至是用语言进行描述也是最难的。想要断定民航的制造厂、培训场的军事作用及重要性到底有多大，无论什么时候，都是很难的，更别说进行明确的表述了。遮掩、矫饰，避开协议的方法和机会非常多。希特勒只有通过空军才有机会抄近路，第一步让自己的起步得到均势，第二步在这个重大的军事方面超越英国跟法国。可是英国跟法国要如何做呢？

　　不管它怎么警告，也不管自己怎样身先士卒，1933 年秋，英国在裁减军备上所做的努力，都没有机会成功，这是不言而喻的。德国离开世界同盟这件大事，并不曾对工党跟自由党的和平主义造成影响。两个党派接着用和平的名号坚持让英国裁撤军备，凡是持有不同见解的人，全都叫作"好战分子"和"恐怖分子"。他们看上去获得了那些对眼下情况并不熟悉的人的支持。10 月 25 日的东弗雷姆补遗大选，工党因为和平主义的情感浪潮多得了将近九千张选票，而保守党却少了超过一万的选票。在表决之后，得胜的获选者韦尔默特先生说："英国民众让……英国政府立即拟定政策，大面积裁减军备，好成为整个世界的榜样。"工党领导人莱斯勃里当时说，任何国家都得"全面减少武装力量，第一步就是将武备减少到德国的程度"。鲍德温先生对这一选举记忆犹新，三年后，他还在一篇不容忽视的讲稿中说起过它。德国国会 11 月举办大选，参选人员除非得到希特勒的承认，否则全部不准参加，纳粹党得到的选票数量占了百分之九十五。

　　大部分英国人，因为不熟悉情况或者对情况理解错误，受到了渴望和平的煽动，给了那些有勇气选择不同道路的政治党派或者政治家不小的压力，近乎遭到了政治消亡危机。要是没记住这点，就无法正确评价英国那个时候的政治策略，不过这自然无法成为那些政治领导者没能扛起职责的借口。不管是政治党派，还是政治家，要是于国有害，都不如离开朝堂。并且我们的历史中也从没出现过这样的记录，说哪个政府因为让议会跟民众做出不可缺少的防范而被否定。最少，那些恐吓懦弱的麦克唐纳－鲍德温政府，让他们走上错误道路的人，是没资格说什么的。

1934年3月的全部武备预算只有两千万镑，这里面还有建四个新的空军中队需要的花费——将最前沿的空军力量从八百五十架飞机添加到八百九十架飞机。财政支出第一年的费用是十三万镑。

对于这点，我说：

所有人都认可我方空军力量只占第五——要是这还能说是一个位置的话。法国跟我们距离最近，跟它比，我们的力量只有它的一半。德国正迅速地装备自己，没有任何人准备去制止它。这件事看上去非常明显。谁都不曾提出要做一次防御战去制止德国对《凡尔赛和约》的破坏。它想将自己装备起来，也正装备着，并且已经装备起来了。详情我不清楚，可真相非常明白，这些人天分非常高，借助他们的科学知识、他们的制造厂，再算上他们谈到的"航空运动"，他们有机会用非常短的时间、极快的速度建起一支攻守兼备，适用于任何目的使用的最强的空军。

我生怕德国眼下的掌权者哪天会拿到危急不列颠要害的工具。我们会沦落到悲惨的地方，致使所有喜欢自由、独立行事的人觉得非常痛苦，与此同时，还会让做着平常工作、喜欢和平的人民大众遭遇严重的危险。我生怕那一天会出现，并且可能已经快要到了。可能仅有一年的时间，或者可能是十八个月。只要眼下还没到，只希望没到，我期望、祈祷是这样；可真相是，已经快到了。眼下我们采取必要的措施还来得及，我们也需要这样做。我们得有手段去得到空中的均势。

无论是哪个国家，但凡它在国际中有跟我们相同的作用，或者起到的用处是我们想要的，它所处的位置就不应该是能让他国随意欺诈……

获胜者跟落败者间的仇怨完全不曾消退。欧洲也好，整个世界也罢，进攻性极强的国家主义精神从没像现在这么嚣张过。洛迦诺会议的时代早就过去了，那个时候，对于欧洲大家庭息争，我们曾满怀期待……

因为鲍德温先生握有实权，所以我让他行动起来。他既有这个权力，也有这个责任。鲍德温先生回复说：

要是我们以完成协定为目的而进行的努力没能收到效果，要是我前面说的那些事得到不这种相同的地位，那我国的每届政府，尤其是联合政府，也就是这一届的政府，将确保我国的空军武装的力量，再不会比不上一切攻击势力能抵达我国的海岸线的国家。

这个担保是非常严肃和清楚的，要是那个时候采取了大量积极的举措，那我敢说，现在这个承诺已经变成现实了。

*　　*　　*

和约里禁止德国建立空军的款项，德国尽管还没有明目张胆地损害，但民航和滑翔运动的极大进步，已经让它能迅速将早就建立起来的秘密非法的空军进行扩大和增强了。另一边，自1927年开始，很多德国的飞行员是苏联以军事宗旨进行培训的。两国之间的关系有很多周折，但以1932年英国驻柏林使臣的汇报来看，德国陆军和红军技术合作往来频繁。就像意大利的法西斯独裁刚登台就先跟苏联签署贸易协议一般，看起来，目前纳粹德国跟地大物博的苏联之间的关系，并没因为两者明面上的意识形态的争执而受损。

*　　*　　*

就算这样，1934 年 7 月 20 日，政府因为想增强皇家空军的力量，仍提出了一些已经晚了，也不太翔实的提议，要在五年的时间里增加四十一个中队或者差不多八百二十架飞机。可在自由党声援下，工党此时在下院提出要对这些提议进行不信任投票，对于增加空军这件事表示抱歉：

> 一没担当起新的世界职务，二不是出于国家安危的考量，英王陛下政府竟然想启动扩张军备的政治策略，这肯定会对世界裁减军备的前途造成影响，还会使危险、浪费的军事力量攀比赛的死灰复燃。

反对党不想接受增强空军力量的举措，为了表示支持，艾德礼先生借反对党之名说："我们认为没有对空军力量进行扩张的需要……我们不认为扩充皇家空军对世界和平这一前提有好处，空中均势的需求，我们也不赞成。"尽管自由党宁肯要自己的提议，仍旧对这一不信任的动议表示赞同，以下是动议的内容：

> 因为各个国家又出现了展开军事力量攀比赛的风向，看到这种情况，本院非常担心；事实证明，军事力量攀比赛一直是战争的预兆。只要裁军大会没有宣告失败，只要没有明确的缘由，对于我盟增加军事力量的提案，本院都不会同意；而提议中说的给空军军备多加二千万镑支出，因为跟这些条件不匹配，本院不予通过。

自由党的首领塞缪尔爵士在演讲中谈道："德国的情况如何呢？以我们看见的，或者听到的情况而言，并没有迹象表示，我们眼下的空军力量应付不了当下来自这方面的危险。"这些话是两个政党的领袖在仔细考虑之后说出来的，只要我们没忘记这点，就能看出我国处在多糟糕的危机中了。这还处于孕育期，当时我们要是使了最大的力量，或许我们还能留住能保证我们自由行事的空军实力。要是在数量上，英国跟法国都维系了跟德国的均势，那英法加到一起的力量就是法国的翻倍，那我们可能一兵一卒都不用牺牲就能将希特勒暴力事业还在发芽的时候就将其除掉。时间过了，就什么都晚了。尽管我们不能质疑工党跟自由党领袖的诚心，但他们彻底错了，在历史前面，他们要担负起该承担的责任。稀奇的是，在之后的若干年里，工党竟然一直宣称自己拥有卓绝的先见之明，而对着自己的反对党，他们却以没能在国家安危上做好准备工作为由，对其进行斥责。

*　　*　　*

这次我有了一个便利的条件，用替政府辩白的立场来督促政府重新整顿军力。保守党倾听我的言论时态度异常和善。

人们可能会觉得，英王陛下政府的体制和政府中重要内阁成员始终抱有的姿态，一定会让反对党在考量增加国防的提议时有不小的信赖和关注。在我看来，从没有哪个政府是这种整天都满心想要和平的。大战的时候，我们的首相曾经用偏激的做法和非常高的胆量来为他的理念作证，去证明为了他极端信赖的和平主义事业，他愿意付出多大的代价。那位枢密院长，民众心里只要想起他，就会想起祈祷的时候经常说的那句"给我们的时代赐予和平"。可能很早的时候，民众就觉得，要是这些官员们站起来说，他们认为有责任提出对现存的确保民众安全的军力进行小规模的扩张，那他们就会劝服反对党，同样也会觉得这表明了局势的危险，至于政府，是会想办法守护我们，让我们免于危险的。

看看政府的辩白是怎么做的吧！它提交的建议用词是那样平和，除了它怕是谁也办不到了。这个命题自首次提出进行商讨开始，他们所有的话就都带着谦恭的特点。这个提议所提出的请求有多轻微，他们说他们自己就能看出来。他们对我们许诺，但凡日内瓦裁军大会有效果，这个提议就随时都能终止。我们得到的许诺，还有这个：尽管在某些没有远见的人眼里，我们正用着的程序，只涉及国防理念，但其实它只跟全体安危的宏伟准则相关。

但反对党总是用极鲁莽的姿态将这一切辩解跟缓解的举动打回去。对于这些安抚他们的奋斗，他们的回应只有一个，即今天晚上就要进行投票的不信任提案。我认为有价值就这一命题跟言论进行妥协的时间已经没多少了。我们眼前出现了一种图谋——建立言论独裁，要是这种独裁可以长久，那国家的稳定和安全就会受到极大的损伤。我们富足，又易被抢掠，再没有哪个国家像我们国家这样容易受到攻击，也再没有哪个国家像我们国家这么擅长回击侵略者……全球最大的进攻标靶在我们伟大的都城里，就像绑了一头肥美珍稀的母牛在对野兽发出诱惑。眼下我们所处的情况是以前从未遇过的，也是在别的国家没遇上过的。

我们的懦弱，除了让我们受害，还影响了欧洲的平稳，这一点我们得记得牢牢的。

接着我深入证明，在空中，德国已得到跟英国近乎相同的均势。

第一我要说明的是，德国背弃合约组建了空军，其空军力量跟我们国家的空防兵力相比，已经达到了三分之二。我向政府提出的让其参考的第一个解释就是这个。第二，德国正对那支空军队伍进行急速扩张，用掉的费用除了预算里庞大的数目，还有民众的捐献，通常是被迫的捐献。现在德国各个地区正执行这个，且此前已经执行了。到1935年年末，就算政府的这个提议得到执行，德国空军不管是人数，还是速度，也将跟我国的空防部队极其相近。

要指出的第三点是，要是德国接着扩张空军，而我们接着执行我们的方案，那德国的空军力量等到1936年的某个时间，必定会超过英国。第四，这点让人心焦，万一我们在这方面被他们超过，我们可能就再也赶不上他们了。要是我说的这些无可辩驳，那下院各方成员的忧心就无可厚非了。这除了德国空军财物上实力的原因，我不得不说的是，现在德国的霸权体制的性质也是原因之一。要是今后若干年里的哪一天，政府必须承认我们空军的实力不如德国的，那个时候，他们就要承担责任，在我看来，这个责任是他们应该承担的，因为他们没能担负起国家的重责。

最后，我说：

对于德国纳粹政府做的事，反对党跟我们大部分人没什么不同，也始终都是无所顾忌地直言不讳。但指责得最凶的是工党，或者在我们对面坐着的那支自由党。现在为了相同的目标，他们的所有大型报纸团结一致，光从指责的凶狠程度来讲，是最拔尖的。对于这些指控，德国的掌权者极为气愤。我们要是要求我们的盟国裁减军备，那我们的盟友就丢了；我们冲撞强国，却又彻底无视自己的防御事务。这种情况危险也可悲。他们其实是用惯常的推广措施，以要求我们给他们投票的办法，全力将我们推到恐怖又危险的地方。假设我们今天晚上给他们投了反对票，我们就有机会发现一条大路。就国家安危而言，这条路比他们引诱我们去的那条要好。

因为绝大部分人不同意，工党的不信任议案自然被否定了。我绝对相信，要是这些事在充分地准备后拿出来跟全国倡议，那国家安全必不可少的举措会得到整个国家的认可。

＊　　＊　　＊

如果要说这段时间的事，那就不得不提从平安到濒临灭亡的遥远旅程里的一些丰碑。回忆一下，我都奇怪我们有做准备的时间竟然那么长久。英国有很大的机会在 1933 年或 1934 年建起一只力量强悍的空军，足够对希特勒的妄念进行必要的束缚，甚至有机会让德国的将军们去压制希特勒疯狂的行径。足足过了五年多的时间之后，我们才遭遇到异常的磨砺。就算是那个时候，若我们行动时能够有合乎常情的谨慎跟充沛的精力，也不至于遇上异常的磨砺。借助优异的空军，英法动员世界同盟出来干涉是十拿九稳的事，并且所有的其他欧洲国家或者也能凝聚到一起成为他们的依仗。世界同盟原本能够首次变成一个有威信的组织。

1934 年英国议会冬季大会于 11 月 28 日召开。我以几个友人的名义建议对答辩词进行一些改动，说"我们的国防力量，特别是空军力量不足，不够去守护陛下忠诚子民的和平、安宁与自由"。议会人满为患，所有人都期盼我的演讲。为了着重说明我们跟整个世界遇到的重大危机，我详细说了各种原因，之后进一步讲解了切实的真相。

　　首先，我断定德国现在已经有空军部队了——也就是说，战斗飞机中队有相应的地面军队，有经过培训的人跟物等必不可少的储蓄，一旦下令，就能聚拢，变成公开完备的空军中队，并且这支违法的空军队伍用不了多久就能跟我们的空军力量相同了。其次，在未来的一年的时间里，要是德国推行眼下的方案，用不着加速，我们也以眼下的基础推行我们的方案，不减速，并且推行今年 7 月跟议会提出的扩张方案，那到了明年的今天，德国空军最低也会跟我们一样，有可能还会超过我们一些。再次，在相同的基础上，换种说法，双方都实行眼下的方案，那再过一年，也就是从现在开始的两年之后，到了 1936 年年末，德国空军将比我们多大概 50%，到了 1937 年，就差不多能增至我们的一倍了。就像我刚刚说的,这一切都发生在一个这样的假设基础上:德国加速,我们也没减速。

紧接着,鲍德温先生按照其空军部顾问给出的资料,针对这一问题,直接驳斥说:

德国的力量根本不会很快就跟我们一样。我曾经说过的德国的数量是总数,而不是最前沿战斗实力的数量,我们最前沿的数量我也说过,还讲明这是一线的数量,在它身后,我们能够使用的储备力量远比它大很多;就算用德国的空军力量跟英国马上能用在欧洲的皇家空军力量比,也一样。德国正踊跃地建造军用飞机,但跟我们眼下在欧洲的力量比,其真实力量也只占50%。而说到了未来一年的情况,要是德国不加速地推行其现在的空军方案,而我们按照眼下批准的速度,再继续推行今年7月跟议会提出的扩张方案,那德国的空军力量跟我们一样,或者超过我们,都是绝无可能的。按照我们的估量,只说我们在欧洲的力量就比他们多了近五成。两年之后的情况,我无法预估,丘吉尔先生所说的1937年或许会出现的情况,就我的能力可以做到的调查分析来说,我认为他的数字有不小的夸张成分。

*　　*　　*

大多数惊恐的人因为这位真正的首相的明确担保而放心不少,很多控诉者也因它无言以对。毋庸置疑的泰斗已经驳斥了我明确的解说,听到这个消息,所有人都觉得非常慰藉。可我完全不觉得心悦诚服。在我看来,鲍德温先生的幕僚没告诉他实情,无论如何,他对此并不知晓真相。

*　　*　　*

就这样,冬天的几个月结束了,直至第二年春天,我才找到机会说起这件事。我详细、确切地跟他说。

丘吉尔先生致鲍德温先生   1935 年 3 月 17 日

    我提议周二商讨空军预算的时候，再次把去年 11 月的问题提出来进行商讨，我将竭尽所能地针对你所说的英德各个时间段空中防御空军力量的数字，也就是那个时候的、眼下的，还有 1935 年年末等各个时间的数字。在我看来，德国空军力量已经跟我们的一样，或许已经比我们强了。我还觉得，我们要是推行拟定好的新方案，到了 1935 年年末或 1936 年年初，德国的力量跟我们相比将超出 50%。你会看见，这跟你去年 11 月说的正好相反，那时候你说我们会比德国多 50%。你在 1934 年做出的承诺，"我们国家的地位不再会落后于一切攻击实力能抵达我国海岸线的国家"，我自然会说到，我会按照我能拿到的报告证明这个承诺没能兑现，并且用不了多久就会有实情来证实了。

    我觉得我要是跟上一次一般，先把我将走的大致线路告诉你，或许能让你便利一些。在我看来，若能有个政府的代言人证明，事实跟我想的刚好相反，我会比所有人都开心。

    3 月 19 日空军预算被呈至下院。我又一次重申上一年 11 月我说过的话，再次直接下战帖给鲍德温先生的承诺。空军部次官自信满满地做出了回应。3 月末，外交大使跟艾登先生奔赴德国访问希特勒先生，希特勒在一次重要的会谈中自己跟他们说，德国的空军力量已经跟英国持平。此次谈话被记录了下来。4 月 3 日政府宣告真相。首相于 5 月初在自己的报纸《新闻通讯》上发了一篇文章，着重对德国重整军力的危害进行了说明，他的用词跟我自 1932 年起惯常使用的非常像。他用的"埋伏"这个词耐人寻味，这一定源自他心里的焦躁。我们确实已经处在埋伏中了。这次争论由麦克唐纳先生亲自主持。他说起德国宣称要在《凡尔赛和约》的限定之外建一支海军，还要背弃合约建潜艇，之后他说起空中的情况：

去年 11 月进行争辩时，曾经按照当时对德国空军力量的预估而发布预算，枢密院曾经替政府承诺，不论以后德国空军建成什么样，我们不论如何都不会落到下风。要不是这样，那我们所处的位置，将无法承受，这是我们政府和空军部完全清楚的。4 月 3 日，下院得到消息，德国总理在 3 月末在外交大臣跟掌玺大臣到访柏林的时候说，德国空军力量所处的位置已经跟英国一样了。这句话，不论怎么解释，都毋庸置疑地证明我们去年在本院里说的预估，早就落后于德国空军的发展了。这是个糟糕的真相，已经马上引起了政府和空军部的关注。

到我发言的时候，我说：

就算到了眼下，我们也没启用匹配我们需求的举措。政府已经提出扩张军备。眼前的风波，政府只能面对，无法避免不公平的进攻。他们的初衷会被误解，他们会被污蔑、被叫作好战分子，国内不少势力强大、声音异常有力的组织将聚集到一起对他们发动种种进攻。不过不管怎么样，他们都是要叫骂的。那些能让我们获得安全的东西，为什么不去极力争取？有什么道理，我们不要求把空军经费给足？如此，英王陛下政府无论遭遇怎样严厉的指责，怎样喧嚣的怒骂，最低能有个称心的结局——他们能觉得自己担负了该担的重责。

我的言论，尽管坐在下院的人都听得很认真，可我却觉得灰心。在国家危机存亡的问题上，我的意见非常坚定，可是议会也好，全国民众也罢，我没办法让他们对我的预警关注起来，我的证据不够，没办法让他们相信进而行动起来，我这辈子最难过的事就是这个。然后，我又说：

我承认我的意思无法用文字尽述。我记起1708年圣约翰大臣曾经刻意暴露政府机要。他泄露给下院说，早在头一年夏天就已经决定了埃曼扎之战的败落，因为按照下院表决应该派去战斗的英国两万九千人的队伍，事实上仅有八千人去了西班牙。政府在一个月之后，证明了这个信息。按照记录，那个时候在下院想说话，想对这个惊人的宣告进行评价的议员，一个都没有。不过那件事跟我们眼下要处理的形势相比，就真的是相形见绌了。它仅仅是一次策略失误。在西班牙战斗里发生的事，没危及英国的性命……

今天晚上在外交策略方面，本院获得了广泛统一。我们一定要跟法国、意大利，以及别的希望继续和平的大小国家携手合作。在我看来，所有显然契合这一要求的政府，只要它肯承认世界同盟的威信，接受世界同盟的制裁，我们就该跟其合作。这种政策难道是准备关上修改和约的门吗？不，是为了获得一种安全的感觉，并在分析那件事（对和约进行修正）前，先让所有讲道理的国家为了保护自己凝聚到一起。在这一整体安全的严肃的组合中，我们一定要建立种种防御力量，跟我们的盟国同心协力，协同作战，让我们能够过上安宁平静的生活，让我们能够从凄惨的错估中觉醒。眼下我们为这些错误的估计所骗，要是我们没能适时地发现这个预警，有一天可能就成了它的受害者。

一位不知道姓名的作家因为火车事故写的几句诗，此时在我脑海里浮现出来。这是我以前在漫画杂志《笨拙》上看见的，在我八九岁的时候，当时还在布赖顿上学，很喜欢这个画册。

这轰鸣的火车，是谁在掌控？
转轴嘎嘎作响，挂钩紧扣，

以疯狂的速度，奔向路口的转弯；

但司机的耳朵，已经因为疲惫失去了作用，

闪耀的信号只是白白刺穿夜幕，

因为这轰鸣的火车，掌控它的，是死神啊！

不过这几句诗，在发言的时候我可没念。

*　　*　　*

鲍德温先生直至 5 月 22 日，才做了其著名的自我检讨。这里我必须引用原稿：

先说一下去年 11 月我所说的德国飞机数量的事。自从那时开始，一切能让我对这些数字产生怀疑，觉得它们有问题的情报我都始终不曾收到。我认为这些数字当时是对的。我错在对于未来的预估上，在这件事上，我彻底被骗了……

在这里，我愿意再次强调，在我看来，眼下对我们正进行的事感到惶恐不安，是没什么道理的。可是我要以对时局的认知郑重说明，政府要是不采纳我们眼下采取的果决的政策，我会立刻离开政府。我以为，在这需要讲明的只有眼下对空军部的指控，不管是报纸上的，还是口头上的，说建军方案似乎不完善也好，说没能以更快的速度进行也罢，还有别的，反正都是他们的责任。在此，我只想再说一次，任何责任都好，我们非常愿意接受责备，但这个责任不是某个官员自己的，是整个政府的。我们政府里的每一个人都有责任，都有该受指责的地方，人人都有。

那个时候，对于这份惊人的检讨书，我是抱着期望的，我希望它至少能成为一个关键事件，至少让议会建一个由各个党派代表组成的组委会，针对这些真相跟我们的安危展开调查，并做出汇报。可下院的回应却不是这样。由于九个月之前，工党和自由党的反对派曾经要求或赞成对政府提出的最平和的增加空军的程序进行不信任决议，眼下他们的立场被动、不明。他们正遥望将来的普选，预备用抵制"保守党增兵政策"为口号。对于鲍德温先生的表露和认错，工党或者自由党的代言人都有些猝不及防，他们也没准备为了配合这个紧要的插曲修正演讲稿。艾德礼先生说：

> 我们是一个政治党派，对单边裁撤军备并不赞成……我们支持借助世界同盟来获得整体安全。我们不赞同借武装力量来施行大政方针。我们支持裁军和整体安全……我们已经解释过了，在整体安全上，我们国家必须筹备好尽自己的一分力量。在获得安全方面，我们的策略不是增加兵力，而是减少军备。我们以裁减武装力量为目的，要借此彻底解除所有国家的武装力量，建一支由世界同盟统领的世界警察队伍。

这个庞大的政策，最起码在短时间内无法变成现实，或者还尚未变成现实前会出现什么情况，他却没说清楚。他不赞同国防事项白皮书里所说的，按照美国的情况，我国需要增加海军，借鉴苏日美三国空军的情形，我国需要增加空军等观点。"那些说法都是过去的了，跟整体安全体系水火不容。"德国重建武装力量已经呈现出了盛气凌人的趋势，这个他同意，可是"不论哪个国家的军事力量，想要反对，依靠的都应该是世界同盟所有忠诚的成员国凝聚到一起的实力，而不应该只依靠我们国家或者法国的实力。我们必须让入侵者知道，他要是有胆子挑衅整个世界，他将遭遇的就会是众志成城的世界武装，而不是若干国家各行其是的兵力"。路只有一条，即集合所有国家的空军，并交给世界同盟；所有国家的空军都必须集结到一起，并将其变成一个整体。他跟他的政治党派那个时候给政府提出的办法投了反对票。

辛克莱爵士作为自由党的代表，提出让政府召开"一个新的经济会谈，一方面让德国身处国际政治良好的氛围里，另一方面让它无论是在文化事业，还是提高两个国家民众生活水准方面都跟我们踊跃携手……让政府做出详细、精确的提案，好解除空军，强化对民用航空的掌控。要是议案未被接受，那就得清楚、妥当地明确责任的归属"。

可是（他说），尽管我们该大肆裁撤军备，这是政府的重要目标；但另一边，一个世界同盟成员国之外的国家，具有最强悍的陆军和有可能是西欧最强悍的空军，且它的增长指数也超过了一切其他国家的空军，这种情况也是无法忍受的。要是有明确的证据显示，确实有启动国防举措的需要，到了那个时候，自由党自然也必定会表示支持……所以，我不赞成，扩充国防必定跟我们该担负的整体安全体系的责任相互矛盾。

他从而仔细说起"靠别人的死获利的事"，还借用了教育大臣哈利法克斯勋爵最近发布的一篇演讲稿里的一句话："英国人老是觉得制造战争装备是件非常庄重和重大的事，能被托付去做这件事的人，不该是对国家不负责的。"在辛克莱爵士看来，空军装备的快速扩张得由国家来做；而增加空军这件事，他认为确实有这个必要。

长期以来，在自由党跟工党成员的心里，民营兵工厂一直是让人憎恶的怪兽，还是一个用来取悦大家的不错的演讲题目。眼下，只靠国家经营的制造厂就能完成所有需要的空军扩张的议案是不可能的。大多数国内民营制造厂正急需马上重整，好让我们现存的制造能力增强。眼下危险的局势或者我们眼下已经知道的更重大、隐蔽的真相，他们也认可，这在反对派领导人的演讲里一个字都没说到。

鲍德温先生坦白的言论看上去已经让大部分政府成员受到了触动。他拥有各种各样的情报材料，可在他负有重责的大事上却犯了错；他被视为已经偿还了自己的过错，因为他向你坦白地认错、接受批评。这位官员坚决认错引发了一股特别亢奋的风潮。确实，因为我让他们信赖的领导人身处逆境，不少保守党议员生了我的气。只靠着本性中的坚毅和坦诚，他就让自己脱离了逆境，可遗憾的是，却没能让他的祖国脱离逆境。

＊　　　＊　　　＊

伦敦德里勋爵不但是我的亲戚，还是我小时候的好友。拿破仑时期有名的凯谢雷是他嫡亲先祖，他这个人拥有无尽的忠实跟爱国心。他自从联合政府建立开始，就担任空军大臣。之前说过的巨变在这段时间对我国的事造成了影响，空军部成了国家最紧要机关中的一员。他跟空军部在紧缩和裁撤军备的那几年中，曾经尽全力从某位严厉、霸道的财政大臣手里拿到了能够维系固有的尽量多的资金。内阁在 1934 年夏，接受了增加四十一个空军中队的提案，他们为此满心欢喜。可英国的政治却忽冷忽热，转瞬即变。外交大臣从柏林回国，因为希特勒说德国空军力量跟英国一样，全内阁都极为吃惊，极其惶恐。按照广泛认可的新情况，鲍德温先生只能对他在去年 11 月驳斥我的时候发表的言论担责。内阁根本没料到我们的空军已经落后了，按照惯例反过来用探究的目光去看相关部门跟这个部门的领导。

有一笔新的款项留给了空军部，不过他们还不清楚。财政部的绳索已经被解开了。他们只要提，就能拿到不算少的费用，可他们没这么做，反倒对希特勒宣传的空军均势嗤之以鼻。空军部发言人伦敦德里甚至相信这样的话："德国在西蒙跟艾登到访柏林的时候，战斗空军中队仅有一支。从他们训练体系中获悉，他们期望本月月末能够建十五到二十个中队。"[1] 所有这些都是专门用语的问题。在缺少一致标准的情况下，想区分空军的分

---

[1]　伦敦德里：《命运的翅膀》，1943 年，第 128 页。——原注

类当然很难。"最前沿空军"是什么、"可战斗机构"是什么，说法都不一样。对自己过往的行动，空军部现在让他们的长官交出一个经过仔细分析的辩白，结果却跟眼下确实已经惊醒的政府和民众不太合拍。空军部的专家和官员曾把数字和预测告诉了鲍德温先生，这就是他在 11 月用以答复我的根据。他们想让他替这些数字跟预估做辩解，但这在切实的政治中已经用不上了。毋庸置疑，那个时候，空军部的这些行家跟官员不但自己上了当，还让他们的长官也受到了蒙蔽。一支隐藏了很长时间的强悍的空军，最低也跟我们实力相近，终于在德国公然蹿了出来。

若干年来，伦敦德里一直提出想要更多的费用，竟然忽然间就成了提出的请求不够，这件事对他而言就像是他在书里说的那样，是件奇怪也悲痛的事。但在此之外，他的政治理念也致使他无法再担任部长一职，更何况空军部此时还成了我国事务的中心，甚至高于普通事务。另外，所有人都能发觉，这种情况下，该担任空军部长的应该是下院议员。所以那年年末，当麦克唐纳先生离任首相，那个时候的殖民地事务大臣菲利普·凯里夫·里斯特爵士就被委任为空军部长了，这也是大肆扩张空军力量的新政策中的一个。伦敦德里勋爵好不容易才更改职务，成了掌玺大臣兼任上议院院长；但鲍德温现在普选过后，将这两个职务都撤掉了。声名赫赫的"旋风"式和"烈焰"式战斗机的设计和研制是他主办的，这是他在空军部的一个重要的成绩。这两种飞机，其原型的试飞分别在 1935 年 11 月和 1936年 3 月。伦敦德里在做出辩白的时候，这件事他没说，事实上他完全可以说的，更何况他受到的指责还有不少并不是他的错。新上任的空军大臣在利好的氛围和新风尚的鼓励下下达指令，要求马上大规模制造这两种战斗机，并积攒了恰当的数目。和前一任相比，凯里夫·里斯特这位政治人物的权力要大很多，既有更加美妙的机会，还有一个更加鼓舞人的工作。为了推动我们的空军策略，他用了极大的力量强化空军的管理机构，为了挽回 1932 年到 1934 年这段时间内阁丢掉的时间，他身先士卒地全力工作。

但他也犯了一个大错：1935 年 11 月，他脱离下院，成了上院的议员，这导致他改变职务，失去了继续出任空军大臣的理由。数年之后，这一错误最终让他丢了空军大臣的职务。

*   *   *

最大的灾难落到了我们身上。希特勒已经拿下了跟英国空军力量相同的位置。之后，只要他们全力发展自己的制造厂和培训学校，就能维系自己空中优势的地位，并且还能持续增强。自此，伦敦被不明的、力量不定的来自空中的袭击覆盖，我们做判断的时候，它成了一个明确和不得不考虑的要素。且我们完全没有机会追上，或者最低是我们的这个政府是完全追不上的。英国皇家空军的高效全都要感谢政府跟空军部。但维系空军均势已经落空，救不了了。确实，德国空军以后的发展速度是低于获得均势那段时间的速度的。德国人真的是想尽了办法，才腾空而起获得了这种有利形势，还在外交上拥护使用这种有利形势。以此奠定了希特勒多次侵略行为的基石。希特勒很早就为接连的侵略行为制定好了方案，眼下用不了多久就要化为行动了。英国政府在之后的四年里，曾经付出了极大的努力，在空军的素质方面，我们毫疑问是占有领先地位的。可要说到数量，自此之后，我们都没能追上。开战后才发觉，跟德国比，我们的数量只占其五成。

第八章　挑衅和回应

1935 年

希特勒于 1935 年 3 月 16 日下达征兵指令——3 月 16 日法国推行两年服役制度——3 月 24 日西蒙爵士跟艾登先生出访柏林——斯特雷扎大会——5 月 2 日的《法苏互助条约》——鲍德温先生 6 月 7 日担任首相——霍尔爵士担任外交大臣——艾登先生获任世界同盟事务大臣——英德海军协议——其危机在欧洲的重大影响——外交大臣的辩解——德国陆军的发展——法国和德国士兵的来源

数年时间，秘密行动、隐秘或隐藏的筹备，现在已经变成了历史。希特勒终于觉得自己的力量已经足以展开首次公然的挑衅了。1935 年 3 月 9 日，德国空军正式宣告成立；16 日，宣告德国陆军的基础将是全民服役制。然后没过多久，为让这些决议变成现实，又发布了各种条例，事实上早就有了切实的行动了。对于即将发生的所有事，法国政府已经获得了详细资料，因此在重要的同一天的几个小时前就发布消息，要将服兵役的时间增至两年。《凡尔赛和约》是建立世界同盟的依据，德国的行为则是对《凡尔赛和约》公然、正式的侵犯。德国以前破坏协议是暗中进行的，要不就是借助各种理由和弄虚作假的法子，当时各个获胜国因为沉溺在和平主义之中，还有忙着国内的政治事务，还简单点儿，不用正式宣告破坏、背弃协议，可眼下，事情却来得那样明确而鲁莽。几乎是同天，埃塞俄比亚政府对世界同盟提出倡议，反对意大利对其做出的具有威胁性质的提议。西蒙爵士与掌玺大臣艾登于 3 月 24 日在此背景下，受希特勒之约出访柏林。在法国政府看来，这种做法并不合适。摆在法国面前的问题已经不再是一年之前麦克唐纳想方设法逼他们裁撤军备，而是他们要将义务服兵役的时间从一年增加到两年。以那个时候的主流言论来讲，这项工作真是不好做。别说共产党，连社会党也要投反对票。莱昂·布鲁姆先生说："为了抵抗希特勒的入侵，法国工人要奋勇前进。"在这个时候，多列士在亲苏派的恭贺声中回应说："那个称之为保护民主抵制法西斯主义的战争，我们坚决不允许将工人阶级拉进去。"

除了期望所有人都活得不错，欧洲的全部事情，美国都不想管，并且决议之后再不会因为欧洲的事自寻烦恼。不过，法、英，自然也少不了意大利，尽管互相间有着不同的观点，但全都认为，希特勒这种果决的背约举动确实需要进行指责。因此在上次战争中获胜的几个重要协约国，在世界同盟的主持下，在斯特雷扎开了次会，这些事均在会上进行了磋商。

＊　　　＊　　　＊

大概有十年的时间，艾登先生都近乎彻底专注在外务分析上。十八岁的时候，他从伊顿公学走出来，参加了第一次世界大战，服兵役的地方是第六十来福枪旅，四年的时间，众多的抵死拼杀，他立下了不少功劳，被提拔为副旅长，还拿到了军事十字勋章。他在 1925 年被选为下院议员，没过多长时间，在鲍德温先生二次掌政的时候，他当了外交大臣奥斯汀·张伯伦的行政事务秘书。1931 年他在麦克唐纳－鲍德温的联合政府中，被委任为外交部次官，由新的外交大臣统领工作。次官的工作虽然经常变化，但他的任务始终不多。他只能帮着长官推行内阁决议的政令，自己却不是内阁成员，也无法参加内阁会议。除非在特别的，关系他自己的良知跟荣耀的时候，他才能提出对外交策略的不同看法，甚至是公然的争辩或离职。

艾登先生在这么多年里广泛地了解了国外的情形，肩负着外交部重要的职责，他对外交部的活动和思想非常了解。不管是反对党，还是保守党中能左右形势的人，都不认同西蒙爵士在1935年外事上的做法。自此之后，艾登先生凭借他的学识跟优异的禀赋日渐得到了大家的看重。所以他在1934年年终接任掌玺大臣后，因为内阁的意愿，仍旧跟外交部维系了私人的非常亲密的关系，并因为这样受邀跟他的老上级西蒙爵士一起去柏林，做这场虽然不合适但也有点儿结果的访问。跟希特勒会面后，外交大臣回到伦敦，带回了之前说过的那个重大的消息：按照希特勒的意思，德国目前已经得到了跟英国空军的均势。之后，艾登先生又受命去莫斯科访问，他在那跟斯大林有了联络，这种联络在若干年后得以复苏，对两边都有益处。这次出访莫斯科在返程的时候，他的飞机遭遇了凶猛而持久的风暴，他在历经危险，飞机终于降落时，差不多已经失去神智了。大夫表示，他不适合跟西蒙去参加斯特雷扎大会了，之后，他有好几个月的时间都病着。此种情形下，尽管首相自身不管是身体、视力，还是智慧，都在明显退化，他仍旧决定自己跟外交大臣去参会。因此英国的声势在这次极要紧的会谈里是不够强的。佛朗丹、莱法尔作为法国的代表，墨索里尼、苏维奇作为意大利的代表，也参加了此次会议。

那个时候都觉得，以数百万人的性命为代价建立的庄重的协议，是绝不能被明目张胆地破坏的，可英国的代表在刚开始的时候，就清清楚楚地说，就算协议被毁坏，他们也不去想制裁。这当然会让会谈只局限在夸夸其谈之中。在这个会谈中，一个决议获得了全体通过，大致意思是说，绝不允许一方，也就是单方面破坏协议，还要请世界同盟行政院公告已经显示出的情形。会谈的第二天下午，墨索里尼尽全力拥护这一活动，坦诚地公开表示，抵制一个国家对别国的掠夺，以下是最终宣告：

在世界同盟组织之下一起守护和平是三国政策的宗旨，三国共同承诺，要启用种种行得通的举措，以抵制危害欧洲和平的单方背约的行径，为了这个目标，还将展开亲密真挚的协同合作。

　　意大利的霸权人物在演讲时强调了"欧洲和平"这几个字，在"欧洲"这个词说完后，还以一个引人注目的样子进行了暂停。英国外交部的代表们见他这样着重于欧洲，马上关注起来。他们支着耳朵，非常清楚，墨索里尼说的是，一来为了抵制德国重新整顿军备，他愿意跟英国展开协作；二来也给他将来可能要做的，对非洲的埃塞俄比亚展开的远程攻击留下后路。在大会上，是否要提出这点呢？当晚，英国外交部官员做了磋商，所有人都非常希望能在德国的事上，得到墨索里尼的拥护，觉得此时不适合警告其不能进犯埃塞俄比亚，因为要是这么做了，他必然要火冒三丈。因此这件事就没被提起，在没人干涉的情形中，从容而过；至于墨索里尼，他觉得他的宣告，协约国已经默许了，埃塞俄比亚可以由着他折腾。在一定道理上讲，他这么想也不是完全没有道理。对于这件事，法国缄口不言，会议至此告终。

　　接着，世界同盟行政院在 4 月 15 日到 17 日这段时间，对传闻所说的这个背弃《凡尔赛和约》的行径——德国下了推行全民招兵的指令，进行了调查。阿根廷、澳大利亚、英国、智利、捷克斯洛伐克、丹麦、法国、意大利、墨西哥、波兰、葡萄牙、西班牙、土耳其和苏联等国家，均派代表参加了行政院大会。这些国家全都对这一准则：抵制"单向"行为毁坏协议，投了赞同票，并将这一问题上交世界同盟大会进行磋商。同一时间，瑞典、挪威、丹麦这三个同在斯堪的纳维亚半岛的国家，因为密切注视着波罗的海的海军均势，也联名宣告全部赞成。正式提出反对的国家总共有十九个那么多，可是这么多国家或者国家群，没有哪个想过，甚至到了最终，要付诸武力，所以他们的决议只能是说一说！

＊　　＊　　＊

在亲近苏联这件事，巴尔杜的那种坚定的精神，莱法尔本来是没打算用的，可是现在德国在这件事上需求急迫。关爱法国未来的人，在他们眼里，3 月通过的两年服役制度只占了较少的优势，现在最要紧的，就是一定要得到全国的共同拥护。那些忠于苏联政府的有极大影响的法国人，能够影响他们的只有苏联政府。大部分法国人渴望重建 1895 年的老同盟，或者与之相近的联盟。法国政府在 5 月 2 日签订了《法苏互助条约》。这份文件措辞模糊，承诺五年以内一个国家受到入侵，两个国家彼此支援。

莱法尔先生去莫斯科做了三天的访问，以期在法国的政治舞台上获得实实在在的成绩。在那儿，斯大林接待了他。他们花了不少时间进行磋商，里面有些事从没披露过，在这说一下也没关系。斯大林和莫洛托夫想要了解的，自然第一是法国在西边战线的兵力：到底有多少个师，服兵役的时间是多久？莱法尔在这方面商讨过后说："你能想什么办法激励下苏联的宗教和天主教教徒吗？这对我和教皇之间的关系将会是不小的助力。"斯大林说："哎哟，教皇！他有多少个师？"我是不清楚莱法尔是如何回应的，不过他完全有机会说起游行中的某些未必看得见的部队。一切特别的责任，莱法尔都从没想过要让法国担当，但这个要求却是苏联习惯提的。就算这样，他仍旧让斯大林在 5 月 15 日公开发布宣告，支持法国因为维持国家安全所需军力而采取必要的国防策略。法国的共产党听见这一指令，马上掉头，积极拥护国防计划和两年兵役制度。对于欧洲的安定，《法苏互助条约》尽管是一个要素，可它并未限定，若德国展开进攻要约束哪方的承诺，因此它的作用非常小。法国并未切实跟苏联形成同盟。不仅如此，这位法国外交部长在返程的路上，因为参加毕苏斯基元帅的丧礼，曾经在波兰的克拉科夫停了停。他在那儿跟戈林见了面，还做了友善的交流。借助德国这条路，莱法尔把自己对苏联的猜忌跟厌恶都适时地转达给莫斯科了。

因为身体和能力在慢慢衰落，麦克唐纳先生已经无法在首相的职位上做下去了。在保守党那边，他一直不讨喜。他在政治上和战时的言语行动，还有他的社会主义理念，让保守党从很长时间起就对他存有偏见，仅仅是在以后的几年里，因为同情而稍有缓解。工党最厌恶的人就是他，他们会这样自然有其原因。尽管工党近乎是他创建的，可是1931年，正是因为他对工党的"背弃"（工党是这样指控他的），导致了工党一败涂地。在政府庞大的多数里，他的工党拥趸者只有7个人。在裁撤军备政策的实施上，他竭尽所能，现在已经被证实彻底失败了。普选将至，他在普选里也将无计可施。6月7日，他在此种背景下，宣布跟鲍德温先生换职，鲍德温先生第三次坐上了首相之位，这绝对在意料之中。与此同时，外交大臣的职位也换了人。在印度事务部，霍尔爵士努力耕耘着，因为政府通过了印度法案，他得到了名誉，现在他要换到更加要紧的职位上去了。自某段时间起，西蒙爵士的外交策略始终受到一些跟政府来往紧密的实力型保守党人的强烈指责。眼下他被调去了他知之甚详的内务部，由霍尔爵士接任外交大臣的职务。

同一时间，鲍德温先生用了一种别致的缓兵之计。此时，艾登先生名声日显，身体也好了，他就委任艾登先生做了世界同盟事务大臣，在外交部工作，身份跟外交大臣平级，还拥有调阅文件、支配部内职员的权利。鲍德温先生这么做，其目的无外乎是表现他对世界同盟的看重，看重我们国家在日内瓦的事，好跟支持世界同盟的强劲的言论热潮步调一致。大概一个月之后，当我有机会对我说的"配备两位具有相同地位的外交大臣的新方案"进行评判的时候，我警告议员们不要忽视这么布置的劣势：

> 昨天我听见首相说，这仅仅是临时测试，觉得非常开心。这怕是无法持久，以后怕也无法实施，我也是这么想的……用一个人掌控外交事项的一致性理念统领全局，让所有要素、所有事项都被议会支持的总目标效劳，才是我们要的。不论担任外交大臣的人是谁，不论他的身份如何，他在部里的权威都必须是最高的，并且这个重要的部门，

里面的所有人都要听命于他，也只听命于他。我记得战时，我们曾经就统一指挥的事进行过磋商，当时劳合·乔治先生表示："它的问题不是这个将领比另一个将领好，是相比于两个将领，一个将领更好。"这个艰难的时期，一个强悍的内阁有什么道理不需要天天跟外交大臣在一起呢？首相有什么道理不在任何时间会见他或者他的下属呢？眼下情况这么繁杂紧要，局势这样接连变幻，在我看来，两个领导、两重义务，会让这种动乱的形势变得更加动荡。

糟糕的是，这一切言论都说中了。

＊　　　＊　　　＊

人和事情都处在此种背景下，就在这个时候，英国政府做了件让人极为震惊的事。事情的发生，海军部最低也要负些责任。让陆军、海军、空军的军官来搞政治，终究不是件安全的事。他们走进的那个全新的世界跟他们熟悉的那个世界有着截然不同的标准，自然，他们的行动按照海军大臣跟内阁的意思甚至指令走的，因为能抗住这个责任的只有他们。但海军部也刮过来一股激烈的拥护风潮。英国和德国的海军部，就两个海军的比例问题已经进行了一段时间的磋商了。依照《凡尔赛和约》的协定，除了六艘六千吨以下轻型巡洋舰，吨位到一万的军用舰最多只能有六艘。英国海军部最近发现，德国近来正在铸造两艘微型战舰——"沙恩霍斯特"号和"歌奈森诺"号，它们的吨位都比和约允许的额度高出非常多，型号也截然不同，其实是两万六千吨的轻型战列巡洋舰，或者管它叫顶级商船驱逐舰也没什么问题。

这种明目张胆且具有诈骗性质的毁约行径，少说两年前（1933 年）就有严谨的方案，并已经开始实施了，在这种真相面前，海军部居然还觉得签一个《英德海军协定》是必不可少的。即没跟它的法国盟友磋商，也没告知世界同盟，英国政府就这样做了。英国政府一方面跟世界同盟倡议，还让成员国对希特勒损毁和约中的军事条令进行抵制，同一时间他们却又私下磋商，将《凡尔赛和约》里的海军条令扔到了一边。

德国海军不得超过英国的三分之一，这是《英德海军协定》的关键点。战前两个国家的比例是 16 ∶ 10，这个比例曾经让他们感到满意，记起这件事，海军部就觉得这一点极具魅力。为了让这个情景变成现实，也因为相信了德国单方的口头承诺，无视条约中明令禁止其铸造潜艇，他们因此认可了德国有权铸造。按照协定，德国铸造的潜艇能够达到英国潜艇的六成，要是德国觉得情况特殊，达到十成也行。自然，德国得许诺永远不会用他们的潜艇攻击商船。若是这样，他们要潜艇干什么？因为要是没违背协定的其他部分，那单说军用舰，潜艇可不是海上战斗胜败的关键，这是非常明显的。

德国舰队可以达到英国的三分之一这个条令，使得德国铸造新船舰的方案得以推行，让德国的船舰制造厂全力发动少说也得花十年工夫。因此，这其实相当于不再压制或约束德国对海军的扩张。他们能用最大的效率制造。实际上，德国准备建造的数目还没达到英国方案允许其制造的军舰的数量，之所以会这样，制军舰跟制坦克间对钢板需求的争斗，当然是部分原因。

按照规定，德国能制造五艘主舰、两艘航空母舰、二十一艘巡洋舰和六十四艘驱逐舰。但其实在开战的时候，已经造好的和快造好的船舰只有两艘主舰、十一艘巡洋舰和二十五艘驱逐舰，至于航空母舰，一艘都没有，连我们豪爽同意数量的半数都不到。他们要是没建造战舰，或者建更少的战舰，将能用的原料都放到一起去建造巡洋舰和驱逐舰，那 1939 年或 1940 年，他们跟英国交战的时候，他们所处的位置或许会更好。眼下我们了解到，希特勒曾经告诉海军上将雷德尔，说跟英国的战斗大抵不会发生在 1944 年和 1945 年之前。因此，德国海军的发展方案应该是以长期为基础制定的。和约许可的水准，只有潜艇的制造达到了。等可以超越六成这个制约的时候，他们马上就引用了允许他们制造十成的规定，等战争爆发，其实已经制造了五十七艘。因为没有在《华盛顿海军条约》或者《伦敦海军条约》上签名，所以德国在新战舰的设计上，便宜性就更高。在英国、法国和美国还被三万五千吨制约着的时候，他们就马上制造了"俾斯麦"号和"提尔皮茨"号。这两艘庞大的军舰的排水量都在四万五千吨以上，只要制造完，在全球的海上军舰中就必然是最强的。

与此同时，希特勒在割裂协约国上，也因为这一协定而在外交中得到了不小的方便：让其中一个国家简简单单地原谅了其对《凡尔赛和约》的背弃，他还能因为跟英国签署了协议，而在协议的准许下，而有充足自由去重整军备。世界同盟因为协定的公告，而在此遭受打击。法国人因为根本利益受到威胁，有足够的缘由去抱怨英国同意德国制造潜艇。在这件事中，墨索里尼则发现对于同盟国，英国是不讲究诚信的：但凡英国自身的海军权益得到了保护，他就明显愿意跟德国妥协，却不想因为德国陆军的扩张，其盟国权益遭遇了危机。英国这种看上去没有信义的利己姿态，无异于是在鼓舞墨索里尼接着施行入侵埃塞俄比亚的计划。而在斯堪的纳维亚半岛的各个国家，仅仅是两周之前，还无畏地要求抵制希特勒在德国陆军上推行的招兵制度，眼下却发觉，英国在后边私下认可德国建海军，虽然跟英国相比，它的力量只占三分之一，但只说这个规定内，也足以让其在波罗的海称王称霸了。

英国的大臣们花了不少力气，让德国跟我方提出协作废除潜艇的提议。事实上，德国人清楚地知道，这个提议有个附加条件，得让其他各个国家都赞同。所有人都清楚，其他国家是绝不会答应的，因此他们提的这个提议是最妥当的。德国会答应在使用潜艇方面受限，不会不顾道义地攻击商船，这和清楚地知道其他国家不会赞成有很大关系。一旦德国人掌握了巨型潜艇舰队，当他们见到女人孩子因为英国的禁锢而忍饥挨饿的时候，他们仍旧不会彻底地使用这类武器，谁会相信？这种观念，我将其称之为"被骗得彻彻底底"。

这个协定，别说推动裁撤军备向前走，要是化为行动，过上几年，免不了就会在全球范围内引发制造新船舰的浪潮。除了最近制造的船舰，法国的海军都得重新改造。意大利又会因此受到影响。而我们，为了在新型船舰上保持三比一占优，我们只能对英国的舰队进行大面积的重建，这是非常明显的。我们可能会觉得，既然同意德国海军可以达到英国的三分之一，那这对海军部而言，就意味着英国海军得是德国的三倍。或许这样，我们可以合情合理地重新建立我方舰队，尽管已经迟了。可是，政治家们在哪儿呢？

1935 年 6 月 21 日，海军大臣博尔顿·安尔斯·蒙瑟尔爵士将这一协定宣告给议会。只要有机会，我就控诉这一协定，7 月 11 日就是，之后又是在 7 月 22 日：

英国这种单方面的行为，在我看来，对和平大业并无助益。它直接的后果，就是让德国船舰的数量日渐增多，让它可以完全掌控波罗的海，而且在短时间内将阻碍欧洲战斗爆发的一个要素除去。以地中海的局势而言，我相信我们遭遇的困难比别人大。要是法国因为要抵制德国，只得对自己的舰队进行现代化的改进，而意大利也以它为模板照做，那所有国家都会大规模制造新的船舰，看这种情形，为了让我们在地中海的位置不受影响，我们也会被逼着重新打造我方的舰队。可是最糟糕的情形是，我们在世界另一面的位置，也就是在地中海的位置受到影响。对日本而言，这无疑是意外之喜。让我们看看结果。海军大臣说过要"直面真实"。但这个方案若是被实施完成，英国的大多数船舰将停泊在北海。这代表着波罗的海和地中海的全部局势发生了极大的变化……

德国海军死灰复燃的事让我感到可惜。我们一没跟我们在欧洲的同盟国商量，二没跟众多跟我们一样因为德国大肆扩张军备而使命运发生变化且极为害怕的众多国家一起处置。德国到底增加了哪些军事装备？没有什么办法能明确预估出来。他们制造的军舰比我们以为的要强悍得多，事情发生之前，就连我们的海军部都不清楚，而现在我们已经见到了。他们在空军上的所作所为，我们也已经看见了。在我看来，德国在这个财政年支出的额度，若是我们能够获悉，那我院和全国一定会对其花在全方位战争准备上的巨大数额感到极其吃惊。这个强悍的日耳曼民族和帝国，因为花费了巨额款项在全国各个地区在备战建设上，正在向巨型军火库转变，且确实马上就要行动了。

*　　　*　　　*

1935 年 7 月 11 日，为了对国内和欧洲发来的各种指控做出回应，霍尔爵士在出任外交大臣后的首次演讲中做出了相反的论述。此处，也该拿出来：

《英德海军协定》是一项利己协议吗？绝对不是。一个在我们眼里对别的海军国有害的协定，我们根本不会签署。在我们看来，我们签署的协定不仅不会拖全面条约的后腿，还绝对会推动它，若非如此，我们肯定不会签。而海军裁撤军备的事项，素来跟陆军的事、空军的事分开办。海军的事一直都是独立办理的，据我所知，各个海军国也都是想要将这一问题拿出来独立办理的。

不过除去法律的原因，我们认为，为了和平，这个英国政府的首要目标的利益，达成这一协定的原因确实非常充足。以我们海军行家的见解来说，这个协定，我们该将其视为不列颠帝国的安全协定。我们在此又找到了一个少见的机会，可以消弭战前曾经让人们产生嫉恨首要因素中的一员——德国海军的军事装备赛。顺便说一下，德国政府在磋商的过程中，发布了一个非常重大的宣告，表示以后他们将除去一个让战争变得恐怖的缘由，那就是潜艇不会肆无忌惮地攻击商船。我们真的相信这是签订协定的好时机，以海军的视角而言，这个协定显然对别的海军国有好处，法国也在其中……因为法国的船舰眼下跟我们的相当，所以这一协定能让法国的舰队一直比德国的多43%，要知道它在战前跟德国相比，可是大概要少三成的……因此我有胆量说，对于这些结论，当国际静下心来去看，绝大一部分拥护和平、支持控制军事装备的国家都会表示，英国政府选择的办法不仅睿智，也是当下局势中所能选择的仅有的办法。

其实，做的全部事情仅仅是允许德国在未来的五六年里进行大肆扩张而已。

＊　　　＊　　　＊

这个时间，陆军方面，1935年3月16日，德国正式推行招兵体系，在根基上挑衅《凡尔赛和约》，正是以此开始的。眼下，技术并不是德国陆军采取步骤扩张、整改的唯一方向。1935年5月21日的法律，它的目标就是将暗中培训的专业人才里的技术精英增多，让它变成全国的军事特征。德国陆军更名为德国国防军。军队的统御权掌握在元首手里。过去。战士对宪法宣誓效忠，现在则不同，所有士兵都跟希特勒个人宣誓。元首直接掌控陆军部。人们的首要责任就是服兵役。教育让全国民众永远一体，就是陆军的职责。法律第二条写明："国防军即是德国人民的军事力量，也是展开军事培训的学校。"

这其实是希特勒在《我的奋斗》一书中的一段话，正式的在法律上的展现。那段话是这样的：

让军队担负它不具备或者不该担负的责任，这种曾经犯过的错，将来的国家不应该再犯。德国的部队应该是一所让德国人彼此熟悉、相互调动的学校，而不该是一所维系民族特征的学校。国家生活里的一切割裂要素，应该由部队来展开一体化活动。它还应该将年轻人的家乡区域的狭窄视角扩展到德国整个国家上。他们一定要心存敬畏，应该是他们呱呱坠地的那个地方的边界吗？不，应该是他们祖国的边界，因为需要他们守护的是这个。

法律以这些观念为基石，制定了新的军区体系。陆军被改编成三个司令部控制区，柏林、卡塞尔和德累斯顿三个地方分别设立了司令部。又分出十个（之后变成了十二个）军事区。所有军事区都有一个军的部队，这个军又由三个师构成。另外还准备组建一支新军队，即装甲师，且没用多长时间就建成了三个装甲师。

征兵的详细方案也制定好了。将年轻人聚到一起，就是新政府的一个首要工作。德国的少年，自参加希特勒少先队开始，到了十八岁就以自愿为原则加入冲锋队干两年。按照 1935 年 6 月 26 日的法令，所有二十岁及以上的德国男性都得加入劳动营，这已经成了一种强制性的责任。他们不得不为国家工作六个月，修路、建军营，或者填充沼泽，好让他们的肉体和灵魂都能满足于担负德国民众的顶级义务——当兵。劳动营讲究不区分阶层，让德国民众具有更强的社会凝聚性。部队则看重纪律及国家疆域的一体。

以赛克特的建军理念为依据，制定的培训新式军队和增加骨干的重责大任，现在已经展开了。1935 年 10 月 15 日，希特勒再次明目张胆地违背《凡尔赛和约》的条例，重开德国参谋学校，希特勒亲自到场参加开学典礼，跟他一起的，还有三军的领导人。不计其数的劳动营是金字塔的基石，而参谋学院就是金字塔的顶尖。1914 年生人的首批年轻人于 1935 年 11 月 7 日奉召参军，一共有五十九万六千个年轻人准备参加战斗技巧的培训。所以，德国陆军瞬间就壮大到了有七十万人的一队强军，至少书面上是这样。

筹经费、整顿军备和壮大工业以配合国家新军队的这些事，跟着培训任务一起到来。沙赫特博士按照密令成了德国军事经济上的统治者，当即进行顶级实验就是赛克特的前期任务。德国主要有两个难题：首先，扩张将领队伍；其次，筹建特种兵，比如炮兵、工兵和通信兵。到了1935年10月，十个兵团宣告建成。过了一年，又多了两个兵团，等到1937年10月，第十三个兵团也增设起来，警察机构也成了军事力量的一部分。

众所周知，1914年出生的年轻人在奉召首批参军后，因为世界大战的那段时间出生率会降低，所以之后若干年参军新人的数量会慢慢变少，这种情况也同样出现在德国和法国。由于这一原因，德国在1936年8月，将参军的时间增加到两年。出生于1915年的男性差不多有四十六万四千人，再算上服役期增了一年的出生于1914年的战士，所以有一百五十一万一千个德国男性在1936年参加正规的武装训练，还不算半军事性的附属纳粹党机构和劳动营。同年，法国部队的军力，不算储备兵，一共有六十二万三千人，其中驻扎在法国的只有四十万零七千人。

就算是平常的会计人员，也能极精准地估计出以下数字，非常能表明问题：

1914年到1920年出生于法国、德国并在1934年到1940年奉召参军的男性数量对照表：

出生年	德　国	法　国
1914 年	596, 000 人	279, 000 人
1915 年	464, 000 人	184, 000 人
1916 年	351, 000 人	165, 000 人
1917 年	314, 000 人	171, 000 人
1918 年	326, 000 人	197, 000 人
1919 年	485, 000 人	218, 000 人
1920 年	636, 000 人	360, 000 人
	3, 172, 000 人	1, 574, 000

在时光流逝中，当这些数字还未逐一变成事实，它们仅仅是警示的影子。让法国的陆军和它的宏伟的储备军拥有该有的军力威势，大家做的所有的事，直至 1935 年，还都距这一目标有很远的距离，更不用说其他同盟国了。就算是此时，原本也能用我们轻易即可得到的世界同盟的权利果决地下令，还有机会让这种情况不再发展下去。可以诏令德国来日内瓦参会，让它细细地解说明白，筹建协约国协同考察团，对其破坏协议、重整军备和建设武装力量的情况进行查处。要是德国不同意，就马上再次攻下莱茵河的桥头堡，直到德国真的彻底遵循和约。如此，就到不了引发激烈反抗和流血牺牲的程度。这样，第二次世界大战的发生最低能永远地推迟下去。对于很多真相和一般形势，法英两国的参谋员们都非常了解，两个国家的政府也并非毫不知情。可是法国政府因为痴迷于搞党派斗争而时常变更，至于英国政府则跟它相反，全都支持维持眼下的情况，过一天算一天，结果引发了相同的问题。虽然强力或者决然手段既符合协议，也顺理成章，可两个国家谁都不曾采用。面对同盟国的压力，法国政府虽然没有全然接受裁撤军备的提议，可它跟英国政府一样，没胆量在赛克特说"复生德国武装力量"的时候做出有作用的反抗。

第九章 天空和大海的问题

1935—1939 年

关于技术事项的小插曲——德国的敲诈能力——跟鲍德温先生和首相会谈——地面和天空——鲍德温先生之约——空中防御研究组委会——一些一般准则——我们的工作进程——雷达的发展——沃森·瓦特教授与无线电回波——蒂扎德的汇报——海边的雷达网——空军元帅道丁的电话信息网——1939 年春天"齐博林伯爵"号飞至我国东疆——敌方我方的辨别工具——1939 年去马特雷斯汉考察——我与海军部的来往——海军空军部队——制造全新战列舰的事——大炮的孔径——舷炮一起发射的后坐力——炮塔的数目——1936 年 8 月 1 日我给霍尔爵士写的信——海军部的意见——四联包炮塔——一个糟糕的结局——到访波特兰港

此处，我们得说一些技术上的决议，这些决议对我们将来的安全影响重大。为了方便讲解，本章将包括从当下到开战前四年的一切进程。

丢掉了空中均势之后，希特勒非常轻易地就能敲诈我们了。我们当初要是及时行动起来，建一支空军，军力比德国毁约时的高上半数或者一倍，我们就有机会保住掌控未来的能力。就算只有空军势力跟德国相同（谁会说这是攻击性的），我们也能在这段危险重重的时间中，对我们的防御情况信心满满，并有一个展开外交、深入发展我方空军的广阔的平台。可眼下，我们已经把空中均势弄丢了。我们一切以重获空中均势为目标的努力都付诸了流水。飞机在之前的大战中发挥了至关重要的作用，而在我们眼下这个年代，一方面，它在人们心中已经成了一种魔幻般的武器；另一方面，也是一种重要的武装力量。官员们，我们必须做出这样的假想：若是我们跟德国的霸权统治者开战，伦敦的沦陷与屠戮的景象会是怎样恐怖。这些考量，尽管不是英国独有的，但它对我们的政策，它的结果对全世界都有着深远的影响。

1934 年夏，林德曼教授致信《泰晤士报》，表示在空军防御研究上，或许拿到了关键性的科研成就。同年 8 月，除了已经进行钻研的空军部官员，我们还让政府要员也开始重视这一问题。我们在 9 月的时候，离开夏纳去了埃克斯勒潘，跟鲍德温先生进行了一场欢快的会谈，这个问题看上去对他有很大的吸引力。我们提出由高级主管单位展开调查分析。等我们回到伦敦，这件事因为空军部陷入财政困境而被暂时搁置了。空军部于 1935 年年初建立了一个由科学家形成的组委会，授命对将来的发展进行分析。我们不曾忘记，1933 年鲍德温先生曾经按照空军部的意思，发表一份让人记忆犹新的演讲稿，他说没有任何方法能对天空进行防御，"防御线总要被轰炸机穿透"。若是如此，我们还能相信空军部下属组委会吗？自然要觉得将这一问题从空军部拿出，交付给国家防御委员会去处置。这一委员会中的所有政府首长，也就是国内势力最大的政治家，将对其行动进行监督和引导，且还能确保必不可少的费用能有个下落。奥斯汀·张伯伦爵士此时也跟我们在一处，就这一问题，我们仍旧时常跟官员们提出建议。

麦克唐纳先生在 2 月亲自会见了我们，我们在他面前将这件事说了出来。我们之间没有原则上的矛盾。这一问题对于和平的价值，在我解说出来之后，得到了首相极大的认可。我说，最能降低压在整个世界头上的焦躁和恐惧的办法，是除去这种想法——对普通百姓展开突然的空袭。麦克唐纳先生的眼睛在那个时候看上去已经很糟糕了，他迷茫地注视着窗外的皇宫广场，跟我们承诺，说他已经下定决心要强硬地抵挡空军部压下来的阻碍。对于部门以外，或是上层机关对部门内部事项的干预，空军部非常反感，所以有段时间没能做出任何事来。

于是，1935 年 6 月 7 日，我将这一问题在下院提了出来，我说：

这一问题的领域是有限的，按照性质，它大抵是科学问题。它牵扯到的是怎么发明，用某些办法，或者找出某些办法，使得我们可以让地面防空武装来掌控空中，在地面上进行掌控，甚至调动，远在地面之上的飞机……我的阅历告诉我，这些事情只要军方和政治，这两个层面的领导者将这种需求完全说清楚，那科学始终可以交出些东西。从前，大家都说，没办法搜寻抓捕潜水艇，可把潜水艇困死在水下的法子到底还是想了出来。这件事未必就比将来袭的飞机打下来更难。很多从前觉得技术上无法实现的东西，上一次的大战里已经得到了应用。人们的大脑因为耐性、百折不回，特别是战斗情况下的急需而变得更加灵活，科学也就可以和人们的需求相匹配……

直至二十世纪，人们才支持和鼓励那种恶毒的观念——用残害妇人和儿童、恫吓毫无反抗能力的平民百姓，来逼迫敌对国家投降。这件事不是哪个国家自己的。只要能轻易将扔炸弹的飞机击落的地面装备研发成功，所有国家都会觉得安全一些，也能清除各个国家因下一次战争日趋靠近而产生的那种让人吃不好睡不着的惊惧和担心……除了大都市的普通百姓受袭——从这方面来讲，世界上最容易受到损害的就是我国了；我们还担心我们的船舰制造厂和别的设施受袭，因为这会让我们的舰队瘫痪，甚至被毁，这是我们首要防御的势力。因此，除了想将惊惧和战争的最糟糕的原因在全世界范围内除去，还想让英国重获曾有的安全感，我们的国家和政府最高领袖就该深思熟虑，且将英国科学能使用的，我国财政能承受的所有原料都运用起来，以推动此项任务。

第二天，上一章说的内阁变化出现了，鲍德温先生出任首相。凯里夫·里斯特爵士（之后没多长时间成了斯文登勋爵）在伦敦德里勋爵之后出任空军大臣。一个月后的某天下午，鲍德温先生走进了下院的吸烟室，那个时候我正在那儿。他坐到我身边，跟我说："我给你一个提议。刚刚建成的帝国国防委员会防空研究会，凯里夫·里斯特十分希望你可以参加，我也是这么想的。"我说，作为一个指责我方空军战备的人，我得继续拥有自由行动的权利。他说："这没什么可说。在你从委员会获得机密之外，你自当是完全自由的。"

我提了一个要求：因为需要林德曼教授的帮忙，所以他最起码要成为技术小组的一员。没过几天，首相写信过来说：

1935 年 7 月 8 日

你跟海基见过面了，这让我非常开心。在我看来，你的信代表着你对加入委员会工作这件事的认可。

我非常开心，在这个极为紧要的研究中，我相信你必定能发挥切实的作用。

自然，你可以像空气那般不受约束（此种背景下的正确描述），任何时候都能对政策、方案，以及所有跟空军相关的普遍事项展开讨论。

我的邀约是在对老同僚表达友善，而不是想让你以后不能直抒胸臆。

因此，我在之后的四年里，加入了那些大会，所以对我们的重要的空中防御工作有较清楚的认知。我跟林德曼在若干年来时常进行紧密讨论，让我对这件事有了自己的想法。一上任，我就马上为委员会制定了一份备忘录，这份备忘录所包含的观点和知识来自我跟林德曼的交谈和分析，以及我自己在军事概念中的挖掘，而非官方的文件。这份备忘录因为它针对1935年7月的情形给出的观点，有了被重视的价值。那个时候，谁都不曾想过无线电可以用来给轰炸机导航。大规模培训驾驶员明显不容易。普通人那个时候认为，除非有几架轰炸机长机统领，是无法让大量飞机在晚上飞行的。在国家性命被拖进危机之前的四年时间里，各个方面的新科研活动都取得了大跨步的发展；与此同时，因为有无线电导航为轰炸机指引攻击方向，在战策方面引发极大的变革。在那份备忘录里，我所写的事从此有了更合适的替代办法，不过不少实验都是我掌控的时候做的——当然，并非每项实验都成功了。

1935 年 7 月 23 日

因为会谈马上就要开始，写得匆忙，可仍旧希望这份备忘录能够在我们的共同思想上发挥作用，所以在说起这份备忘录的时候，我摆出来的姿态非常谦逊。

通常的战略理论与有技术可行性的事物，两者之间既会互相促进，也会互相制约，所以一定要让科学家明白，哪种装备是空军需要的。飞机的设计非要跟特定战斗方案的需要相匹配不可，且要确保这个方案的推行。眼下的这段时间，我们有理由给出这样的假设——英国、法国和比利时形成联盟，且遭到了德国的袭击。

当这种战争开始，发动陆地的同盟国部队将是最要紧的事。由于会受到机械化和摩托化大军进攻的牵制跟妨碍，所以最低也需要两周的时间。对军队集合、布置事项进行集中考量的，将是法国跟德国的司令部。在首次的重要战役里，哪一方都不想被落下得太明显。这种在陆军、海军方面都有重要影响的战争，我们可以期望德国在两三年的时间里，还没做好开启的准备。德国的海军眼下还算不上什么，它尚未得到波罗的海的制海权。而且，它的重型炮看上去也不太够。想建一支海军，铸造重型炮、对人员进行培训，几个月是完不成这些工作的，得花上几年。

德国的大部分武器的制造都聚集在鲁尔，而这个地方，敌方轰炸起来并不难。它肯定意识到：来自国外的不少重要军用资源（铜、钨、钴、钒、汽油、橡胶、羊毛等）的提供将会被中断。而且，它要是无法得到波罗的海的制海权，那连铁的供给也会极大地下降，所以它眼下的力量尚不足以开启长时间的战斗。当然，它正在努力解决这些问题，比如将部分工厂从边疆搬去德国中部，开始制造合成汽油和人工橡胶，并大规模储备资源。德国在1937年或1938年之前，发动一场海军、陆军、空军同时展开的战争，且还要有取胜的机会，看上去没什么可能，这种仗或许得打上很多年，而在战争中，它差不多也没什么同盟国。

英国、法国的空军，在这样的战争里，最重要的工作看上去就是将敌人的交通运输，比如铁路、公路、莱茵河上的大桥和公路铁路的桥炸掉，并尽可能将他们的结合点和军火库毁掉，然后是将其最容易被发现的各类武器制造厂炸毁。差不多可以肯定，从开始制定军事活动的时候，要是我们将进攻的焦点放在这些紧要的目标上，那我们就该逼着敌人也采用跟我们一样的战略。否则法国就能畅通无阻地展开号召，并在大范围的地面战里占据主动地位。如此，德国为对英国、法国的普通百姓进行恐怖袭击而准备的飞机，看上去就会不太够且力量不集中。

尽管这样，我们不得不考虑，德国就算在海军、陆军、空军的协同作战里，也仍会试图轰炸伦敦或别的易于攻击的城市，好对政府、民众在恐怖的环境中反抗的毅力进行考验。再者，伦敦港和关乎我方船舰生死的船舰制造厂，也将是最要紧的武力目标。

可是通常有这种糟糕的可能，德国政府可能会觉得，大量凶猛的空袭可能在几个月甚至几周的时间里，压弯一个国家的膝盖，让其投降。对德国的思维而言，震动人心的战略观念魅力极大。而他们的观念到底对不对，这就是别的问题了。要是德国政府觉得，它可以在同盟军发起号召和攻击前，以这样的办法：用空军炸毁大都市，并对普通百姓展开杀戮，逼一个国家议和，那在战斗爆发的时候，它就有很大的机会只用空军展开进攻。差不多用不着说，要是能将英国跟法国割裂，那英国就会变成这种袭击的最恰当的牺牲品。所以不算以空袭进行复仇，英国的首要反击方法就只剩用海军进行围困了，但围困的效果要在很长的时间之后才能显露出来。

要是我们可以制约或禁止对城市进行空袭，那就没有以"惊惧"毁掉我方士气的可能了（这恐怕只能是幻想），而战争的成功和失败的决断，到底还得看陆军和海军。我们越看重空中防御，就越是有机会阻止单纯空战的出现。

* * *

我拿出了一些意见。要记得的是，当时是1935年，四年后用雷达搜寻飞机的办法才正式启用。

* * *

委员会的工作是机密，我跟政府的关联始终未曾公之于众。对于别的政府机关，我仍旧持续进行更加凶猛的指控和抨击。这种事，在英国阅历丰富的政治家眼里，没什么可奇怪的，就像有时候，政治见解上的极大分歧，并不会影响人与人之间的友情一般，不过在科学家之间，妒忌之心就厉害多了。1937年，技术小组的科学家跟林德曼教授出现了重大矛盾。我跟他来往紧密，让他的同僚感到不满，而我将他的意见提交给委员会，也让他们不开心。在他们看来，只有蒂扎德爵士（国家科学技术学院院长）

才有资格将他们整个团体的见解解释给委员会。因为这个原因，林德曼被要求离职。他将一些用于辩论的真相告诉我，这一点儿错误都没有；事实上，我们一起参加这份工作的基础就是这个。尽管他已经离开了，但为了大众的权益，我仍然继续做委员，他对此绝对支持。到 1938 年，我又让他恢复了职位，下面会说到这个。

＊　　＊　　＊

英、美、德、法各个国家在二十世纪三十年代时，有不少人想过是不是可以使用从飞机和别的金属目标反弹回来的电波。我们管它叫无线电测向器（R.D.F.），之后叫雷达。其用途是借助反射回来的电波探测敌方靠近的飞机，而非用人的器官，眼睛或者耳朵。距离地面大致七十英里高的天空，有一层天穹（电离层）可以反射电波，一般的无线电波之所以不曾消失在太空中，就是因为有它，长距离的无线电通信因此有了可行性。将短脉冲发射到天上后，接收其反射波，是我国的科学家，特别是阿普尔顿教授几年以来，始终踊跃钻研的技术问题。

1935 年 2 月，在政府担任研究工作的科学家沃森·瓦特教授第一次向技术小组说明，用无线电波的回波来侦察飞机是可行的，并建议进行试验。该小组对此十分重视。当时人们认为，要研究出侦察五十英里内的飞机的技术，也得要五年的时间才能成功。1935 年 7 月 25 日，防空研究委员会举行第四次会议，即我第一次出席的会议，蒂扎德提出了关于无线电定位的报告。我们做了初步试验，证明有采取进一步实行措施的必要。军事各部门奉命制订计划。于是成立了一个专门机构，并在多佛尔—埃尔富德纳斯地区设立一系列的试验站。对于雷达侦察船只位置的可能性，也进行了探索。

到了 1936 年 3 月，顺着南海岸分布的各站点都已经开始建设和配置，有机会在秋天开始实验。建造方面，夏天的时候耽误了一点儿，且遇到了来自敌人的电波干扰的情况。空军部在 1937 年 7 月拿出方案，在获得了空中防御委员会的批准后，预备用超过一百万镑的资金，于 1939 年年末之前，在怀特岛至提兹河中间建立二十个相联的站点。搜查已经飞到内陆天空的敌方飞机的实验，此时也在展开。方圆三十五英里之内，天空一万英尺高以里的敌方飞机，到了年末，我们就都能尾随了。船舰的搜查，我们也有了收获。已经证实，九英里内的船舰的方位，有机会在天上弄清楚。近洋舰队配备了两艘搜查飞机装置的船舰，至于飞机测距、高射炮轰击调度和探照灯定向等实验，也在各自展开，工作有些收获。到了 1938 年 12 月，方案里的二十个新的站点，已经有十四个配备了临时装置。三十英里内的船舰位置，已可在天上测量。

空军部于 1939 年用长一些的长波无线电（十米）建造了海岸雷达网，使我们能够发现六十英里左右的海面上空临近的飞机。繁杂精细的电话网在战斗机指挥部空军中将道丁的调度下建设完成，将这些雷达站点串联到一起，并在阿克斯布里奇建立了中心控制站，在那里，可以把观察到的飞机的行动在大地图上一一标明，由此可以指挥我们自己飞机的战斗行动。还设计了所谓"敌我识别器"（I.F.F.），这使我们的海岸雷达网可以把装有这种仪器的英国飞机同敌机区别开来。后来又发现这些长波无线电站不能侦察在海面低飞而来的飞机，为了应付这种情况，又建造了一组补充站，称为"低空侦察连锁站"，使用短得多的电波（一米半），但它的效力只及较短的距离。

敌机一旦进入内地，我们就只好依靠皇家观测兵来侦察了。观测兵只靠眼睛和耳朵，但用电话交换机连接起来，确实也极为有效，后来在不列颠空战的早期，它是我们的主要基础。但光是侦察由海上来的敌机，还是不够的，虽然这可以使我们至少在十五到二十分钟之前发出警报。我们还得设法为我们的飞机导航以追踪来犯的敌机，并在我国领土上空加以截击。为了达到这一目的，又建造了一些"地面指挥截击站"（G.C.I.）。但所有这些，在战争爆发时都只是略具雏形而已。

＊　　　＊　　　＊

　　德国人也非常忙，"齐博林伯爵"号飞船在 1939 年春天飞到英国东海岸之上。德国空军信息兵司令马蒂尼将军事先在飞船上配备了特别的监听装置，好侦测英国有没有雷达监测装置。这一妄念并未实现，不过它的监听装置的效用要是非常高，"齐博林伯爵"号必定可以将我方配有雷达这个信息带回德国，因为那个时候，我们的雷达不仅在开工，还"看"见了它的行动，预估了它的目的。德国人已经研发了一种技术上非常有效果，在某些地方比我们要强的雷达装置，所以我们的脉冲要是能被接听到，也没什么可奇怪的。不过，我们新发明的使用面积，以及我们将所有这些连接到了一起，形成整个空中防御体系，会让他们感到吃惊的。在这块，我们全球领先，英国的成绩不是设备的新颖别致，而是现实应用的效果。

＊　　　＊　　　＊

　　1939 年 7 月 11 日防空研究委员会举办末次会议。那个时候，有二十个雷达站点分布在朴次茅斯到斯科帕湾中间，可以探察飞机的范围，是方圆五十到一百二十英里，一万英尺高的天空。一种非常合人心意的抗干扰器和一种简单的敌我辨别器已经开始制作生产了。我们还研发出了一种实验装备，它可以配备在飞机上，用信号来指引飞机追击敌方飞机，还进行了飞行测试。而机载搜察船舰方位的实验设备，后来因为发现其太重太大，用在飞机上不合适，所以把它给了海军部，让他们去分析研究，看能不能用在船上。

＊　　　＊　　　＊

　　还有一件事我需要说一下。蒂扎德爵士于 1939 年 6 月按照空军大臣的意愿，邀请我坐着一架极为粗陋的飞机去东海岸，对建好的各项设备进行考察。我们用了一整天的飞行时间。我把自己考察的观感告诉了空军大臣，从中可以发现，我们雷达项目刚展开的普遍情况，所以我现在写在下边。

丘吉尔先生致金斯利·伍德爵士

……我跟着蒂扎德，去马特雷斯汉和伯德赛进行了一次考察，这是一次十分有意思的考察，也让我受到了不小鼓励。我若是把自己的一些看法说出来，可能会帮上些忙。

这些无线电监测站关系重大，需要马上保护起来。开始我们觉得能用少一些的资金，两三倍左右，去建假的站点；之后，我想了想，认为用烟雾似乎也行……

这个精妙的设备，它的缺点是当敌人的飞机飞过海岸，就离开无线电监测可以达到的范围。到了那个时候，我们就只能用侦察兵了。

这看上去像从二十世纪中叶回到了早前的石器时代。尽管我听闻侦察兵的效果也非常好。可我们必须相信，用无线电监测器追踪入侵到内陆的敌方飞机是一种紧迫的需求。还需要一些时间才能让无线电监测站掉头去监察内陆地区，且只有天上的战场杂乱密集的时候才有机会……

对于海军而言，无线电监测器的发展，特别是在测量距离方面的运用，必定作用极大。这可以让海军无视能见度和敌人对战。德国战列巡洋舰在1914年轰炸斯卡巴勒和哈特尔普尔的时候，要是我们的视线可以透过浓雾，那就会有截然不同的命运。为什么海军部还不对这一实验上心？我真是搞不懂。蒂扎德也表示，对于驱逐舰和潜艇而言，不管白天黑夜，不管能见度怎样，都能精确地发射鱼雷，是一件极有意义的事。这件关系重大的事情，我本来以为早就展开工作了，毕竟它对我们益处极大。

在海军方面，分辨敌我的办法也非常有用，信号辨别法并不安全，应该彻底被替代。这点，我相信海军部是清楚的。

最后，对于已经取得的成绩，我要向你表示祝贺。让我们的岛国得到无尽安全的第一步，我们已经迈出去了，遗憾的是，只有这一步还不够，我需要的更多，但时间却很短。

德国在 1940 年秋冬两个季节对大不列颠的进攻，我们是怎么借助在那个时候仅有极少数人知道的设备战胜的，我会在后文中进行介绍。毋庸置疑，在让我们的战斗机得到这种非常珍贵的升级手段上，空军部和防空研究委员会在斯文登勋爵和他的继任的带领下，发挥了关键的作用。因为我曾经按照最细致的官方的和技术上的材料做了四年之长的深度思考分析，所以 1940 年当重责压到我身上，而空军的胜利又决定着我国的生死的时候，尽管我不是军人，但在它的帮助下，我可以深入了解空战的种种情况。技术方面的事，虽然我从未想要弄懂，但这方面的知识帮了我很大的忙。棋盘上所有的棋子我都认识，我知道它们怎么前进，当其他人跟我说起这些的时候，我也能清楚地知道。

* * *

我跟海军部在这些年中有着频繁而亲密的来往。霍尔爵士在 1936 年夏天接任海军大臣一职，他许可手下官员随意跟我探讨海军部的事；既然海军的事非常吸引我，这些机会，我当然就彻底使用了。查特菲尔德海军上将，现任的第一海务大臣，我跟他相识于 1914 年，不过跟他就海军的事通信是从 1936 年开始的。亨德森海军上将不仅是第三海务大臣，还兼任海军军需处处长，我跟他的友情也有不少年了，他专职军舰的设计和制造。1912 年，他是我们海军里最出色的火炮专家。包工方将炮架交给战列舰之前，要进行试炮，那时，我作为海军大臣会经常去看，对他的工作评价非常高。这两位官员，在他们身居要职的时候，都非常信任我，尽管我跟他们有不同的看法，还曾经对他们已经完成的，没做的工作有过不少次严厉的指责，但我们的来往从不曾因为工作中的不快和批评而受到影响。

海军航空兵到底该归海军部，还是空军部，对于这个问题，两个部门、两个军种展开了激烈的讨论。我认可海军的意思，还曾经在议会上将我的看法说了出来，第一海务大臣因此给我写了一封言辞诚挚的感谢信。信里，他说起了一切海军政策上的问题。对于这两方面看上去都有道理的事，托马斯·英森金普爵士到恰特威尔探望我的时候，曾经问过我的意见。我写了份备忘录给他，后来英王陛下政府差不多挨个字句地用了这份备忘录。

＊　　　＊　　　＊

在政府终于下定决心再次开始制造战列舰的时候，我非常重视战列舰的设计。当时除了"纳尔逊"号和"罗德尼"号是第一次世界大战后制造的，皇家海军的全部主力舰队其实还都是1911年至1915年，我掌管海军部的时候设计建造的。在《世界危机》这本书里，我曾经对我首次出任海军大臣的时候，重新建设海军的所有步骤，还有"伊丽莎白女王"号急速型战列舰的设计过程进行了详细介绍。那个时候，对于费希尔勋爵的才华和奇思妙想，我可以彻底运用。在军舰的制造方面，我时常可以发表自己的见解，我的这些见解来自众多的海军专家，直到现在，我还保有坚定的见解。

一听说内阁已经认可了一个制造战列舰的设计计划，我马上确定，我们的新船舰应该接着配备十六英寸孔径的大炮，且用三个装备三门十六英寸孔径大炮的炮台；如此，排水量的吨位就能限定在三万五千吨以内，条约上的这一限定，也就我们才会死守。我跟霍尔爵士谈过几次，还有些通信。我听到了某些无法让我相信的言论，我在下院开始提问，一个配有十四英寸孔径大炮的军舰和一个配有十六英寸孔径大炮的军舰，当军舰上的大炮启发，其后坐力的差别。他们将下面数字给我，作为私人的参照：

配备九门十四英寸孔径大炮的军舰，炮火齐开的后坐力……六点三八吨。

配备九门十六英寸孔径大炮的军舰，炮火齐开的后坐力……九点五五吨。

十六英寸孔径大炮的数目，是按照美国人准备配备在他们的新主力舰上的一种预设的十六英寸孔径炮推算出的，并不是眼下的十六英寸孔径大炮。

我极大地感觉到，十六英寸大炮舰炮齐发的后坐力确实有其独到之处，因此我给霍尔爵士写了封信：

爵士　　　　　　　　　　　　　　　　　　　1936 年 8 月 1 日

　　非常荣幸，你能重视我的意见。猛一看，这是有道理的。推迟了这么长时间的问题，对于它的争执，我无法做出回答。这次仍旧是只有我国遭受了条约的损害。我坚信，我们能建一艘三万五千吨的军舰，配有三门十六英寸孔径大炮的三联型炮台，它的火力相比于用十四英寸孔径大炮必定强得多。这种军舰，不是有较好的可能，而是一定是最好的。所有人，在军舰上当兵的人也算上，都会觉得它代表着更强悍的海军力量。在他们大炮中的每英寸的孔径里，德国人得到的实际效用都远超过我们。跟我们射出来的炮弹相比，他们射出来的更重，射得更远，打得更精准，因此威力非常大。不说舰炮一起发射急剧增加的后坐力，就是十六英寸孔径炮弹的爆炸力，比起十四英寸孔径炮弹的，也超过很多，这是理所当然的。要是能射穿装甲，那在炮弹爆炸力上就是再多花些力气，也没什么不值的。

　　再有一个问题是炮塔数方面的，要是三个炮塔得到的攻击力可以更强，那配四个炮塔（我假设一座炮塔重两千吨）多浪费？要是用三个炮塔就能增加装甲的厚度好抵御炮弹和鱼雷，船舰的甲板上也能节省出更多的地方配备高射炮队。你要是让你的下属上交十六英寸炮军舰图形解说，我相信他们必定会告诉你，和十四英寸炮舰相比，十六英寸炮舰的布局更好。当然，在射击控制、炮弹散落等方面还存在争执，在这些事上，我就彻底是门外汉了。不过，我认为用四发或者五发轮流射击，起到的作用可能更好。

我若是在你的位置上，我是无论如何都不会接受十四英寸的方案的。要是海军部决议制造两艘配备十四英寸炮的军舰，可德国、日本却在几个月之后，专心致志地制造配备十六英寸炮的军舰，那我们的海军就被衬托得蠢透了。在我看来，延迟些时间倒是更好，可以有六个月的制造时间。用一艘七百万英镑的价钱，故意制造一艘不是世界上最强悍的战列舰，这想都没法儿想。老费希尔经常说："在大海上面，最出色的海军总是英国的。"

但这些话都只是预测。这一切，我以前曾经考虑过很多次，要不然我也没胆量鲁莽地对你说。我必定会遵照你的提议跟查特菲尔德讨论一下。

对于我的看法，海军大臣一点儿都不反对，之后我们之间经常有信件往来，我还跟他同第一海务大臣会谈过几次。1937 年 5 月末，霍尔爵士离开了海军部，在那之前，他将海军参谋部制定的两份备忘录交给了我，一份说的是战列舰的事，一份说的是巡洋舰的事。在战列舰的设计上，海军部的理由是这样的：自《华盛顿条约》开始，因为经济上的原因，英国的意思仍旧是降低排水量，缩减大炮的孔径，因此 1936 年，当政府终于准许制造新的战列舰的时候，不会完全不顾十四英寸孔径或是三万五千吨排水量的条约规定。在我们不知道别的国家是否会遵循条约规定以前，"英王乔治五世"号战列舰就已经非开始设计不可了。其实直至 1936 年 5 月，"英王乔治五世"号军舰的炮塔才开始定制。海军部要是把设计的决议推迟到 1937 年 4 月之后才开始，那到了 1941 年可以使用的军舰就会是两艘，不是五艘。其他国家到时候要是超出了《华盛顿条约》的规定，那 1938 年开始设计，准备 1942 年实现设计的军舰，就能启用较大的吨位和孔径了。

要是我们最后只能建造前后对应的十六英寸孔径炮舰，与此同时，还要保留"英王乔治五世"号坚实的构造和别的属性，那排水量就要增加很多。结果导致军舰无法穿过巴拿马运河，我们不但得增加所有军舰的价格，还得扩建我们的港口。我的意见是，相比建造四座炮塔共计十门十四英寸孔径大炮的军舰，建立三座炮塔一共九门十六英寸孔径大炮的军舰更好，这得到了海军部的认同。他们之后设计的战列舰都是仅有三座"多管炮塔"的军舰。

这份又长又厚的资料，在我对其进行过分析之后，我意识到，我们不能为了在首批五艘的战列舰上配备大一些孔径的大炮而耽搁了。决定了的事，已经无法改变。尽管如此，我仍旧表示，为了做准备，应该早点儿把大一些孔径的大炮和炮塔设计好，现下还得将必需的装置跟器具制造好，好方便大炮制造厂转去制孔径大些的大炮，就算要用一大笔钱也完全不可惜。

跟海军部商量战列舰设计方案的时候，我并不知晓，他们已经展开设计了，还制造了四联型十四英寸孔径炮塔，也就是共计十二门大炮的图形。那个时候，我要是知道这件事，就会将我的意见重新考虑一次。"多管炮塔"这个词的应用，让我产生了误解。我在配有四座炮塔的军舰上，看到的不少劣势，三座四联型炮塔是有机会避开的。虽然在炮火的力量上，十二门十四英寸孔径炮比不上九门十六英寸孔径炮，可是在金属重量上却减少不小。

可是海军部的这种策略产生的结果却很糟。这种新型十四英寸孔径炮的四联型炮塔，在制造的时候耽误了不少时间。还没干多长时间，海军部就决议将在船前交叠的第三座炮塔改成双联型炮塔。两三千件繁复的机械部件因此都得重新设计。"英王乔治五世"号和"威尔斯亲王"号的竣工因为这次方案的变化，少说耽误了一年之久。另外，我们新船舰的大炮现在已经减到了十门，所以我原本相信的那种看法，即跟十六英寸孔径舷炮齐发时的后坐力相比，它的要小，站得又更稳了。美国人此时解决了这个问题：在三万五千吨船舰上配有十六英寸口径炮的三座三联装炮塔。法国人和德国人用的大炮孔径是十五英寸，法国人在两座四联型炮塔上配了八门大炮，德国人在四座双联型炮塔上配了八门大炮。跟日本人一样，德国人也没有被条约控制的意思，"俾斯麦"号的排水量就在四万五千吨以上，所以有着有利因素。过了这么多年，才决议建五艘跟我们海军性命关系密切，跟维持我们制海权关系密切的战列舰的国家，只有我们，最后仍旧是从十六英寸孔径减至十四英寸口径，而其他国家却将孔径加大了。所以，我们建的那几艘军舰用了五年的时间才得以建成，它们的威力本该更强，可是全都没能达到。

＊　　　＊　　　＊

第一海务大臣在 1938 年 6 月 15 日带我去了波特兰，请我对"潜艇探测器"进行考察。这种设备是用来搜索水下潜艇的，它的办法是朝水里发射声波，声波遇到钢铁构造就会将回声反射回去。以这种回声测量潜艇位置是非常准确的。这种新生事物，当我们第一次世界大战终结的时候才刚兴起。

我们在船舰上留宿，跟福布斯爵士——海军总司令长谈了一番。第二天我们在反潜水艇学院待了一上午，他们跟我们说了大概四个小时，我得到的汇报十分详细。因此我们坐驱逐舰去了海上，那天下午、晚上，他们为我们举办了一场非常有意思的演习。在临近的海面上分布了几艘潜水艇。我所在的这艘驱逐舰配有"潜艇探测器"，我站在舰桥上，还有一艘驱逐舰大概在半英里以外，两艘驱逐舰一直保持联系，所有的过程我都看见、听见了。这是海军部圣洁的珍宝，这个成就，他们花了一代人的时间，全神贯注、埋头苦干。过去我曾经时常指责他们的策略。可这一次，我确实跟他们一般，对他们的成绩给出了很高的评判，短暂地忘记了海洋有多宽广辽阔。尽管这样，要是这二十年里，不曾每年花费高额费用，雇佣培训几千技术过硬的兵将展开研究，且任何东西，就算是不值一提的，都拿出不，

那在应对德国潜水艇的事上（之后证实此事极其严重），可能只有打败仗
一个办法了。

在给查特菲尔德的信里，我是这么写的：

你让我看的那些景象，我时常会回忆起来，我坚信国家要对海军
部和统领海军部的人表示感谢，我坚信他们这么多年忠诚勤恳的工作，
让我们可以避开最凶恶危机的一种。

"潜艇探测器"明确强劲的显示，让我感到惊异。在我原本的预
计里，它的显示隐蔽而模糊，我完全想不到，我竟然能听见潜艇那样
的东西会主动入瓮。这种办法和成绩让人吃惊。

"潜艇探测器"自己不会打败潜艇，但若缺了它，就无法将潜艇打败。

第十章　对意大利的制裁

1935 年

第二次重击——阿杜瓦之战的记忆——谨慎的时代——外交部的一次会谈——和平选举——英国海军在地中海的力量——霍尔爵士在日内瓦大会上的演讲和英国海军的分派——我在喀尔顿俱乐部的演讲——墨索里尼入侵埃塞俄比亚——在英国引发的激烈回响——议会工党领导人莱斯勃里先生辞职——伪制裁——鲍德温先生的和平决议——保守党大会——针对选举鲍德温先生展开的行动——他宏大的多数——《霍尔－莱法尔协定》——议会的动荡——我在外国——欧洲因墨索里尼夺取埃塞俄比亚发生的变化

现在，世界和平又遭遇了第二次重击。随着英国失去空中均势，意大利就加入了德国阵营。这两件事加到一处，就让希特勒可以顺着自己早就想要的罪恶的道路向前走了。对于奥地利的独立，我们看见墨索里尼提供了很多帮助，对于中欧和东南欧，这有很大的价值。眼下他却走向了反方战线。纳粹德国也不是孤单一人了。第一次世界大战里的重要协约国的一员，居然没多长时间就跟它协同合作。和平的天平出现的这种一边重的变化，让我心烦意乱。

二十世纪的道德理念并不认可墨索里尼对埃塞俄比亚的妄念。这种妄念是黑暗时代的行径，白种人那个时候觉得他们有权将黄种、棕种、黑种或红种人驯服，以占优的力量和武器把他们驯服。我们目前所处的是文明时期，墨索里尼犯下的罪行和暴行是曾经的野蛮人没胆量犯的，或者没有力量犯的，这种行为不仅老旧，还不可原谅。更何况，埃塞俄比亚还是世界同盟国家的一员。说起来奇怪，1932年就是意大利一定要让埃塞俄比亚参加世界同盟，不同意的是英国。英国那个时候觉得，不管是埃塞俄比亚政府的属性，还是那里的暴君统治、奴隶制，以及时常出现的部落间的战争等，都跟世界同盟成员的要求不匹配。可意大利非这么干，埃塞俄比亚因此成了世界同盟成员国的一员，享受世界同盟制定的所有权限，以及它交付的安全保证。埃塞俄比亚的事确实是一个测试国际政府系统能不能让所有好人对其心存期望的问题。

促使意大利统治者的霸权行径的不光是扩充土地的欲望，威信维系着他的统治和安危。四十年前，意大利在阿杜瓦曾有吃败仗的羞辱，不仅如此，一支意大利国家部队在那个时候，除了被剿灭或被俘获，还被打得落花流水，一败涂地，丢尽了人，让整个世界耻笑，让全意大利人心痛难忍。英国人在喀土穆和马祖巴的惨败之耻，他们曾眼见着英国人在数年之后是怎么洗刷的。夺回阿尔萨斯和洛林让法国扫尽晦气，挺直了腰板。意大利为阿杜瓦的战败复仇，也有一样的效果。墨索里尼想要加强自己的权力，或是像自己说的，想要增加意大利在欧洲的力量，但又不用承担大风险，不用付出大牺牲的办法，看上去就只有一个：一雪数十年前之耻，并吃掉埃塞俄比亚，将其加进刚建成的意大利帝国版图。这一切的想法都大错特错且卑鄙无耻。我把这些想法写下来，毕竟想将其他国家的主张弄清楚，到底还是件睿智的事。

当我发现可怕的纳粹德国重新整顿军备已经势不可挡，正大步向前的时候，我真的不希望见到意大利跟我们生疏，甚至投向敌对阵营。此时，世界同盟的一个成员国要是对另一个成员发起攻击却没受到指责，世界同盟聚拢各个国家之力的要素最终就会被毁，而要想抵御振兴起来的德国的力量和恐怖的希特勒的胁迫，却只能仰仗这种力量。意大利给予的、留下的或者谦让出的利益，大抵比不上从维护世界同盟威严中得到的。所以世界同盟要是预备集合各个成员国之力去反对墨索里尼的政策，那把自己的那份力量发挥出来，就是我们的义务。可是不管从哪方面来看，领头的责任看上去都不是英国的。德国重新整顿军备，对此，英国不得不考虑失去空中均势给自己带来的劣势，且法国在军事上的地位更需要顾虑。有一件明显且切实的事：若统领者是英国，就不会包庇，因为对于世界同盟而言，包庇没有任何效用，不仅如此，英国还会受害极大。墨索里尼掌控的意大利，要是我们觉得跟它翻脸，对欧洲的律法、安定而言，是正义的，是必不可少的，我们一定会将其打败。这个霸权统治者相对小一些，若是我们将其打败，或者就能联合一切力量——就算是现在，这些力量仍旧是绝对占优的，并让其产生效用，好让我们能够阻止那个大一些的霸权统治者，不让德国引发第二次世界大战。

本章叙述的序曲，就是这些普遍感言了。

＊　　＊　　＊

墨索里尼试图夺取埃塞俄比亚的企图，自斯特雷扎大会以来就越来越明显。英国的言论自然不支持意大利的这种侵略行径。意大利当时被视为顶级强国，它居然从我们这里转向了另一边，这让我们所有觉得德国威胁了和平和人类的生活的人都感到焦躁不安。我记着某次聚会，罗伯特·范希塔特爵士和达夫·库伯先生也出席了，库伯先生那个时候还只是位次官，欧洲均势的这种糟糕的变化，大家在此次聚会中已经清晰地看见了。大家拟定了一个方案，在我们之中找几个人去跟墨索里尼会面，告诉他，他要是进行侵略，一定会在英国引发什么样的后果。这件事后来不了了之了，就算去了，也未必有结果。英国在希特勒眼里不过是个已经被吓怕了的神色委顿的老妇人，就算情况到了最糟糕的时候，也只会吓吓人，开战的力量是绝对没有的，墨索里尼也是这么想的。牛津大学的学生在 1933 年发布了"不为国王和祖国战斗"的"乔德决议"，墨索里尼的好友劳埃德勋爵曾经留意过这件让他记忆犹新的事。

＊　　　＊　　　＊

我于 7 月 11 日在议会中陈述了自己的担忧：

> 看上去，我们已经给了大家这样一种感觉：我们本身就像是一只拴铃铛的羊或者一个向导，正朝前迈步，引领着欧洲的言论抵抗意大利对埃塞俄比亚的妄念。某些人甚至让我们自己行动。外交大臣告诉我，这种言论没什么依据，我这才放下心来。该尽的义务，我们一定要尽，但我们的行动必须以别的所有的国家都认可的责任为唯一依据。我们还不够强，不足以担当全球的立法者跟代言人。我们的义务，我们要担，但在这些事上，谁也不能让我们去做我们义务之外的事……眼下，英国和意大利的深厚友谊之上的确覆盖着一团阴云。这团阴云，尽管所有人都希望它可以散去，但在我看来，却没那么容易消散。我们两国早就有交往了，并且有个真相，知道的人不多。我们还得记着，意大利在二十世纪参加三国联盟时，它特意提出要在条约上规定同盟国的责任，不管是情况如何，都不能使其跟英国发生武力冲撞。

＊　　　＊　　　＊

8 月，外交大臣请我和反对党领导人各自去外交部探望他。政府已经将这些会谈的事宣布出去了。霍尔爵士告诉我，意大利入侵埃塞俄比亚引发的焦躁已经越来越严重了，还问我该做些什么准备。

在回应以前，我想要多知道些两位大臣带领的外交部，部门内部和个人的态度和想法，就问艾登是什么意思。霍尔说："我把他找过来。"因此，艾登就在几分钟之后笑容满面，态度极为和蔼地走了进来。我们高兴地畅谈一番。我说，在我看来，外交大臣可以跟世界同盟一起抵抗意大利，就像他鼓动法国的那种程度。不过我也说，法国跟意大利签订了军事协议，且想着对抗德国，所以他不该给法国施压；法国在此种背景下，背离的距离不会有多远。因此，我又说起了在伯伦纳山口的意大利部队，说起了不曾设防的法国南部防御线和别的武装局势。

总之，我坚定果决地劝诫各位大臣，别让英国领头，也别让英国太明显地走在前边。正是因为感觉到德国的恐怖和我国国防实力的降低，我才会这样。

*   *   *

为了拥护整体安全和世界同盟的协定，有人在1935年年初的几个月里召开了一次和平投票。世界同盟协会也赞成这一方案，不过倡议人则大部分来自工党和自由党拥护的一个机构。以下是提出的问题：

和平投票

1.英国是不是应该仍旧是世界同盟的成员国？

2.你支持以国际合约来推行彻底裁军吗？

3.你支持以国际合约来推行把所有国家的陆军和海军航空兵军队彻底废除吗？

4.替个人牟利的军火制造和倒卖，国际合约该不该禁止？

5.要是有一个国家非要入侵另外一个国家，那在你看来，别的国家该以何手段联合到一起来阻止侵略行为？（1）经济和非军事的举措；（2）需要时采取武装举措。

投票结果6月27日公布：一千一百多万人签名，给出确定的回答。对于和平投票，各部大臣开始的时候看上去都有些误解。它的目的被它的名字挡住了。它明显将裁撤军备跟反抗入侵这两个相反的名称缠在了一处。不少人觉得它是部分的和平运动。其实正相反，第五个问题给出了一个主动英勇的政策，要是此时行动起来，一定能得到全国大部分人的支持。在说起这个问题的时候，赛希尔勋爵和世界同盟协会的别的领导人，正像没多长时间之后真相证明的那样，要是所有必需行动都是世界同盟倡议的话，也决定为正义工作而进行战斗。在之后的数个月里，他们对真相的看法改变极大。确实，在整整一年的时间里，为了让他们在政策上跟我们达成一致，我尽了最大的努力。

＊　　　＊　　　＊

过了整个夏天，意大利的运兵船持续从苏伊士运河经过，在埃塞俄比亚东部边疆一域聚集了大量的兵力跟军需物资。我在外交部发言以后，突然发生了一件事，非常奇怪，大大出乎我的意料。内阁 8 月 24 日决议，宣告英国会遵守协议和世界同盟盟约的责任。地中海地区因此马上陷入困境。由于外交大臣刚刚才问过我的意思，我因此觉得应该让他先把海军的局势跟我说明白。

丘吉尔先生致霍尔爵士　　　　　　　　　　　1935 年 8 月 25 日

我相信你必定会非常小心，以防海军布置落在了外交任务之后而引发大错。1914 年，我们曾经留意过这件事。

我们的军舰在哪儿？它们的情形不错吧？它们的能量够大吗？它们能不能迅疾全面地聚集？它们安全吗？它们是不是早就收到了警戒的警示？别忘了，你正给一个可能将生死抛在脑后用蛮劲儿做所有事的独裁者狠力的施压。他有很大的机会以己度人。在之后两周的时间，他或许觉得你有什么企图，内阁都想不到。你还在说明确规定的睿智原则，他指不定要施行暴行了。他的路上，最好别放诱饵了。

我在报纸上看见，地中海舰队正从马耳他离开奔赴勒旺岛。因为我清楚马耳他根本没有空中防御装置，（为了舰队好）所以离开马耳他确实是明智之举。从统计的数目来看（我们能作为依据的，只有这个），地中海舰队——以亚历山大港等地区为基地，远不如意大利海军强悍。为了了解从大战到现在，两个国家巡洋舰和驱逐舰的制造情况，今天我拿出些时间进行了调查。在我看来，在现代化的巡洋舰和驱逐舰方面，我们的力量连意大利的半数都不到，现代化的潜艇就更别提了。所以勒旺岛的英国军舰的情形，是我觉得眼下必须跟海军部问清的事。我们有极大的可能因为它而遭遇大失败。它的力量用来自卫够不够用？大西洋舰队和国内舰队想去援助，要航行的路程超过三千英里。等这些舰队赶去跟它碰头，怕是不少事都已经发生了。这种布置海军部花心思研究过吗？我是不会质疑的，也没有质疑的胆量。这些问题，我期望你可以从他们那里得到合适的让你满意的答复。把军舰从地中海撤出来，只坚守直布罗陀海峡和红海。看起来，这个政策的一个环节就是眼下将地中海军舰开赴勒旺岛。若当真如此，我期望这个计划是经过了严密的思考的。要是我们跟意大利的形势一旦处在了战争或者半战争的状况里，那个时候，我们若是丢掉地中海，那墨索里尼在埃及大规模登陆，攻占苏伊士运河，我们有能力遏制吗？有这种能力的只剩下法国。这种情形一旦出现，海军部可以断定，法国绝对会自告奋勇吗？乔治·劳埃德眼下跟我看法相同，有鉴于局势紧迫，他觉得我得将这封信给你。我想要的，不是你给我的详尽的回答，而是你真的觉得海军部的布置是让你觉得满意的。

8月27日，外交大臣回复说：

你可以安心，你说的全部问题已经正在进行仔细的探讨。你所说的各种危机，我已经全都看见了，我必定会竭尽所能，不会有半点儿疏漏。你若是觉得有做出提议或者警示的必要，请果断跟我说。你跟所有人一样，对这种危局都非常了解，至少和非政府人员一样，非常清楚眼下我国防御事务的情形。

*　　*　　*

　　作为世界同盟事务大臣，艾登先生和外交大臣的身份近乎相同。他已经去了日内瓦几周了。他在日内瓦开了一次世界同盟大会，讨论意大利要是侵略埃塞俄比亚，"制裁"意大利的政策。交付给艾登先生的这个职位和这个职位的属性，让他把主要的注意力放到了埃塞俄比亚的事上，就不太看重其他方面的事了。什么是"制裁"？说的是，什么财政支援和经济援助都不再给意大利，而是把这些支援给埃塞俄比亚。意大利这种国家，只要开战，很多必需物品都得靠国外持续输入，所以对它而言，这种制裁的确有很大的震慑作用。艾登先生热情的演讲，完全主导了这次大会。外交大臣霍尔爵士于 9 月 11 日抵达日内瓦，他在会上发表了演讲：

　　我代表的政府对世界同盟的拥护，还有英国民众对整体安全的看重，我要再说一次。世界同盟盟约中含有的观点，尤其是在世界事务里立法的急切希望，已经成了构成我们国家良心的一个因素。英国已宣布要严格遵守同盟的准则，而非什么其他表述。若不这么看，那不仅是对我们诚信的轻视，也是对我们诚挚的污蔑。为了严格遵守其切实的和明晰的责任，世界同盟对于集体守护盟约的统一性的行为，尤其是对所有无缘无故挑衅的侵略行径，展开果决的团体抵制，都竭尽全力予以支持。而我们英国由始至终都和世界同盟站在一条战线上。

　　尽管德国的事让我非常焦躁，我国在事件的处置方面又不合我的心意，可我仍旧记得，在里维埃拉的阳光下，当我读到这份演讲稿的时候，我所受到的触动。这份演讲鼓舞了所有人，震动美国。英国那些英勇的拥护正义和力量并重的各方面势力因为它团结到一起。这最低也是一种策略。演讲者那个时候要是知道将其掌控的力量发挥出那么多，他恐怕立时就统领全世界了。

这一宣告的效果为什么这么大？原因是英国海军是它的靠山。以前的不少事业，只要对人类前进和自由真的大有用处的，也会这样。世界同盟看上去第一次，也是最后一次握有一种永恒的武器。

世界警察的威力就是如此，借助它的顶级威信，在外交上、财政上进行各种施压或劝导。"胡德"号和"威慑"号这两艘战列巡洋舰，还有第二巡洋舰队和一支驱逐舰队在 9 月 12 日，也就是这份讲稿发布的次日，一起开赴直布罗陀。所有方面都认为，他们要用行动去声援英国的言辞。这种策略和举动马上在国内得到了强劲的声援。人们觉得，我方到底要用多少军舰才能完成地中海的任务，英国海军部必定仔细考量筹谋过这件事，要不然，怎么会发这样一份宣言，怎么会调动军舰？这是有道理的。

9 月末，在喀尔顿俱乐部里，我做了一次演讲。这是一个有威望的正宗宗派组织。我想警告墨索里尼。我坚信我的讲稿，他读得到。我说：

> 背弃全世界的美好期望，还没有制海权，就将一支由二十五万意大利出色的子孙构成的部队，开赴二千英里之外的一个人迹罕至的海边，之后在这种局势下，展开系列战斗。虽然攻打一个民族的机会很大，可那块土地，四千年来，所有征服者都觉得没有征服的价值，这确实是从古至今从未有过的，用国家的将来做赌注的拼死大冒险。①

奥斯汀·张伯伦给我写信，支持我的演讲。在给他的回信里，我是这么写的：

1935 年 10 月 1 日

你能支持我在埃塞俄比亚事件上选择的道路，我觉得非常开心；

———————————

① 参照附录一我与戈兰迪伯爵的对话。——原注

可是因为这件事，却让我感到难过。击败意大利将是一个恐怖的活动，这会让我们牺牲很多。我们这些年来都是让法国跟意大利和解，现在我们却又逼着法国在我国和意大利之间选一个，这件事太奇怪了。在我看来，我们统领世界的办法不该是这样的。这件事，要是我们真的这么反感，我们两个月前就该警告墨索里尼。在夏天刚开始的时候，就渐渐增加地中海军舰的力量，告诉他事情有多严重，才是睿智做法。他眼下，会采用什么样的步骤呢？要是（发生在埃塞俄比亚的）开战，我估计人们的情绪会变得极为亢奋。

* * *

英国海军军队调集得太晚，已经无法震慑墨索里尼，他在 10 月居然调集意大利军队去攻打埃塞俄比亚。世界同盟大会的各个主权国家在 10 日那天，以五十比一通过了一项决议，要对意大利采用整体手段，还要建一个十八人的组委会，为和平做更多的努力。墨索里尼在此种背景下，发出了一份切实的公告，看上去非常尖利，他说的是"面对制裁，意大利还以战争"吗？不，他说的是"面对制裁，意大利将用纪律、节俭和牺牲来对抗"。但是，他同时也暗示说，所有妨碍他攻打埃塞俄比亚的制裁，他都忍受不了。他的事业若是受损，他会跟所有妨碍他往前走的人宣战。他说："五十个国家！五十个国家，领头的国家只有一个！"英国解散议会，按照宪法召开普选之前数周的局势就是这样。

* * *

埃塞俄比亚的血肉横飞、人们对法西斯主义的深恶痛绝、世界同盟的制裁提议，这所有事引发了英国工党内部的动荡。包括声名赫赫的欧内斯特·贝文先生在内，工会那边的人，他们身上的绝不是和平主义者的特质。坚韧的薪资劳动者共同表达了反抗意大利霸权主义者的强烈愿望，提出要进行起到关键作用的制裁，如果有需要，可以派出英国舰队。在激昂愤怒的聚会上，他们进行剧烈而粗鲁的演讲。有一次贝文先生抱怨说："把莱斯勃里的良知装上马车，从一次大会搬去另一场大会，我真是烦透了。"
在更广的领域，世界同盟协会里的全部领袖都觉得，他们非守护世界同盟
的主旨不可，问题已经牵扯到了他们和平投票的第五条。若是遵守这里的
某些原则，就算是一辈子支持人道主义的人，也得做好战死沙场的准备，
不仅如此，要是想战死沙场，又怎么能不杀人呢？

　　莱斯勃里先生在 10 月 8 日辞掉了议会工党首领一职，接任的是战功
赫赫的艾德礼少校。

*　　*　　*

　　然而，此次全国性的醒悟，并不符合鲍德温先生的主张和意愿。"制
裁"参照的准则，直到普选过了几个月，我才开始知道一些。首相曾经表示，
制裁代表了战斗，但他决定不再打仗，他也决定采取制裁之法。这三个条
件明显不可调和。负责拟订制裁计划的世界同盟组委会，因为英国的引导
和莱法尔的施压，去掉了所有有机会引发战争的部分。不少货物，里面有
些是军需物品，都不准运到意大利，一个洋洋洒洒的禁止运输的工程的草
案已经拟订好了。可是维系埃塞俄比亚战争不可缺少的汽油，却持续不断、
不受任何阻碍地送去了意大利，因为所有人都知道，要是将汽油的运输禁
止了，就代表着新的战争。美国虽然不是世界同盟的一个成员国，却是世
界上重要的石油输出国，它摆出的姿态虽然和蔼，可却不清晰。不仅如此，
要是禁了意大利的汽油输入，德国的汽油输入也必须停。铝矿是绝对禁止
向意大利输入的，可在意大利的矿物资源里，只有铝矿这种金属的出产超
过了自身需求。为了维护公道正义，铁矿和废铁绝不可以向意大利输送，
可对于意大利的冶金产业而言，能用的废铁和铁矿有限，可钢板和生铁却
可以随意使用，所以对意大利来说，这个限定影响不大。如此，这种举措
虽然气势磅礴，但对于侵略的国家来说，并不是真的可以让其无法行动的
制裁，只是它可以容忍的真假参半的制裁，因为这些举措虽然名头不少，
可其实却正好足够去激起意大利战斗的灵魂。因此，世界同盟在支持埃塞

俄比亚时，它的准则是不能妨碍意大利的侵略军。这些真相，英国普选的时候，民众是不清楚的。他们真心实意地拥护制裁政策，觉得这是个好办法，可以终结意大利对埃塞俄比亚的侵略。

　　使用军舰，英王陛下政府就更不曾想过了。各种传言风行一时，还说意大利敢死俯冲轰炸机机队会直接冲向我方军舰的甲板，将军舰炸得粉碎。英国驻在亚历山大港的军舰，现在已经被强化了。它只要摆好姿势，就能让意大利的运输船撤出苏伊士运河，其结局怕是只得跟意大利海军宣战了。这个敌人，听说我们的实力是对付不了的。这个问题，我开始的时候就问过了，可是其他人让我安心。我们的战列舰确实都非常陈旧，并且眼下看起来，也没有飞机为我们做掩护，高射炮的弹药也非常不够。不过，有消息显示，海军司令因为别人说他的军舰打不了海战，他非常生气。看上去，英王陛下政府在首次决定要反对意大利侵略以前，就仔细分析了要采用的手段和举措，且已经下决心了。

　　就我们眼下了解的情况而言，那个时候，我们要是用了决然的举措，意大利到埃塞俄比亚的通路就一定可以切断，并且在随后有机会爆发的海战里，我们也一定可以获胜。我由始至终都不同意英国启用孤岛行动，可是都已经走出这么远了，要是返回去，那产生的结果就严重了。不仅如此，英国政府要是意态坚定，墨索里尼是没胆子开战的。近乎全世界都不认同他，他要是单独跟英国开战，这无异于拿其统治做赌注，因为地中海的海战怕是起初就会成为关键性的考验。这场仗，意大利怎么会打？它占优的只有现代化的小型巡洋舰这块，在海军数量上，它只是英国的四分之一。它有支人数众多的军队，说是有百万人，但都是招进部队打不了仗的。不管是在数量上，还是在质量上，它的空军都远比不上我们的，就算是我们小编制的空军，它也比不上。只要开战，意大利马上就会被隔离。意大利在埃塞俄比亚的陆军，要担心物资、弹药供应不足的问题。德国此时是给不了有价值的帮助的。为了坦荡磊落的目标，可以用最安全的方法攻击人的要害，这种时机，世界上要是真的有，那就是这个时间，这个地方了。当时的形势走在了英国的政府的胆量之前，面对这一真相，他们想要找借口，就只能说自己崇尚和平了。事实上，在促使局势走向更恐怖的战争方向的事情上，英国政府是帮了忙的，对墨索里尼装腔作势的恫吓竟然成功了。一个非常重要的局外人从这个真相里，得到了一个非常重要的论断。希特勒早就决定要以战争为手段，为德国开拓疆域。现在他坚信英国已经衰弱败落，尽管英国之后试图再次雄起，可不管是对和平来说，还是对防范希特勒的侵略来说，都太晚了。深思的局外人，日本也有。

＊　　＊　　＊

一边是我们的国家渐渐凝聚起来去应对眼下紧迫的情况，而另外一边正召开的普选，又让各个党派出现争执，这两种相反的程序一起前进。鲍德温先生和他的拥护者，从这种情形里受益极大。在普选中，政府的宣告是这么写的："由始至终，世界同盟仍旧是英国外交政策的基石。英国民众最基本的权益永远都是阻止战争和成就世界和平。世界同盟是人们以此为目标铸造的工具，我们也希望靠它来实现以上的目标。因此，我们会继续竭尽我们所能去守护世界同盟，维系并加强世界同盟的作用。眼下意大利和埃塞俄比亚出现了糟糕的矛盾，这并不会对我们一直采用的策略产生影响。"

另一边，工党内部却产生了非常大的矛盾。工党里面大部分都是和平主义者，可在贝文先生活跃的运作下，有不少工党民众都是他的拥趸，所以工党正统当权者为了满足所有人的意愿，在同一时间，提出了两条相反的策略：一方面是要对意大利霸权统治者展开决然的行动，另一方面他们又指控重新整顿军备的政策。就这样艾德礼先生于10月22日在下院演讲的时候说："我们要的制裁得有效果，并且能切实施行。我们支持经济制裁，我们支持世界同盟体系。"可他在同一次演讲里之后又说："在我们看来，储备大量武器并不意味着会向着安全前进。国防这种东西，我们不觉得这（时候）有。在我们看来，你们必须做的，不该是储备武器，应该是继续裁撤军备。"大选期间，两方往往都没什么可以骄傲的地方。政府在外交策略方面可以仰仗的力量越来越大，首相自己自然发现了。可是不管怎样，他已经想好了，无论情况如何，都不插足战争。作为旁观者，我认为他急着想要的不是在小范围内重整军备，而是尽量多的拥护。

*   *   *

英国保守党大会在伯恩茅斯召开的那天，正好是墨索里尼开始攻打埃塞俄比亚、炮轰阿杜瓦的日子。见到此种情况，普选又近在眼前，我们所有人——都是一个政党的成员，都凝聚到了一起。

一项全票通过的决议得到了我的拥护，它就是：

1. 要对国家国防实力存在的重大缺陷加以改正，我们的工业尤其是要先改的，得让它可以在需要的时候马上变成国防产业。

2. 要展开新的奋斗，好让我国的军事力量所处的位置跟攻击力量可以抵达我国海岸的最强悍的外国空军相同。

3. 为了保证我们的粮食和生活必需品的供给，守护大不列颠帝国的完备，要重整英国军舰，升级皇家海军。

我这几年始终不想当官，当官当够了，政府在印度方面的策略我也不赞成，可是这个印度法案施行的时间是几年之后，且已经批准了，我不愿当官的妨碍也就没有了。因为德国的危险越来越重，我非常希望可以主理我国军事机关的工作。眼下，我极其灵敏地感觉到了将要发生的事。

欧洲的霸权统治者用不了多长时间就会对心烦意乱的法国和懦弱又崇尚和平的英国进行挑衅了。对于工党姿态上的变化，我非常同情。这是一个机会，可以建立真的全国一心的政府。所有人都清楚海军部的职位有空缺，要是保守党再次掌权，我非常期望能够出任海军部的官职。鲍德温先生的几个重要的同僚不想我加入政府，我自然是非常清楚的。我着意着一种策略，所有人都清楚，不论我是否在参政，我都会想尽办法，让其得以施行。他们要是能够不用我，他们必定会非常开心。但是这件事，或多或少还要看他们能不能保持住多数席位，才能决定。

＊　＊　＊

首相在普选中着重说明有需要重新整顿军备，而他的重要演讲都刻意提起我国海军情况存在的弱点。不过既然在制裁和重整军备的宗旨上，他已经得到了前面的所有目标，他就急着要去安慰国内那些专职崇尚和平的人，以此消除他们因为他说起海军需求的时候，可能会生出的惊惧。在表决两周之前的10月1日，他在伦敦市政厅会议厅向和平协会发表演讲，说："我跟你们承诺，未来不会有大量武装配备。"德国全力备战的消息，政府已经知道了，在这种情况下，他还能讲出这种话，这无疑是个怪异的承诺。因此，希望国家先行准备以抵挡将来危险的是一派，觉得称赞和平的德行就能维系和平的是另一派，首相就都得到了两派的选票。

＊　＊　＊

针对重整军备的必要性，推行严格切实制裁策略这两个问题，我在埃平选区里展开了辩论。通常而言，我对政府是支持的，尽管我一直在指责政府的行为，我在保守党里的不少友人因为这个都非常生气，可表决的结果是，我得到了多数票而当选。在表决结果公布的时候，我觉得，我理当要坚持自己的主张。我说："从我发表的各个场次的演讲来看，你们的投票告诉我，你们想让我用议员的身份行使我个人的分析，并且期望我按照英国议会最神圣的习惯，不受约束地、勇敢无畏地说出在我自己的学识和阅历中得到的观点。"普选以鲍德温先生获胜告终。别的政党得到的选票数都加到一起，跟他得到的相比，还差二百四十七票，不仅如此，在这个职位上干了五年以后，他得到的个人的权力是大战之后，所有首相都比不上的。他以娴熟的谋划应对国内政治，他的名望和他在民众中得到的广泛敬重，让他再一次取得了信任选票的成功，那些因为印度问题或者防御事务上的疏漏而曾经反对他的人，因为这个，看上去是那样的蠢笨又好笑。这个政府是我国有史以来的所有政府中，最差的，有谬误和缺陷的，却得到了全国的恭贺。可这笔债是需要还的，新的下院用了近十年的时间才把账还完。

＊　　＊　　＊

那个时候，大家都在说我将要加入政府，出任海军大臣一职。可是鲍德温先生等获胜的消息一宣布，就急不可耐地借总部之口声明，他没想过让我加入政府。他从和平主义者那里借的债，他用这种法子来还。他借这笔债的时间是普选的几天之前。我未被请过去加入政府这件事，报纸那时狠嘲了一通。但现在就会发现，我真是太幸运了。

并且，我有别的让人开心的安慰。议会会议尚未开始，我就带着我的书画盒去暖和的地方旅游了。

＊　　＊　　＊

鲍德温先生获胜以后，发生了一件事，让他觉得非常棘手。为了将事情说明白，我们暂时将时间顺序放一放也没什么不好。霍尔爵士——他的外交大臣，在某次好不容易得到的溜冰假里，途经巴黎去了瑞士。他在巴黎的时候，曾经和那个仍旧当着法国外交部长的莱法尔先生谈了一次，于是在 12 月 9 日签订了《霍尔－莱法尔协议》。眼下看来，这个名声显赫的事件身后的背景，也是很有价值的。

整个国家的情感都认为英国正带领着世界同盟反对墨索里尼对埃塞俄比亚展开的法西斯侵占，因而非常亢奋。可大选一完成，大臣们自以为已经拿到了多数席位，有机会掌政五年，不禁想到不少难题。鲍德温先生说"肯定不会打仗""肯定不会有数量庞大的武备"就是它的来源。

这个优秀的党务经理人曾经借带领世界抵抗侵略的名号，获得了大选的成功，之后又全力提倡为守护和平要不惜一切。不光这样，眼下又出现了一个从外交部来的重击。范希塔特勋爵一直全神贯注地盯着希特勒这个危险人物。他跟我在这点上志同道合。而眼下英国的策略，已经将墨索里尼逼去了敌对阵营。德国已经不是孤单一人了。欧洲的强国有四个，以前是三比一，现在却成了二比二。法国因为我国事项的这种明显糟糕的发展，变得更加焦躁。早在 1 月份，法国政府就签订了《罗马协定》，之后又跟意大利签订了军事协议。按照估算，这个军事协议能让法国把法意边界的十八个师撤出来，调到跟德国接壤的疆界上。莱法尔先生在跟意大利磋商的时候，一定明确告诉墨索里尼，不管埃塞俄比亚可能发生什么事，法国都一定不会自寻烦恼地去干涉。法国人可以跟英国的官员们争执的道理有很多。首先，这些年来，我们始终都要求他们裁撤关乎他们生死的陆军；其次，英国因为带领世界同盟抵抗墨索里尼而备受喜爱，还因为这个赢得了大选的成功，而大选在民主国家里，是一件非常重要的事；再次，我们曾经签订了一个海军协定，在我们看来，这个协定对我们非常有好处，传言不算潜水艇战争，能让我们在海上已经非常安全，能十分安心了。

可法国的战线又如何呢？为了反抗德国日渐增加的兵力，它该如何布置？要是开战，英国在最开始的六个月里，只能派出来两个师的部队，且还有不少要求限制，因此我们确实不应该指手画脚。英国政府眼下因为战争、道义和对世界的激烈情感的原因，"五十个国家在一个国家的领导下"，正在跟意大利缔结死仇。法国担心的事很多，只要不是愚蠢的人，都不会无视这种情况，而在所有国家都有不少这种人，要是英国已经用它的海军势力封闭了苏伊士运河，又在某次全面战争里把意大利的海军打败了，那它可能就有了在欧洲下令的权利了。可刚好相反，它居然清楚地宣告，任何事都不会让其为埃塞俄比亚战斗。正义凛然的鲍德温先生在选区里拿下了成功的选票，可信赖的保守党获得多数席位，让他能够执掌五年的权。他摆出各种满腔义愤的姿态，可不能打仗，不能打仗！因此，法国人浓烈地感觉到，英国忽然出现的抵抗墨索里尼的激烈的情感，不能成为他们永久疏远意大利的原因。更何况，面对意大利海军的挑衅，英国在地中海是示弱了的，他们可没忘了。不仅如此，法国万一受到了德国的攻击，英国在初期最多只能派出两个师的部队。莱法尔先生此时的看法，自然不难理解。

到了12月，出来了一种新说辞。某些人暗中讨论，说制裁的重压和"五十个国家在一个国家统领下"给予的重大威胁，会让墨索里尼在埃塞俄比亚的事上愿意退让。攻击原始的埃塞俄比亚，毒气战虽然非常有用，可是在提高意大利的国际名誉方面必然帮不上忙。埃塞俄比亚人正在被打败。有传言说，他们没想过要做出巨大的退让和大面积割地。意大利入侵寻求的东西，若是予以满足，交出埃塞俄比亚五分之一的国土，可以获得和平吗？范希塔特在外交大臣途经巴黎时，刚好也在巴黎，所以也参加了这件事。不过，不要误解了范希塔特，对于德国的威胁，他一直挂在心上。为了对抗这个首要威胁，他期望英国跟法国可以结成最强大的同盟，与此同时在他们身后的意大利不该变成他们的敌人，而应该是友人。

可圣战最高的热情，在英国民族时常出现。为了某种原则或者某种主义开战，在英国人民的心灵深处，坚信在这种争执里，是拿不到任何切实的好处的，所以英国是世界上所有的国家中，最少的因为这种理由开战的国家。鲍德温先生和他的大臣们在日内瓦抵抗墨索里尼，已经把英国的地位捧得非常高了。他们走得太远，想在历史面前得到救赎，眼下只有一个办法，继续向前走。他们要是没想以行动撑起自己的言辞和态度，还不如跟美国似的，不管任何事，顺其自然，弄清楚出了什么事。这个方案，可以拿出来大家磋商，不过他们选择的方案不是这个。对着千百万的百姓，他们已经发出了召唤，至于这些向来不关心政治、没配备武器的千百万的百姓，他们的回复竟然是超越一切的疾呼，他们高声疾呼："对，为了抵抗邪恶，我们一定要前进，现在我们就要前进，把武器给我们！"

新的下院生机勃勃。想到之后十年要遭遇的所有事，它也只能这样。所以，在普选的结果正让他们振奋的时候，霍尔爵士和莱法尔先生在埃塞俄比亚问题上签订协议的消息传来，这令他们非常吃惊。鲍德温先生的政治生命几乎被这个危机毁了个彻底。它撼动了议会和整个国家的根基。鲍德温先生近乎是一个晚上就从一致认可的全国领导人的这个高峰跌落，落到了受人讥讽蔑视的深谷。他往后在议会中的日子非常惹人同情。人们怎么会为这些可恶的外交事务烦心？大出他的意料。他们已经有一个拥有多数席位的保守党，又没有战争。他们还想要什么呢？可是有经验的领航员却已感到和计算出这个风暴的全部力量了。

内阁在 12 月 9 日通过了《霍尔－莱法尔协议》，这个协议是让意大利和埃塞俄比亚皇帝同享埃塞俄比亚国土。《霍尔－莱法尔协议》的全文于 13 日上交世界同盟。内阁在 18 日舍弃了这一协议，霍尔爵士随后被要求离职。鲍德温先生在 19 日的申辩时说：

在我看来，这些提议走得太远了。我完全不奇怪大家在这些地方表现出的情绪。对于我可以称呼为良知和名誉的基石，我国各个地方民众的感情竟然更加深重，这是我没有想到的。我一遇到这种情况，就明白了，我国民众深沉的感情已经被调动了起来，而且他们在内心深处做出了回应，坦陈了一些看法。我把自己做的所有的事又检查了一番，我发现……我国的民众是不可能接受这些提议的，连当磋商的条件都不行。眼下，这些提议已经完全、彻底地丢掉了性命，这是十分明显的。这个政府必定没有让其复生的打算。要是发生了某些风波，我又不认为自己有错，那我宁愿受到它的攻击，我要么平安无事，要么被打倒。经过自我检查，我要是在那个风波中发现有些东西能够证明，我曾经做的某些事不明智或者不对，我不会死扛着不向它低头的。

这一申辩得到了下院的认可。危机成了历史。艾登先生一从日内瓦回来，首相就让他来唐宁街10号，商量霍尔离职之后的形势。艾登先生立即提议请奥斯汀·张伯伦爵士出任外交大臣，还说要是有需要，愿意在他的带领下工作。鲍德温先生回复说，已经想过这一点，还跟奥斯汀爵士本人说过，他的意思是自己被受职管理外交部并不合适。奥斯汀爵士身体不好或许是其原因。12月22日，艾登先生任职外交大臣。

*　　*　　*

惊心动魄的这一周，我和我的夫人是在西班牙的巴塞罗那度过的。一些跟我最好的朋友，那个时候曾经劝告我，让我别归国。他们说，这个剧烈的争端，我掺和进去，无疑自讨苦吃。舒服的巴塞罗那旅馆是西班牙左派的聚集地，我们就住在那里。一群身穿黑衣、神色激动的年轻人时常在我们享用午餐、晚餐的那个考究的餐厅聚会，他们以专注的眼神说着用不了多长时间就会将千百万西班牙人害死的政局。回想一下，我反倒认为应该归国。反政府的各派势力，我有很大机会让它们下定决心，团结一致，将鲍德温的统治终结。奥斯汀·张伯伦爵士统领的政府此时也可能建立了。可我的朋友却这样喊道："最好离远点儿，你要是回去，大家会觉得，你自己想对政府做出挑衅。"恭维的话，我不愿意听，这个话虽然是劝告，可我也不喜欢，但是说我对事情起不到作用，我是认可的。我因此继续在巴塞罗那待着，在阳光之下随意画些油画。林德曼之后来找我，跟我待在一处。我们一起坐着一艘非常漂亮的汽船顺着西班牙东海岸闲游，之后在丹吉尔上岸。我在丹吉尔遇到了罗瑟米尔勋爵和一群快乐的人。他跟我说，劳合·乔治先生在马拉柯什，那里的天气非常棒。我们于是坐汽车去那里。在那个让人喜爱的摩洛哥，我画画作曲，乐不思蜀，直至1月20日英王乔治五世突然离世的时候才归国。

*　　*　　*

埃塞俄比亚的反抗没有成功，意大利将其全国都侵占了，对此德国的言论产生的结果是不可救药的。意大利打仗时，那种看上去似乎是神速、高效和残酷的手法，连那些原本不支持墨索里尼的策略和举动的人都非常震惊。德国人普遍认为大不列颠已完全衰落。

英国跟意大利结下了消解不了的仇怨，还瞬间击溃了斯特雷扎战线，它在世界上失去威严，这跟新德国日渐增强的力量和名声正好成了对照。

我国在巴伐利亚的一位代表这样写："说起英国，这里各阶层的人们的那种蔑视的声调，让我记忆犹新……关于西欧问题还是欧洲及欧洲之外的更广泛的问题上，以后德国在跟我们磋商的时候，会摆出强硬的姿态，这让人忧心。"

《慕尼黑新闻》（1936 年 5 月 16 日）刊载了一篇文章，里面有几段让人深刻思考：

> 英国人喜欢的生活，在舒适度上，比我们德国人的标准要高，这意味着英国人做不了长时间的奋斗吗？不，这只是代表在不损害他们自身和国家安危的情况下，他们总是尽可能避开。他们手里的制造方法和资金，将他们跟我们极大地区分开来，可以在差不多一个世纪内或多或少地将他们的财富自动累积起来……英国在大战里，只有开始的时候表现得有点儿犹豫，可最后还是展现出了让人吃惊的实力。可在世界各个地方的英国的先生们，在大战结束后，却觉得他们该停下来歇息了。他们彻底解除军备，相比于陆军、海军，在民众的生活里的，解除得甚至更彻底。它毫不勉强地把几乎两个强国（海军）叠加的程度丢掉了，认可了跟美国一样的地位……陆军如何？空军又如何呢？为了建设地面和天上的防御实力，英国需要的除了钱，最需要的就是人，还有为了国家国防需要牺牲的英国民众。英国的新空军方案一共得用一万一千人，但其实还差七千人。另外，小型正规军也少很多，近乎少了整整一个师。其地方武装（替非正规军设立的，跟安息日圣

经学校之类的相近）根本不能算作可用的战斗力，离限定的数目还有很大的差距。鲍德温先生本人不久前还说，他没打算将募兵制变为征兵制。

风暴正席卷欧洲，并且也确实震惊了全世界，一个用犹豫不决来获得胜利的政策，在此种背景下，想扛住这场风暴，希望就很渺茫了。对于政府犹豫不决、模糊不清的态度，大多数人站在国家的立场上考虑问题，而非政治党派的立场，他们表示愤怒。政府说时局能够渐渐变好，用小范围的整顿和慎重详细的政策就能恢复均势，英国民众对此看上去都非常认同……

现在全埃塞俄比亚已经彻底和最终只归意大利所有了。日内瓦也好，伦敦也罢，在此种背景下都坚信，除非使用特别的手段，否则是没办法把意大利从埃塞俄比亚赶出去的，可我们眼下还没有发现谁有实力与胆量采取这种手段。

这些话都说得太对了。英王陛下政府曾草率地表示要守护崇高的世界事业。他们曾经大吹牛皮，说要率领五十个国家前行。可遭遇了严苛的真相，鲍德温先生就撤退了。与其说他们长时间以来在制定策略的时候，考虑的是欧洲局势的实情，不如说他们是合乎在国内言论上有影响力的人的意愿更合适。因为跟意大利生疏，他们已经将欧洲的均势搅乱了，可埃塞俄比亚的忙却一点儿没帮上。世界同盟因为他们而遭到大败，这一组织的生机就算尚未受到致命的伤害，少说也让它受到了极大的损害。

第十一章　希特勒出手

1936 年

英国的新氛围——希特勒可以任意行事了——《法苏互助条约》通过——莱茵兰与《凡尔赛和约》和《洛迦诺公约》——希特勒在 3 月 7 日重新占领莱茵兰——法国的犹疑——福朗丹到伦敦考察——英国的和平主义——福朗丹和鲍德温——威格拉姆的忧愁——希特勒获得验证和胜利——国防斡旋大臣——英森金普爵士的选择——怎知不是好事——我对世界同盟的期望——艾登提议跟法国召开两国参谋大会——德国在莱茵兰建立防御——我在议会示警——战后，布里特先生的披露——希特勒在 7 月 11 日对奥地利做出的承诺

　　我在 1936 年 1 月末回到了自己的国家，那个时候，我发现英国有了一种全新的氛围。墨索里尼拿下埃塞俄比亚、他使用的暴力手段、《霍尔－莱法尔协定》遇挫、世界同盟落败、"整体安全"的显著崩溃……所有这些，不仅改变了工党和自由党的看法，连那七个月前刚参与过"和平投票"的一千一百万人的言论——这些言论是善意的，可到现在也没发挥效果，却转了方向。这一切力量，眼下都预备认真考虑展开反法西斯和纳粹暴政之战的事了。用军事力量不合法，这种想法再也没有了，不仅如此，在千百万崇尚和平的民众心里，甚至在很多过去曾经因为和平主义者而感到

骄傲的人的心里，都觉得这是一种关键的办法。可是按照他们信仰的准则，只有在世界同盟呼吁、准许的时候才能使用军事力量。对于重整军备的手段，两个反对党派尽管仍旧不认同，但是一定程度上也取得了一致的意见。要是英国能够顺势而为，它怕是已经可以带领一个有凝聚力的民族，用一起遭受苦难的精神推动所有战备工作了。

政府死守他们的中立策略，采用的都是些模棱两可的手段，只追求平安。眼下国内互相之间日渐和谐的精神，他们为什么还不用起来？这让我觉得非常奇怪。他们原本能用这个办法让自己的身份获得极大的提高，并得到增强国力的权利。鲍德温先生却没这个意思。他老得非常快。在选举里，他得到了多数席位，保守党乖顺地被他掌控着，他于是就无所牵挂了。

＊　　　＊　　　＊

希特勒要是在未被协约国和别的相关国家积极干预的情况下重整了军备，那第二次世界大战差不多就必定会爆发了。力量决战的时间拖得越晚，我们在第一阶段不用苦苦奋战就能遏制住希特勒，在第二阶段经过恐怖考验获胜的机会就越来越小。德国在 1935 年夏天背弃和约重新征兵。对于这件事，英国已经默认了，不仅如此，还按照另一个协议同意德国重新建立海军，它还能参照英国的规制制造潜艇。纳粹德国已经暗中非法地组建了空军，还在 1935 年春天公然宣告，它有着跟英国相同的空中力量。经过长时间的秘密筹备，它已经热切地制造了武器，现在已经是第二年了。英国和全欧洲，还有那个时候觉得很远的美国，已经迎来了欧洲最高效的、有七千万人口的民族的这种有系统的武备和战斗努力。这个民族渴望让他们的民族再获荣耀，每当他们有点儿犹疑，那个武力的、社会的和政治党派的暴力政权就鞭策着他们前行。现在，希特勒可以按照自己的心意出手了。欧洲那两个自由的民主国家并未对他采取的系列程序进行有效的抵制；美国那边，除了有远见的总统，民众只是渐渐地意识到而已。1935 年，有可能取得胜利的和平上的奋斗，到了现在，却差不多全都付诸流水了。墨索里尼已经取得了埃塞俄比亚的胜利，他明目张胆地跟世界同盟唱反调，特别是抵制英国，结果获胜了。他眼下对我们心生怨恨，远离我们，却跟希特勒合作。柏林－罗马轴心已经出现。现在就像真相证明的，阻止战争，或用近乎战斗力量的进行试探，以拖延战争，眼下取胜的可能性已经不大了。对于英国和法国而言，现在等着将至的挑战以外，能做的就只剩好好筹备了。

建立"整体安全保障体系"的时间或许还够，相关的各个国家预备用军事力量来施行世界同盟决议的显著的决心应该是这种整体安全保障体系的基石。不管是眼下的力量，还是潜在的力量，各个民主国家和它们的附属国都远超独裁国家，可是跟它们的对手比，它们的身份已经被削减得连一年之前的一半都不如了。纯善的动机被惰性和懦弱捆住了手脚，再怎么样都不是暴力的和果决的、恶毒的对手。稀里糊涂地把数以百万的普通百姓扯到全面战争中，用对和平的诚挚的爱做借口，绝对不行。在善良但怯懦的会议中的欢呼，过不了多长时间就没了声息，他们投的票很快就会失效，大祸即将到来。

＊　　＊　　＊

对于西方国家讨论的东欧《洛迦诺公约》，德国曾在 1935 年进行了拒绝和毁坏，现下德国将自己称为反布尔什维主义的碉堡，他们说自己完全没有跟苏联握手的可能。12 月 18 日，希特勒在柏林跟波兰大使说，"西方跟苏联携手，他完全不支持"。他因为这种情感，竭尽所能地妨碍和破坏法国跟苏联在签订合约上做出的努力。五月，法苏两国在《法苏互助条约》上签字，可是哪一方都未获得最后批准。德国的首要目标就是妨碍合约的通过。莱法尔在柏林那里获得警告，说要是法国通过协议，以后跟德国深入接触的机会，就不会有了。之后莱法尔不想坚持让协议通过的想法已经非常明显了，不过这并没有左右到实际。

福朗丹——新上任的法国外交部部长于 1936 年 1 月抵达伦敦，参加乔治五世的丧礼。在他到达的那天晚上，鲍德温先生和艾登先生与他在唐宁街共进晚餐。他们说起，德国若是毁坏《洛迦诺公约》，英国和法国将摆出什么样的姿态。法国政府此时正要通过《法苏互助条约》，因此希特勒走这一步的机会很大。福朗丹于是向法国内阁和参谋部讨要正式的意见。按照他的记录，2月，他在日内瓦告知艾登先生，如果德国毁约，法国的军事武装将听世界同盟的调遣。他向艾登提出，希望英国会按照《洛迦诺公约》的相关规定提供支援。

法国国会于2月28日通过了《法苏互助条约》，法国驻柏林大使于第二天按照命令去德国政府进行拜访，问召开法德谅解的一般会谈的基础是什么。希特勒回答说，需要几天时间来想一想。德国外交部部长纽赖特先生于3月7日上午10时，邀英、法、比、意各国的大使去威廉街，告诉他们德国的意见：签署二十五年条约，在莱茵河两岸建立非军事区，签订空军受限协议，并和东西方邻国展开磋商以签订互不侵犯条约。

＊　　　＊　　　＊

莱茵兰"非军事区"建立的基础是《凡尔赛和约》的第42条、第43条、第44条各个条款。这些条款表明，德国不能在莱茵河西岸或者莱茵河五十千米之内的东岸建立防御体系。在这个区域里，德国的一切武装力量都不可以有，任何时候都不能展开军事演习，或者所有进行军事策动的装备都不能有。在这些条款上面的，是曾经基于双方自由会谈签订的《洛迦诺公约》。在这个公约里，单个签约国或者签约国整体来确保德比与德法疆界的永不变更。德国、法国和比利时在公约第2条中做出承诺，不会穿过这些疆界去攻打侵占他国。若《凡尔赛和约》第42条或第43条遭到破坏，那这种毁约的行径就是"无理的侵略行为"。别国在非军事区聚集兵力，受到攻击的签约国可以因此提出马上展开行动的要求。此种损害行为，需要当即报知世界同盟，在验证了损害行为的真实性后，世界同盟则必须向签约国提议：对于受到侵略的国家，他们应给予军事援助。

＊　　　＊　　　＊

1936 年 3 月 7 日当天中午，即在希特勒说出二十五年协议的两个小时之后，他在国会宣告，他要重夺莱茵兰。他这边还在讲话，那边德国的部队接连穿过疆界，走进了这一地区全部的德国主要城市。他们在那里受到了欢迎，可是他们也非常担心协约国会采取行动。同一时间，为了迷惑英美的言论，希特勒宣称，此次占领完全是象征意义的。德国驻伦敦大使提交了一份提议给艾登先生，同天早晨，纽赖特在柏林也递交了一份给《洛迦诺公约》各缔约国大使，两份提议内容相同。就这样，大西洋两岸一切想要自欺欺人的人都因为这份提议安下心来。艾登先生给了德国大使一个义正词严的回复。我们现在当然知道了，那个时候希特勒的这种妥协性质的建议，只是他计谋的一环，只是为了掩盖其毁约的行径而已。不管是对他的威信，还是对接下来的其方案的第二步来讲，这种背约行径的胜利都关系重大。

如此，除了在战争中以武装力量给德国限定的协议上的责任遭到了破坏，和平时期双方基于彻底自愿签署的《洛迦诺公约》也遭受了破坏，协约国出于善意在限定日期尚未到的几年之前就离开莱茵兰的行为，也遭到了利用。这个消息传出来之后震惊了全球。由萨罗担当总理、福朗丹出任外长的法国政府，正义凛然、满腔愤慨地对其进行了指控，还跟它全部同盟国和世界同盟发出倡议。此时，法国得到了"小协约国"，也就是捷克斯洛伐克、南斯拉夫和罗马尼亚的忠诚。波罗的海的国家和波兰也跟法国系统联合到了一起。考虑到英国曾许诺守护法国疆界、抵制德国入侵，还曾向法国施压，让法国提早从莱茵兰撤离，法国更有让英国支援的权利。世界上要是有毁约的事，那德国的举动就是毁约行径，毁坏的除了《凡尔赛和约》，还有《洛迦诺公约》，所以各个签约国一样受协议责任限制。

＊　　　＊　　　＊

这种打击对法国而言满是凶兆。萨罗与福朗丹当即想展开全国行动。

要是能做到，他们就行动了，如此就能逼着所有人只能跟着他们走了。这是法国的存亡之秋，可英国不答应，他们好像行动不了。这只是一种借口，可得不到别人的原谅。这个问题关乎法国生死。若法国政府是一个名副其实的政府，就该早下决定，相信协议责任。在这些巨变的年份里，法国政府的人员持续更迭，它的各部长一次又一次以英国在弄和平主义为理由，为自己也在弄和平主义做借口。可能情况也真是这样，英国从没动员他们反抗德国的入侵。正相反，要是说他们的行动犹豫不决，英国倒是毫不犹豫地对他们进行了各种规劝。伦敦和巴黎在周日整整一天通话频繁，双方都非常激动。英国政府劝法国人先等一等，好让两国彻底想清楚再一起行动。这个退缩的盾牌，真是不错的。

伦敦的民间回应也非常冷漠。劳合·乔治仓促地说："按照我的分析，因为之前有刺激因素，所以希特勒先生最大的过错不是毁约。"他又说，"我希望我们不要头脑发热。"要说刺激的理由，明显是说协约国的军备裁撤得还不彻底。至于斯诺登勋爵，他将期望放到了希特勒说的互不侵犯条约上。他说，以前希特勒的和平提议大家都没重视，可这次的和平提议再被轻忽，各国民众是不会答应的。这种说辞，可能展现了英国那个时候错误的言论风向，可这么说的人也未必就光彩。英国内阁总是希望走一条最没有阻力的路，想着再没有哪条路，比催促法国重新跟世界同盟倡议更便捷了。

*　　　*　　　*

法国内部也有严重矛盾。总体而言，政治家想军队能调动起来对希特勒发出最后的警告，而将领们却像他们德国那边的敌人一般，让大家安定、耐心、等待。此时，希特勒跟德国顶级军事部门也出现意见分歧，我们到了现在才知道。法国政府要是真的发动了近百个师的法国陆军和法国空军（那个时候，大家还误以为法国空军的实力是欧洲最大的），德国参谋部就一定会逼着希特勒撤出入驻的部队。这会压制他的野心，也会给他的统治以致命一击。在这不能忘了，此时就是法国用自己的力量，不用别的国家支持，也一样能将德国人赶出莱茵兰，只要法国行动起来，再引用《洛迦诺公约》，就绝对能得到英国的支持。可实际上，法国一直没有行动，软弱地一动不动，所以原本不用大战就能压制希特勒妄念的最后的机会就这样失去了。与之相反，在英国的鼓动下，法国政府将重担扔给了世界同盟，可世界同盟因为一年之前失败的制裁和《英德海军协定》，早就遭到了弱化，没了冲劲儿。

3月9日星期一，艾登先生带着哈利法克斯勋爵和莱尔夫·威格拉姆前往巴黎。他们刚开始的方案是想在巴黎召开世界同盟大会，可没多长时间，艾登派威格拉姆去法国请福朗丹来伦敦，将世界同盟大会召开的地点改到了伦敦，如此英国在声援法国的时候就能更用力。对于这位忠心耿耿的官员来讲，这个命令并不讨喜。3月11日，他一回伦敦就马上来见我，将所有的事都跟我说了。福朗丹半夜时分亲自到访伦敦，并在周四早上大概八点的时候，到我在莫佩思大楼的住所见我。他跟我说，他提出希望英国政府能答应两国一起出动陆、海、空三军，还说他已经得到了"小协约国"和别的国家的认同。他给我读了一张非常长的单据，上面罗列着各个国家给他的回复。毋庸置疑，上一次大战里的协约国，仍旧有着不小的力量，只要他们展开行动，就肯定能赢。希特勒跟他的将军间到底出了什么事，那个时候，我们虽然不清楚，可是显然我们这边的力量仍旧是强悍的。我当时是局外人，以私人地位实在无能为力，但我仍祝愿我的贵宾能够顺利使事情发展到摊牌的地步。我还许诺，只要我力所能及就提供帮助。当晚，我把我重要的同僚邀请过来共进晚餐，一起听福朗丹的提议。

此时，担任财政大臣的张伯伦先生是政府里能力最强的一个。精干的杰斯·法伊雷恩先生是张伯伦先生的传记编辑，他引用了张伯伦先生的日记里的一段话："跟福朗丹在3月12日谈话的时候，我们着重说，不管我们采取哪种属性的制裁，言论都不会认同。他觉得，我们要是维持强大的战线，不用开战，德国就会妥协。我们觉得，这种预估并不适用于一个狂妄的霸权统治者。"之后，当福朗丹提出，最起码也要进行经济限制时，张伯伦回复说，建议磋商的时候，设立一支国际部队，他答应签一个互助协议，并且宣称，要是丢掉一块殖民地就能得到永远的和平，他会考虑的。[①]

与此同时，以《泰晤士报》和《每日先驱报》为首的英国大多数报纸，都对希特勒提议签订互不侵犯条约的诚心表示了信任。不过奥斯汀·张伯伦在剑桥大学演讲的时候，却表示了不同意见。威格拉姆觉得，他有责任让英国的财政界、新闻界、政府人，还有罗希恩勋爵等，所有自己想得起来的人都跟福朗丹来往。在威格拉姆家，福朗丹不管遇到谁，都会说出以下的话："今天全世界，特别是小国的眼睛都注视着英国。英国现在要是愿意行动，就能领导欧洲。你们该有个政策，如此，世界都将跟随你们的脚步，于是你们就能阻止战争了。这对你们来说，是最终的一个机会。你们要是现在不阻止德国，就全都完了。因为地理上做不到，法国就保护不了捷克斯洛伐克了。要是你们不守护《洛迦诺公约》，你就只能眼睁睁地看着德国重新整顿军备，对此，法国是一点儿办法都没有。要是你们现在不以军事力量阻止德国，就算你们跟德国暂时建立了友善的关系，也免不了要开战。德国和法国可以拥有友情？我自己是不信，两国的关系永远不会软化。但你们要是背弃《洛迦诺公约》，我的策略就将改变，因为再没什么法子了。"这些凛然无畏的话，要是能变成实际行动，看上去更有说服力。

罗希恩勋爵说了一个观点："他们终究只是去了自家的后花园而已。"这是英国人的一般主张。

*　　　*　　　*

我得到情形不好的信息，且跟威格拉姆商量了一次之后，我劝福朗丹

---

① 法伊雷恩：《内维尔·张伯伦传》。——原注

先生，让他跟鲍德温先生见一次再回国。这次会面在唐宁街。首相非常温和、礼貌地接见了福朗丹先生。鲍德温先生说，虽然对于外务不很熟悉，可对于英国民众的感情，他却能精确地预估到，和平才是人民想要的。福朗丹先生之后在书里说，那个时候，他是这样回应鲍德温先生的：想要守护和平，只有一个方法，即趁着现在还有机会阻止希特勒的入侵。法国没想将英国卷到战争之中，它也不需要切实的帮助。按照法国得到的消息，莱茵兰的德国部队受到命令，只要遭遇军事反抗就得退兵，所以这种可以称之为纯然的警察式的行为，法国一个人就能做。那个时候福朗丹着重说，对于它的盟友国，法国的需求只是自己能够随意行动。这段话自然不是真的，按照《洛迦诺公约》，法国是有展开合法行动的权利的，英国如何能进行约束呢？英国首相一再表示，英国不能冒着战争的风险。他又询问法国政府的想法。对于这点，却没得到明确的回应。按照福朗丹的说法，[①] 鲍德温先生这个时候说："你的主张或者没错，但要是你的警察行为会导致战争，就算只有百分之一的机会，我也无权让英国加入战斗。"过了一会儿，他接着说，"英国现在并不是战备状态。"眼下这句话并没有被证明。回到法国时，福朗丹先生坚信：一、他的内部分裂的国家，若是英国没有展现出强硬的意愿，想团结到一起就非常困难；二、英国完全不会采取行动，就连浓烈的行动的欲望都没有。因此，他得到了一个糟糕的推断，觉得法国只有一条路：跟攻击性展现得越来越强的德国求和，这当然不对。

尽管如此，考虑到这段时间福朗丹在我面前表现出来的态度，我认为，不管他之后犯了什么错，我都有责任，在之后的几年里，竭尽所能地帮他。1943 年至 1944 年冬，戴高乐政府在阿尔及尔抓到他的时候，我曾动用我的职权维护过他。在这件事上，我曾找到罗斯福，还得到了他的帮助。福朗丹在战后被送上了法庭审判。在非洲大战的时候，我的儿子伦道夫曾经

----

① 福朗丹：《法国的政治》1919—1940，第 207—208 页。——原注

跟福朗丹见了不少次面，所以被召去作证。他的辩护，还有我给福朗丹写的辩护信，在一定程度上，对福朗丹在庭上被判无罪起了作用，得到这个消息，我十分开心。懦弱尽管同样能闯下大祸，可到底不是叛国。但不管怎样，法国政府的首要责任是推不掉的。要是克列孟梭或彭加莱还在，早就不会给鲍德温先生机会，让他自己选了。

* * *

在德国背弃《凡尔赛和约》和《洛迦诺公约》这件事上，英国、法国两国的妥协致使希特勒占领了莱茵兰，这种打击对于威格拉姆来说是致命的。他的妻子之后给我写信说："威格拉姆在法国代表团离开后就回来了。他坐在房间里的一个角落，他以前从没在那坐过，跟我说：'现在，战争避无可避了，而且一定是史无前例的最凶残的战争。我觉得我是见不到了，可你肯定能见到。等着这所小房子被扔炸弹吧。'① 听了他说的话，我觉得非常可怕，他接着又说，'这么多年，我工作一点儿效果都没起，我输了。这个关乎生死的时刻，我没办法让英国民众看清。可能是我不够坚强，没法儿让他们明白。温斯顿·丘吉尔由始至终都清楚，他是个坚强的人，肯定会努力到最后的。'"

在遭遇了这一重击之后，我的朋友好像一直没能恢复过来。他把这件事看得太严重了。终究，一个人要是确定了自己的责任，他总会不断努力，迎着日渐加剧的危险，至死方休。威格拉姆深邃的洞察力使他敏锐的天性出现了过激反应。1936 年 12 月，他不幸离世，对于外交部来说，他的去世是无法弥补的损失，我国的命运也受到了影响，最终沦入了凄惨之境。

* * *

再一次成功地夺取莱茵兰后，希特勒跟自己的将军见面时，已经可以证明他们的担心是多余的，还能证明相比于一般的军人，他的分析或"第

---

① 这所小房子真的被炸弹毁掉了。——原注

六感"是怎样的更高一筹。将军们向他表示了屈服。他们都是心善的德国人，能看见自己的国家这么快就在欧洲获得位置，看到他们之前的对手如此分裂、温驯，他们自然高兴。这个场景必定极大地增加了希特勒在德国顶层阶级里的名望、威信，给他继续的前行、做更大的尝试鼓了劲儿。他告诉整个世界："德国对领地的欲望已经彻底得到了满足。"

现在法国处在了一种对立的状态里，不管是恐战之心，还是因为避开了一场战争而放了心的感觉都极强。头脑简单的英国报纸用以下言论来抚慰头脑简单的英国人："这件事，只不过是德国人收回了自己的领土而已。举个例子，要是约克郡离开我国版图十年或者十五年那么久，我们是什么感觉呢？"谁都没有再考虑考虑，以后德国的部队要是攻打法国，他们下车的地方已经往前挪了一百英里。这不是告诉欧洲各国的"小协约国"，法国不想打仗，就算想打，英国也会拖住它吗？这件事，也没人担心。这起事件增加了希特勒在德国的掌控力，当初那些以爱国为名想压制他的将军们因此遭遇了极不荣誉的损害，让他们看起来又愚蠢又好笑。

*　　*　　*

我现在才知道，那些高层人员在这段危急的时间里，已经就我个人的命运进行了探讨。持续的压力最后让首相下定决心，建一个新部门，即国防协调部，不是国防部。对于这件事，为内维尔·张伯伦写传记的人有一些记载。在政府里有非常大影响力的奥斯汀·张伯伦曾这样认为，也说过，不让我进政府是一个"重大错误"。此时，霍尔爵士已经恢复健康回来了。考虑到在《霍尔－莱法尔协定》的紧要关头，面对免职，他姿态驯服，所以让他恢复原职的呼声非常高。在首相心里，内维尔·张伯伦是出任这一职务的最佳人选，而奥斯汀·张伯伦——内维尔·张伯伦的哥哥，应该回来出任财政大臣。内维尔·张伯伦拒绝了这一提议，因为他预见到自己用不了多长时间就会在鲍德温之后出任首相。法伊雷恩先生是这样写的："霍尔当即官复原职，保守党怕是不会同意。要是丘吉尔来掌管这个新的部门，那一定会让那些以丘吉尔不参加政府作为反军国主义保证的自由党人和中间派感到惊恐。①而且这相当于不顾对党的普通意愿进行解说的人的看法，并且鲍德温万一离职，这难道不是又引发了一场关于谁接任的争端？"我们得到消息，政府足足用了一个月的时间对于这些极微妙而严重的大问题进行严谨估计。

这些事，我当然清楚它们在发生。我在3月9日的辩论里非常注意，以完全不削弱自己对政策的严苛但好心的态度指控，人们觉得我那次的演讲非常成功。新机构的建立和它的权限，并不符合我的心意，不过我愿意担任这一职务，因为我相信，我的学识跟阅历可以起到作用。德国人于3月7日发兵莱茵兰，对我的委任明显（按照法伊雷恩的说法）造成了关键性、恶性的影响。我坐上这个职位，明显不会得希特勒的欢心。鲍德温先生在9日这天，选择了托马斯·英森金普爵士出任这一新职务。他是个出色的律师，优势在于大家不认识他，他对于军事方面的事也全不了解。无论是报纸，还是民众，对于首相的抉择都非常吃惊。政府再次将我拒之门外，且看起来是最终地将我排除在外，让我无法参加防御事务，对我而言真的是一记重击。

我一定要非常谨慎，保持心情稳定，在这些磋商和辩论里，我往往处在显眼的位置。我一定要控制情绪，要摆出冷静、公正、超脱的姿态。我经常想起国家安危的事，在这种自制的过程中，这是个简单的守则，也是最好的。我为了稳定情绪，并让自己的精神专注，我给自《凡尔赛和约》开始到我们现在，中间发生的所有历史事件写了个纲要。我的第一章甚至都写好了，其中一部分内容改都不用改就能放到这本书里。不过，我的这个计划进行得十分缓慢，因为之后事情很多，而且我还要每天写些东西，以维持我在恰特威尔的欢快的生活。除此之外，我在1936年年末专心致

---

① 这跟那个时候的真相正好相反。在"和平表决"上署名的人对武装的集体安全和我是一样的。——原注

志地写我那本《英语民族史》，其实这本书在战争爆发之前就写完了，会在以后出版。写一本内容翔实的宏大的书，就像身边有个好友和爱人，可以经常从他那得到慰藉和快乐。跟他在一起，能让人心里有个奇异博大的爱好的领地，也更觉得自己有魅力。

对于一个曾经持续冷酷地揭露其错误的人，鲍德温先生自然有充足的理由，用尽所有的力量去进行打击。此外，他还是个十分敏锐的党务领袖，时刻挂念党派内部多数人的支持，把视线的焦点放在能让他在两届选举中间平安过日子。对我这种弄得大家心慌意乱的人的支持，他并不需要。毋庸置疑，他觉得自己已经给了我政治上的致命一击，我也认为，他可能真的实现了。睿智的行动也好，愚蠢的行动也罢，善良的行动也好，恶毒的行动也罢，其结果真实太难预计了。可若是缺了这种无法估算的、数不胜数的变化，人生这场戏就没什么趣味了。跟我一样，那个时候，鲍德温先生也不清楚他给我帮了大忙。因为他，我才能从此后三年内阁的一切退让和不尽职的事里脱身。要是我做了大臣，那等战争爆发，对于准备的极其不充分的国防事务，我就得承担直接责任了。

我那个时候遇见的事情，明面上看起来非常糟，可它的结果对我却非常好，这不是首次，可能也不是最终的一次。

＊　　　＊　　　＊

我仍然期望，法国对世界同盟的申诉可以形成一种国际的压力压到德国身上，世界同盟的决断可以施行。

（我写于 1936 年 3 月 13 日）法国已经跟国际法庭申诉，要求法庭主持公道。国际法庭要是判定法国胜诉，可又拿不出什么能让其满意的举措，那不就表示世界同盟的盟约是唬人的，整体安全体系根本不是真的。对于受害方，要是给不了合法的纠错的方法，那关系到将来希望的国际法和国际协作的全部理论，就得颜面扫地，失去效力了。

一种各个国家结成同盟和国家团体的体系马上就会取代它，任何承诺都不用，只靠自己的军事力量。另一边，对于现下德国这个已经变成侵占国的全球最强悍的国家之一，世界同盟要是能下达指令，那世界同盟的威望就会得到极大增加，并且从此被民众一致认为是最有权力的体系，能够对各个民族的矛盾进行裁决和制约。如此，我们也许能借这个机会将我们渴求的理想瞬间变成现实。

可这是有风险的，无论是谁，都不该视而不见。怎么才能降低风险呢？这里有个简单的法子：即组建一个不管是道理上，还是实力上都能够压制一切的同盟来支援世界法律。要是两边的力量相近，战争几周之内可能就会发生，而战争会打成什么样，什么人会被拖进风暴，或者怎么结束，谁都预料不到。可世界同盟可以调动的力量，跟侵略者眼下的力量相比，要超出四五倍，如此一来，用和平的办法解决的机会是相当不错的。因此，所有国家，大国也好，小国也罢，都该按照世界同盟的盟约将自己的价值展示出来。

世界同盟在这个危急时刻能仰仗什么力量？有执行官或者警察来推行它的裁决吗？还是孤单地充当那些没有决断，或者喜欢嘲讽的信众说大话时的一个空洞笑柄？世界的命运说起来奇怪，现在机会来了，到了世界同盟可以使用这种能够压倒一切的实力的时候，国际警察现在就在手边，聚在日内瓦的所有大国的军事力量都在等着指令。这些国家，它们的权益和职责要求它们，不仅要出来支持公共法令，需要的时候还得施行到底。时机转瞬即逝，错过就回不来了。我们是走进新时代，还是回到旧时代？往哪里走，现在得马上决定了。

对于一些跟我与我的几个保守党朋友有合作的自由党和工党而言，这些话全部都非常动听。那些忧心国家的保守党人能跟工会主义者、自由党人，还有一年前参与和平表决的崇尚和平的分子团结到一起。要是英王陛下政府可以借助世界同盟坚定果决地行动起来，那他们肯定能率领整个英国一往无前地做最后一番努力，以避免战争。

＊　　　＊　　　＊

直至 3 月 26 日，英国议会才开始组织讨论德国重夺莱茵兰的事情。这是由于世界同盟行政院于伦敦举办的大会用了一些时间。会议的结论是，既然德国控诉《法苏互助条约》，那德国就把这件案子送交到国际法庭好了，只是在谈判的过程中，不能增加在莱茵兰的兵马。要是德国不同意后面那段，英意两个国家的政府就按照它们在《洛迦诺公约》担负的责任走一定要走的程序。可墨索里尼跟希特勒老早就有了亲密往来，意大利的承诺也就没多少用处了。至于德国，它自觉已经强大得足以不接受一切关于其在莱茵兰军力的约束条件。因此，为了以后有需要的时候按照《洛迦诺公约》展开协同合作，艾登先生坚持让英国、法国、比利时三国召开参谋大会先分析和准备一番。这个青年外交官写了篇极有魄力的演讲稿，在议院得到的呼声极高。为了声援他，我和奥斯汀·张伯伦勋爵都做了长篇演讲。可内阁对此却不太热情，所以就连艾登提议要召开参谋大会的事都不太好办。这种会议一般都是秘密的，甚至都不正式举办，是做不了外交上的筹码的。现在，在三周的磋商、抗议之后，只得到了一个切实的结果——举办参谋大会，这也是协约国对希特勒毁约、实打实地侵占莱茵兰的仅有的回应。

在演讲里，我说：

回想起我们之前五年的外交政策，我们很难开心得起来。这五年无疑是坎坷的年份。我绝没想将这段时间里发生的所有不好的事都算在我国政府的头上……可是，我们真的看见了人类的将来呈现出来的最灰暗、最惊人的改变。这样的变化从没在这么短暂的时间里出现过。人们在五年前感到非常安全。在五年之前，对于和平，人们都充满期待，盼着和平与正义在将来的某一天成为潮流，那个时候人类就能享用科学为所有阶级带来的珍贵的果实了。要是在五年之前说起战争，不仅会被视为愚蠢、罪大恶极，还差不多会被当成疯子……

　　因为莱茵兰被入侵，对荷兰、比利时、法国都产生了威胁，所以这件事才显得严重。国务大臣说德国在会谈的时候，都不肯暂停建造防御工事，听到这个消息我十分忧虑。要是我猜得不错，他们肯定会在非常短的时间里在那里布置一条防线，欧洲的时局在这条防线出现后会有很大的变化。这条防线成了一条横陈在德国大门之前的壁垒，与此同时，它还有别的可以随意向东面、南面冲击的出口。

　　英美两国开始的时候并没有意识到德国在莱茵兰布防的重大后果。在政府于4月6日提出针对外交策略展开信任投票的时候，我再次说起这一问题：

　　希特勒已经撕毁种种协议，派兵入驻了莱茵兰。眼下他有军队在那里，并且预备一直驻扎在那儿。这一切实情都证明，纳粹政权在德国内部，以及全部邻国有了新的威信。然而，真相并不只是这样，德国目前正在莱茵兰一域布防，或者即将布防。布防自然是需要一些时间的。起初，我们得到的消息是，德国开始建筑的仅仅是一般的野战工事。可是，有些人是清楚的，德国能一步步强化野战工事，让它非常完善，直到建造得如同兴登堡防线那般完备，有着众多钢筋水泥碉堡和地下室的一条防线。了解这种情形的人就会清楚，野战工事跟永久防御工事只是进程上的稍微的区别，在第一块草皮被挖下来开始，就能持续施工，直至最终建成非常完善的防御体系。

　　我完全相信，德国与法国接壤的全部边境，都将在尽可能短的时间内筑成尽可能坚固的防线。一条极为坚实的屏障在三个月、四个月或者六个月之后，必定会出现在我们眼前。这对外交和策略会造成什么样的影响呢？在法国疆界前方建立的碉堡能让德国节省此条战线的军力，而将主力换到击溃比利时和荷兰上……现在让我们将视线转到东线，莱茵兰布防的后果。从东线这边，或许显示得更分明。这一危害对我们而言虽然不是直接的，但却更加紧急。等这些防御工事一建完，中欧的全部局势会在工程的逐渐完善中产生变化。这一宏达的军事建筑项目，等它竣工，波兰、捷克斯洛伐克、波罗的海的各个国家、南斯拉夫、罗马尼亚、奥地利和一些别的国家，必定会受到至关重要的影响。

我的这份示警稿件里的每字每句，都已经接连、迅速地得到了验证。

＊　　　＊　　　＊

在拿下莱茵兰和建造针对法国的防御工事之后，德国的第二步明显是要把奥地利收归德国。这件事，起因是 1934 年 7 月奥地利总理德尔弗斯遇刺，具体情况会在下章写到。现在我们知道，1936 年 5 月 18 日，德国外交部长纽赖特曾极坦率地和美国驻莫斯科大使布里特先生说，除非已经将莱茵兰消化吸收了，否则德国政府在外交政策上不会有任何主动的行动。他解释说，在奥地利的纳粹党人，只要德国还没将跟法国、比利时接壤的疆界防线建好，德国政府就不会鼓励他们引发动乱，甚至还会禁止。对于捷克斯洛伐克，他们将采用安定的策略。他说："等我们的防御工事建好，中欧的各个国家会发现法国已经无法到德国的领地上来了。到了那个时候，对于自己的外交策略，这些国家就会生出别的意见，如此就会出现一个新团体。"纽赖特又告诉布里特先生，说奥地利的年轻人已经慢慢投向了纳粹，奥地利被纳粹党掌控，已经是大势所趋，只是时间问题而已。不过，事情的关键还在于将临近法国边界的防御线建好，否则，要是德国跟意大利出现矛盾，会使法国攻击德国。

1936 年 5 月 21 日希特勒在德国国会发表演讲，说："德国没想过，也不愿意干预奥地利的内政，或者夺得奥地利，更不想德国和奥地利合体。"
他和奥地利政府在 1936 年 7 月 11 日签订协议，答应不以任何方式左右奥
地利内政，对于奥地利国家社会主义的活动，尤其是彻底不予以主动促进。
这个承诺宣告后，连五天都不到，德国就下达密令到奥地利国内，让国家
社会主义党增加并扩展他们的行动。与此同时，德国参谋部也遵照希特勒
的指令，制定了攻占奥地利的军事草案，预备一有机会就马上行动。

第十二章　重整军备的空隙　西班牙

1936—1937 年

英国的外交策略——新的巨头——世界同盟——两年的间隙——1936年 6 月 6 日我针对供应机关问题的备忘录——西班牙内乱——不干预政策——《反共产国际协定》——鲍德温先生"坦率"的演讲——军事力量与世界同盟盟约等重——艾伯特会议中心的聚会——英王爱德华八世退位——鲍德温先生的智谋——英王乔治六世上台——英王发来的信件——鲍德温先生引退——张伯伦先生出任首相——内阁的改变——鲍德温和张伯伦——和里宾特洛甫的一次会谈

本章我不妨介绍一下我多年来所遵守的、未来还将继续遵守的，英国在欧洲政策上的准则。保守党外交委员会在 1936 年年末曾经邀请我做了一次私下演讲，对于这些策略，当时介绍得最好。

四百年来，阻止大陆上某个国家成为最强悍、最有攻击性和最不讲道理的国家，尤其不能让低地国家^①被这个国家吞并，这是英国的外交策略。在历史上看，不管是人还是事，是环境还是局势，在这四个世

---

① 是对欧洲西北沿海地区的称呼，通常指荷兰、比利时。——译者注

纪中，都发生了不小的改变，可这个宗旨却一直没变，这是所有历史记录中，种族的也好，民族的也罢，国家的也好，民众的也罢，最显著的事件之一。不仅如此，不管在什么情况下，英国选的路，一直是较为难走的。反抗西班牙的菲利普二世，在威廉三世和马尔巴罗的带领下跟路易十四世为敌，跟拿破仑为敌，之后又跟德国的威廉二世为敌。那些时刻，英国要是加入强势一方的阵营，分享获胜的成果，是非常容易的事，不仅如此，还极具诱惑力。可我们选择的始终是那条不太好走的路，加入较弱的阵营，跟它们携手，攻击、打败大陆上的军事巨头，全不管他是谁，统领哪个国家。如此，我们维系了欧洲自由，保住了欧洲生命力旺盛和多变的社会发展。在这四次极为重大的战争之后，我国在世界上就声誉日增，势力愈大。低地国家也得以维持独立，平安无事。这是英国外交政策上的优良传统。我们现有观念就是在此之上建立的。我们先辈遵守的公正、智慧、勇敢和谨慎，我不明白有什么事导致其发生变化或弱化。他们推论的可信度，我不清楚人性里发生了什么事，让其有一丝半点的虚弱。在军事、政治、经济或者科学方面，我们不如他们能干这样的想法，我不明白是什么事引发的。我不明白是什么事让我们觉得我们不能或者不会在这条路上前行。我为什么要无礼地跟大家说起这个极具一般意义的论题，因为我认为，要是这个论题被接受了，那别的所有的问题就都变得简单明了了。

注意，妄图在欧洲称王的国家到底是谁，这并不是英国策略会考虑的问题。它是西班牙，是法兰西王国或者法兰西帝国，它是德意志帝国或是希特勒政权，这不是关键。这一策略跟这是个什么性质的国家、掌权者是谁，一点儿关系都没有。它关注的只有最强悍的是谁，或者掌控力最强的暴君是谁。所以，就算别人说我们亲近法国，抵制德国，我们也不用担心。要是局势发生了变化，我们一样能亲近德国，抵制法国。这是我们正遵守的国际策略的准则，它不是取决于偶然因素、主观喜好，或是某种其他情感的变通之法。

这个问题是：现下最强悍的，企图用武力和危险的办法在欧洲称王的国家到底是谁？法国的陆军在现在，在今年，或者直至1937年的前半年，是欧洲最强的，可是没人会惧怕法国。所有人都清楚，法国的心愿只是不受人影响，它留有陆军，只是为想要自保。所有人都清楚，法国人崇尚和平，并对邻国心存畏惧。他们英勇、果决，也崇尚和平，可所处的环境让他们焦躁忧虑。这个自由的国度，他们奉行的是自由的议会制。

另一边，德国是不怕其他国家的，它正在增加军备，其速度是德国历史上从未有过的。统领着它的是一小群趾高气扬的不要命的家伙。在这种独裁统治下，经济日渐紧张，不快感日益膨胀。用不了多久，他们就非要在经济崩溃和内战，或是引发战争两者中选出一个。而这场战争，它只有一个目标，要是获胜，也只有一个结果，即欧洲在纳粹的控制下德意志化。因此我相信，曾经出现过的情况即将再现，要挽救我国，只能再次将欧洲的所有力量团结到一起以约束、压制，需要的时候击垮德国的霸权。因为就算我们当初帮着西班牙、路易十四、拿破仑、德皇威廉二世变成欧洲的霸主，等到获胜，他们也会侵略我们，让我们沦落到卑贱、穷困的处境中。请相信我，我们应当将维系不列颠帝国的存亡延续，还有这个岛国的崇高视为最神圣的职责，而不该因理想世界的误导而踏上一条错路。事实上，这只是让其他国家的更糟糕的统治走进我们的土地，掌控我们的命运而已。

世界同盟是一个广泛的概念，也是一个极其要紧的机构。在这一时期，它就成了国际政治中的重大要素。事实上，世界同盟这个概念是英国的，它跟我们从前的所有手段、行动都非常协调。不仅如此，它和普遍的善恶观，还有我们素来遵守的用来克制重要侵略国家为基石的和平理念，也绝对相同的。我们追求的是法治，是各个国家之间以及各个国家内部的自由。而过去，为我们创造荣耀、崇高和文明的人战斗的目的可不是别的，正是这个，且胜利来之不易，是千辛万苦赢来的。国际法的法治，还有参照法律、公义，展开有耐力的谈判，以此处理各国矛盾，是英国人民极为珍贵的梦想，这些梦想在当下的英国民主政治身上产生的重大影响，我们不可轻忽。大家还不知道，数个世纪以来，劳动人民心里已经栽种了这些种子。它们在劳动人民心里扎根极深，牢固得就如同人民对自由的喜爱。这些理想是这个岛国素养的结晶，所以我们不能忽略。于是我们相信，拥护、强化世界同盟将被证明是守护我们岛国安危的最好的办法。

我的论题有三：一、对于将来的王者或者隐蔽的侵略者，我们必须要抵制；二、眼下纳粹掌控的德国武力雄厚，又发展得这样快，一定会出演这一角色；三、世界同盟应用最有用的办法将众多国家团结到一起，让我们国内的民众团结一致，制服将来的入侵者。我用最敬畏的姿态将这几个重要命题鲁莽地提出来，供大家参考。别的问题将从这里推断出来。

找到、提出某些普遍原则往往是容易的。我们和法国的强大同盟，我们一定要重视。这并不意味着我们得对德国怀有多余的抵触情绪。我们有责任缓解这两个国家之间僵硬的关系，这对我们也有好处。我们想达成这一目标，法国这边难度不大。跟我们一样，法国也是议会制民主国，对于战争极为厌恶，在防务工作上也跟我们一般，有着不小的阻力。因为我觉得，我们得将跟法国建立防务上的同盟看成一件基础工作。

今天局势已经发展得如此严重和危急，别的所有的事都只能放在次一级的位置上。和那些目光短浅、只靠着每天发生在眼前的事鲁莽行动的人比，那些有着切实的理论系统且对其有着坚实信仰的人，在处置多变而无法预料的事的时候，具有更加明显的优势。如何断定行进方向是最要紧的事。按照我个人的意思，我提议建立有军事力量的世界同盟，让尽量多的国家加入，以英国和法国作为中心，抵制暗处的侵略国。这是一个神圣的世界组织，让我们尽最大的努力来建成它吧！要是这份事业在我们的能力范围之外，或者因为他国的谬误或懦弱，最终没能成功，那最起码我们得保证英法这两个有幸存活的欧洲的自由国可以团结一致，有充足的把握经历一切风波的攻击，再次平安地回到港口。

要是把美国加到英国、法国这边，要是把潜藏的入侵国改名换姓，要是把世界同盟改成联合国，将不列颠海峡换成大西洋，把欧洲换成全球，那今天我的讨论就必定不合适。

*　　*　　*

从 1936 年 3 月，希特勒强夺莱茵兰开始，到 1938 年 3 月他吞并奥地利结束，这中间整整有两年时间。跟我预计的时间相比，这个时间要长一点儿。事情完全按照我预料到的、说到的程序往前走，只不过两次接连的大祸中间间隔的时间长点儿而已。德国在此期间内，并没有挥霍光阴。莱茵兰的布防或者"西墙"正进展飞速，马不停蹄地建造一条宏伟的永久或半永久的防御工事。除了有完善的征兵制度充当基石，德国的陆军的建设，还有积极踊跃的志愿军做后援。德国的陆军不管是在数量上，还是在机构的成熟度和质量上，都在逐月变强。相比英国的空军，德国空军不仅维持了优势，还越来越在英国之上。德国的武器制造厂极为忙碌地进行着生产制造。德国的机械轮轴不分昼夜地转动，锤子不分昼夜地敲击，将整个产业变成了一个武器制造厂，将所有人熔炼成了一架纪律严明的战争机器。为了战争启动后，自力更生的水平较强一些，希特勒自 1936 年秋在国内开始推行四年计划，对德国的经济进行重组。希特勒在《我的奋斗》这本书中说起的，德国外交策略不可缺少的"强劲的同盟"，他也在国外建成了。他跟墨索里尼签订协议，建成了罗马—柏林轴线。

希特勒一直到 1936 年年中施行毁约、侵略政策，仰仗的是什么？是自身的力量吗？不，是英国和法国的疏离和懦弱，还有美国孤立的状态。他最先启用的所有步骤，都是在背水一战，他清楚，对手要是严肃抵挡，他是挡不住的。最大的一局赌博就是强夺莱茵兰，以及在莱茵兰布防，结果都极成功。过于瞻前顾后，让他的敌手失去了和他对战的胆量。1938 年，当他走第二步的时候，他的恫吓就已经再不是装腔作势了。此时，军事力量而且有很大可能是占优的军事力量，成了他侵略行动的靠山。这种恐怖的变化，等法国政府和英国政府发觉的时候，已经晚太多了。

* * *

我接着严密注意我们的备战工作。国防协调大臣英森金普爵士跟我关系不错，在私下里，我尽量帮他的忙。1936 年 6 月 6 日，我按照他的意思，写了份备忘录给他，提议组建一个供应部。可是直至 1939 年春天，过了近三年的时间，政府也一直没有采用实际行动组建供应部，在我们的武器制造上，也没打算采用应急手段。

* * *

1936 年 7 月末，西班牙的议会政府日渐败落，革命活动日渐盛行，因此引发了密谋已久的武装事变。西班牙出现的情况，其实完全是在复述克伦斯基时期的事。唯一的区别在于，西班牙不曾因为对外战争实力大减，部队维持了强大的凝聚力。西班牙的各个阶层无法不顾虑西班牙的将来。

我真的觉得，英国政府自身还有不少事要做，西班牙的事当然不适合去管。法国给出的方案是不干预，让两方在不受外国支援的情况下继续打。这个方案得到了英国、德国、意大利和苏联等国家政府的拥护。于是西班牙政府落到了极端革命派手中，虽然拿着黄金，却无法通过正常的程序买到武器。1861—1865 年美国内战的时候，我们的做法是承认双方正在打仗，以正常的办法来说，我们也采取这种办法，原本是较为合理的。全部大国都启用了或者正式认可了不干预的政策。这个协议，英国严谨地遵从了。

可却有两伙人——一伙是意大利和德国，另一伙是苏联——却持续在给这场战斗添柴加薪。特别是德国，它用空军对没有防御的小城市格尔尼卡进行轰炸，展开恐怖空袭的测试。

法国那边，布鲁姆先生在六月时替代萨罗内阁组建了新的政府。空军部长科特先生原本不太重视法国空军的力量，此时法国空军已经日益衰败，他却用飞机和军事装备暗中支援西班牙共和国武装。这些情况的出现，让我非常忧虑，因此，我在 1936 年 7 月 31 日致信法国大使科尔宾：

> 我竭尽所能想要坚持曾经的观点，可是我遇到了非常棘手的难题：德国提议让所有反共国家团结起来。要是法国将飞机等军火运到现在的马德里政府去，而德国和意大利却投向另一边，那我敢说，这里占优的势力必定会远离法国，向德国和意大利靠拢。请不要将我跟你说的这些话放在心上，它们自然全都只是我的个人见解。我不想听见谁说，英国、德国和意大利拧成一股劲儿地抵制欧洲共产主义。这是最糟糕的事。
>
> 我绝对相信，眼下正确且安全的方法只有一个，即严守中立，坚决抵制破坏中立的行为。要是内战到了僵持不下的局面，或者世界同盟哪天会为了终结恐怖行动而站出来干涉。可就算如此，我觉得也未必能行。

＊　　　＊　　　＊

这里，还有件事得做个记录。各个国家的驻柏林大使在 1936 年 11 月 25 日曾受邀去了德国外交部，纽赖特先生把德国和日本政府议定的《反共产国际协定》的详情跟他们说了。这个协定的宗旨，就是用整体行动来抵制共产国际在签约国内部或者外部展开国际行动。

＊　　　＊　　　＊

整个国家和议会全部在 1936 年都越发焦躁，尤其是对于我们的空中防御。11月12日，针对首相在议会的辩解展开争论，对于鲍德温先生没能兑现承诺，我做出了尖锐的指控。这个承诺即"我国的所有政府，无论哪届，尤其是联合政府，也就是这一届的政府，保证我国的空军力量和实力，再不会落后于攻击力能抵达我国海岸线的国家。"我说："这个决心，政府完全没有下，或者他们完全没能让首相下。所以他们始终处于奇怪的分歧里：决心不下决定，决定不下决心，果断地瞻前顾后，坚决地前后动摇，尽其所能地不作为。就是这般，我们一个月又一个月，一年又一年地重复，这些珍贵的时间对于英国的强大而言，可能关系重大，却都给蝗虫蛀没了。"

在某次精彩的演讲中，鲍德温先生曾经回答我说：

我要用最坦荡的姿态告诉本院……我与丘吉尔先生的不同见解始于1933年。1931—1932年这段时间，我们陷入了财政危机，尽管反对党并不认可这种说法。另外，还有一个原因。我请本院注意，我在众多的发言里，在各式各样的场所，都尽全力提出、维系民主原则，我曾经说过，跟独裁体系相比，民主制度总要晚上两年。我坚信这句话没有错。在这件事上，情况确实是这样。我把个人的观点明明白白地告诉给本院。你们应该不曾忘记，那个时候，正在日内瓦召开裁军大会。你们应该不曾忘记，那个时候，整个国家所盛行的和平主义情感可能比一切时间都要激烈。你们应该不曾忘记，在1933年秋天举办的弗雷姆大选里，联合政府正是因为和平主义的问题，而非别的问题，以七千票的差距丢掉了一个议席……身为一个大党的领导人，我的日子一点儿都不好过。弗雷姆大选里曾出现的那种情感，那时正风行于全国，当时我曾经问自己，什么样的机会可以在之后一到两年的时间里，改变这种情感，让人民觉得国家应该给政府整顿军备的权利？那个时候，要是走到民众中间跟他们说，德国已经在重新整顿军备了，于是我们也得这么做，在这种呼吁下，在那个时间段，这个和平的民主国会马上团结到一起，有谁可以想象得出来吗？在我看来，我能想到的最有可能让我们在大选中落选的事，不是任何别的事，就是这个。

这个坦率的发言确实让人震惊。他赤裸的初衷再次揭露出来，竟然到了不顾体面的程度。一个首相，居然明目张胆地表示，他不为国家安危尽职尽责是因为担心落选，这真的是我国议会史上从未听过的事。鲍德温先生的初衷自然不是因为想接着当官这种卑鄙的理由。1936 年的时候，他是真心想辞职的。他是因为担心工党登台，做的事甚至还比不上他的政府做得多，才选择这种政策的。工党抵制防御事务的所有宣言和投票，是有着可以翻查的记录的，可这个却不能充当鲍德温先生为自己辩护的理由，对英国民众的精神而言更是不公。去年，他因为错估了空中均势进行了纯真的道歉，从而赢得了全胜，这一次就行不通了。整个议院都非常震惊。这给人留下的观感确实非常糟糕。若非有件意想不到的事插了进来，那个时候，身体每况愈下的他受到的打击，极有可能危及性命。

*   *   *

那个时候，英国各政党是没有人看见将来的危机的，全都提出要以切实的举措守护我国的安全和自由。因为极权主义的攻击和我国政府安于现状这两方面的原因，我国的安全和自由已经受到了影响。我们的计划是快速而大面积地重整英国的军备，与此同时，彻底认可世界同盟的威信，并加以使用。这一政策，我将其叫作"军事力量和世界同盟盟约等重"的政策。对于鲍德温先生在下院的演出，我们都非常看不起。这次活动以艾伯特会堂的一次聚会作为顶峰。各个政治党派的不少领袖于 12 月 3 日在那聚集，其中有：坚信国家正处在危急存亡之秋的强悍的保守党右翼；世界同盟和平表决的领袖；不少工会的代表们，大罢工时我的老对手——工会主席瓦尔特·西特宁爵士也在其中；自由党及其领袖阿齐博尔德·辛克莱爵士。我在那时候已经发觉，我们的主张不仅已经开始受到人们的关注，还占了优势。就在此时，英国国王要娶他心爱的女人。这件事让所有事都被延后了，随后就出现了退位风波。

在我回应致谢投票的时候，有人高喊"国王万岁"，接着引发了长久的欢呼。我马上说明了我自己的态度：

今晚我们心里压着另一件大事。用不了几分钟，我们就要唱响"上帝保佑国王"。我将用我这辈子唱这首歌时所怀有的最大的热情来唱。我不想因为匆忙而做出不可挽救的决定，我祈祷不会如此。对于这些严重的宪法问题，我期望议会可以发挥它的效力。我坚信，英国和大英帝国首次给出的意见，我们的国王会认可的。对于登上王位的人，英国的民众在考量的时候，也会宽容相待。

接着出现了时间非常短但极其激烈的争执，在这就不一一细说了。

爱德华八世还是个孩子的时候，我就跟他相识了。1910年，在一次盛大宴会上，我以内政大臣的身份宣读封他做卡那封城的威尔斯亲王的诏书。我认为，我有责任将我本人的最高忠诚献给他。那个夏天，尽管我心里明白即将发生的事，可我从未干涉过他，也从未跟他有过信件往来。眼下，他在烦恼地跟首相请求，让其同意和我谈谈。鲍德温先生给予了正式的认可。拿到通知，我当即前往勃尔韦德堡拜见国王。直至他退位，我都一直跟他保有联系，我竭尽全力，祈求国王和民众要有耐心，不要匆忙做决定。对这件事，我绝对不后悔——真的，不如此，我又有什么其他的法子呢？

对于英国人们的情感，首相确实是一个目光如炬的裁判，他自己证明了这件事。整个国家的浓烈的意愿，他明显看到了，也说出来了。对于退位的事，他应对得非常巧妙，两周之内他从深谷跃上了峰巅。有不少次，好像只有我在抵抗怒火滔天的下院。我辩护时并没有为反对情感所影响，可大家连我的话都听不见的情况出现得不止一次。在"军事力量和世界同盟盟约等重"政策的呼吁下，我曾经将各种力量聚拢到一起，还将自己当成这些力量的发起人，可现在却分裂瓦解了。而我本人受到了言论的重击，差不多所有人都觉得我的政治生涯即将终结。同样是这个下议院，它曾经那样地仇视我，却能在长久、艰难的战争期间始终由我带领，全力拥护我，直至打败了全部对手，这件事真是太奇怪了。这表明，时常按照自己良知的决定做事，是仅有的睿智且安全的方法。

一个帝王退位，另一个帝王登台。直至 1937 年 5 月末，在国内和全帝国，人们心里都被随处召开的宏大肃穆的对新王的效忠典礼和盛典填满了。民众在心理上已经不觉得国外的事和我们的国防有吸引力了。就好像我们的岛国跟欧洲隔着万里远的距离。1937 年 5 月 18 日，也就是新国王登基的第二天，我拿到了新国王亲手写给我的一封信，经过同意，现在我将其写到这儿。

敬爱的丘吉尔先生：

对于你写来的亲密信件，在此，我表示谢意。我清楚，你素来——直至现在也仍旧是忠心于我敬爱的兄长。对于他在 12 月离开我们后出现的各种棘手的事，你表示了同情和谅解，对此我非常感动，这绝不是文字可以描绘的。作为一个国王，我对于自己肩负的重责和承担的劳苦，我有着充足的了解。你发来的贺信，我收到了，这让我受到了非常大的鼓励。你是我们国家的一个伟大的政治家，是一个忠诚地为国家效劳的人。希望国内和帝国眼下的好意和希望将会是世界各个国家的良好典范。

请相信我，你诚挚的乔治（国王、皇帝）

1937 年 5 月 18 日

于伯克郡，温莎，大花园，皇宫

当时，我地位尽失，能收到此种宽容的说辞，我永世不忘。

　　　　　　　　　*　　　　*　　　　*

　　乔治六世登基后，鲍德温先生于 1937 年 5 月 28 日退休了。他做了那么久的官，获得伯爵级别的封号和嘉德勋章是自然而然的事。他将自己聚拢的权力放了下来，他当初谨慎地留着这个权力，用得却非常少。在民众感恩和敬爱的激荡的氛围中，他走了。他的继承者是谁？这是毫无疑问的。在过往的五年里，财政大臣张伯伦不仅担负着政府的主要职责，还是一个最精干最有能力的官员。他才华横溢，还是出身名门世家。一年前，我在伯明翰时曾经借用了莎士比亚的话，称其为"扛着国家大事的驮马"，他当时也承认了，觉得这种说辞是在奉承他。我没想过让他跟我携手，此时，他跟我一起做事，怕不是什么睿智的行为。对于眼下的大问题，他的主张和我的差异巨大，但我仍觉得开心，因为掌权的是一个生机勃勃，又有才华的行政高手。在他担任财政大臣的时候，他做了一个财政提案，希望能收一点儿国防税，可被保守党否决了。至于反对党，自然更是少不了要攻击他，惹出了事情。为了让他从无法容忍的境地中走出来，又不会伤到他的自尊，他刚出任首相时，我就针对这一问题做了一次演讲。不管是公事上，还是私下里，我们之间都一直处在淡漠、随意和客气中。

　　对于内阁，张伯伦先生没做多少改变。以前，他跟库伯先生在陆军部的事上有着不同的理念，可是这一次，他却升了库伯先生的官，将海军大臣这一要职给了他，这让库伯先生大吃一惊。前些年，库伯先生曾任职于外交部。这位新上任的海军大臣是如何看待欧洲舞台的，首相明显不清楚。而霍尔爵士，他才拿到海军方案推行要用的大额费用，居然甘心脱离海军部，转而出任内政大臣，这真让我吃惊。看上去，霍尔觉得用不了多久，在普遍的人道主义的意义上推行监狱变革会成为流行的课题。他的家庭跟声名卓著的伊丽莎白·弗赖[1]有关，所以对于整改监狱，

---

　　① 十九世纪，改善英国监狱的人。——译者注

他有着浓烈的感情。

*　　*　　*

在此，我可以将两位首相——鲍德温和张伯伦，比较一下。

我早就认识这两个人，且在他们手下做过事，或者将要做事。鲍德温这个人智商较高，理解力也比较好，不过缺少严谨的行政才干。对于外国的事和军事上的事，他都不太了解。他对欧洲所知甚少，知道的又吸引不了他。可是对于英国的政党政治，他却知之甚详，他在很大程度上代表了我们这个岛国国家某些优点和不少缺点。他作为保守党的领导人，参加了五次大选，成功了三次。静待局势发展是他擅长的事，并且他能在逆势的指控中保持镇静。他尤为出色的地方在于能让局势朝着对他有利的方向走，而且有坚决果断的才能。在他身上，我好像可以看到，历史留给我们的罗伯特·瓦波尔爵士的那种观感，当然十八世纪的那种腐败的情形，眼下是没有的。英国的政治受他们俩掌控的时间，都那样长。

至于张伯伦先生，他这个人极为精干，顽固也自信。和鲍德温不一样，他觉得自己对欧洲全局，甚至是全世界都知之甚详。眼下，我们拥护的是他坚信的政策范围内的细致、尖锐的效率，而非含糊又固执的直觉。对于军事花费，他不管是做财政大臣还是首相，都有着严苛的把控。他任职的那段时间，面对所有应急措施，他抵制得是最狠的。他对国内、国外所有政要都有清晰的判定，并且相信自己有绝对的应对他们的能力。他脑海中满是这种期望：他要成为一个崇高的和平制造者，流芳百世。为了实现这一目标，他预备将现实情况抛到脑后，一直努力到最后，就算让自己、自己的国家冒着极大的风险也在所不惜。遗憾的是，他被扯进的那股激流的力量，是他意想不到的。他遇到的风暴，尽管他绝不动摇，可他却抵挡不了。在大战开始之前的那几年里，我觉得跟鲍德温一起做事——以我对他的了解而言——怕是比跟张伯伦一起要容易点儿。可是，但凡没到最后不得已的时候，他们都始终不想跟我一起做事。

在 1937 年的某天，我和德国驻英大使里宾特洛甫曾经见过一次面。那个时候，我每两周发一篇文章。里面有一篇，我曾说起，对他的某些演讲，大家的理解是错误的。我自然在公共场所跟他见过。现在，他问我愿不愿意跟他见面谈一谈。他招待我的地方就在德国大使馆楼上的一个大房间里。我们说了两个多小时的时间。里宾特洛甫招待我的时候，对我非常客气。我们畅谈欧洲的整体局势，军备和政策的事项也在其中。他跟我讲的内容，大抵是德国想要获得英格兰（欧洲大陆的民众，还是时常将我们称为"英格兰"）的友情。他说，他原本是要担任德国外交部长的，不过他为了可以对英德协议，甚至英德同盟的达成进行细致的解说，让希特勒将其派到了伦敦。德国将维系不列颠帝国的崇高和广袤的领地。他们或许会提出，将德国的殖民地还给他们，不过这明显关系不大。德国想要的只是它朝东欧推进的时候英国的不干预。它的人口日渐增多，它必须为他们找居住地，所以兼并波兰和旦泽走廊这件事，它非做不可。德国有七千万人，而对其将来的存活而言，白俄罗斯和乌克兰不可或缺。它对不列颠联邦和帝国只有一个要求——不插手。一幅大地图挂在墙上，大使数次将我带到地图前解说他的计划。

听完这些话，我当即表示，我敢确定，不列颠政府不会让德国在欧洲随意行事。我们跟苏联的关系的确非常糟，我们跟希特勒一样厌恶共产主义，但他可能非常明确地知道，英国并不会因为守住了法国，就对欧洲大陆的命运这么不上心，任由德国成为中欧和东欧的霸主。我说这句话时，我们正在地图前方站着，里宾特洛甫忽然转过身走了。接着他说："若是如此，就免不了要打仗。只有这条路了。元首已经下定决心，任何事都无法制止他，任何事也制止不了我们。"于是我们回到椅边坐下，我那个时候只是个有点儿名声的一般议员而已。我觉得我该告诉德国大使——实际上，我记得非常清楚，我说："你说战争，这自然会是整体的战争了。你别小看英国。这个国家非常古怪，能清楚它的理念的外国人非常少。别用眼下掌权的政府的态度来评价它。英国国民的眼前要是出现了一种崇高的事业，这个政府和不列颠民族将采取的行动会让人大吃一惊。"我又重申，"别小看英国。它的智商高着呢。你们要是逼我们加入另外一次大战，英国将会像上一次的大战那般，鼓动全世界来抵制你们。"说到此处，大使激愤地站起身来，说："哦！英格兰或许很聪明，可这次，鼓动整个世界来抵制德国，它做不到了。"我们将谈话的内容换到了轻松的事上，之后的事就没什么值得写的了。我始终记得这次谈话。由于我那时跟外交部报告过，所以我认为写在这里没什么问题。

后来，当战胜者对里宾特洛甫进行判决的时候，他居然肆无忌惮地扭曲此次谈话，还提出召我过去当证人。我若是真的被召去作证，那我说的话也只会是我现下写的这些。

第十三章　德国完成武力装备

1936—1938 年

"全面战略目标"——德国军备的支出——独自展开的考察——保守党代表团于 1936 年 7 月 28 日拜见首相——对于此事，我的宣言——一般结论——我的忧虑——我们在 1936 年 11 月 23 日举行的二次集会——斯文登勋爵 1938 年 5 月 12 日离开空军部——议院的争论——林德曼又一次加入防空研究委员会——我跟达拉第先生的信件往来——法国在 1938 年对德国空军力量的估算——我在 1938 年 6 月对德国陆军的估算——达拉第先生认同我的估算——法国空军的败落——麻痹大意的岛民

在对外政策上和别的事上，要是能从诱人的或者不讨喜的众多选择举措里，把起关键效用的要点抓住，肯定好处不小，在战争里也是如此。美国的军事思想家制造了"全面战略目标"这一说法。我们的将领刚听到这个名字时，唯一的感觉就是可笑，可后来，这个名字蕴含的智慧显示得越来越分明，还得到了民众的认可。这明显是一个原则，其他的大事都得放在次一级的位置上。这个简单的规律，要是违背了，不仅会造成混乱和无效的行动，甚至还会让事情越发恶化。

而我自己，还没等这个名字被提起，就已经果断地遵照这一原则做事

了。在 1914 年到 1918 年的战争里，我看见的、感觉到的恐怖的德国，现在忽然又再一次将其一切武装力量抓到了手里，而好不容易取胜的各个协约国又在做什么呢？只是目瞪口呆地看着，惊慌失措。一想到这儿，我就忧心忡忡。所以我一直想尽各种办法，只要有机会就用我对下院、对某些官员的影响力，督促我们备战的工作，还为很快就会再一次变成我们一致目标的事业寻找同盟国和朋友。

一天，在政府做秘密工作的一个友人来恰特威尔庄园探望我，我们一起在我的泳池游泳。那天阳光明媚，泳池里的水暖和舒适。我们说的只有将来的战争，可是对于战争一定会来，他还没有彻底相信。在我送他出去的时候，他忽然激动地回过身告诉我说："为了增加军备，德国人一年花了十亿英镑。"当时我想，这个真相得让议会和英国民众知道。因此我开始分析德国的财政情况。那个时候，德国每一年都会做预算，并把它公之于众。但是只从他们给的复杂的数字上看，想了解真正的情形是非常困难的。1936 年 4 月，我自己找了两条路展开调查。一方面是靠两个德国人——他们来英国躲避政治灾难，不仅非常有能力，还抱有坚贞不屈的目标。他们清楚德国预算数目代表的详情和马克的价值等。另一方面，我又向我的好友施特拉克斯切爵士求教，问他能不能将实情探查清楚。作为"联合公司"这个财力雄厚的商行的掌权者，施特拉克斯切手下有一批极为精干、忠诚的职工，位于伦敦的这家公司里的部分能人用了几周的时间专门分析这一问题。没过多长时间，他们交出了准确翔实的汇报，表示德国的军事支出，每年一定在十亿英镑左右。那两个德国逃难者在同一时间，以一系列截然不同的手法，也得出了同样的结论。以 1936 年的货币价值，一年十亿英镑！如此，我就拿到了两份材料，能够在此基础上，提出我的观点了。

有了两套资料，就可以据此提出我的主张。在辩论的头一天，我跟张伯伦先生——那个时候还是财政大臣，在议员的休息室聊天。我告诉他："明天我会问你，在战备方面，德国一年要支出十亿英镑，这到底是不是真的，我会让你给出确切的回答，要么认可，要么否认。"张伯伦说："我无法否认，你若是提出这一问题，我会承认。"我说了什么，我一定要写下来：

就德国官方资料公布的数据而言，自1933年3月末到1935年6月末的重要支出明细为：1933年近五十亿马克，1934年近八十亿马克，1935年近一百一十亿马克。共计两百四十亿马克，差不多二十亿英镑。看看这些数字，三年的支出比是五比八比十一。这些数字将军火制造充足发展时常要引发的花费累加的情况非常精确地告诉了你。

我特地逼问财政大臣：

在战备方面，德国直接和间接的支出，包括修建有战略价值的道路，在1935年度可能已经到了八亿英镑，他是知道还是不知道。而这个支出的比率在今年是不是还会这样。

张伯伦先生回复说，德国的官方数字，政府虽然没有拿到，但也得到了一些消息。我相信我敬爱的友人各年数字的准确性，尽管他本人也承认，这里免不了要有估计的成分。

我之所以将十亿英镑说成是八亿英镑，一方面是为了保护我暗处的情报，另一方面也是为了说得稳妥点儿。

＊　　＊　　＊

为了将英国和德国两个国家武装情况的比例弄清，我用了好几种办法。在一次秘密会议里，我提出进行辩论，可是被否决了，理由是"会白让人担惊受怕"。赞成我的人没几个，新闻界不喜欢一切秘密会议。之后，我在1936年7月20日问首相，他愿不愿意见一个代表团——由枢密院的顾问和几个将把自己知道的真相告诉他的人构成。索尔兹伯里勋爵提议让上院也建一个相似的代表团一起去拜见首相。首相答应了。我亲自拜托艾德礼先生和辛克莱爵士，可工党和自由党都不肯派人参加。鲍德温先生、哈利法克斯勋爵和英森金普爵士因此于 7 月 28 日在下院的首相办公室里接受了我们的觐见。以下几位保守党议员和无党派的名人和我一起。奥斯汀·张伯伦介绍我们认识。

代表团

上　院	下　院
奥斯汀·张伯伦爵士	索尔兹伯里侯爵
丘吉尔先生	费查仑子爵
罗伯特·霍恩爵士	特伦查德子爵
埃默里先生	劳埃德勋爵
约翰·吉尔默爵士	弥尔恩勋爵
科尔斯特上尉	
罗杰·凯斯海军上将	
温特顿伯爵	
亨利·克罗夫特爵士	
爱德华·格里格爵士	
沃尔默子爵	
穆尔 - 布勒勃宗中校	
休·奥尼尔爵士	

　　这不是件小事。我认为，在英国的政治生活里，这种事从未出现过。一群优秀的人，绝无私心，一辈子将心力放在国家大事上。他们代表了源于保守党的重量级主张，不可轻忽。工党和自由党这两个反对党，要是它们的领袖跟我们一起参加，怕是要引发一种紧绷的政治局面，来逼迫政府展开挽救行动。会议接连用了两天时间，每天用三四个小时。我时常说鲍德温先生这个人，他是乐于听别人的意见的。他确实听得非常认真，很受吸引。帝国国防委员会的参谋陪他一起。第一天演讲，我用的时间是一小

时十五分，介绍了当时的局势。在最后，我说：

首先，眼下我们所处的正是我国历史上最险恶、也最危急的时候。其次，想让我们的问题得到解决，机会只有一个——团结法兰西共和国，除此再无办法。要是英国舰队和法国陆军携手，两国的联合空军在临近法比交界后方地区展开航空行动，再加上英国和法国两国所表现出的所有力量，就能形成挽救我们的震慑力。不管怎样，最好的机会就是这个。说得细致点儿，为了增加我们的力量，我们必须克服所有困难。没办法防范可能遇见的所有危险，我们只能将力量聚集到最要紧的事上，在其他事上让一让……至于更详细的提议，我们一定要率先强化我们的空军。我们必须将我们出色的年轻人训练成飞行员，做出任何牺牲都在所不惜。我们必须全方位地，用各式各样的方法，任何引导方法都行，去鼓舞他们。我们必须让飞机制造的程序更简单、更快捷，让飞机制造的规模达到最大，且坚决果断地跟美国或者其他国家签订协议，尽可能地采办各式飞机材料和装置。我们正深陷险境，这样的危险，就是在潜水艇之战打得最厉害的时候（1917 年），也没遇见过，是我国从未遇见过的。

我满心忧虑，心想：时光如水。要是我们长时间不对我们的防御工作进行整治，可能就有劲敌会制止我们，不让我们把这份工作做完。

* * *

因为财政大臣没能参加，我们非常失望。鲍德温先生的身体情况明显越来越差，所有人知道，他很快就会离职。继承他的人是谁，所有人心里都明白。真不凑巧，张伯伦没能来，因为他正在享用他应当享有的假期，所以失去了从保守党议员那里直接听见真相的机会。这个代表团里有他的兄长，还有不少他的珍贵的友人。

看上去，大臣们是仔细分析了我们提出的重大主张，不过鲍德温先生直至 1936 年 11 月 23 日议会休会后，才将我们全部人请过去，将一个认真考虑过的，关于全局的报告告诉我们。对于我国遭遇的恶劣情况，他没有遮遮掩掩。可是他的话，本质的含义是：我们的预估，尤其是我说的话，是把将来看得过于消极了。政府为了挽救，正在进行大量的工作（他们真的在这么做），可眼下的情形，还不至于让政府启动应急行动。要是采取了应急行动，我们的工业一定会受到干扰，以致出现大范围的惊慌，把原有的劣势暴露出来。而在这些范围内，所有能做的工作都已经在展开了。对于他的这番说辞，奥斯汀·张伯伦说出了我们广泛的看法：这并不能打消我们的顾虑，无法让我们觉得满意。因此，我们告辞离开了。

在我看来，局势到了此时——1936 年年末，已经挽救不了了。可是，若我们全力拼搏，不管怎么样，是能够也应该做出远比这多出很多的工作。这些全力拼搏的行为和真相，就算影响不了希特勒，也会不可限量地影响德国。但是，最要紧的真相仍旧是：我们的空军力量已经落到了德国空军力量的后面。在全部军火制造领域，我们也落后了。就算把我们的陆军所需较少，我们可以仰仗的法国的陆军、空军也考虑在内，我们仍旧落在了后边。想让我们的空军比希特勒强，或者再次拿到均势，我们已经无能为力了。现在任何人都制止不了德国握有欧洲最强悍的陆军和空军。我们可以借助异常的、超出常理的努力，以改善我们的环境。可是本质上的改变，我们做不到。

政府并没有严肃地驳斥这些让人忧心的结论，这会影响到他们的外交策略，这是毫无疑问的。张伯伦先生在出任首相后，在慕尼黑危机前，以及危机中做的决议，我们若想对其进行正确的评价，这些结论就必须完全考虑到。我此时仅仅是个普普通通的议员，什么职务都没有，我竭尽所能地刺激政府，好让其做出异乎寻常的努力，踊跃备战，就算让整个世界都陷入恐慌也顾不得了。毫无疑问，我在这么做的时候，确实将事情的严重性夸大了一些。我强调，我们落后了两年，而在 1938 年 10 月，我又说要跟希特勒决一死战，或者会被认为是自相矛盾。可我仍旧觉得，我想尽办法督促政府，没什么不应该。而到了1938年，我们当即就能发现，我们若那个时候跟希特勒一战，从任何一个角度上看，都好过1939年我们最终只能开战。对于这一问题，下边还有相对详细一些的记述。

＊　　　＊　　　＊

就像我前面说的，张伯伦用不了多长时间就会接任鲍德温成为首相。而我们的记述也必须走进1938年了。空军大臣斯文登勋爵极为精干，长久以来，他在内阁力量很大，能够得到需要的经费和方便。对于我国的防空，人们越来越担心，五月时到了顶点。尽管斯文登勋爵做了不少有意义的重要工作以扩张、改善空军，可是并不会迅速见效。不仅如此，政府的全部策略在所有方面都缺少气魄和应急措施。我仍旧忙着分析我国空军建设方案的情形，越来越多的人赞同我。斯文登当时做了件错事：他接受爵位，成了上院的议员。如此，他就无法在下院为他本人，以及他的空军部说话了。在前排的政府席选出的代表，无法抚平日渐强烈的恐慌和不满的潮水。在某次糟糕的辩论后，只能由下院议员出任空军大臣，已经是自然而言的事了。

一天上午（5月12日），在防空研究委员会，科学家、政治家和官员们，我们全部的人都在为钻研各种技术问题忙碌着，空军大臣当时收到通知，说让他去唐宁街。他让我们接着讨论，自己马上就出发了。之后，他就一次都没回来过了。张伯伦先生罢免了他。

接着，25日召开了激烈的争论。在争论中，我尽全力为这位被免职的大臣辩护，将他拥有的才干努力跟人们对政府广泛的不满进行区分：

近来发生的事，已经让政府多次宣告的信用受到了影响。在我国空军情况的事项上，下院受到了蒙蔽，首相自己也受到了蒙蔽。他明显从头到尾都被蒙蔽了。看看三月时，他发表的宣言，他当时是这么说我们的军备的："对于全球的言论而言，看见英国正建造这样庞大、几乎让人震惊的力量，会对其产生一种镇静的、和平稳定的效用。"

我经常警告下院，说我们的空军方案已经比其他国家落后了。可我从未攻击过斯文登勋爵，我从未想过他该受指控——自然更不会是只有他自己该被指控。指责政府的人，通常会在被逼辞职的大员身上，看见从前不曾留意的优良品质。我或许可以借用我三个月前说的一句话："我们的弱点，把它推到所有大臣身上，或是斯文登勋爵身上都不公平。他真的是个非常精干，且一心一意为增加我国空军力量而拼命做事的人。要是不设时间期限，要是没有其他地方的情形对照，那他得到的成就，已经非常耀眼了……"

政府没能实现承诺给我们的事，担负这个重责的应该是近五年来，也就是从德国明目张胆地积极地重整军备那天开始，掌控和带领着这个岛国的那群人。其他人死命追究斯文登勋爵，我坚决不跟他们一起。首相今天赞扬他了，我听了非常开心。他理当得到我对他的同情。他曾经得到了首相的信赖和友情，他曾经得到了议会里多数人的拥护；可现在，在我以为的空军扩张中最不幸的时间里，他却被逼离任。几个月之后，我们或许制造出了不少飞机，可仍对这一时期的记载负有责任。前几天，我读了伟大的马尔巴罗公爵的来信，在那封信里，他写道："战斗打得正激烈的时候，换了主帅，这种打击是致命的。"

我转移话题，说起我们的国防工作：

现在是我们公开发表声明要扩充军备的第三年。要是所有事都进展得非常顺利，如此多的劣势又是怎么来的？比如，警卫队训练的时候，为什么用旗语，不用机关枪？土生土上的我们的护卫队已经那么落后，为什么还如此不完善？这一切都是按计划走的吗？鉴于我们的军事力量这么不足，我们本土护卫队怎么就不能和正规部队一起武装起来呢？对于英国的工业而言，这怕算不上什么难事。除了武器制造，英国的工业在哪个方面都比德国更灵活，出产也更多一些。

前段时间，有人问陆军大臣高射炮的事，陆军大臣回复说，已经对第一次大战时的那种孔径为三英寸的旧式炮进行了现代化的改良，新式炮（我们的新式炮可不是只有一种）正在制造，且比"原计划"提前完工。可我们的计划是什么呢？若是计划要求每月造六门、十门、十二门、二十门炮或者其他数量，那这个计划明显不难完成，甚至超过也没多少难度，可这种计划又跟我们的需求匹配吗？一年前，我曾经让下院留心德国公布的高射炮进展的情况，仅机动炮兵的数量就达到了三十个团，而每个团里又有十二个炮兵中队，大炮的数量共计一千二三百门左右，除此之外，还有三四千门炮是不动的。这全部都是1933年之后造出来的，而不是1915年时的。

莫非这仍旧无法让下院对德国发展的规模庞大的程度有所了解吗？尽管我们的陆军用不着像大陆国家那样强大，可在防空上，我们跟他们的需要是一样的。我们一样易于被攻击，可能还要更容易被攻击。当我们的政府想起高射炮的时候，总是用百计数，可德国眼下拥有的高射炮已经以千来计数了……

对于陆军、海军、空军的制造，我们一直是分开算的。可实际上，各个军种的武器供给，已经成了供应、分派、技术员、原材料、厂房、设备和技术装置的整体问题。要想解决这个问题，需要一个集中控制系统用整体协调和符合经济的办法。可现下我们看上去效率却不高，单位交叠难免要导致很多浪费。英国是擅长飞机制造行业的，可需要的人手却是九万人之多。德国的工人有十一万，制造的数量比英国的多了一半或者三成，为什么？这种事合理吗？到现在，我们还无法生产更多的飞机，的确很难让人信服。只要一张办公桌、一块空地，有资金，有工人，十八个月以内，我们就该能得到很多飞机。可是从鲍德温先生决议将空军增加三倍开始，直至现在，都已经是第三十四个月了。

＊　　　＊　　　＊

金斯利·伍德爵士——新上任的空军大臣，邀我继续待在防空研究委员会。现在空中形势已经暗淡了很多了。我觉得有些技术问题十分需要林德曼解答，我觉得需要他的意见和帮忙。因此我给他写了封信，跟他说，若是没有他的帮助，就无法做下去了。经过我的全力争取，委员会接受了林德曼，我们得以再次合作。

＊　　　＊　　　＊

不管是战时，还是平常，不管我用的是私人身份，还是政府要员，在1940年6月法国签订停战协定之前，我始终跟那些经常更替的法兰西共和国的总理和重要的部长保持着对彼此的信赖。为了核实法国那边的估算和我自己的估算，我对德国的军备扩张的情况有着极强的求知欲。我因此致信达拉第先生，他是我的一位熟人。

丘吉尔先生致达拉第先生　　　　　　　　　　1938年5月3日

你的前任布鲁姆先生和福朗丹先生对德国空军力量，尤其是最近几年的空军力量进行了预估，并告诉了我，对此我表示非常感谢。你若能将你们现在的想法告诉我，我会感激涕零的。我有些材料，始终都显示是正确的，不过我非常希望有来自其他渠道的材料，可以跟它彼此印证。

你来我国考察，取得了极大的成功，这让我非常开心。我期待两国参谋磋商会谈的召开。这种会谈的必要性，我已经极力跟我们的大臣们解释了。

1938年5月11日，达拉第先生回信给我，送了一份十七页的资料，这份资料"法国空军参谋部已经深入分析过了"。这份重要的材料，我把它拿给英国相关机构的朋友看，他们经过仔细分析说："大体上，英国参谋部按照自己的情报得到的独立意见跟这个没什么不同。"对于德国空军的数量的估算，法国的要比英国的稍高一点儿。6月初，我得到了不少专家的看法，在此种背景下，我又写了封信给达拉第先生。

丘吉尔先生致达拉第先生　　　　　　　　　　　　　　1938年6月6日

　　在法国大使馆的将领将你珍贵的情报交交给我了，我感激不尽。我必定会非常谨慎，且会善用这份情报，以实现我们一致的利益，请你放心。

　　我自己的意见和你方对眼下德国空军的普遍估算是相同的。不过我偏向此种意见：和德国飞机制造厂制造出的飞机数量比，我们估量的要少一些，给出的数字仅仅是德国空军军用飞机的，出口的和给佛朗哥将军的飞机是没算在内的。德国的空军到了1939年4月1日，或许会有三百个空军中队；到1940年4月1日，空军中队的数量或许会达到四百个。

　　我也很想把我对德国陆军的估计和我从英国资料所能得出的估计互相验证一下。因此我又说：

　　我冒昧地加上了一份非常简短的概要。这是我从各个渠道收集的，关于德国陆军眼下和未来的实力的信息。我若是能知道这份资料跟你们的估算大体相同，那将会给我带来很大便利。你要是觉得我哪里错了，只用铅笔将数字标明即可。

概　要

　　到6月1日为止，德国陆军总计有正规军三十六个师，四个装甲师，全部是按照战时编制的，均为全员满额。非装甲师正在急速扩充，好让它的实力翻三倍，现在或许已经到了两倍。现存的七十多个炮兵师明显还没全部装备齐全。所有的陆军将领都不足。不过到了 1938 年 10 月 1 日，按照我们的估算，德国陆军得超过五十六个师，算上四个装甲师，也就是六十个全副武装的师级编制。此外，还有培训过的储备部队，人数大概跟三十六个师差不多。不仅如此，还配有骨干人员体系，要是让它变成现役部队里层级稍低的部分，那只要装备上军火、轻武器和少量大炮就行了。这还没把奥地利的军力算在其中。按照最高来估算，奥地利能供应的兵力是十二个没配备武器的师，不过他们在任何时候都能从德国武器工业的总库里拿到军火。除此之外，还有不少体制外的兵力和组织，比如边防军、民防队……他们也都没配备武器。

达拉第先生在 1938 年 6 月 18 日回信告诉我说：

我在 6 月 16 日给你的信件里的附加材料，我很高兴，它更跟你的资料是相符的。

对于德国陆军的情形，我所知的跟附在你 6 月 6 日来信里的概要也相匹配。不过，有一点需要说明的是，在德国能够参战的三十六个正规师里，彻底摩托化的已经有四个师，还有两个师用不了多久也会彻底摩托化。

其实，战后我们在德国的材料里得到了一些资料，从这些资料来看，我们在夏天的时候，得到的这份德国陆军状况的概要极为精准。这份概要来源于个人搜集，它准确到这种地步，实在让人吃惊。为了扩充英国的武装，我在漫长的时间里做了一系列努力，这证明我的这些努力是有充足的情报依据的。

*　　*　　*

本书有几个地方说到了法国空军。法国的空军有段时间超了我们一倍，而那个时候的德国是完全不能拥有空军的。直至 1933 年，法国空军在欧洲的位置极高。然而，就是在希特勒掌权的那年，法国开始不热爱空军了，也不给空军提供支持。他们吝惜钱财，全不管工厂制造力萎缩，也不设计现代化的新型飞机。法国的工作制度是一周四十小时，它的出产量自然比不上德国，德国是按照战争状态来繁忙作业的。这一切状况，差不多跟上面详细介绍的英国丢掉空中均势发生在相同的时间。其实，西方的各个协约国，他们要是想建立可以确保自身安全的不可或缺的空军，他们是有这个能力的，可是他们都没重视这种要紧武器。而另一边，按照条约规定，德国虽然不能建空军，却让它的空军成了外交活动，甚至最后展开攻击的尖锐的锋芒。

为了让法国的陆军和海军完成战争筹备工作，法国"人民阵线"政府在 1936 年及其后的数年想了不少办法。直至 1938 年 2 月，居尹·莱尚伯尔先生出任空军部长的时候，才启用强力的措施以振兴法国空军。可此时离战争爆发只剩下十八个月的时间了。德国陆军逐年强盛、成熟，进而追上自家的陆军，法国自然无法遏制。可让人不解的是，他们却由着自己的空军的不断衰落，没人去管。友国和盟国内阁成员的责任我自然不会去帮他们承担，也不会对他们横加指责，不过在法国追究"责任人"的时候，他们完全可以从发展迟缓的空军方面追查一下。

*　　*　　*

因为察觉到了来自德国的威胁，紧挨着又是德意联合的危险在渐渐来临，整个英国和新选出的议会都打起了精神。现在，他们情愿甚至期望启用所有程序，可要是两年前就启用了这些程序，他们就能避开那些难题了。尽管他们的情感发生了变化，可抵制他们的人的权利，以及他们的责任却在持续增大。不少人都表示，德国侵占莱茵兰的时候，我们没管，在那之后，想要遏制希特勒，就只剩战争这一个方法了。将来各代人的评判或许都是如此。可我们原本是能够做不少事，准备充分些，从而让我们没那么危险的。可没有发生的事，谁又能料定呢？

第十四章　艾登先生出任外交大臣与他的离职

外交大臣和首相——艾登和张伯伦——范希塔特爵士——我与外交大臣因西班牙问题的往来——尼翁会谈——我们的信件往来——英国的成绩——首相和外交大臣的不同见解——哈利法克斯勋爵去德国访问希特勒——我推辞邀约——艾登觉得自己孤立无援——罗斯福总统的提议——首相的回复——美国总统因被拒非常失望——张伯伦先生的责任很大——艾登与张伯伦因罗马谈判的事最终分裂——恰特威尔的辗转反侧

外交大臣在英国内阁里身份特别，伟大、重要的责任，让他备受尊敬。但他在工作的时候，往往要受到全内阁，或者最低是内阁的首要人员的检验。他们知道的事，他有责任使其发展。按照习俗、惯例，他得将自己的公文、驻外大使们的汇报，以及他跟他国大使或者别的要员的谈话记录，给各个阁臣传看。最起码，我的内阁时候一直是这样的。尤其是首相，他留有这种监视的权力，他有权亲身或者借助内阁来了解外交政策的重要原则，最起码，对他而言不能是秘密。所有外交大臣都得时常得到首相的支持，要是不能，他们的工作就无法展开。为了让事情顺利展开，首相和外交大臣不仅要有相同的基本原则，连见解甚至在很大程度上连脾气都要十分和谐。要是首相自己就非常关注外交问题，那他们之间协作的重要性就更大了。

艾登是鲍德温任期时的外交大臣。鲍德温一心渴望和平安定的生活，在此之外，他对外交政策的干预并不多。张伯伦却刚好不同，他想全力掌控政府的所有机构。对于外交问题，他有着坚实的主张。刚上任，他就表示自己理当拥有跟外国使节探讨外交事务的权力。于是，外交大臣的地位在他当上首相后，发生了一种能够感知到的极其微妙的变化。

不仅如此，两个人之间在精神和观念上，还有一种深刻的不同，尽管开始没显露出来。首相想跟欧洲的那两位霸权统治者维持亲善，且觉得没什么办法比迁就他们、不惹恼他们更好。可艾登以前在日内瓦曾呼吁各个国家团结一心以抵制其中一个霸权统治者，并因此得到了名誉。不仅如此，当时要是能让艾登选，为了制裁独裁者，他使用的办法或许会接近战争，甚至不仅是接近。他诚挚地信仰英法协议。就在不久之前，他还坚持让英法两国召开参谋会谈。他非常期望能够和苏联建立更加亲近的关系，他注意到了希特勒的危害与威胁。他忧心于我国的军事储备，以及我国在外交应对能力上的缺点。或者可以这么说，我跟他的观点几乎没什么不同，当然，不算他是分属这块的官员这点。所以我一开始就预见到，要是国际形势变得更糟，内阁里的这两位大人物有很大可能在观点上出现矛盾。

另外，首相有个同僚，看上去坚决支持他的外交理念，这个人就是哈利法克斯勋爵。自1922年起，我和哈利法克斯的友好关系已经维持很久了，当时还是劳合·乔治首相时期，他是我在殖民部的次官。我们两个人的私人关系从未被政治上的不同意见而影响过，尽管他担任印度总督时的策略，曾经让我们的争执十分严重。我自认为非常了解他，很清楚有条天堑隔在我们中间。与此同时，我也发现，他与艾登之间同样有条天堑，或者近似于鸿沟的东西。总体而言，要是张伯伦先生在刚组建内阁的时候，就将外交大臣的职务交给哈利法克斯，可能还聪明点儿。若是艾登在陆军部或海军部任职，或许更合适，而在外交部，首相就能早一些有个志同道合的自家人了。这种不吉利的趋势，在艾登与张伯伦合作期间，慢慢地、不间断地恶化。

＊　　　＊　　　＊

范希塔特爵士一直都是外交部的第一官员。他和《霍尔－莱法尔协定》偶然建立的联系，左右了新任外交大臣艾登先生和不少政界对他的评价。此时，首相对他的首要工业顾问威尔逊爵士越发信任，什么事都找他谈，其中很多事都超出了他的工作范围。在首相看来，范希塔特是反对德国的。实际上，他也确实是这样，因为他比任何人都清晰地意识到或看到，德国越来越危险，他比任何人都热衷于首先考虑德国问题，让其他一切事务都退让一步。外交大臣认为他跟卡多根爵士一起工作较为游刃有余，卡多根也是个很有名望和能力的外交官。所以范希塔特到1937年年末就已经清楚，他将被调职了，而到了1938年1月1日，他就被放到了一个特别的职务上——政府首席外交顾问。这个新的名目告诉外界说，这是在升职，并且也真的非常像是升职，但其实他已经无权统领整个外交部了。他还在原本的那间办公室里，可是外交部的公文现在必须和这个部门的详尽的看法一起，先交给外交大臣，之后才给他看。范希塔特不想当驻巴黎大使，有一段时间，他一直保持着这种孤立的身份。

＊　　　＊　　　＊

从1937年夏天到这一年的年末，首相和外交大臣之间在策略与目的方面的差异越来越大。一系列的事情致使艾登先生在1938年2月离职，都是遵照逻辑规律一步一步发生的。

我国和德国的关系是矛盾最开始的起点。张伯伦先生决定跟两个霸权统治者乞求。他在1937年7月邀意大利大使戈兰迪伯爵来唐宁街首相府邸。他们举行会谈的事，艾登先生是知道的，可是他并没参与。张伯伦先生在会谈里说，他期望能让英国和意大利的关系有所好转。戈兰迪伯爵提议说，要是首相可以致信墨索里尼当作私人的号召，对形势或许有利。张伯伦先生坐了下来。这种信，他就在这次会谈里写好了，此时外交部距首相府邸只有几步，他却没把它拿给在那儿的外交大臣看看，就直接送走了。这封信的效果并不明显。因为意大利进一步插足西班牙，两国之间的关系反倒越来越糟。

＊　　＊　　＊

张伯伦先生相信自己肩负着一种个人的、特别的责任，必须要和意大利、德国的两个霸权统治者建立良好的关系，并且他觉得这种关系也必定可以确立。张伯伦先生答应墨索里尼，为了彻底平息两国争端，先承认意大利对埃塞俄比亚的侵占。至于希特勒，他预备在殖民地的事上做出妥协。而与此同时，他却非常引人注意地说，不准备对英国军备的情况进行改进，对于英国和法国之间在参谋部级别或者政治上展开亲密协作的事，也不准备考虑。与之相反，艾登先生坚信，若是跟意大利和谈，不管是哪方面的，它都必须成为彻底解决地中海问题的一环，西班牙问题也包括在内，并且这件事还要先得到法国的深度谅解。在磋商这种彻底的解决方案面前，是否承认意大利在埃塞俄比亚的身份，明显可以充当还价的一个重大的筹码。谈判尚未开始，就把这个筹码丢了，还露出一副急着谈判的模样，这种做法实在太不聪明了。

这种矛盾到了 1937 年秋天，看上去就更厉害了。张伯伦先生觉得外交部在阻止他跟德国和意大利展开谈判的努力，而艾登先生就觉得，他的首长在想方设法亲近霸权统治者的时候，特别是英国军备处于非常脆弱的这段时间里，显得太着急了。实话实说，在这两个人的观念里存在着一种现实上的和心理上的巨大矛盾。

＊　　＊　　＊

虽然我跟政府矛盾重重，我却极其赞同这位外交大臣的许多观点。我认为政府里最坚决、最英勇的人，可能就是他了；尽管他过去做外交大臣政务秘书的时候，以及后来做次官的时候，迂回妥协地做的不少事，都是我曾批判过的，而现在也仍旧在批判的。可是我真的清楚，他的初衷是好的，并且他本人也抓住了问题的根本。每当外交部举办宴会，艾登先生一定会邀请我参加，我们时常有信件往来。这种做法，自然没什么不对的。遵照长久以来的惯例，外交大臣一直都跟那时政治上的政要保持来往，广泛地就各种国际问题进行探讨。艾登先生只是遵照惯例行事而已。

我在 1937 年 8 月 7 日写信给他：

我们的思绪被西班牙的事打断了。按照我的意思，让布鲁姆跟我们一般坚守中立是眼下最要紧的事。就算德国继续援助叛军那边，苏联拿钱给西班牙政府那边，我们的立场仍要中立。要是法国政府帮着抵制叛军，那就给了德国人和亲近德国的人极好的机会。我周一在《旗帜晚报》上发了篇文章，你要是有空，可以读一下。

在这篇文章里，我写道：

争斗在什么时候最严重？只有在双方互有对错的时候才会产生。在西班牙，一边是穷困落后的无产阶级高涨的情绪想要颠覆教会、国家和私人财产，建立一个共产主义国家。另一边是爱国主义的、信仰教会的，以及资产阶级的力量，很多省份的农民都拥护他们，在陆军的带领下，他们正一步步地建立军事独裁以恢复秩序。双方都决定要背水一战，对对手展开了残忍冷酷的屠杀；让人齿寒的仇怨猛烈地爆发出来，挡都挡不住；双方在信仰和权益上势同水火。无论任何一方获胜，紧接着都有极大的可能将落败方的踊跃成员残忍地屠戮干净，进而开始漫长的独裁统治期。

到了 1937 年秋，我和艾登尽管在轴心国主动干预西班牙内战这件事上走的渠道不同，想法却是一样的。他只要坚定地展开行动，我在下院一直拥护他。在内阁中，他跟他的某些高层的同事和首相出现了争执，对此，我是非常清楚的。我知道，他若是未被绑住手脚，他的行动肯定可以更加勇敢果决。八月末，我们在戛纳见了很多次面。有一天，从戛纳到尼斯途中的一家饭店里，我请他和劳合·乔治吃饭。我们讨论了很多事——西班牙的争斗、墨索里尼一惯的不讲信义和对西班牙内战的干涉，当然也说到了德国力量日渐强悍的晦暗景象。那个时候，我觉得我们三人的看法一模一样。对于自己跟首长以及同事的关系，外交大臣当然是三缄其口，这件微妙的事在交谈中并没有说起。可以说，他的立场对得不能再对了。但是我敢说，身处这一要职，他过得并不开心。

＊　　＊　　＊

没过多长时间，地中海那边局势紧张起来。艾登以巧妙的手段果断地摆平了这一危机。事情的处理过程可以证明，我们坚持的道路是对的。这件事说是所谓的西班牙潜艇将一队商船打沉了。事实上，这些潜艇自然不是西班牙的，而是意大利的。这种做法完全是海盗行径，当即让了解此事的人行动起来。地中海各个国家于 9 月 10 日在尼翁开会，范希塔特和第一海务大臣查特菲尔德勋爵陪外交大臣一起参会。

丘吉尔先生致艾登先生　　　　　　　　　　　　　　1937 年 9 月 9 日

你在前面那封信里，说想先跟我和劳合·乔治见一面再去日内瓦。我们今天已经见过了。我把自己的意见说出来，你可以了解一下。

现在是时候敦促意大利再次履行其国际义务了。地中海地区出现了海盗活动，他们完全不顾惜船员的性命，就打沉不少国家的商船。这些残暴的行为非遏制不可。为了实现这一目标，地中海的各个国家应该达成协议，让他们自己的潜艇从某些规定的商业航线上避开。英国和法国的海军会在这些航线之内寻找潜艇，在这些航线上，侦察装置找到的所有潜艇都该被当成海盗，进行追踪击沉。我们应该用最和蔼的态度邀请意大利参与，要是它不同意，那我们得跟它说："我们准备就这么做了。"

与此同时，因为得到意大利的良好合作也非常要紧，所以法国应该做出宣告：要是意大利不参与协定，它就打开法国和西班牙之间的比利牛斯山疆界，允许各种武器进入。如此一来，意大利就得面对这种实情：不管怎样，在地中海航线行海盗之事的潜水艇都要被剿灭。另一边，要是意大利坚持不参与这一协定，对它也没什么益处，因为法国将会开通疆界。在我们看来，这点关系重大。这种催促意大利和地中海各国一起行事的整体施压，以及它若是坚持己见就会承担重大危险，又半点儿好处都拿不到的真相，几乎能够确定，只要墨索里尼清楚英国和法国是要动真格的了，就能对墨索里尼起作用。

看上去德国没打算在这个年度内发起一次大规模的战斗，要是想以后在某些问题上跟意大利建立不错的关系，那眼下就得将事情解决了。眼下我们遇到的危险是：墨索里尼觉得可以借着勒索和恫吓拿到任何东西，他觉得我们最终也只是说些大话，结果还是妥协。为了欧洲和平，现在应该展示出一条坚实战线。要是你认为可以进行这种努力，我们可以跟你许诺，无论局势如何改变，在整个国家和下院，我们都肯定会拥护你。

在我看来，莱茵兰的非军事性被毁之后，你坚持跟法国召开参谋部级的大会，是个至关重要的时间点。而现在我认为你又到了一个同等重要的时刻。英勇的路才是安全的路。

只要在你看来，对英国的利益和和平有好处，这封信就随你怎么用，无论是私下，还是在公开场所。

此外，我曾将这封信读给劳合·乔治听过，他完全认可信里说的话。

短暂的尼翁会议取得了胜利。会上同意为避免潜艇的滋扰骚扰，建立英法联合巡查舰队。舰队接到切实的指令，务必击沉所有他们遇到的潜艇。这一规定，最终意大利也勉强接受了，海上的恶行于是当即终结。

艾登先生致丘吉尔先生　　　　　　　　　　　　1937 年 9 月 14 日

我们在尼翁会谈里采取的原则，你现在或许已经看到了，其中最起码有一些跟你在信里给出的提议是相符的。会议结局的完美性，我希望能得到你的认可。至少我看上去好像如此。事实上，重大的政治真相是，在会上，我们着重说明英国和法国的合作是有用的，在欧洲的事项里，欧洲的两个民族仍然具有关键作用。我们最终认可的方案是我们和法国一起拟定的。我不得不说，法国跟我们的协作实在是再真诚不过了。他们预计跟海军合作的范畴让我们觉得惊讶。能够公正地说，要是算上他们的空军援助，我们的实力就是各占一半了。

在会上，我们的成绩只是在西班牙问题这一个方面，这点我承认。不过这极大地增加了我们在各个国家的威望，而现在这个时候，我们正急需增加威望。地中海沿线的各个小国家的姿态十分合人心意。在土耳其近乎推心置腹的那般亲善的统领下，这些小国家表现得都非常出色。查特菲尔德跟所有人的来往都获得了非常大的成功。我觉得，正是因为尼翁会谈既简短又成功，才对我们在地图上位置的复原有那么大的好处。我期望你也这么想。

最起码，此次会议已经鼓舞了法国人和我们自身，我们要齐心协力一起处理我们的棘手的任务。

丘吉尔先生致艾登先生　　　　　　　　　　　　1937 年 9 月 20 日

你如此繁忙，却能抽出时间给我写信，对此我非常感谢。这是个大成绩，我确实为此应该恭喜你。能以严厉强悍的手段，让一个恶人束手，却又不至于引发战争灾害，这真是一个非常不容易遇到的机会。我相信对于会议的结果，下院肯定会觉得不错。

知道张伯伦始终在声援你，而非像畅销报纸说的那般在后边扯你的后腿，我非常高兴。你已经得到的优势条件，我希望你千万不要放手。就如同墨索里尼眼下在地中海遭遇的那般，他除了武力上的强势，什么都不懂。地中海那里的海军的全部形势，从我们能够使用法国根据地那天开始，就已经彻底不一样了。英国和法国携手进行的强大的联合行动，意大利绝对抵挡不了。所以我希望墨索里尼可以自己找一条路，走出他因为自己做了大错事而陷入的外交困境。完美无缺的目标让我们团结到一起去攻击他，于是造成了地中海局势的出现，而这个局势，原本该是他竭力避开的。现在他自作自受。现在英国海军和法国海军的合作已经启动了，我期望可以没有尽头地一直走下去，两国的海军和空军记着彼此运用对方的装备。等以后防范巴利阿里群岛出现争执的时候，这种合作还会有用的。意大利接着在地中海布防抵制我们，这对英国而言是个严重的危害，是以后需要处理的。眼下我们的布置变得越持久，这种状况的危害就越小。

伯纳德·巴鲁克发来电文，说他正在将他和美国总统会谈的结论（我们伦敦的那次谈话在此之前）写下来。我绝对相信，总统那番抵制独裁国家的说辞是因为我们的谈话的影响。我坚信必定也摸索了有关关税和货物输送方面的问题。

艾登先生致丘吉尔先生　　　　　　　　　　　　1937 年 9 月 25 日

你 9 月 20 日发来的信件，我收到了，非常感谢。你为尼翁会议鼓劲儿的话，也让我也十分感激。对于尼翁会议的形势，你得出的结论是："能以严厉强悍的手段，让一个恶人束手，却又不至于引发战争灾害，这个机会真是非常不容易遇到。"在我看来，这个结论已经将这一形势完全解释了。

墨索里尼错误地越界了，不惩治他是不行的。八十艘英国和法国的驱逐舰，再算上强悍的大量飞机，这一宏伟的景象毫无疑问给欧洲的言论印象深刻。按照我得到的汇报而言，这一真相，德国自己也没轻忽。今年秋天，我们一定要在极大程度上摆出防守的姿势。能借着这个机会，以这种形式守护我们两国的身份，我和德尔博斯因此都长出了一口气。我们前方的困难还有很多，并且在军事方面，自然也离我期望的那种强悍有很远的距离，可是我们的地位，因为尼翁会议已经得到了改进，并且因此得到了多一些的时间。

我们眼下在地中海那边达成的英法协作的形势，你表示会重视，对此我非常认可。总体而言，法国的意思自然跟与莱法尔掌权时显露出来的截然不同。法国海军参谋部真的竭尽所能地帮忙了。对于联合舰队的建成，他们的确发挥了关键作用。我认为对于这点，我们的海军部感受很深。另外，你说两国可以使用对方的基地会让两方都获益这点，也很有用。这一协议，意大利既然参加了，无论最后以什么形式加入的，对时局的本质都没有影响。

尼翁会议这件事虽然是偶然的，但也证明了英法协作的力量，要是表现出信心十足，且即使动武也在所不惜，会极大地左右独裁者的心理与策略。要说这种策略在现阶段肯定能遏制战争的爆发，还做不到，但最起码可以让其得以延迟。事实上，任何形式的"绥靖政策"都只有一个作用，为侵略鼓劲儿，让霸权统治者对本国民众拥有更大的权利；而西方的民主国家只要表现出坚决的抵抗，就能让紧绷的形势马上得到缓解。在1937年全年，都能看到这种规律。过了1937年，形势和条件又完全不同了。

* * *

1937 年 10 月初，我接到了外交部接待南斯拉夫总理斯托亚丁诺维奇的宴会的邀请。用过餐之后，我们起身随处闲逛交流。哈利法克斯勋爵在我跟艾登闲聊的时候走过来，兴高采烈地说，戈林请他去德国狩猎，借着这个机会他有很大可能会见到希特勒。他说，这件事他已经和首相说过了，首相也觉得这件事非常好，因此他已经答应了此次邀约。那时，我有这种感觉：艾登听到后，有些惊奇、不满，可所有的事都在欢快的氛围中结束了。所以，哈利法克斯就用"老猎手"的身份去了德国的考察。对于他的到来，纳粹的报纸表示欢迎，说他是"哈拉里法克斯"勋爵。

"哈拉里"原本是欧洲大陆上的人们打猎时喊的口号。在数次接待之后，他总算受邀去贝希特斯加登，和德国领袖做了一次非正式的、不隆重的会面。这次会面的进程并不平顺，很难想象有什么人会像他们两个这么难以互相理解。一个是出生于约克郡高派教会的贵族，崇尚和平，在英国老式的那种互相以笑脸相对，以善意相处的环境里生活长大；他打过仗，是个不错的将领。见面的另一方却是个在穷困的谷底长大的流氓，因为国家落败而受到了刺激，他满心仇恨和复仇，狂暴地想让日耳曼民族变成欧洲甚至或是整个世界的帝王。这次会晤什么收获都没有，只有胡言乱语了一番和手忙脚乱。

*　　　*　　　*

此处或许可以说一下，里宾特洛甫曾两次邀我去拜访希特勒。很久之前，在 1907 年和 1909 年，我曾经有两次受德国皇帝的邀请到德国访问学习，一次的身份是殖民地事务部次官，一次是牛津义勇军骑兵队少校，可是眼下的情况却截然不同了。在正在展开的激战里，我有自己的位置。要是英国国家给了我权利，我是很愿意跟希特勒见面的。可若是以私人身份去见他，那就会陷我本人和我的国家于不利的位置上。若是让我对这个独裁者的观点表示认可，我就是在骗他了；要是表示不认可，我又肯定会惹恼他，我还会遭到指控，说我损害了英国和德国的关系。所以两次邀约我都拒绝了，或者让其自然而然地被推脱开。这些年里，每个曾经和德国领袖会晤过的人，要么把自己弄得十分尴尬，要么让自己遭了灾。被骗得最狠的要数劳合·乔治。他将自己和希特勒会谈的情形描绘得那般欢天喜地，让今天读到这段记述的人免不了要生出好笑的感觉。毫无疑问，希特勒有种魅惑人心的力量，到访的客人容易觉得有力量、有威信，若是无法以平等的身份见面，还是离他远点儿好。

艾登在 11 月的那段时间，对于我方增加军备的缓慢越来越担忧。他和首相在 11 日见过一次面，想说出自己的忧虑。听了一会儿，张伯伦先生就不愿意听了，劝他说："回去吃片阿司匹林吧。"哈利法克斯从柏林回国之后汇报说，希特勒跟他说，在英国和德国之间，只有一件事是悬而未决的——殖民地。他觉得德国人不急迫，眼下没机会马上召开和平会谈。他得出的结论是悲观的，他的态度也不主动。

1938 年 2 月，外交大臣觉得自己在内阁已经差不多被孤立了。首相得到了强劲的援助以抵制他和他的主张。对于外交部的策略，大部分主要内阁成员都觉得过于危险，甚至有挑唆的性质。另一边，有一些年纪较轻的内阁成员就非常渴望能够知道他的主张，里面有些人后来还因为觉得艾登没对他们完全坦诚而感到不快。不过，艾登完全没有建立小团体抵制领导人的意思，事实上，他还告诫他们要谨慎一点儿，劝告他们多想想形势有多糟糕。因为不想承担我们能力之外的责任，所以他们不想跟法国人走得太近。他们觉得在苏联对党派进行过清洗之后，军事力量已经没什么机会了。他们觉得，在处置我们的问题的时候，一定要假设我们有三个可能团结到一起攻击我们对手——德国、意大利和日本，而其他国家也几乎帮不到我们。我们或许会要求使用法国的空军基地，可是在最开始的时间里，我们连部队都没办法马上派出去。就算是参谋部这种严谨到极点的提议，在内阁里也遭到了激烈的反对。

*　　*　　*

不过真正的分裂，是由别的新的问题引发的。美国副国务卿威尔斯先生在 1938 年 1 月 11 日的晚上，跟在华盛顿的英国驻美国大使见了面。他带来了一个秘密文件，是罗斯福总统给张伯伦先生的。对于世界形势越来越糟糕的变化，总统觉得非常担心，提出建议，想请一些政府方面的代表去华盛顿，探讨眼前纠葛的最终原因。不过他想先跟英王陛下政府商量一下再走这一步，他希望能了解他们对这个方案的想法，并重申这一提议的性质和真相，不可以告诉其他政府。他希望英国政府最晚也要在 1 月 17 日前给他回信，并表示，他的提议若是没有得到"英王陛下政府的积极援助和彻底拥护"，是不会跟法国、德国和意大利政府提的。这一步不仅关系重大，还很难预测。

英国大使林瑟爵士将这封秘文呈送到伦敦。他又加上了自己的看法，就他个人的意见来说，总统的计划的确是在用诚挚的努力以缓解国际上紧绷的形势，要是英王陛下政府不赞成，那过往两年，英国和美国的携手努力就全都白费了。这个提议，他以十足的诚心期盼英国能够接受。外交部是 12 日接到的这份电文，当天晚上就抄送给了在乡下休假的首相。首相第二天一早赶回伦敦，按照他的指令，发回复电文给美国总统。

艾登先生此时正在法国南部休短假。张伯伦先生回复的电文，主体意思是说，罗斯福能够相信他，用这样的方式来跟他讨论总统所说的缓和欧洲紧张局势的计划，他非常感谢；不过他要解释的是，自己和德国、意大利试图签订协议的态度，尤其对于意大利那边。他说："英王陛下政府，就他这边而言，要是认为意大利的确是努力想要恢复信赖和友善的关系，那我们可以在法律上认可意大利夺取了埃塞俄比亚的事，而且要是有机会，会先得到世界同盟的承认。"复电还说，首相之所以说出这些真相，是想让总统能够考虑一下，他眼下给出的这一提议是不是和英国的努力相矛盾。所以，美国的计划晚些再提可能更明智些。

总统收到这个回复，失望极了。他说会在 1 月 17 日发信回复张伯伦先生。外交大臣于 1 月 15 日晚上回了英国。他会回国，并不是因为受到了首相的敦促，在首相看来，就算他不在，事情也一样能办。他会回国，是因为外交部里忠诚于他的官员让他快点儿回去。机警的卡多根在多佛尔码头等他。为了拉近英国和美国的关系，艾登先生曾经辛辛苦苦地努力了很长的时间，听见这个消息，他感到非常着急。他当即给林瑟爵士发了份电报，希望可以让张伯伦生硬的回复带来的影响小一些。10 月 18 日早上，总统的答复送到了伦敦。这封信说，有鉴于英国政府正准备直接磋商，他答应晚一些再提出自己的计划，不过他表示，英国政府预备认可意大利在埃塞俄比亚的身份的这件事，他会密切关切。在他看来，这种认可，不管是对日本在远东的策略，还是对于美国的言论，都会引发最糟糕的影响。国务卿科德尔·赫尔先生将这封信交给在华盛顿的英国大使的时候，他更是重申说："这种认可必定会让人感到厌烦，还会让人再一次产生或者增加一种担忧，让人不愿在危险中帮助他人。这会让人觉得，英国不顾美国紧密关注的远东那边的利益，却在欧洲做起了影响恶劣的买卖。"

在内阁的外交委员会的数次会议里，总统的信都被拿出来讨论。艾登先生扭转了内阁成员的态度。大多数内阁成员觉得艾登已经满意了，可是他并未明确告诉他们，其实他是不满意的。两封公文在这些磋商之后于 1 月 21 日晚发向华盛顿。大概的意思是，对于总统的提议，英国是非常欢迎的，不过若是美国的提议在各个方面的反响不那么好的话，英国担心为失败负责。张伯伦先生想说的是：总统提议的方案，我们并不会完全接受，因为这么做明显会刺激到欧洲的两个专制者，还会刺激日本。英王陛下政府还认为，我们在法律认可这一问题的态度方面，总统没有完全明白。实际上，第二封信是在对我们对此事的态度进行说明。我们会承认，完全是将它当成彻底解决意大利问题的一环而已。1 月 22 日，英国大使在交这些文件的时候，和副国务卿威尔斯先生有过交谈，他将谈话内容汇报给了英国政府。他说威尔斯先生跟他说："总统觉得承认这件事，是一粒苦药，两国不得不吃，他希望我们可以一起吃。"

罗斯福总统的提议是利用美国的影响力让重要的欧洲国家坐到一处，探讨彻底解决的机会，这当然会涉及利用美国庞大的力量，就算是试验性的。然而，张伯伦先生就这样把这个提议给否决了。他的这种态度非常明白地告诉大家，英国的首相和外交大臣的观点完全不一样。他们的矛盾在之后的较短时间里，都仅限于内阁范围以内，可是这种裂痕是本质上的。法伊雷恩教授——张伯伦先生传记的著作人，对这段插曲的评价非常有趣，他说："张伯伦生怕两个霸权统治者不理会这一提议，或者把民主国家建立了一个战线当作理由发动战争。可艾登回国后，他却说，就算有这样的风险，也不能丢了美国的亲近。艾登辞职最初的痕迹这就显露出来了，不过总算找到了折中的方法……"英国真是可怜啊！它每天重复着悠闲自在没有烦恼的日子，在议会那些口若悬河、彬彬有礼的大话里，它惶恐地走着下坡路，走向它原本要避开的方向。影响力最大的报纸头条新闻，还在接着安抚民心，只有一些忠诚的值得敬佩的媒体除外；英国的做法，就像是假设整个世界都给它自己一般随意，不知道计算又心地纯善。

＊　　＊　　＊

外交大臣自然不能把张伯伦先生否决了美国总统的提议这件事当作辞职的理由。罗斯福先生愿意美国插足欧洲晦暗的舞台，这让他在本国的政治方面承担了很大的风险。沟通的电文的所有部分，只要漏出去一点儿，就一定会让他遭受国内一切孤立主义力量的围攻。另一边，要是美国出现在满是仇怨和惶恐的欧洲，那对推迟甚至阻止战争的爆发都有极大的好处。从英国的角度来说，这近乎是攸关性命的事。

现在没有人在事后能估计出它对奥地利局势的演变及对慕尼黑的局势究竟会产生什么影响。我们不得不相信，此次没接受美国的提议——实际上真的是拒绝了，就是丢了不以战争为手段让世界避开残暴统治的最后一个机会。张伯伦目光短浅，又不了解欧洲形势，居然自大到这种地步，推开了大西洋彼岸递过来帮忙的那双手，就算是现在，看上去仍让人吃惊。一个正直干练的好心人，负责掌握国家命运和掌握依靠国家的国民的命运，却在这个事件中表现得毫无分寸，甚至连自己的观念也没有，说起来实在可悲。即使到了现在，人们也很难设想出，当时究竟是什么心理状态使他采取那样的外交姿态。

*　　*　　*

我在后面还要讲到，在慕尼黑危机时对苏联的合作建议的处理经过。当时，我们不仅疏忽了自己的防务，又想方设法去削弱法国的防务，后来我们和这两个大国（苏联和美国）的关系搞得逐渐疏远，而这两个大国的最大努力，又正是保护我们的生命和他们自己的生命所必需的。假如当时英国人曾知道而且认识到这些事情，恐怕历史的发展就完全不同了。但当时一天一天都好像过得很顺利。在十年以后的今日，就让过去的教训作为今后的指导吧。

第十五章　强占奥地利

1938 年 2 月

"奥托计划"——希特勒获得最高领导权——奥地利总理奉召去了贝希特斯加登——他遇到严苛的考验——许士尼格的落败——希特勒 2 月 2 日的国会演讲——针对艾登先生离职这件事的争论——希特勒和墨索里尼同声同气——奥地利民众表决——进攻奥地利——墨索里尼施恩希特勒——成功攻陷维也纳及其背景——送别里宾特洛甫的午宴——3 月 12 日的辩论——维也纳被攻陷的结果——捷克斯洛伐克的危机——张伯伦先生与苏联的建议——侧面攻击——和德·瓦雷拉先生的会谈——舍弃爱尔兰各个港口——英国损失惨重——爱尔兰的中立——我无效的抗议

在现代，国家打了败仗之后，通常仍能维持国家的体系、本体和他们的绝密文件。这次战争直到最后，我们得到了很多材料，获悉了对手的底细。按照这些材料，我们能极精准地验证我们当时的消息和举措。1936 年 7 月，希特勒如何给德国参谋部下令，拟定只要时机合适就攻占奥地利的军事方案，现在我们已经知道了。这个战斗方案名叫"奥托计划"。过了一年，到了 1937 年 6 月 24 日，他又下达了一个特殊命令，让这个方案更加翔实。11 月 5 日，他将自己以后的计划告诉了他的军事统帅。德国必须要得到更多的"生存空间"。若能在东欧——波兰、白俄罗斯和乌克兰那边得到就最好了。要得到这些地方，一场激战是免不了的，顺带着还得将居住在这个地方的民众清理掉。英国和法国是德国必须要应付的两个"让人厌恶的对手"，这两个国家"无法忍受德国巨人站在欧洲中间"。为了把纳粹党挑动起来的以纳粹党为表率的爱国情感用起来，只要时机合适，德国一定要开战，要把这两个明晃晃的敌人打个措手不及。

听见这一政策，纽赖特、弗里奇，甚至布洛姆堡，这些被德国外交部、参谋部和军官团的理念影响了的人就又惊又怕。他们觉得太危险了。因为元首的果决和勇敢，德国在军备的所有方面确实已经超过了所有的协约国，这他们是认可的。德国的陆军正日渐地成熟起来，而法国国内的腐败和英国没有果决的信念，都是可以彻底使用的有利条件。所有事都进展得很顺利，再花两年时间也没什么不好。他们得有足够的时间去建造完备的战斗体系，元首只要时常发表一些妥协性的演讲，就能让没用的消沉堕落的民主国家打一场口水仗了。可是希特勒并不这样认为，他的天赋跟他说，成功的获取不在万无一失的路上，必须冒险，必须忽然朝前跳起。以往的胜利，重整军备是第一次，恢复兵役是第二次，重新夺取莱茵兰是第三次，亲近墨索里尼的意大利是第四次，这都让他取得了极大的成功，志得意满。若要等到一应俱全，可能就丢了机会，时间太晚了。那些生活安逸的历史学家和其他人或许可以非常轻松地说，要是希特勒接着增加力量，过个两三年再行动，他可能早就把整个世界的命运都握在手里了。然而事实并没有这样发展。不管是在人类生命中，还是国家的生活里，没什么事是万无一失的。希特勒下定决心尽快行动，要在自己最鼎盛的时候开战。

由于婚事不门当户对这件事，布洛姆堡在军官团的力量有些缩水，率先被解了职；之后，希特勒又于1938年2月4日削掉了弗里奇的官职，自己掌控军队的最高支配权。除了国家政策，元首还拿下了军事机关的直接控制权。他此时的权力，和拿破仑在奥斯特里茨和耶拿战争后的权力非常像；当然，拿破仑纵横沙场亲自督战，得到的大战得胜的荣光，他是没有的。他的荣光来自政治和外交上的成功；他身边的人和他的拥趸们都清楚，这种成功全是他自己的功劳，来自他的判断力和勇敢无畏的行动。

＊　　　＊　　　＊

希特勒之所以希望兼并奥地利共和国，是因为他在《我的奋斗》里清清楚楚地表示过，他想将一切条顿种族都收到帝国内部，除此之外，他还有另外两个原因。德国要是拥有了奥地利，那不但将捷克斯洛伐克的大门打开了，还得到了通向欧州东南部更加宽阔的路。自 1934 年 7 月，奥地利纳粹党刺杀了德尔弗斯总理开始，用钱、诡计、武力推翻独立的奥地利政府的行动就一直在进行。随着希特勒在其他地方的取胜，不管是在德国内部，还是针对协约国的获胜，奥地利国内的纳粹活动日渐活跃，不过他必须一步步地往前走。巴本名义上奉命和奥地利政府保持最友善的关系，让奥地利政府正式认可奥地利纳粹党这一团体的合法性。墨索里尼那时的立场还能牵制希特勒。意大利这位霸权统治者在德尔弗斯被害之后，坐飞机去威尼斯，接见和安抚奥地利总理的遗孀——她在那里政治避难，当时意大利的部队在奥地利南边的边境集结。可现在，到了 1938 年年初，欧洲各个国家的分分合合和价值规范已经发生了关键的更改。法国若想冲过它前面的那道用钢筋水泥铸造的、日渐坚实的吉戈菲防线，不付出巨大的代价怕是不行的。德国西面的大门已经紧紧地关上了。无用的制裁，不仅一点儿都没减损墨索里尼的权力，反倒惹恼了他，将他赶去了德国的那边。他有很大的机会饶有兴趣地想起马基雅维里的那句名言："人们一定会报的是小的仇怨，而不是大仇。"特别是西方民主国家，好像总是被人看了个明白，除非暴行直接落在了他们头上，否则他们就会对暴行妥协。此时巴本正在奥地利的政治体系中灵活地行动着，奥地利的不少有身份的人面对他的诡计和压迫都妥协了。对维也纳而言，旅游行业十分重要，因为局势不稳，受到了很大的影响。奥地利共和国因为恐怖分子在背后的行动和投炸弹的暴行而危在旦夕。

在德国人看来，现在时机已经成熟了，可以让刚获得合法身份的奥地利纳粹党的领袖加入维也纳内阁，进而掌控奥地利的政策。1938 年 2 月 12 日，也就是希特勒夺得最高军事指挥权后的第八天，希特勒召奥地利总理许士尼格先生去贝希特斯加登。奥地利总理听命，带着他的外交部部长施米特一起去了。下面有许士尼格和希特勒的一段谈话记录[①]。希特勒曾说起奥地利边防防御，这全部的防御工事可能仅仅是些要以必需的军事活动攻克的事物，进而提出了有关战争与和平的大问题。

希特勒：只要我一声令下，你们边境上的那些一切好笑的、装腔作势的东西就都得完蛋。你真的觉得，你可以拦住我超过半个小时的时间吗？谁知道呢，或许我会如同春天的一场风暴，一晚就在维也纳突然出现了，到了那个时候，你就会有某些切实的感受了。我极不愿让奥地利遭受这样的命运，因为若是如此，会有不少人要丢掉性命。在大军的后边，"褐衫队"和"奥地利军团"也会跟过去。没有人能制止他们复仇，就算是我本人，都做不到。你想让奥地利成为第二个西班牙吗？这一切，但凡有机会，我都不想发生。

许士尼格：我会拿到需要的消息，并将德国边境的防御工事停下来。我自然知道你能直接冲进奥地利，可是总理先生，无论我们想还是不想，你若是这么做了，就一定会造成流血。我们不是孤立地存在于世界上的。这种行为，或许代表着战争。

希特勒：我们此时在安乐椅上坐着，夸夸其谈起来自然没什么难度了。可在这后边存在的悲惨的、流血的真相可不少。许士尼格先生，你愿意为此负责吗？在这个世界上，我的决定没有人能制止，你还是相信的好。意大利？我跟墨索里尼说得很清楚，我和意大利会维持最

---

① 许士尼格：《奥地利安魂祷告》，在第 37 页之后。——原注

亲近的关系。英国？为了奥地利，它一根手指都不会伸……法国？两年之前，我们少量的军队开进莱茵兰，当时我承担了极大的风险，法国的部队要是那个时候进军莱茵兰，我们可能早就被逼离开了……可到了现在，法国再这么做，就已经太晚了。

　　这次谈话是第一次，发生在上午十一点。那些奥地利人在一次正式的中午饭之后，被叫进了一个小屋，在那儿与里宾特洛甫和巴本会面，收到了一份纸质的最后通牒，里面全部的条款都没有争论的余地，条款的内容有委任奥地利纳粹党赛斯·英夸特为奥地利内阁的安全部部长，赦免全部被羁押的奥地利纳粹党，正式让奥地利纳粹党加入政府创建的"护国协会"。

　　希特勒很快又接见了一次奥地利总理，他说："我再跟你说一次，这是最后的机会。这个协议，我希望可以在三天内施行。"德国的约得尔将军在日记里有以下的记载："许士尼格和施米特又一次遭受了最重大的政治和军事上的施压。"晚上十一点，许士尼格在这个《协定草案》上签了名。①

　　巴本于是跟许士尼格一起坐着雪橇从白雪皑皑的大路上滑过，回了萨尔斯堡。巴本在路上对他辩解，说："是，你现在已经亲身领教过元首的手段了。不过等你下次来，你就没这么难受了。元首真的算得上是讨人喜爱的。"②

　　2月20日，希特勒在国会演讲：

　　我非常高兴地告诉各位先生，在过去几天的时间里，我们跟一个由于很多原因和我们非常亲密的国家达成了深入的谅解，德国和奥地利连到了一起，这一方面是因为两个国家是一个民族，另一方面也是因为两个国家同享有久远的历史和相同的文化。鉴于1936年7月11日的协

---

① 《纽伦堡文件》（英王陛下政府出版局），第一编，第249页。——原注
② 前引许士尼格书，第51—52页可见。——原注

定施行起来有难度，局势逼着我们想办法将达成最终和解路上的各种误会和阻碍清除。要是这一点完不成，那非常明显，不管我们想不想，早晚有一天，会出现一种情境，超出我们承受的范围，或许进而引发非常重大的灾祸。我非常开心，可以跟大家承诺，我请来跟我会谈的那位奥地利总理，他的看法跟我们的这些看法一模一样。我们的主张和目标是让两国互相想办法，缓解我们之间绷得紧紧的关系；解决办法就是在当下的立法下，让相信国家社会主义的公民跟在奥地利的其他公民享受一样的法律权限。与之相关的是，得实打实地为和平做出过贡献，得宣布赦免，得在政治、个人、经济等各个层面展开友好协作，让两个国家之间更深入地知道彼此，这一切都是 7 月 11 日协议内的事和它的扩充。在这一点上，我愿意在德国民众面前诚心诚意地感谢奥地利总理；因为崇高的谅解和热切的诚心，他同意了我的邀约，跟我一同工作，让我们能找到一条路来满足两国的最高利益。因为说到底，这为的是全日耳曼民族的利益，不管我们在哪里出生，我们都是日耳曼的子孙。[1]

几乎找不到比这个更完美的欺骗和虚伪的楷模，英国人和美国人看见肯定大有收获。我会引用到这里，原因是希特勒在这一方面确实有独到的地方。让人不解的是，在所有的自由国家，但凡有学识，不论男女，原本早就该对希特勒的这番话不屑一顾才对。

*　　*　　*

上一章说过的英国的恶劣的时局，我们暂时还得回去一下。针对外交大臣艾登先生和他的次官克莱勃恩勋爵离职的事，第二天，也就是 2 月 21 日，英国下院展开了一场大规模的争论。克莱勃恩此人"只做不说"，对于艾登，他非常忠诚和信赖，愿意跟他同进同退。艾登当然不能公然说起

---

① 《希特勒演讲集》（贝恩斯编），第二卷，第 1407—1408 页。——原注

罗斯福总统的提议和这一提议遭受的坎坷。意大利问题的矛盾并不是主要的。艾登说：

让我和我的同事产生隔膜的直接矛盾，我已经说过了，可是我若是说只有这一件事，那我就虚伪了。这不是仅有的一件事，在近几周里，一件无关于意大利，在政府外交上极重大的决议才是本质矛盾。

在结论里，他说：

要是让外国有这样一种感觉——我们会妥协于持续的压力，能缓和、促进欧洲的形势，这我不信……就我本人的观念而言，我坚信发展首先依靠的是民族的特质，而民族的特质一定要以坚实的精神展现出来。我坚信，这样的精神我们是有的。在我看来，若是把这种精神的展现压制住了，那不管是对我们国家，还是对世界而言，都不公正。

艾德礼先生说了一个锐利的论点。在意大利，艾登先生的离职正被说成是"墨索里尼再一次大获全胜"。"这件事在整个世界都传遍了，你看我们的元首，他力量多大，英国的外交大臣都辞职了。"

到了第二天，我才开口，我在发言中高度评价了辞职的两位大臣。对于艾德礼先生的指控，我也同意，我说：

上个星期，对独裁者们来说是个完美的星期——这么完美的星期，是他们以前从没有过的。德国的霸权统治者已将他的魔爪伸向了一个有着久远历史的小国家；而意大利的霸权统治者，他对艾登先生的怨恨，也总算得到了胜利的果实。他们之间的矛盾已经很长时间了。墨索里尼已经赢了，对于这一点现在册庸置疑了。不列颠帝国全部的尊严、能量和主权都无法让前外交大臣身负的责任取胜，这些责任是全国的民众和议会整体的意愿交付给他的……如此就结束了这件事情的一部分，这意味着接受了英国民众和议会托付的、肩负某个职责的那个英国人最终离职了，而意大利霸权统治者却因为国家内部的原因急需战果的时候，彻底取胜了。在整个世界的所有角落，不论是哪儿，不论政府采用的是哪种制度，只要是英国的朋友，就觉得失望，可英国的敌人就满心欢喜……

前外交大臣的离职，或许有很大的机会变成历史上的一个里程碑。有句老话叫作"大争端常从小事来，却不会来自小原因"。前外交大臣却坚守着我们早就扔到了一边的传统政策。而首相和他的同事采取的却是新的政策。老政策的内容是尽全力在欧洲建立法律秩序，借世界同盟之手建立可用的力量抵御入侵者。新政策是怎么想的呢？是不是觉得在情感、尊严及物质上，进行严重、有远大影响的妥协以迁就极权国家，就能维持和平？

哈利法克斯勋爵有一天说欧洲是无序的。欧洲的无序区正是受议会掌控的那个地区。大的独裁者那里有什么混乱，我就不清楚了。他们清楚要的是什么，并且没人能否认，截至目前，他们走的每步都拿到了他们想要的。对世界安全而言，最重大的、且大多数为不可挽救的危害，发生的时间全是在 1932 年到 1935 年之间……在我们这边，采取措施的第二个好时机是 1936 年年初，德国再次拿下莱茵兰之时。我们现在知道了，英国和法国要是那个时候在世界同盟的带领下，态度坚决，一滴血都不用流，就能马上让他们撤出莱茵兰；更多的影响，可能会让德国部队里较谨慎的人重新得到他们本该拥有的地位。而德国的那个政治领导人，也就得不到这么大威信，让他得陇望蜀了。我们眼下所处的时机是他第三次的行动，可是此次的时机却不如从前那般占优势了。奥地利现下已经遭到了侵略，而捷克斯洛伐克会不会遭受一样的攻击，我们也不清楚。

＊　　　＊　　　＊

　　欧洲大陆的局势仍在发展。墨索里尼让人给许士尼格传了个消息，说在他看来，在贝希特斯加登的时候，奥地利的姿态既正确又高明。他承诺，在奥地利的事情上，意大利的立场绝不更改，鲜明地展示了他本人的友爱。奥地利总理在 2 月 24 日亲自对议会发言，对和德国处理争端表示赞同，但也非常尖锐地重申，若有超出协议限定的情况，奥地利坚决不予承认。3 月 3 日，他让奥地利驻罗马的武将给墨索里尼送了封密信，告诉意大利元首，为了增强奥地利政府在境内的政治地位，他准备举办普选。驻罗马的奥地利武将在 24 小时后，将墨索里尼和他见面的情况回复给他。元首在谈话里说得非常乐观，说形势会好转的。用不了多久，罗马和伦敦之间僵硬的关系就能缓解，这必定会减轻眼下的压力……墨索里尼对大选的事发出了警告，说："这是错的。要是表决的结果不好，人们会说是造了假；要是结果不合意，政府的身份就会无法被承认；要是没有出现关键性的结果，那表决一点儿作用也没有。"可许士尼格已经主意已定。他在 3 月 9 日正式宣告，奥地利全国的各个地区将于 3 月 13 日星期日举办民选。

　　起初波平如镜，赛斯·英夸特好像什么都没说就认可了这个主意。可 11 日早上五点半，电话铃将许士尼格吵醒。在电话里，维也纳警察局跟他说："德国萨尔斯堡边境在一小时之前展开了隔离，撤走了德国的税务人员，铁路运输也被斩断了。"被派遣去慕尼黑的总领事发来的汇报，是他收到的第二份，跟他说那里的德国军队已经动身了，拟定的目的地是奥地利。

　　赛斯·英夸特在上午稍晚一些时间跑过来，说戈林才给他打电话，告诉他一小时以内必须声明民选取消。要是在规定的时间内没收到回复，戈林将视赛斯·英夸特为失去了打电话的自由，他进而会启动相应的措施。相关负责官员的汇报告诉许士尼格，警察不完全可信，因此通知赛斯·英夸特会推迟民选。赛斯·英夸特十五分钟后手里着戈林的回复来见许士尼格，这份回复记录在了一份电文的纸张上：

> 要想挽救时局，只有一个办法，奥地利总理马上辞职，在两个小时之内委任赛斯·英夸特为总理。若时间到了还没施行，德国大军会马上进攻奥地利。①

许士尼格立时拜见梅克拉斯总统，上交辞呈。在总统办公室的时候，他接到了意大利政府发来的密码电文，电文里说，他们也没什么办法。年老的总统立场非常坚定，他说："这是到了最终的关键时刻，就剩我自己了。"他说什么也不肯让一个纳粹党来当总理。他下定决心逼德国人犯下可耻的暴行，而德国人早就预备好了。

约得尔将军在 3 月 10 日的日记里，把德国的反应做了形象的记述：

> 许士尼格没跟他的阁员讨论就忽然下令，民选投票举办的时间为3 月 13 日星期日。在没有计划、筹备的情形下，用这种方法，执政党可以得到多数投票。元首下定决心绝不姑息他的这种行为。当天晚上，3 月 9 日到 10 日的夜晚，他接见了戈林，又召回了在开罗奥林匹克委员会的赖歇瑙将军。舒伯特将军和格莱斯·霍斯顿诺部长也接到诏令赶了回来，格莱斯·霍斯顿诺部长原本跟区负责人（伯克尔）一起在莱茵兰选帝侯领土。一点十五，凯特尔将军将情况汇报给相关人员；十点他坐车去了总理衙门；十点十五，我也去了总理府，并将原先的"奥托计划"的预案给了他；十三点，凯特尔将军告知战斗参谋总长和卡纳瑞斯海军上将。因为有事，里宾特洛甫留在了伦敦，纽赖特暂

---

① 见前引许士尼格书，第 66 页、第 72 页。——原注

时接手外交部的事。领袖要给奥地利内阁下最后通牒，他写了封私人信件给墨索里尼，告诉他自己是因为什么才被迫行动的。[①]

第二天，也就是 3 月 11 日，希特勒命令德国大军展开军事进攻，拿下奥地利，"奥托计划"在长时间的分析和严密的筹备之后执行起来。梅克拉斯总统在整整一天紧张的时间里，由始至终都以强硬的态度拒绝着赛斯·英夸特和奥地利纳粹党领袖的提议。战后，在纽伦堡战犯的审判里，希特勒和他派去意大利元首身边的特使菲利普亲王的电话记录曾经被当成证词。这段谈话非常有意思：

菲利普亲王：我刚刚才从威尼斯宫回来。对于整件事，元首的态度十分友善，他跟您问好。由于许士尼格跟他说了，所以他已经从奥地利那里知道了。当时他曾经说，这件事（意大利发兵干预）绝不可能，或许这仅仅是一种恫吓，这种事不能做。所以跟他（许士尼格）说，既然局势已经到了如此糟糕的程度，就更改不了了。之后墨索里尼又说，对他来说，奥地利一点儿也不重要。

希特勒：请你告诉墨索里尼，在此事上，我永远记着他。

菲利普亲王：好。

希特勒：无论出现任何事，我都永远、永远、永远记得他。现在，我仍旧准备跟他签订一个性质截然不同的协议。

菲利普亲王：好的，我已经将这点也跟他说了。

希特勒：奥地利的事一办成，我愿意和他同甘共苦，不管发生什么事。

菲利普亲王：好的，我的领袖。

---

① 《纽伦堡文件》，第一编，第 251 页。——原注

希特勒：听好，什么协定我都愿意签——一旦我们陷入战争，我也不会担心处于军事的恐怖危局了。你可以跟他说，我真的十分感激他，这一点我永远，永远记得。

菲利普亲王：好的，我的领袖。

希特勒：不论出现任何事，我永远会记得。要是哪天他需要帮忙，或者遇到了什么危险，他可以相信，不管情形如何，就算整个世界都反对他，我也会坚定地跟他站在一处。

菲利普亲王：好，我的领袖。[①]

希特勒在 1943 年从意大利临时政府手中将墨索里尼救了出来，他确实了遵守了自己的承诺。

*　　*　　*

成功进兵维也纳素来是这位奥地利下士梦寐以求的事。3 月 12 日星期六晚，奥地利都城的纳粹党曾准备以火炬游行来迎接这位英雄，可时间到了，大部队却没到。仅有三名巴伐利亚的军需官，因为要替进军的德国大军准备营地而坐火车抵达了维也纳。此时，这三个手足无措的将士被民众抬着游行。之后，耽误时间的原因渐渐披露出来。原来，德国的战车吃力地前进，轰轰隆隆的声响穿过边境，快到林茨的时候，却开不下去了。尽管天气和道路的情况都不错，可是坦克坏了一多半，摩托化的重炮兵也有问题。重型军用车堵住了从林茨到维也纳的路。希特勒尤为喜欢的第四军团司令赖歇瑙将军，是此次事件的责任人。这件事也暴露了在重整军备的这个阶段，德国陆军还尚不成熟的情况。

希特勒坐车路过林茨的时候，看见车辆堵塞的情况火冒三丈。在拥挤无序的路上，轻坦克想办法开过来，在星期天的早上零零散散地开进维也

---

① 见前引许士尼格书，第 102—103 页，以及《纽伦堡文件》，第一编，第 258—259 页。——原注

纳。至于装甲车和摩托化的重型炮，只得用火车运至维也纳，若是不这么办，恐怕连典礼都没法儿及时参加了。大家都见过那张照片：在热情洋溢或者又惊又怕的民众中间，希特勒坐车开进维也纳。不过这个神秘荣耀的时刻，它的背景却让人心慌。实际上，对于自己的军事机器的显著缺陷，德国领袖大为恼火。他指责他的将军们，将军们也冷嘲热讽。他们让希特勒注意，弗里奇是警告过的，可他没听，德国的武装地位还不足以承担战争的风险。后来，大面上的形象总算保住了，正式的庆典和游行都举办了。那个周日，希特勒在大量德国部队和奥地利纳粹党夺取了维也纳后，宣布奥地利共和国垮台，所有领地收归德国。

＊　　　＊　　　＊

此时里宾特洛甫先生正准备离开伦敦，回国出任外交部部长。张伯伦先生特意在唐宁街 10 号开办了午宴为他送行，我与我的夫人受首相之邀到场相陪。桌上总计有十六个人左右。我的夫人挨着卡多根爵士，坐在桌子的另一头。饭刚吃一半，一个外交部的信使拿了封信给卡多根爵士。他打开信，聚精会神地看了起来。之后，他站起身绕过桌子，走到首相所在的位置，将信给了他。尽管卡多根的行动看上去不像遇到了什么麻烦，但我还是注意到，首相明显有些精神恍惚。没过多长时间，卡多根拿回信，再次落座。之后我得到消息，信里说的是，希特勒已经发兵奥地利，德国的机械化部队正朝着维也纳急速前进。宴会没有一点儿耽搁，仍旧顺利地进行下去。不过，过了一会儿张伯伦先生给了他的夫人一些暗示，他的夫人就起身说："让我们一起去客厅喝些咖啡吧！"我们鱼贯而出，进了客厅，在我或者别人的眼里，张伯伦夫妇明显想快些结束这个宴会。所有人都以忧虑的心悠闲地站着，就等和嘉宾说再见了。

不过里宾特洛甫夫妇好像全然没有注意到这种氛围。不仅如此，他们还拖着主人夫妇滔滔不绝地说了大概半个小时那么久。其间，我跟里宾特洛甫夫人聊到一起，我用送别的口吻说："希望英国和德国的友谊可以保持。"她郑重地回复道："你要小心点儿，别把两国的友好关系毁了。"他们自然非常清楚出了什么事，可在他们看来，拖住首相，让他无法理事，无法听电话，是个不错的办法。最后，张伯伦先生和大使说："很抱歉，有个紧急事件，我得去看一下。"说完就马上离开了房间。里宾特洛甫夫妇仍旧不肯离开，于是我们大多数人都找借口回去。我想，最后他们也离开了。在里宾特洛甫被绞死之前，这是我跟他见的最后一面。

＊　　　＊　　　＊

夺取奥地利的恶行，还有将美丽的维也纳和它的盛名、文化及它对欧洲历史的功绩一起驯化，此事对我的打击非常大。3 月 14 日，也就是这件事发生的第二天，我在下院发表了讲话：

> 3 月 12 日那件事有多严重，说得多夸张都不过分。现在一个侵略计划就摆在欧洲前方，这个计划是经过筹划的，在时间上进行了高明的部署，一步步施行起来的。现在，不管是对我们，还是对别的国家而言，选择都只有一个：要么跟奥地利一般妥协，要么以强劲的手段将危险消灭，趁着我们现在还有时间；要是消灭不了，就想方设法地应对……要是我们什么都不做，就等着时局发展，那我们现在还得丢掉多少能守护我们安危和和平的资源？会有多少朋友，因此会背弃我们？我们的同盟国，我们还要眼睁睁地看着他们中的多少依次被拖进那恐怖的深渊？装腔作势的恫吓还得成功多少次，让恫吓的身后，持续积攒力量，成为切实的实力？例如，再过两年德国陆军那个时候的力量必定要超过法国很多，一切小国都会逃离日内瓦，掉头对越来越强的纳粹体制俯首，尽量给自己找个好一些的条件，到了那个时候，我们又得变成什么样呢？

我又说：

维也纳一方面是过往构成奥匈帝国各个国家的交通枢纽，一方面也是西南欧各个国家的交通枢纽。现在德国已经掌控了多瑙河的很大一片流域。在掌握了维也纳以后，纳粹德国就能在公路、水路、铁路各个层面对全西南欧的交通进行军事和经济控制。欧洲的架构因此会有怎样的变化？所谓的国际均势、小协约国因此又会发生什么样的变化？我必须得对小协约国这个国家团体进行一下说明。若是将小协约国的三个国家单独拿出来看，那它们就是三个二等国，但它们都是非常有实力和活力的国家，要是团结到一起，它们就成了一个庞大强悍的国家。不管是从前，还是现在，它们都始终遵照最紧密的军事协议凝聚在一起。它们团结在一起就成了一个大国，成了一个强国的兵力。罗马尼亚拥有汽油，南斯拉夫拥有矿产和原材料，两个国家都拥有大量的兵力，至于武器，则大体由捷克斯洛伐克提供。捷克斯洛伐克这个名字，听在英国人耳里，好像有点儿奇怪。它确实只是个不大的民主国。它的陆军确实只是我们的两到三成。它的武器供给确实只比意大利多三成。可它仍旧算得上是个生命力旺盛的民族。它有自己的权益，有遵照协议规定之权，还有一个堡垒防御线，并且它生存欲表现得非常强，还提出了自由自在地生活的愿望。

现在，捷克斯洛伐克的经济、军事都处于隔离状态。按照和约，尽管它以汉堡为对外贸易的通路，可任何时候都有被隔离的可能。它此刻和通向南欧及经过南欧去西南欧的铁路、水路运输，随时都有被截断的可能。它的对外贸易有被逼上交致命的过境税的机会——一种绝对能杀死对外贸易的过境税。旧时的奥匈帝国国内最大的工业区就是这个国家。若是不能在必定召开的会谈里，就捷克斯洛伐克交通的安危的承诺签订条约，它跟外界的通路就会被斩断，或者当即就会被斩断。来自南斯拉夫的原材料供给，还有它在那设立的自然市场的关联，可能马上就会被斩断。这个小国家的经济生活可能因为上周五晚上的恶行而极大地呼吸不畅。一根楔子已经钉进了小协约国的腹地。就像我们所有人在我们的土地上，有权不受打扰地生活一般，这几个小国家也有权在欧洲不受打扰地生活。

＊　　　＊　　　＊

苏联人现在示警了。3月18日，他们提议开会对局势进行磋商。他们想谈谈，要是德国严重威胁到和平，在不超出世界同盟行动体系的情况下，该用什么办法和举措践行《法苏互助条约》，就算只讨论出一个大纲也行。不管是在伦敦，还是巴黎，这一提议都受到了冷遇。因为其他事情，法国政府心浮气躁。他们境内的飞机制造厂出现了重大的罢工。佛朗哥的队伍正朝反对党掌控的西班牙地区挺近。张伯伦心存疑虑，立场并不积极。我说的前路艰难的主张，以及为了抵御这些危难提出的举措，他都极不认可。我始终全力建议建立法英苏同盟，否则就没有遏制纳粹进攻的可能。

法伊雷恩先生跟我们说，首相曾在3月20日给他的姐姐写信，流露了自己的情绪：

事实上，早在温斯顿没说之前，我就想过"大结盟"的事了……我还和哈利法克斯进行过讨论，并让三军参谋长和外交部的专家去分析这一主张。这个想法非常有魅力，并且只要没有考虑它的可行性，就觉得这个想法理由充足。可只要仔细一分析，它的魅力就没有了。德国想拿下捷克斯洛伐克，这个只要看下地图就能知道，可不管是我们或者是法国，全都帮不了它。于是，我不再考虑给捷克斯洛伐克以承诺，不仅如此，因为法国在协议上对它有责任，所以我们也什么承诺都不能给法国。[1]

---

① 法伊雷恩，前引书，第347—348页。——原注

不管怎样，到底是有结论了，而得出这一结论的推理并不正确。现代大国或者同盟间开战的时候，要守护某一地区，可以依靠的并不会是只有相同地区的努力，还关系到全部战线实力上的对比。在战争尚未开始，或者还有机会不开始的时候，这种情形更加明显。"三军参谋长和外交部专家"当然无须思索就可以报告首相，英国的海军和法国的陆军不可能部署在波希米亚山头阵地上，而置身于捷克斯洛伐克和希特勒入侵的军队之间。这确实是展开地图一瞧就能清楚的。可德国要是切实知晓，穿过波希米亚的边疆，肯定会引发整个欧洲的大战，就算是那时，或许也还有很大的机会能遏制或者推迟希特勒发动下一次的攻击。捷克斯洛伐克的战略意义，连一年都没到就丢了个一干二净，希特勒的权力和威信几乎又翻了一番，此时他却鲁莽地对波兰做出承诺，想象一下，张伯伦先生心里的这个推论到底错到了什么地步。

＊　　　＊　　　＊

1938 年 3 月 24 日，首相在下院陈述了自己对于苏联意向的想法：

> 苏联政府提议施行的那种举措，在英王陛下政府看来，会增加建立排异型国家团体的趋势，这虽然不是直接的，但肯定是必然的结果，欧洲未来的和平肯定会因这种集团的建立而受到危害。

可就算是首相，也不能不面对残忍的真相：那时"国际信赖存在严重障碍"，对于英国在欧洲的责任，政府早晚要做出确切的说明。在中欧，我们将担负起什么样的责任呢？"要是开战，参战的多半不会只局限在那些在法律上有责任的国家。战争会打到什么地方才会停？哪些国家会被扯进去？这些都预料不到。"另外，不得不注意的是，"排异型国家团体"尽管有缺点，可若不如此，就只能等着侵略者逐个击破，全部消灭，如此一来，这个借口就立不住了。并且这种观点将国际关系里的所有对错的问题都扔到了一边。实际上，世界同盟和世界同盟的宪法到底还是存在的。

现在，首相的路线规定得非常清楚：同时对柏林和布拉格进行外交施压，对意大利的态度是纵容，而解读对法国的责任时，则把握得非常严苛。为了推行前面的两条，最后一条必须解读得小心又精准。

*　　*　　*

现在得请读者将注意力移至西边的"绿岛"。"要去珀勒里，走的路可不短，不过有时候，仍旧忍不住要去那儿瞧一瞧。"从希特勒夺取奥地利到他针对捷克斯洛伐克的诡计败露的这段时间内，我们必须掉过头来谈谈我们遇到的另外一种性质不大一样的厄运。英国政府从1938年年初开始，一直在和南爱尔兰的德·瓦雷拉先生谈判，双方在4月25日签约，不算别的事，英国还舍弃了夺取南爱尔兰的昆斯敦港和贝瑞赫文港为海军军用港的权限，舍弃了位于拉斯威利的基地。这两个南方的口岸，在我们的粮食供给和海军防御上有着极高的位置。1922年，我当殖民地事务大臣的时候，曾经操作过内阁当时设计的"爱尔兰计划"的具体事项。那个时候，我请海军大将贝蒂来殖民部，跟迈克尔·科林斯解释，在英国获得供给的整个体系里，这两个口岸的重要性。科林斯当即被他说服了。科林斯说："这些口岸，你确实非拿下不可，它们对你们的生存而言，必不可少。"就这样，事情得以解决。在之后的十六年里，所有事都非常顺利。对我们的安全而言，昆斯敦和贝瑞赫文为什么不可或缺，这理解起来没什么难度。它们是加油站，就是从那儿，我们的驱逐舰队向西驶入大西洋搜查潜艇，守护驶入英国而抵达狭小海口的船队。为了保护船舰驶进克莱德湾和默尔西河口，拉斯威利也不可或缺。丢了这些地方，那我们的船舰以后朝北走，就不得不从拉姆莱希起航；朝南走，就得从蓬布罗克港或者法尔默思起航。如此，不管是在内海，还是国外，我们海军活动的半径和守护的区域，就都少了四百多英里。我真的无法相信，参谋长委员会居然会答应丢下这个如此重要的安全屏障。我以为最起码我们保证了战时还拥有爱尔兰港口的权限，直至最后，我都还如此以为，可是德·瓦雷拉先生在爱尔兰议会上声明，英国无条件放弃这些口岸。之后我收到准信，对于英国政府如此轻易地就同意了自己的要求，德·瓦雷拉先生也觉得非常奇怪。他会把这条写到需求之内，原本只想用来还价，若是其他条款能都得到符合心意的答复，这条本来是可以不要的。

对于自己和其他参谋长所遵循的原则，查特菲尔德勋爵在其所著的最后一本书里，有一章特地进行了解说。[1] 只要有心研究这一问题，都应该去看一看这本书。我自己仍旧坚信，我们在开战时对这些爱尔兰口岸的使用权就这么毫无道理地丢了，对英国国家生活和安危是一种极大的损失。特别是在这种时候，我真是难以想象，没有比这更没有脑子的事了。确实，尽管这些口岸没了，但我们最终还是走出了险境。并且如果真的非要这些口岸，我们会发兵再次拿下它们，总不会干等着饿死。可这些全都不能当成申辩的借口。这种鼠目寸光的退让的政策，没过多久，就让我们丢掉了很多船和性命。

全部的保守党都拥护首相，只有几个代表北爱尔兰的议员除外。像这样的一步，作为反对党的工党和自由党，当然也觉得非常开心。于是，当我在5月5日站出来表示抗议的时候，近乎是彻底没有盟友的。人们以一种质疑的心态，耐心地听了我的演说。有一部分人，甚至是表示同情，他们感到无法理解，我这么一个有身份的人，为什么要做这种完全没有希望的抗议。这是我见过的下院做的错得最彻底的决定。此时只剩十五个月就要宣战了。等大西洋之战的输赢决定了我们的存亡的时候，议员们就会有截然不同的想法了。此处就不引用我的演讲词了，因为在《进入战斗》那本书里已经全都引用过了。另外还有一点，战时南爱尔兰中立的事，没给予考虑。

---

① 查特菲尔德勋爵的《前车可鉴》中的第18章。——原注

（我问）要是我们跟哪个强国开战，爱尔兰或者爱尔兰共和国（他们那样称呼自己）我们能确保它不会宣告中立吗？这个对立国将走的第一步一定是，若南爱尔兰中立，就从所有层面对其施行绝对的赦免……这种中立的可能，我们必须看到。可能不用多久，我们就能体验到这种中立。有很大机会，当我们急需的时候，却无法使用那些口岸；当我们需要守护英国民众免受贫困和饥饿的时候，我们将会遇到极大的困境。没有人会愿意自己探头往绳索里伸，世界上还有国家居然会考虑用这样的方法。只要我们从这些口岸离开，都柏林政权很容易就能不让我们利用这些口岸。那里有很多大炮，还能布置水雷。更重要的是，在法律上，他们用这个权利了。以前，我们曾拥有对这些口岸的权利；可我们把这些权利扔了，我们想借此得到他们的亲近，亲近到就算我们承受痛苦也甘愿。可我们若是拿不到他们亲近的态度，"那我们就再次占领这些口岸"，说这些话有什么用？如此行事的权利，我们已经没有了。在一次大型战争里，我们要是被宣告打破了爱尔兰的中立，全世界的舆论都会鄙视我们，还会污蔑我们参战的初衷……为了虚无的想象和对安逸的奢求，我们正在丢掉确切、紧要的安全屏障。

《泰晤士报》的评论是很能说明问题的：

防务协议让联合王国政府废除了1921年英爱协议的条例。政府曾因为这些条例担负起了在战时守护科克、贝瑞赫文和拉斯威利等建立军事口岸的微妙的职责。

要是将直布罗陀给西班牙，将马耳他给意大利，英国的担子更轻了。而对我方民众切实的生存关系，这两个地方还比不上爱尔兰那些口岸那样直接。

对于这个让人悲痛震惊的插曲，我就不多说了。

第十六章　捷克斯洛伐克

一个不会变成历史争议的问题——希特勒的下个目标——"没想损害捷克斯洛伐克"——布鲁姆先生的承诺——我在 1938 年 3 月出访巴黎——在布鲁姆先生之后达拉第先生出任总理——英意协定——跟苏台德元首会谈——德国将军们的担忧和抗议——苏联和捷克斯洛伐克的关联——斯大林和贝奈斯——苏联境内的诡计和清理——6 月 12 日的达拉第公告——希特勒对凯尔特的诺言——维德曼上尉去伦敦的任务——我 8 月 27 日在塞顿·布瓦对选民做的演讲——我在 8 月 31 日致信哈利法克斯勋爵——我在恰特威尔庄园迎来苏联大使的访问——我给外交部的汇报——《泰晤士报》9 月 7 日的社论——博内先生的问题与英国的回答——希特勒于纽伦堡发表危机演讲

　　英国和法国在慕尼黑事件里的举措到底高不高明，好像有趋势变成长久讨论的历史问题，可是按照战后在德国那边拿到的资料，特别是在纽伦堡审判中拿到的资料来看，却未必如此。

　　在磋商中，有两个重大问题：一、要是英国和法国坚定不移地采取行动，希特勒会不会妥协，或者引发推翻希特勒的武装暴动；二、从慕尼黑事件到开战这段时间，西方大国和德国在身份地位上是比 1938 年 9 月慕尼黑危机的时候高还是低。

以牺牲捷克斯洛伐克来终结慕尼黑危机的事，已经有不少书介绍过，且以后还会有人评论。在这，我只想说几件重要的事，并对这些事的联系进行解说。由于希特勒下定决心要让全部的日耳曼人凝结成一个大德意志帝国，并朝东发展，并且又坚信法国和英国的领袖因为太过崇尚和平都不曾整顿武力而不愿意开战，所以这些真相避无可避。1938 年 2 月 20 日希特勒在国会演讲，首次公然攻击捷克斯洛伐克。他说：“在和我们边疆接壤的两个国家中生活着超过一千万的日耳曼人，这些日耳曼同胞，德国有守护他们的义务，应该帮他们得到广泛的自由，包括人身自由、政治自由和思想自由。”

德国公然关注起在奥地利和捷克斯洛伐克国内生活的日耳曼人的身份地位，和德国在欧洲进行的政治进攻关系密切。纳粹德国的政府会公然宣告，有两个原因：将所有在国外生活的日耳曼人都圈进德国的地图内，之后朝东发展，扩大自己的生存领域。而德国政策中，相对隐秘的目标就是军事性的了。毁掉捷克斯洛伐克，让它在开战的时候不会变成苏联的空军基地，也无法变成英国、法国供应军事补给的力量。早在 1937 年 6 月，德国参谋部就已经按照希特勒的指令忙着拟订方案以进攻、摧毁捷克斯洛伐克了。

其中一个方案是这么写的：

德国军队会展开突袭，其目的就是想在战争初期和开战的时候，消除我军在西线战斗时，来自捷克斯洛伐克的针对后方的威胁，并让苏联空军无法使用捷克斯洛伐克的大多数空军基地。①

德国对奥地利的侵略，西方民主国家居然认可了，这就为希特勒加快

---

① 《纽伦堡文件》，第二编，第 4 页。——原注

施行捷克斯洛伐克方案鼓了劲儿。其实在攻打波希米亚碉堡这件事上，对奥地利领地实行军事掌控是不可或缺的预备工作。在奥地利正被激烈攻击的时候，希特勒坐在汽车里和哈尔德将军说："如此，捷克斯洛伐克人就难做了。"希特勒此话的内涵，哈尔德当即理解了。这让他预见了之后的情况。这也告诉了他希特勒的目标，可同时也证明，就像看见的那般，希特勒不懂军事。他说："事实上，德国军队无法从南面攻击捷克斯洛伐克。因为途经林茨那条单轨铁路的时候，会彻底暴露，所以没机会突袭。"可希特勒的重要的政治策略思想没问题。德国境内的"西墙"正在被强化，虽然还远不到竣工的地步，可已经让法国部队回想起了在松姆和帕森达勒的噩梦。希特勒深信，法国也好，英国也罢，都不想开战。

在德国武装力量攻打奥地利那天，在柏林的法国大使朝巴黎汇报，说戈林曾经对捷克斯洛伐克驻柏林大使郑重承诺：德国"无意伤害捷克斯洛伐克"。法国总理布鲁姆先生于 3 月 14 日对捷克斯洛伐克驻巴黎大使郑重表态，法国将彻底担负自身对捷克斯洛伐克的责任。残忍的真相是这些外交承诺无法遮掩的。大陆上的战争全局已经不一样了。眼下，德国人讨论的问题是德国军队已经能直指捷克斯洛伐克西面的疆界。这些边境地区的住户为日耳曼民族，他们有个喜欢借题发挥的积极的日耳曼国家主义党，一有争端出现，他们就变身为第五纵队。

我在 3 月末去了巴黎，跟法国元首做了试探性的会谈。英国政府支持我再次和法国来往。我住宿的地方是我们的大使馆，在那里我前后接待了不少法国要人，有法国总理布鲁姆、福朗丹、甘默林将军、保罗·雷诺、皮埃尔·科特、赫里欧、路易·马兰等人。一次，我跟布鲁姆说："有传言说，不管是在射程上，还是在攻击力上，德国的野战榴弹炮都超过了你们法国重装的七点五厘米口径的重炮。"他回答说："我用不着你来告诉我法国炮兵的状况。"我说："自然不用，可你去问一下你们的技术专业学校，最近给他们举办过一次有关新式七点五厘米炮火力对照的展览，可他们根本不信。"他的态度马上变了，看上去和善又友爱。雷诺告诉我："英国不会推行征兵制，这我们非常清楚。那你们可以组建一支机械化的部队啊！要是装甲师有六个，那你们的陆军就强悍了。"原话大概是这种意思。那时候，还有个上校叫戴高乐，写了一本颇受指责的书，书里解说了现代装甲车的战斗力。

我和大使，还有福朗丹三个人花了不少时间一起吃的午饭。1936年，我曾和大使见过，眼下他的态度截然不同。那个时候，他职责所在，情绪激动；现在他职务没了，就镇定和平静多了。他坚信法国唯一的指望就是迁就德国。我们争执了两个小时那么久。来见我的还有甘默林，对于法国陆军那时候的力量，他信心满满，可在我说起他们的炮兵的时候，他就不是非常高兴了，因为他是这方面的行家。在法国的政治体系内，他始终竭尽所能。可法国境内的政权那时一直不稳定，用不了多久布鲁姆内阁也垮台了，这使得法国政府不能专注于欧洲舞台上显现的危机。所以为了不产生误解，就更得清晰限定，危险万一全面爆发，两个国家应该一起担负和互相担负的责任了。4月10日法国政府调整，总理一职由达拉第接任，外交部部长由博内担当。在之后的攸关生死的重要的时间段，这两个人将为法国政策负责。

英国政府遵照张伯伦先生的意思，在地中海方面争取和意大利达成和解，以遏制德国继续进行侵略。法国的身份会因为此种做法得到提升，英国和法国也会因为这个能够聚集力量应对中欧的情况。艾登辞职在一定程度上让墨索里尼感到了满足，他认为相比于过去，自己还价的资本多了，因此英国这种上门认错的行为，他是支持的。英国和意大利在1938年4月16日达成协议。这一协议，本质上是意大利对中欧表示友善，而这种友善是无法预测的。作为回报，英国允许意大利在埃塞俄比亚和西班牙随意行动。对于这个买卖，外交部心存疑虑。为张伯伦先生写传记的人跟我们说，在一封个人信件里，张伯伦写道："外交部给我的提案，你真应该瞧一瞧，那些冷冰冰的话就连北极熊都要冻死了。"

对于这种举措，我和外交部一般，也有估量：

丘吉尔先生致艾登先生　　　　　　　　　　　1938 年 4 月 18 日

　　意大利协议自然是墨索里尼完胜。为了攻击我们，他在地中海布置防线，他夺取埃塞俄比亚，他在西班牙肆无忌惮，现在我们却诚挚地认可了。协议规定没经过"先行讨论"，我们就不能在塞浦路斯设立防线，这点害处极大。而别的部分，我认为只是凑句子的补白而已。

　　可我又觉得，要直接否定这一协议，还得经过周密的考虑。既然已经成了现实，且已经被称作是迈向和平的一步。这一协议无疑能防止地中海爆发出引燃欧洲的巨大火灾。为了不会和英国各做各的，法国肯定会有样学样，好谋求自保。最终还有一种可能是这样的：墨索里尼或许会因为自己的权益遏制德国插足多瑙河盆地。

　　我希望我可以先了解你的想法和目标，然后再做决定。在我看来，这个协议不过是第一步，第二步就是妄图和德国签订一个更加富丽堂皇的协议，一来可以安抚英国民众，同时还能让德国的武力继续发展，让德国的东欧方案越来越完善。

　　张伯伦上周曾暗中告诉（保守党协会）全国联合会执行委员会，他"仍旧希望可以跟德国签署一样的条约"。对此，他们并不热络。

　　同一时间，我们在空军上的进程让人越来越灰心……

艾登先生致丘吉尔先生　　　　　　　　　　　1938 年 4 月 28 日

　　在意大利协议上，我认可你信里的意思。墨索里尼给我们的仅是他曾经许诺过，他自己又毁掉了东西。在此之外，唯一的新内容就是撤出他派去利比亚的部队，而他原本的目的可能也只是为了扰乱。现在明显如同我们料想的那样，在罗马会谈召开之后，墨索里尼仍在插手西班牙事务。如果没有这种干涉就无法在佛朗哥取胜，那墨索里尼还会不继续插手吗？要是这样都有人信，他就确实是个乐观的人了。

以一种外交策略而言，这一协议规定的条文也难以施行，若想生效，得等到意大利撤出西班牙以后才行。

然而近乎可以断定，要实现这点，没几个月是完不成的，并且关键点在于意大利的专家和德国人都觉得他们有待在西班牙的权利，而非意大利步兵是不是还在西班牙，这导致以后在确认是不是已经撤出变得非常困难，不过某些人可能也不在乎这点。

再来是意大利在埃塞俄比亚的身份。据我所知，那里的情况不仅没好，反倒越来越糟。此时认可意大利的地位，我担心会让我们在生活在那里的几百万埃塞俄比亚民众心里威望大跌。

我绝对认同你说的，对于这一协议必须要谨慎对待。它眼下到底还不是一个正规的协议。要是我说了什么，导致协议更加难以实现，那自然是我的不对了。不管是我的辞职声明，还是我在利明顿发表的演讲，我都许诺过不会这么办。

在我看来，紧张局势的临时缓解是世界形势中最让人忧心的，因为这可能会被当作借口，好不继续在国防上使力。考虑到局势的危险性，这种努力确实太少了……

希特勒正机警地盯着时局。让意大利在欧洲的危局中，最终跟他统一战线，对他来说也非常要紧。在他4月末与参谋长们开会的时候，就想过得抓紧了。墨索里尼期望自己能在埃塞俄比亚随意行动。尽管英国政府已经默认了他的冒险行为，可是他最后还是得拿到德国的认可。若是如此，作为回报，墨索里尼就不得不承认德国对捷克斯洛伐克的所作所为。这个问题非处理不可，如此意大利才能在处理捷克斯洛伐克问题的时候站在德国那边。柏林那边自然要分析英国和法国的政治家们的公开发言。西方的两个大国劝说捷克斯洛伐克人民，说为了欧洲的和平，他们得理智，柏林那边曾经因为他们这种想法而感到高兴。亨莱因带领的苏台德纳粹党，眼下又提出要求，想在这个和德国接壤的地方进行自治。4月24日亨莱因在卡尔斯巴德演讲的时候，已经公布了他们的计划。布拉格的英法公使接着马上去和捷克斯洛伐克外交部部长见面，表示"希望捷克斯洛伐克政府竭尽所能摆平这件事"。

5月捷克斯洛伐克的日耳曼人接到命令加快制造骚乱。为了让英国政府对自己的同胞所遭受的残害有更加清晰的了解，亨莱因于5月12日到访伦敦。他说想跟我见一面，因此我安排次日在莫佩思大厦和他谈谈。那时阿齐博尔德·辛克莱爵士也在现场，充当翻译的是林德曼教授。

亨莱因给出处理方案，可以概括如下：

在布拉格得有个中央议会，统管外交、国防、经济和交通等事务。所有政党都能在议会里自由发言，政府实施政务都遵照多数的决定等事宜。各政党在议会内均得自由发表意见，政府应按多数决议施政。可以让捷克斯洛伐克的部队驻守边境堡垒，他们还得不受约束地奔赴边境。苏台德日耳曼人区，或者其他的少数民族区，都该采用区域自治。换句话说，他们得有自己的县镇参议会和一个区议会。已经清晰界定区域内的相关地方事项都有机会在区议会里进行讨论。比如划分疆域这种有关真相的情况，他愿意给出一个公正的，或者让世界同盟任命的法庭来进行处理。所有政党应该随意筹建、随意表决；自治区里得有不偏不倚的法庭。说德语地区的官员，比如邮政、铁路、警察局，自然该让说德语的人担任。在所有的税务收入里，应该以合适的比例拨一些款给这些地方，充当行政款。

事后，驻伦敦的捷克斯洛伐克公使马萨里知道了此次谈话，他也觉得可以这么处理。如此看来，要是德国心存仁善，又信守承诺，那既让捷克斯洛伐克共和国保持独立，又让公认的种族和少数民族间的争端得以平息，并非没有实现的机会。然而在我看来，这一条件是没什么指望的。

亨莱因和捷克斯洛伐克政府于 5 月 17 日针对苏台德的事进行磋商。在从英国回捷克斯洛伐克的路上，亨莱因曾经拜访过希特勒。捷克斯洛伐克将要举办区域选举，为了准备此次选举，德国政府进行了周密计划的神经战。德国部队开赴捷克斯洛伐克疆界的传言不断。5 月 20 日，英国政府让在柏林的驻德国大使内维尔·亨德森爵士对此事进行试探、询问，德国没有承认，但这并不能让捷克斯洛伐克人民放心。5 月 20 日到 21 日夜间，他们命令部队进行局部活动。

＊　　　＊　　　＊

此时，非常有必要分析一下德国的目的。希特勒一段时间以来始终坚信，英国和法国都不会因为捷克斯洛伐克而开战。他在 5 月 28 日将他的重要幕僚叫到一起开会，下达命令说准备攻打捷克斯洛伐克。1939 年 1 月 30 日，他在国会发表演说，公然对这一决议进行声明。他说："这个寻衅让人无法忍受，见到这个……我决定彻底、永远地将苏台德－日耳曼问题摆平。我在 5 月 28 日下达指令：（1）10 月 2 日之前准备好对这一国家进行武装行动；（2）马上加快我们西线防御设施的建设速度。"[①]

他虽然充满信心，可他的军事顾问却不全是如此。德国的将领们认为，鉴于德国的实力，除了空军，其他方面远比不上协约国，所以法国和英国对元首的挑衅并不会妥协。想打败捷克斯洛伐克的武装，冲过或围困波希米亚防线，就不得不派出整整三十五个师。德国参谋部的首领跟希特勒说，捷克斯洛伐克军队高效，且有最先进的武器和设备，这点不得不考虑。虽

---

① 1938 年 11 月，拉韦尔涅教授发表于《法国和外国政治年刊》。见里普卡，前引书，第 212 页以及之后。——原注

然"西墙"或者说是"吉戈菲防线"防御工程的野战工事已经建好，可还远不到完备的程度。而在攻打捷克斯洛伐克的时候，德国还要抽调兵力守卫西线，以防法国可能要派出一百个师的兵力展开的进攻，然而德国能抽出的军力只有五个正规师和八个后备师。听到要冒着这样的风险，将领们不由得被吓了一大跳。不过若是再等几年，德国的部队就能重新占优势了。虽然协约国的和平主义和懦弱让德国在推行征兵制、夺取莱茵兰和侵略奥地利这些事上，证实了希特勒政治推断的准确性极高，可德国的最高指挥部却不认为，希特勒这第四次装模作样的恐吓能取胜。在军事上，那些大的获胜国还是占上风的，按照常理，他们怎么也不会再次丢掉自己的职责和荣耀，毕竟这对他们而言，不仅是常识，也是谨慎的路径。另外，苏联也在，它同捷克斯洛伐克一样，都是斯拉夫种族的。此时，它对德国的看法，威胁性极高。

苏联不管是和捷克斯洛伐克国，还是和贝奈斯总统的私交，都维持着紧密团结的友善关系。这种关系的来源一是因为种族，二是因为近来发生的这些事。这里有必要对这些事进行一下说明。这是贝奈斯总统 1944 年 1 月来马拉柯什探望我的时候跟我说的。1935 年，希特勒向他建议，如果捷克斯洛伐克保证在法德战争中保持中立，他就保证在任何情况下尊重捷克斯洛伐克的领土完整。贝奈斯说，按照协约规定，在那种情形下他有责任跟法国一起行动。对此，德国大使回复说，用不着发表声明废除协约，只要在开战的时候不呼吁，不派遣部队就能彻底破坏协约了。因为自身所处的位置，这个小国家对这种提议根本无法反驳。德国实在太让他们恐惧了，特别是想到德国随时都能提起苏台德的日耳曼人的事，或者鼓动这些日耳曼人，就能让他们处于非常艰难的境地和越来越重大的险境里。因此，他们没有指责这一提议，什么都没说，束之高阁就对了。这件事，在之后超过一年的时间里都没有提起。

然而，德国国内的紧张状况、贝奈斯与斯大林间的关系，外界一点儿也不知情。驻捷克斯洛伐克的英国和法国的大使也全不知情。虽然吉戈菲防线还没彻底建成，可仍算得上一个恐怖的阻碍。刚刚建立的德国的陆军到底有多少人、战斗力如何，还不好确切估算，并且明显有些夸大。另外，还有无法估计的，对没有防御的城市展开空袭的危险。民主国家的人从心里厌恶战争是最重要的。

就算这样，达拉第还是在 6 月 12 日对自己的前任在 3 月 14 日才做出的承诺进行了重述，声明法国对捷克斯洛伐克负有"神圣、避无可避的"责任。以前有人觉得，十三年前的《洛迦诺公约》代表着，除非东欧的《洛迦诺公约》签署了，否则东欧的所有事都是仍待解决的空谈，现在达拉第的这一重大的宣告清除了这种论调。在历史面前，法国和捷克斯洛伐克在 1924 年签署的协议，不管是法律上，还是实际上，无疑都是绝对有效的。就算在 1938 年这一多事之秋，法国政府的历届领导人都曾经多次强调有此义务。可是希特勒在这件事上，只相信自己的推断是对的，因此，他在 6 月 18 日下达了攻击捷克斯洛伐克的指令。在此期间，他曾多次跟那些忧心忡忡的将领们承诺。

希特勒致凯特尔：

我若决心攻打捷克斯洛伐克，肯定是我可以断定，法国必定会像我们重夺莱茵兰非军事区，以及夺取奥地利时那般不会发兵，进而英国也不会干涉。[①]

为了迷惑大家，希特勒让自己的随身副官维德曼上尉去了伦敦。7 月 8 日，这位使臣受到了哈利法克斯勋爵的接见，表面上装作这件事好像德国大使馆也不知道似的。他表示，由于英国不曾回应元首的建议，元首觉

---

① 《纽伦堡文件》，第二编，第10号。——原注

得不满。英国政府能不能让戈林来伦敦，展开更加细致的说明。攻打捷克斯洛伐克的行动，德国在一定的情形下是可以推迟一年的。过了几天，张伯伦和德国公使讨论起了这种可能。英国首相在这以前，曾经为了弄清布拉格的形势，向捷克斯洛伐克提议，派个观察员去捷克斯洛伐克，好达成友好妥协。7月20日，英王到访巴黎的事让哈利法克斯得到了和法国政府探讨这一提议的机会，在简要的沟通过后，两国政府答应和解。

张伯伦于1938年7月26日在议会上声明，为了让捷克斯洛伐克政府与亨莱因能够和解，将派朗西曼勋爵去布拉格。第二天，捷克斯洛伐克政府发布了针对境内少数民族问题的草拟法案，以作磋商的依据。当天，哈利法克斯勋爵在议会上表示："在我看来，眼下欧洲各个国家的领导人，并不是全都想开战。"8月3日朗西曼勋爵到达布拉格，和相关人员进行了一连串漫长、繁复的会谈。这些会谈还不足两周就算失败了，形势自此急速展开。

8月27日，里宾特洛甫此时已经出任外交部部长，他汇报说驻柏林的意大利大使曾经去拜访他，跟他说"墨索里尼又发布了书面指令，让德国把对捷克斯洛伐克展开行动的可能时间及时告诉他"。墨索里尼要求被告知，让他"在时机合适的时候，能在法国疆界采取必要的手段"。

＊　　＊　　＊

让人忧心的情形在8月更加严重。我于27日对我所在选区的选民们说：

> 在这里，在这个塞顿·布瓦的古老的森林中——光是这个名称就让我想起诺曼时代，那风行于欧洲的凶残的情感，用我们安定守法的英国人的心，确实理解不了。这个月是让人烦躁的，你们肯定看了报纸上的种种报道，一周好，一周不好，一周强些，一周差点儿。可我不得不告诉大家，欧洲世界的全局正在持续朝着一个彻底拖不下去的顶点前进。
>
> 战争自然可以避免。可只要没把从德国家庭里招进军队的大规模

的部队解散，和平的危机就会一直存在。一个国家既没有遭受他国的威胁，也没恐惧于哪个国家，却让一百五十万战士纳入战时编制，这是非常重大的一步……我相信我必须坦率地告诉大家，让庞大的兵力采用战时编制，就是有心要在非常短的时间里实现某个目的……

政府已经派遣朗西曼勋爵赶往布拉格，对此，我们绝对同意。我们期望——真的，我们为他祈祷，祈祷他可以成功地完成自己的调解工作。眼下看来，捷克斯洛伐克政府也在竭尽所能地协调国内的情形，只要不会让自己的国家破裂，他们什么要求都愿意接受……然而，更加庞大和疯狂的野心却有机会阻碍协议的签订。若是如此，欧洲和文明世界就不可避免地要迎接纳粹德国的提议，或者遭到德国纳粹党那边的某些忽然的疯狂的行径，攻击并夺取某个小国家。这种事，恐怕在攻打捷克斯洛伐克之外，还会是毁掉整个世界的文明与自由的恶行……

世界上的各个国家，不管发生什么事，都得明白——我们的政府也该让他们明白——英国和大英帝国肯定会发挥自己的效用，践行自己的义务，就如同他们在历史尚未遗忘的那些大事里做的那般。

我和大臣们在这段时间也有些来往。因为我和政府在国防、外交方面政治观点严重不合，所以我和哈利法克斯勋爵的关系理所当然地也被影响了。我和艾登的主要观点大体相同，然而对着他的接班人，我却不能这么讲。就算这样，在我们见面时，我们仍是朋友，且是经年的老同僚。我有时候也会写信给他，他偶尔也会邀我去看望他。

丘吉尔先生致哈利法克斯勋爵　　　　　　　　1938 年 8 月 31 日

要是贝奈斯妥协了，朗西曼也觉得这一提议没什么不公，可对方仍旧回绝了，那我认为，为了更有力地遏制住希特勒的恶行，这周就只能做两件事——这两件事不会让你为惊人的承诺所负责。

　　首先，能不能让英国、法国、苏联，三个国家提出联合照会，声明：（1）他们期望和平友善的关系；（2）德国的军事行动让他们非常忧心；（3）捷克斯洛伐克冲突的和平解决，他们都非常重视；（4）若是捷克斯洛伐克遭到德国的攻击，这三个国家将视其为首要问题。这一照会拟定完成之后，驻美国的三国公使得将其交给罗斯福查看。我们还得尽全力让罗斯福尽量拥护这件事。在我看来，他也许会致信给希特勒，强调局势有多危险，表示在他看来，攻打捷克斯洛伐克将会不可避免地导致世界大战，从而诚挚地期望事件能够和平解决。

　　我认为这种举措对德国政府的和平主义者来说，是个不错的可以坚持立场的机会；至于希特勒，他和罗斯福磋商的时候也许能找到可以下来的台阶。这一切的事当然都难以预料，仅仅可以抱着些希望而已。重点是联合照会的提出。

　　派遣船队，并将后备的小型船队和巡洋舰队加入现役舰队内部，是有机会挽回时局的第二步。我想要做的并非聚集皇家储备舰队或者进行呼吁，不过我相信能对五六个小舰队进行升级，达到第一舰队的水平，还能让两百艘左右的拖网船起到反潜艇的作用。采用这些办法及别的一些手法，就能在海军口岸造势，以形成震慑德国开战的力量；若战争万一爆发，这也将是一种适时的防御，总之对我们只会有好处。

　　作为一个曾经亲身体验过这种生活的人，我做出这样的提议，希望你能原谅我的冒昧。动作迅速关系重大，这非常明显。

＊　　　＊　　　＊

　　我在 9 月 2 日下午收到了一封来自苏联公使的信，说有件急事需要立刻来恰特威尔见我。我早就和麦斯基大使有了个人的往来。他还经常和我的儿子伦道夫见面。我见了这位公使，经过简单的客套，他缜密详尽地将情况告诉我。他才说了没多长时间我就发现，他会私下和我说这些是因为苏联政府不想遭到可能的否决，宁可通过我，也不肯直接向外交部提议。他们明显想让我将听见的所有事汇报给政府。虽然公使不曾这么说过，可他也没让我保密，这就不难猜想了。我马上就知道关系重大，在向政府转述的时候，我非常谨慎，不掺入自己的观点，也不用那些有机会让我们互相争执的话，以防哈利法克斯和张伯伦在考量的时候受到左右，而出现偏颇。

丘吉尔先生致哈利法克斯勋爵　　　　　　　　　　1938 年 9 月 3 日

　　通过完全可信的渠道，我私人得到以下情报。我认为我有告诉你的义务，尽管没有人让我这么做。

　　昨天，也就是 9 月 2 日，驻莫斯科的法国代办（大使正在休假）去访问李维诺夫，以法国政府之名问他，若捷克斯洛伐克被德国攻击，苏联将提供什么样的帮助，尤其是鉴于波兰和罗马尼亚有保持中立的机会而导致的困境。李维诺夫反问法国，说它的想法如何，他说法国的责任是直接的，而苏联的义务却取决于法国的行动。对于这一问题，法国代办并未回答。就算这样，李维诺夫仍旧告诉他：苏联已经决定要负起自己的责任。波兰和罗马尼亚的立场引发的困境，他已经意识到了，然而在他看来，罗马尼亚那边的难题是能够解决的。

　　罗马尼亚政府的政策近几个月明显对苏联非常友善，两国间的关系已经明显好转。李维诺夫相信，为了解决罗马尼亚不情愿的态度，借助世界同盟是最佳的途径。比如，世界同盟若决议，捷克斯洛伐克为被侵略国家，而德国是入侵国，那罗马尼亚就有机会决议让苏联的陆军和空军借路。

　　法国代办表示，国联行政院可能无法形成一致的意见。李维诺夫回答说，多数选票达成决议即可，与此同时，在行政院投票的时候，罗马尼亚或许会投向多数那边。于是李维诺夫提议，以战争危机的显露为理由，按照第十一条的规定启动世界同盟行政院大会，世界同盟各成员国可以共同讨论。在他看来，时间可能已经非常紧张，若要行动就要尽早。他之后又跟法国代办说，苏联、法国和捷克斯洛伐克的参谋部应该马上开会，分析救援的手段和举措，苏联预备参与此种会谈。

最后，李维诺夫说起自己在3月17日的演说，这次演说的备份，外交部自然是有的。他在那次演说中，提出崇尚和平的各个国家应该针对守护和平的最好的举措进行磋商，或者能发布一个法国、苏联、英国三个大国都包含在其中的联合宣言就最好不过了。他坚信，对于这个宣言，美国在道义上是会拥护的。他都是以苏联政府之名来陈述这些言论的，在苏联政府眼里，用这种方法来遏制战争是最好的。

我要说明的是，今天的情报看上去表示希特勒的态度较为平和，因此我相信，只要亨莱因和贝奈斯的会谈没有新裂痕出现（若真出现裂痕，过错方也不会是捷克斯洛伐克政府），英国政府就不会考虑采取进一步的行动。要是希特勒真的转换了立场，用和平的办法解决，我们就不必惹恼他了。

这些情报，你自然能从其他渠道得到，可是在我看来，李维诺夫的话是非常要紧的，我不该束之高阁，不汇报给你。

在将汇报口述写好之后，我马上将其呈送给哈利法克斯勋爵。9月5日，他以慎重的口吻回复说，他觉得若现在按照第十一条规定行动起来，也不会对局势起到什么作用，不过他可以把此事放到心上。"在我看来，眼下就像你说的那般，我们应该按照亨莱因自贝希特斯加登拿回的汇报，对全局进行重新谈论。"他还说，形势仍旧让人非常忧心。

*　　*　　*

9月7日《泰晤士报》发表社论，说：

捷克斯洛伐克政府已经表示可以承认苏台德地区日耳曼人的最新提议，若他们现在又有什么新提议，那可能的结论就只有一个：让那些在捷克斯洛伐克共和国里觉得局促的人不再受苦，并不是德国唯一的目标。捷克斯洛伐克政府在此种情境下需要考量的是，某些方面支持的方案——将某些其他民族居民生活的并和其同一种族的国家相邻的周边区域割让出去，好让捷克斯洛伐克变成一个更纯粹的国家的方案，他们是不是应该彻底废除。

　　这自然代表着，要将波希米亚堡垒防御线的所有区域让出去。尽管英国政府马上表示《泰晤士报》的这份评论代表的不是政府的主张，可这并不能让外国的言论，特别是法国的舆论放心。就在同一天，也就是9月7日，驻伦敦的法国大使来拜访哈利法克斯勋爵，以法国政府的名义，希望英国政府表明若德国攻打捷克斯洛伐克，英国将采取的态度。

　　那个时候的法国外交部部长博内先生表示，1938年9月10日，他曾经就以下问题咨询过驻巴黎的我方大使埃里克·菲普斯爵士："希特勒可能明天就会攻打捷克斯洛伐克，若是这样，法国马上就得采取行动。法国会掉过头来询问你'我们即将进军，你们是否会跟我们一起进军？'英国会怎么回答？"

　　以下是得到了内阁认可的回复。12日，哈利法克斯勋爵让菲普斯爵士转呈法国：

　　对这一个问题，我国政府明确的回应对法国政府有多重要，我自然是清楚的。可就像你跟博内说的，这一问题自身虽然清楚简单，但绝对不能和引发这一问题的情形割裂开，而眼下，这种情形明显完全是一种假设。

另外，就这样的事情而言，英王陛下政府绝不会只考虑自己的处境，毕竟不管政府怎么决定或者打算如何行动，其实各自治领都因此要担负一样的责任。在事情尚未发生的时候，各自治领政府自然不希望其他人替自己下决定，他们想自己做判断。

因此，对于博内先生的提问，我眼下只能如此回复：尽管英国政府一定不会让法国的安危遭受威胁，但他们无法明确表态，在眼下还无法估计的局势中，以后会采取的行动的性质和时间。[1]

针对"英国政府绝对不会让法国的安危遭到威胁"这点，法国政府提问说，若法国遭到威胁，英国将提供什么帮助。按照博内的记录，伦敦的回应是在开战的六个月里，会派两个未曾摩托化的师和一百五十架飞机出来。博内先生想做的若只是找个理由，让命运来支配捷克斯洛伐克，那我们得承认，他的这一目标达成了。

9月12日当天，在纽伦堡党员大会上，希特勒进行演讲，全面进攻捷克斯洛伐克。捷克斯洛伐克次日在国内的部分地区实行戒严令以做回应。9月14日，他们与亨莱因的会谈彻底破裂。苏台德的这一元首于15日逃去了德国。

现在，危机的高潮已经来了。

---

① 法伊雷恩，前引书，第381页。——原注

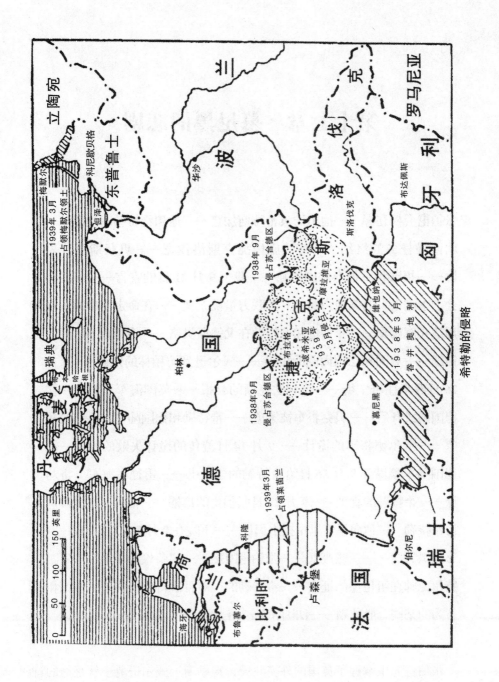

希特勒的侵略

第十七章　慕尼黑的悲剧

张伯伦大权在握——他出访贝希特斯加登——他和希特勒的谈话——朗西曼任务的终结——英法施压捷克斯洛伐克——贝奈斯总统妥协——福歇将军放弃法国国籍——我于 9 月 21 日的宣言——国联大会上李维诺夫的强硬声明——苏联力量被无视——在命定不幸的国家周边兀鹰聚集——张伯伦和希特勒在戈德斯贝格——希特勒下达最后通牒——英国和法国内阁的拒绝——威尔逊到访柏林的使命——9 月 26 日我来往唐宁街——哈利法克斯的公报——英国海军召集——在德国前线身后——贝克将军被罢免——希特勒和德国陆军参谋部的斗争——哈尔德将军的诡计——9 月 14 日流传的诡计失败的缘由——德国陆军参谋部 9 月 26 日给希特勒的建议书——雷德尔海军上将劝谏——希特勒的犹豫——9 月 27 日张伯伦的广播——他第三次提议拜访希特勒——他向墨索里尼提出倡议——下院在 9 月 28 日的大戏——慕尼黑大会——一张废纸——张伯伦凯旋——"荣耀的和平"——凯特尔元帅在纽伦堡的证言——希特勒的推断再次得到证明——道德和行为的某些一般准则——法国和英国踏上绝路

张伯伦先生掌握了英国的外交政策，霍勒斯·威尔逊爵士就是他的首要心腹和代言人。对于自己的外交部的事务，哈利法克斯勋爵越来越无法理解，不过仍旧跟着首相的步伐。内阁极为忧心，可他就听命于张伯伦。首相掌控了下议院里的政府多数党。我们的军国大事仅仅掌握在一个人手里，只有一个人。这个人，不管是对于自己应该承担的义务，还是他自己应当付出的努力，都不会裹足不前。

达拉第和张伯伦在 9 月 13 日和 14 日晚取得联系。法国政府觉得，要是英国和法国的领袖亲自操刀，一起去跟希特勒见面，或许有利。可张伯伦却自有主张。他主动致电希特勒，提议去拜访他。次日，他将这件事告知内阁，同一天下午，他收到了希特勒的复电，请他去贝希特斯加登。因此这位英国首相就在 9 月 15 日早上坐飞机去了慕尼黑机场。不管从哪个方面看，这个时机选得都不太妥当。这个消息传到捷克斯洛伐克，捷克斯洛伐克的领袖完全不能相信这件事是真的。他们觉得怪异，他们刚刚才首次掌控了苏台德区境内的局势，就这此时，英国首相居然亲自去拜访希特勒。由于当地人不曾对希特勒 9 月 12 日发表的寻衅演讲和之后德国挑拨亨莱因党徒叛变表示拥护，因此他们认为这会降低他们和德国来往的身份。亨莱因已逃往德国，苏台德的日耳曼党因为没了领路人明显已经不愿意直接行动。在捷克斯洛伐克政府所谓的"第四计划"里，捷克斯洛伐克政府正式将地方自治的行政计划跟苏台德的日耳曼领导人提出，其内容不仅超出了亨莱因今年四月在卡尔斯巴德的提议，还彻底符合张伯伦 3 月 24 日演讲里提出的主张，也符合西蒙爵士在 8 月 27 日演讲里的宣告。可就算是朗西曼勋爵也已经看出，德国人最不愿见到的就是苏台德的领导人和捷克斯洛伐克政府间签订双方都认可的协议。张伯伦的这次出行，给苏台德日耳曼党提供了一个可以提更多要求的机会，这个党派的极端人士按照柏林的指令公开提议要归附德国。

9 月 16 日下午，首相的飞机抵达慕尼黑机场，之后他坐火车奔赴贝希特斯加登。就在这个时候，德国的每个广播电台都在转播亨莱因提议让苏台德区归附德国的宣言。张伯伦下飞机之后，听见的最大的消息就是这个。

这明显是想让他在和希特勒会谈以前就知道此事。而在这之前，德国政府也好，亨莱因自己也罢，都不曾提出过归附这个问题，并且英国外交部在几天前曾宣布英国政府是不认可这个政策的。

现在法伊雷恩已经将张伯伦和希特勒会晤的对话内容公之于众了。在他的叙述中，我们可以知道张伯伦对希特勒的一个突出印象：

> 我觉得，虽然他的脸告诉我们，他这个人冷酷无情，可我得到的观感是，在做出承诺后，这个人还是可信的。[1]

实际上，我们已经看到，早在数月之前，希特勒就已做了决定，并筹备好侵略捷克斯洛伐克了，仅仅是在等着最后的信号。星期六，也就是9月17日，首相回到伦敦马上召开内阁会议。当时朗西曼勋爵已经回国，他的汇报自然吸引众人的视线。他的身体情况这段时间始终很糟，履行这个职责的时候，又让他的精神绷得非常紧，人都瘦了。他提议施行"一个开门见山的行动策略"，也就是"将日耳曼人多的地方交给德国"。这个方法起码有个好处——简略清晰。

不管是首相，还是朗西曼勋爵都坚信不将苏台德区割给德国，就无法遏制希特勒下令攻打捷克斯洛伐克。在跟希特勒会晤的时候，张伯伦明显地感受到希特勒"战意旺盛"。他的内阁也认为法国是毫无斗志的，因此根本谈不到抗拒希特勒向捷克斯洛伐克提出的要求。有的大臣竟然提出"民族自决权""少数民族要求公正待遇"等论调聊以自慰，甚至显出一副"支持少数派反抗捷克斯洛伐克暴徒"的神情。

现在不得不和法国政府一起走到撤出的一步。达拉第和博内9月18日来了伦敦。希特勒在贝希特斯加登声明的需求，张伯伦原则上已经决定

---

① 法伊雷恩，前引书，第367页。——原注

予以认可，之后的事仅仅是拟定提议，由驻布拉格的英国和法国代表呈交给捷克斯洛伐克政府。法国政府草拟了一份文案送过来，的确思虑得较为周密。由于他们预见到，若让民众表决，斯洛伐克和露西尼亚地区可能也会提出一样的要求，所以他们并不支持。他们支持的是开门见山地将苏台德区割给德国。然而他们又表示，英国政府得和法国、苏联（他们从未和其商讨过）一起确保这个四分八裂的捷克斯洛伐克的新疆界。

我们有不少人，甚至内阁圈外的，都觉得博内其实是个彻头彻尾的失败主义者，他所有的甜言蜜语，其宗旨都只是一句话——"不择手段以追求和平"。战后，他写了本书，理所当然地将所有的责任都推给了张伯伦和哈利法克斯。那个时候，他心里是怎么想的，所有人都明白。法国刚刚郑重声明的责任——为保护捷克斯洛伐克而战，他甘愿以一切代价来让其不能实行。此时英国和法国的内阁，表面上看似乎是两个熟透了的西瓜，挤到一块儿碎掉了；可实际上，拿出刀枪才是他们该做的。可英国和法国在不跟捷克斯洛伐克人磋商这件事上，却一模一样。捷克斯洛伐克人得听命于守护者的决断。这些人脑袋简单得就像是孩子，遭到了最坏的对待。

在将自己的决断或者最后通牒告知捷克斯洛伐克人的时候，英国和法国是这么说的："不管是英国政府，还是法国政府都清楚，让捷克斯洛伐克付出的代价是非常高昂的。他们都自感有义务直白地予以解释，对安全而言，这些条件有多重要……最晚三周以内，首相必须和希特勒先生再会晤一次，要是有机会还得提前，所以我们认为，你们应该及早做出回复。"因此捷克斯洛伐克政府在 9 月 19 日下午就收到了马上将捷克斯洛伐克国内日耳曼人占超过一半的地区割让给德国的提议。

在协议方面，英国毕竟没有责任要守护捷克斯洛伐克，它也从未给予过非正式承诺，可法国的确有这种协议束缚：若德国攻打捷克斯洛伐克，法国必须和德国开战。贝奈斯总统二十年来一直是法国忠诚的盟友，并且近乎附属于法国，不管是世界同盟，还是别的场所，都拥护着法国的政策和权益。要是世界上还有什么责任称得上崇高圣洁，那眼下法国和捷克斯洛伐克的关系即是如此。布鲁姆和达拉第的宣告的声音还在耳边回响。法国政府居然出尔反尔，实在是劫难的恶兆。我一直坚信，贝奈斯不该妥协，他应当坚守自己的防线。以我当时的想法而言，万一开战，在法国全民情绪亢奋的背景下，法国肯定会站出来帮忙；至于英国，也会马上和法国一起行动。我在此次危机的顶点（9月20日）去了巴黎两天，去探望雷诺和曼德尔，他们是我在法国政府里的友人。这两位部长都觉得极为头疼，甚至连达拉第内阁都不想待了。由于事情的走向不会因为他们的牺牲而有所改变，反倒会让法国政府因为没了两个最精干果决的人而变得更加衰败，所以我不赞成他们辞职。我甚至冒昧地将这一想法直白地告诉了他们。在这次难熬的拜访结束之后，我就回了伦敦。

＊　　　＊　　　＊

驻布拉格的英国和法国的大使在9月20日半夜到21日早上两点，去拜访贝奈斯总统，跟他说，已经没机会按照1925年的德捷协议进行裁决，并全力催他"在局势还没到英法两国无法负责的地步之前"，应该接受英国和法国的提议。对于这一告知，法国政府总算自己也觉得有点儿愧疚，因此让他的大使以言辞陈述。9月21日，捷克斯洛伐克政府在这样的压力下，对英国和法国的提议妥协了。那时候，布拉格有个法国将领叫福歇。他自1919年就成了驻捷克斯洛伐克的法国军事代表团成员，1926年升职当了团长。现在，他跟法国政府请辞，辞职之后马上加入了捷克斯洛伐克的部队，他还拿到了捷克斯洛伐克的国籍。

法国曾经做出辩解，我们不该轻巧地将其揭过。他们说，捷克斯洛伐克要是不妥协，因此导致了战争，法国自然会践行自己的职责；可捷克斯洛伐克若是一遭遇压力就妥协，那就妨害不到法国的名誉了。对于这点，我们只能让历史来评说了。

*　　*　　*

当天，也就是9月21日，针对此次危机，我发了一篇声明给伦敦新闻界：

　　在英国和法国的施压下，捷克斯洛伐克被分割，这跟西方民主国彻底屈服于纳粹武装力量的胁迫也没什么两样。英国和法国会因为这种落败而得到和平与安全吗？不，刚好相反，这会让两个国家所处的境况变得更加不利，更加危险。光是让捷克斯洛伐克中立就代表着德国可以调出二十五个师的力量以胁迫西线；此外，这会帮取胜的纳粹开通一条通往黑海的路。除了捷克斯洛伐克，所有的国家的自由和民主都会受到危胁。将一个小国家送入虎口就能获得安全，这想法真是错得离谱。德国的潜在的战斗力将会在短时间内迅猛增长，它的速度远高于法国和英国将必需的防御举措推行完备。

*　　*　　*

李维诺夫在9月21日的世界同盟大会上，正式提出示警：

　　眼下，捷克斯洛伐克的内政正在遭受其邻国的干扰，并且遭到了公然的大喊大叫的进攻恫吓，说要以暴力相对。经历了数个世纪的奴役，作为欧洲最古老、最文明、最勤奋的民族中的一员，它才得以独立，今天或者是明天，它可能就得为保持独立而拿起武器进行战斗了……

　　世界同盟竟然毫不在意地就把奥地利亡国这么大的事揭过去。苏联政府清楚地知道，对于欧洲，特别是捷克斯洛伐克的命运而言，这件事有多重要，因此德国、奥地利一合并，就马上正式对欧洲的各个大国提议，说应该马上一起讨论此事可能引发的结果，好采用集体防范的举措。可惜的是，本该受到关注的我们的提议，却未得到关注。这一提议怎么施行，整个世界都震惊于捷克斯洛伐克的命运，或许我们眼下还不会看见……我出发来日内瓦的之前几天，法国政府首次问我们：万一捷克斯洛伐克遭到进攻，我们的立场是怎么样的。我以政府之名，做了以下极确切、完全不模糊的回答："我们预备按照协议履行我们的责任，和法国一起用我们能用的方法帮助捷克斯洛伐克。法国和捷克斯洛伐克国防部代表召开的会议，我国的国防部预备马上参加，讨论合适的措施……"

捷克斯洛伐克政府就在两天前，曾就以下问题正式询问我国政府，要是法国严格遵守其协议规定的责任，直接有效地帮助了捷克斯洛伐克，那苏联政府是不是会按照苏捷协议，以同样的帮助给捷克斯洛伐克呢？我国政府对这一问题给出了确切的肯定的回答。

真奇怪，这么一个相关大国发表的公开且没附加条件的声明，居然完全没有左右到张伯伦进行的谈判，以及法国对此次危机的处置。我听见某些人说，在地理上，苏联将军队开往捷克斯洛伐克是不可能的，并且开战时，苏联也只能提供数量有限的空军援助。自然，这还得得到罗马尼亚的认可，还得得到匈牙利的认可，准许苏联的部队从它们的领土借道。麦斯基先生告诉我，起码以罗马尼亚来说，要是某个在世界同盟的拥护下的大联盟对其施压，并做出承诺，它就有很大的可能会接受。

从苏联经过喀尔巴阡山脉到捷克斯洛伐克有两条铁路：北面的一条是由切诺维兹经过布科维纳；南面的一条是由德布勒森经过匈牙利。利用这两条与布加勒斯特和布达佩斯有相当距离的铁路，就可以转运三十个师的苏联军队到捷克斯洛伐克去。这些可能性就是维护和平的力量，将使希特勒受到很大的阻碍，一旦发生战争，几乎可以肯定这会导致更严重的后果。有人竭力说苏联口是心非、言而无信，因此苏联的建议事实上未被重视。苏联的建议没有放在对付希特勒的天平上，而是受到冷漠的（更不必说是蔑视的）待遇，这在斯大林的心中留下了一道痕迹。事态的发展，好像世界上不存在苏联这个国家似的。为了这一点，使我们后来付出了很大的代价。

＊　　　＊　　　＊

墨索里尼 9 月 21 日在特雷维佐做了一次极为紧要的演讲，他说："要是捷克斯洛伐克认为它今天处在了一种可以称之为'局势微妙'的位置上，它曾经——或许我们能够使用"曾经"这两个字，而我马上就会跟大家说原因——在'捷克斯洛伐克'之外，还包含捷克、日耳曼、波兰、马扎尔、露西尼亚、罗马尼亚、斯洛伐克，眼下既然已经出了这种事，那我得做出严正声明，它需要以一种全局的办法进行解决。"①

在英国和法国的共同提议下，捷克斯洛伐克政府妥协，被迫解体，额外建立了一个由赛洛维将军统领的无党派政府。在第一次世界大战的时候，赛洛维是捷克斯洛伐克驻西伯利亚的军队司令。9 月 22 日贝奈斯总统对全国进行广播，严肃地劝告民众要保持冷静。在贝奈斯预备广播的时候，张伯伦已经飞去德国跟希特勒展开第二次会谈。此次会谈召开的地点是莱茵兰下的一个城镇——戈德斯贝格。英国首相带来了和"元首"展开最终磋商的依据——捷克斯洛伐克政府已经承认的英法提议的详细内容。他们两人见面的地方是戈德斯贝格的一个旅馆，就是这个旅馆，希特勒四年前为了剿灭罗姆匆忙离开了它。张伯伦在会谈刚开始的时候就发现自己面临着，按照他的说法，是"某种完全出乎意料的局势"。他回来之后，曾对当时的情形进行了以下介绍：

> 我在贝希特斯加登时得到的消息是，若是接受民族自决原则，希特勒先生就会跟我商量施行的办法和程序。他之后跟我说，他从未想过我居然会再去一次，并明确表示认可这一准则。我并不想让下院觉得他是诚心骗我，我本人也完全没那么想过，可就我而言，我原本以为等我到了戈德斯贝格，我只需平静地就我带过去的那些提议跟他商

---

① 见里普卡：《慕尼黑及其后》，第 117 页。——原注

讨，就能把事情顺顺利利地处理了。让我极为震惊的是，会谈刚开始，他就表示不能认可这些提议，得换成另外一份我从未想过的提议。

我该怎么做？我认为我需要时间考虑，于是我就离开了。我心里充满了无法达成任务的不详预感。不过在离场之前，希特勒先生答应我，将延长其以前的承诺——谈判没出结果以前不调派他的部队。而我这边，则同意要求捷克斯洛伐克政府不做可能有机会引发意外情况的事。

就这样谈判暂停，直至次日才继续召开。张伯伦9月23日在旅馆的阳台上来回走了一个早上。用过早饭，他写了封信给希特勒，表示自己预备将德国的新提议告诉捷克斯洛伐克政府，不过指出里面难度极大。当日下午，希特勒给出的回答完全没有退让的意思，张伯伦提出在当晚的最后一次磋商中，他会拿出带有地图的备忘录。此时捷克斯洛伐克已经开始调兵，英国和法国的政府正式告诉各自的驻布拉格大使，说他们过去曾经肩负了劝告捷克斯洛伐克不可调兵的责任，现在这一职责取消。当晚十点三十分，张伯伦再次和希特勒展开会谈，而会谈的情形，以他自己的话来说是最好的了：

在我同德国总理最后一次会谈中，他将备忘录和地图给了我。会谈开始于当晚十点半，直至第二天早上两三点结束，在现场的除了德国外交部部长，还有亨德森爵士和威尔逊爵士。我首次在备忘录上看见时间限制。所以此时我说得非常直白。我竭尽全力重申，这些若坚持下去非出现危险不可，战争一旦爆发，就会引起恶果。我说，这份文件的用词和保有的姿态，相对于说是备忘录，不如说是最后通牒更合适，这将让中立国家的舆论受到极大的震动。我追求和平的努力，德国总理完全没有回应，对此我做出严厉的指控。

我必须额外解说的是，对于他自己在贝希特斯加登时的言论，希特勒又诚挚地对我做了强调，说此次是他在欧洲的领地上的最后一点儿野心，他没想将日耳曼之外的种族也并入德国。他还非常诚挚地说，他渴望和英国和平共处，此次苏台德的事若能和平解决，他非常想再开一次会。自然，他还表示，"在此之外，还有个难题——殖民地问题，不过这个问题是不会引发战争的"。

　　张伯伦在 9 月 24 日下午回了伦敦，内阁次日召开了三次大会。此时，巴黎和伦敦的舆论都越来越强硬。磋商的结果决定不接受戈德斯贝格提出的要求，将这一消息告诉德国政府。这一决议得到了法国内阁的认可，并当即展开了局部动员，其效率的确高得让人想不到。9 月 25 日晚，法国总理和部长再次到访伦敦，勉勉强强地认可了对捷克斯洛伐克的责任。威尔逊爵士第二天下午奉命带首相的亲笔信到柏林拜见希特勒，当时离希特勒筹备的体育馆演讲还有三个小时的时间。威尔逊爵士只得到了一个回答，即希特勒说戈德斯贝格最后通牒里给出的时间限制——10 月 1日，周六——他肯定会坚持，唯一的例外就是捷克斯洛伐克在周三，也就是 9 月 28 日下午告诉他同意了，要不然 10 月 1 日那天他就会发兵这一地区。

　　希特勒当晚在柏林做了演讲。他在说到英国和法国的时候，用词温婉亲切，然而却蛮横残忍地攻击了贝奈斯和捷克斯洛伐克人。他极为确定地说，26 日之前，捷克斯洛伐克人必须撤离苏台德区，又说办好这件事，捷克斯洛伐克内部发生的所有事，他都不会再关心。"在欧洲的领地上，这将是我最后一次提出要求。"

＊　　＊　　＊

　　和同等情况发生的时候一样，危机变得越来越糟，我和政府来往得越发频繁。我在 9 月 10 日去唐宁街官府和首相见面，聊了很长时间。9 月 26 日，我又去了，他要么请我过去，要么极愿意见我。这个重要日子的下午三点半，在内阁会议室里，他和哈利法克斯勋爵跟我会面，我催他们施行我在8月30日写给哈利法克斯勋爵的信里说的政策，由英法苏三国发表联合声明，就共同抵制希特勒侵略的同种观感和决心进行表态。我们详细地讨论出了一份公文，大家的态度看上去完全相同。哈利法克斯跟我的想法一样，我自然觉得首相是完全认同的。那个时候在场的还有一个外交部的部级官员，稿子就让他写了。我们分别之后，我非常高兴，长出了一口气。那天晚上大概八点，外交部新闻司司长，也就是眼下的雷钦那德·利珀爵士，交了份公报给外交大臣，意思大体如下：

> 若德国不顾英国首相的努力，仍旧攻打捷克斯洛伐克，那必定会引发法国声援捷克斯洛伐克的直接结局，而英国和苏联自然一定会支持法国。

在得到哈利法克斯勋爵的认可后，公报当即发表。

在早些时候，我回到了自己在莫佩思大厦的公寓，我发现已经有十五位先生聚在那儿了，他们均为保守党成员，其中有赛希尔勋爵、劳埃德勋爵、爱德华·格里格爵士、罗伯特·霍恩爵士、布思比先生、布雷肯先生、劳先生。大家的情绪都非常激动。所有人的观点都集中于"我们非让苏联加入不可"。保守党内部观点这样激烈，代表他们已经彻底丢开了阶级、党派或意识形态的利益等想法，代表了他们高涨的情感，这让我极为感动，也非常惊讶。我跟他们说了唐宁街的事，并对公报的本质进行了说明。大家听到都安心不少。

法国右派报纸并不相信这份公报，并表示轻视。《晨报》称其为"精妙的谎话"。博内先生则忙于展示其行为的先进性。为了让某些议员觉得他想要的英国的承诺不是这个，所以他告诉一些议员，他无法证明英国的公报。这种感觉他灌输起来自然没什么难度。

我和库伯先生当晚在海军部共进晚餐。他和我说，他正和首相提议马上调动英国舰队。这让我记起二十五年前我个人的经验，当时的情形和现在非常接近。

*　　*　　*

争端时刻好像已经来了，两方的部队已经严阵以待。在欧洲最坚实的防线后边，捷克斯洛伐克的由高效、强结构的工业机械武装过的一百五十万人的队伍正在待命。法国的部队已经局部动员，法国内阁尽管有些不甘愿，可仍预备担负起对捷克斯洛伐克的责任。我国海军部 9 月 27 日午夜前给舰队下达了警戒电文，下令第二天动员舰队。与此同时，这个消息还发给了英国的所有报纸（在晚十一点三十八分）。海军部在 9 月 28 日上午十一点二十分正式下达英国舰队动员的指令。

*　　*　　*

现在让我们看一下，在希特勒显露给英国和法国政府的强横的态度背后的情况。对于希特勒的方案，总参谋长贝克将军非常担心，他一点都不支持这一方案，还预备进行阻止。3 月，他在德国侵略奥地利后曾提交了一份备忘录给希特勒，罗列了详细的真相以证明：接连不断的进攻方案一定会引发全球性的灾难，让刚刚重新兴盛起来的德国再次垮掉。对此，希特勒并未予以回应，搁置了一段时间。贝克不想共同担负希特勒决定开战的历史责任。他们两个从 7 月的时候对立起来。在真的要攻打捷克斯洛伐克的时候，贝克让希特勒许诺，不再冒险开战。因此他们两个关系破裂。希特勒告诉贝克，军队是国家的武器，作为国家的领导人，陆军和别的部队都得以他的意愿为转移，不能有任何条件。于是贝克请辞，他的辞职报告一直未被回应。这位将军的心意已决，绝无更改。从此，他再不去陆军部工作。希特勒只能免了他的职务，并让哈尔德来接任他的职责。后来，贝克走上了一条是悲剧但也荣耀的命运。

不是秘密圈子里的人，是不知道这一切情况的。现在元首和自己的幕僚间也开始了激烈的重大争执。陆军参谋部的人全都信赖、敬重贝克，他们不仅职业见解相同，对非军人的、政党层面的指令也都觉得厌恶。看上去，"九月危机"预警引发了让德国的将军们忧心的局势。在德国东边的疆界布置了三四十个师的捷克斯洛伐克军，而"西墙"那里，法国部队以八比一的优势重重地压在那儿。对手苏联可能从波兰或罗马尼亚借路朝前进发，或许会用捷克斯洛伐克的飞机场进行军事行动。最后，有消息说，英国海军已经展开了动员。在这一切情况的发展中，人们的情绪高涨到了亢奋的程度。

最初，我们拿到了哈尔德将军写的关于抓捕希特勒和他的首要心腹方案的汇报。此事的证据不仅仅是哈尔德的详尽记述。计划一定早已制订了，然而那个时候他们到底下多大的决心，我们就无法明确断定了。德国将军们曾经多次准备反叛，可到了最后总是因为各种理由取消了。在盟军抓捕了他们后，他们为了自己的利益，当然会尽可能详尽地讲述为了和平他们是怎样付出的。这种计划当时无疑是有过的，为了能践行这一方案，还采取了某些重要的手段。

（哈尔德说）为了让德国能够逃离这个疯子的魔爪，我们在9月初就采取了必要的举措。大多数德国人当时对战争的未来满心忧虑。我们没想杀掉纳粹领袖，只想将他们关起来，建立一个军政府，告诉民众：我们会行动，绝对是因为我们坚信，我国的民众正被引往无可置疑的灾祸中。

哈尔德将军、贝克将军、施蒂普纳格尔将军、维茨勒本将军（柏林卫戍司令）、托马斯将军（装备署署长）、布罗克多尔夫将军（波茨坦卫戍司令），以及柏林警察局局长赫尔多夫将军参与了此次计划。总司令勃劳希契将军收到了他们的密报，也同意了。

借着攻击捷克斯洛伐克和正常部队调拨，他们顺利地将一支装甲师派到了临近柏林的地方，如此只用一晚就能抵达柏林。由于在慕尼黑的时候，赫普纳将军统领的第三装甲师驻扎在柏林南部，所以证据非常明显。收到信号马上拿下首都、总理府和主要的纳粹机关，即是赫普纳将军的秘密任务。为了实现这一目标，这个师之后被分派给了维茨勒本将军统领。按照哈尔德交代的说法，那时柏林警察局局长赫尔多夫非常详尽部署了对希特勒、戈林、戈培尔和希姆莱等的抓捕行动。"那个时候什么意外都不可能有。但凡希特勒没离开柏林，政变成功的所有必需条件就都有了。"9月14日早上，希特勒从贝希特斯加登抵达柏林。中午，这个消息传到了哈尔德耳中，他马上去拜见了维茨勒本，订好了计划，立时决定当晚八点行动。到了下午四点，按照哈尔德的说法，维茨勒本办公室收到消息，张伯伦将坐飞机来贝希特斯加登和元首见面。因此他马上开会，哈尔德在会上跟维茨勒本说："要是希特勒装模作样的恫吓又成了，那身为总参谋长，他不能将其揭穿。"因此决定暂缓行动，看看事情如何发展。

那时候的总参谋长哈尔德将军所说的柏林内部险情的故事就是这样，至于是不是真的，就得看历史学家的考证了。之后，米勒和希勒布兰特将军也做了证明，某些考证过这件事的专家也觉得是可信的。要是这件事最终被视为是历史真相，那这又是一个极微小的偶然情况改变了人类轨迹的实例。此外，参谋部那边还有其他为压制希特勒而进行的相对缓和但积极的努力，这是毋庸置疑的。汉内肯将军、勒布将军和博登沙茨上校等组成的代表团于9月26日去总理府要求谒见希特勒，却被支走了。重要的军事领袖第二天中午在陆军部召开会议。他们全部认可写份建议书呈送总理府。1938年11月，这份文件曾发布于法国。[①]建议书有五章，还有三个附录，共计十八页。第一章主要介绍第三帝国的政治领袖和军事领袖的不同

① 1938年11月拉韦尔涅教授发表于《法国和外国政治年刊》。见里普卡，前引书，第212页及其后。——原注

见解，并表示德国民众士气衰落，无法应付一次欧洲争战。还说要是开战，就让武装当局掌控特殊权限。第二章介绍了国防部队糟糕的境况，还说"对于不少严重违纪的情形，武装当局只得不去干涉"。第三章罗列了德国武装的种种劣势，特别强调了匆匆建成的吉戈菲防线的问题，而在埃克斯拉谢佩雷和萨尔布吕肯中间的区域，还没有防御工事。建议书还说，聚集在纪维的法国部队，有可能会攻打比利时。最后强调军官稀缺，说起码得有四万八千位军官、十万个兵丁才能让陆军的战斗力够用，若眼下就开始总动员，起码有十八个师缺少训练有素的低级指挥官。

这份文件还列举了各种原因，证明只要不是范围限制严苛的局部战争，一定会失败，而且可以断定，陆军军官里坚信德国能赢的不到五分之一。在附件里，有对捷克斯洛伐克进行的军事判断，说就算同盟国不帮忙，捷克斯洛伐克的武装也能坚持三个月，而德国不管是在波兰疆界、法国疆界那边，还是在波罗的海、北海，都需要驻扎足够的部队进行掩护。在奥地利那边，为了防范民众暴动和捷克斯洛伐克可能展开的攻击，军力起码得到二十五万。最后，参谋部觉得在三个月之内，让战争局限在部分地区，可能性极小。

陆军那边做出的警告，最后德国海军部长雷德尔海军上将又再次进行了重申。元首在 9 月 27 日晚十点接见了雷德尔，雷德尔以激烈的言辞进行倡议。几小时之后，英国舰队调动的消息让他的倡议力量更强。希特勒犹豫了。德国电台在凌晨两点正式发布消息，表示德国预备 29 日发兵是虚假信息。德国官方通讯社在当天上午十一点四十五发了份文件给英国新闻界，再次表示德国预备 29 日发兵是虚假信息。此时，希特勒纵使有惊人的自控力，也必定遭到了极为凶猛的重压。他明显已经走到了全面开战的边缘。在不利言论和陆、海、空三军领导人的严肃警告面前，他会决然地转变原则吗？换个方向来说，他的威信，长久以来他都是借此来维系自己的统治，现在是否经得住磨砺呢？

＊　　　＊　　　＊

就在元首和自己的将军们博弈时，张伯伦自己正预备对英国民众广播了。他在 9 月 27 日晚说：

现在，因为一个遥远的国家里的我们根本不熟悉的民族间的争执，我们在这里挖战壕，试用防毒面具，这实在太恐怖，太不合常理，太让人难以理解了！要是我觉得有用，我会坚决地第三次出访德国……我本人发自内心地崇尚和平。对我而言国家之间的武装斗争，就像是一场噩梦；然而，若是我断定哪个国家想暴力恐怖征服全世界，我一定会进行抗争。因为信仰自由的人在此种统治下，是没有存活价值的。可战争到底是件恐怖的事，在参战之前，我们一定要清楚，这个问题重大而关乎生死。

在发表这篇可战可和、稳稳当当的广播演讲后，张伯伦拿到了自己上一次托威尔逊爵士送交希特勒的回信。这封信带来了一线生机。希特勒主动参与针对捷克斯洛伐克的疆界的联合承诺，还说愿意对推行新普选措施做深入的承诺。此时时间极为紧迫。第二天（也就是 9 月 28 日星期三）下午两点，德国的戈德斯贝格备忘录中的最后通牒的限期就要到了。张伯伦因此以个人的名义写了封信给希特勒："你的信让我坚信，不用战争，你就能马上得到你的全部基本诉求。我愿意马上亲自到访柏林，和你还有捷克斯洛伐克政府的代表磋商移交的事。要是你不反对，法国、意大利的代表也可出席。我坚信一周之内我们就能签约。"同时，他还给墨索里尼打了电报，跟他说已经对希特勒进行了最后的倡议。电报上说："我想让阁下告知德国总理你愿意派代表参加。我还期望你能竭尽所能敦促希特勒先生接受我的提议，让我们的民众能免于战争。"

伦敦和巴黎之间好像没进行亲密、互相信赖的讨论是此次危局最明显的特征之一。尽管两方面的态度基本相同，可私人来往非常少，或者可以说没有。在张伯伦没经过法国政府和自己的内阁成员磋商就写了这两封信时，法国内阁顺着与之平行的路进行着自己的行动。法国的新闻界极不赞成和德国开战，这我们是知道的；我们也知道，经法国外交部授意的巴黎报纸又怎样暗示那个曾经说苏联和英国强横的公文，说其是假的。27日晚，驻柏林的法国大使进一步提议，预备马上扩大交割给德国的苏台德地区。就在弗朗索·蓬塞先生正和希特勒在一起的时候，希特勒接到了墨索里尼的电文，劝希特勒同意张伯伦开会的提议，还说意大利也想参与。希特勒于9月28日下午三点告知张伯伦和达拉第，提议次日同墨索里尼一起去慕尼黑开会。此时张伯伦正在下院演讲，汇报事情最新的进展。就在他的演说即将结束的时候，在楼上贵族席坐着的哈利法克斯勋爵传了希特勒邀他去慕尼黑的电文下来给首相。当时张伯伦正讲述其写信给墨索里尼，还有他走了这一步得到的结果：

> 在回信中，墨索里尼先生跟我说，他已经发出通告，表示虽然意大利预备彻底践行支持德国的承诺，可鉴于英国政府对其所提需求的紧要性，他希望希特勒先生想办法将自己告诉威尔逊爵士原本定在今天下午两点的行动起码推迟二十四小时。我见如此就能让墨索里尼先生重新考量眼下的情形，想办法找了个可以和平解决的举措。在回复中，希特勒先生表示，他答应将延迟二十四小时调动部队……我还有些事得和下院汇报。现在我收到了希特勒先生的邀请函，他邀我明天早上到慕尼黑和他见面。他还约了墨索里尼先生和达拉第先生。墨索里尼先生已经接受了他的邀约。至于达拉第先生，我敢断言他也会接受邀请。我的回复就无须多言了……我坚信下院会支持我马上出发，看看在这最后，我还能努力做点儿什么。

张伯伦就这样第三次坐飞机去了德国。

＊　　　＊　　　＊

这个有纪念价值的会议，关于它的记载非常多了，这里只重点说一个首要的特性。会议未邀请苏联参会，捷克斯洛伐克本身也未被批准参会。捷克斯洛伐克政府在 28 日晚只是拿到了言辞直白的通告，说次日欧洲四强的代表将要开会。"四巨头"马上签订协议。中午会议开始，直至第二天凌晨两点才结束，备忘录写好，并于 9 月 30 日凌晨两点签字。基本上，会议在各个方面都认可了戈德斯贝格的最后通牒。自 10 月 1 日开始苏台德区分成五批撤离，十天内完毕。国际委员会将限定最终疆界。接到命令特意来慕尼黑听宣判结果的捷克斯洛伐克代表拿走了这份文件。

首相在这四个政治家等着权威们拟定出最终文书时，问希特勒愿不愿意和他个人谈一谈。希特勒"乐意之至"。[①] 两位领导人于 9 月 30 日上午在希特勒的慕尼黑住所见面，在场的就只有翻译了。张伯伦拿出了一份先前准备好的宣告，内容如下：

> 今天，我们德国元首兼总理和英国首相，继续展开会谈，双方均认为，英德关系之事是两国和全欧洲最重要的事。
>
> 我们认为，昨天晚上签署的协议，还有《英德海军协定》是我们两个国家渴望互相不再开战的一个象征。
>
> 两国间的所有问题，我们均决心用磋商的方式进行处理，我们决议继续努力，以清除有机会引发矛盾的根源，好为守护欧洲安定做出贡献。

读完这一宣言，希特勒果决地签了字。

---

① 法伊雷恩，前引书，第 376 页。——原注

回到英国，张伯伦的飞机着陆于赫斯顿，下飞机的时候，他挥舞着希特勒签过字的联合宣言，读给来迎接的显要人物。他的汽车开出机场，在欢呼的民众中经过，哈利法克斯坐在他的身边，他跟哈利法克斯说："过了三个月，这所有的事都将成为历史。"可在唐宁街官邸的窗前，他又挥舞起那张纸，说："在我国的历史中，这是第二次从德国将荣耀和和平带回唐宁街，我坚信和平属于我们这个时代。"

*　　*　　*

凯特尔元帅在纽伦堡接受审问的时候，针对捷克斯洛伐克代表提出的问题做出的回答，现在我们也有了：

> 艾格上校替捷克斯洛伐克问凯特尔元帅：
>
> "1938年，若西方各国愿意帮布拉格，第三帝国还会攻打捷克斯洛伐克吗？"
>
> 凯特尔元帅回答说：
>
> "绝对不会。我们那时的军事力量还不够强。慕尼黑（指的是签署于慕尼黑的协议）的目标就是将苏联从欧洲赶走，抓紧时间完备德国的军事力量。"[①]

希特勒的推断又一次得到了关键性的证实。德国的参谋部感到非常羞愧，元首到底是又算准了，只是凭借着天赋和直觉，精准地比较了所有军事政治情况。就像在莱茵兰那样，元首的领导才华再次超越了德国军事领袖们的压制。这些爱国将领都殷切地希望自己的国家在世界上可以得到自己的位置。他们每天辛勤努力，用种种办法增强德国的力量。在他们发觉自己和局势的发展的差距竟然这么大，心里觉得非常苦闷；在很多情形下，

---

① 法伊雷恩，前引书，第381页。——原注

对于元首的厌恶、怀疑都比不上他们对元首目光深远的天赋和莫测的好运的称颂。毋庸置疑，他成了他们应该追随的星辰，应该听命的上级。就是这样，希特勒变成了德国无可置疑的主人。宏伟大业的路已经开启。筹谋叛乱的人已经没了痕迹，不过军中同僚也没揭发他们。

＊　　　＊　　　＊

此处不妨提出一些伦理行动上的原则，对于将来或者有些指导价值。要评判这种事，绝对不该脱离那时的现实情况。那时人们或许不知道一些真相，所以对事情的预估大致只是猜测，还有可能受到进行推断者的一般情感和意愿的左右。不管是那些想以果决的办法处理可含糊不清的难题的人，还是那些外来挑衅就预备开战的人，都不是正确的。另一方面，那些趋向于忍耐、耐心诚挚地想以和平迁就的手法解决的人，也未必不对。刚好相反，后者在通常情况下都有机会是对的，不管是在伦理道德方面，还是实效方面，均是这般。容忍和保持善心曾经那么多次避开了战争！宗教也好，道德也罢，都一样要求谦逊、谦卑。在人与人的关系之外，还有国和国的关系。多少次战争都是因为挑拨者的推动！多少次引发战争的误解原本都能因为晚些做决定而消除！通常也有那么多国家曾互相激烈交战，然而不过几年的和平，不仅成了友人，还建立了联盟。

基督教义中有一条精要教义是"登山宝训"。我们所有人都敬重教友派，可大臣们践行统领国家大事的职责的时候，的确不是依据此种教义。他们的使命，首先是在和别的国家来往的过程中尽量不引发矛盾、战争，尽量不做一切形式的侵略行动，不管这种侵略的目的是民族主义的，还是意识形态上的。可是为了国家安危，为了自己国家同胞的生命和自由（他们赋予了大臣们这种使命），在一定要正确地施行最后的举措之时，或是在深思之后，有了确定精准的推断后，武力也不是完全不能用。要是事情被证明有足够的理由使用武力，那就得用武力。此时，就该在最有益处的情形使用。若是将战争延迟一年，让自己所处的位置更糟，或者更难取胜，那推迟战争什么益处都没有。有史以来，这是人类常常遇到的左右为难的情况。这种事的最后判断只能依靠历史，按照那时双方掌握的，且在后来得到证明的事进行记录了。

可是有个原则可以帮忙做出评价，就是一个国家得信守承诺，践行盟国协议的职责。这个原则被称为"信义"。人们口中的信义通常和基督教教义有些差别，想来确实让人无法理解。信义通常被自尊心左右，而对于信义的引发而言，信义用处极大。过度强调信义准则自然会造成虚无迂腐又不合理的行径，不管看上去多好，也不足以作为训诫。而此次，就是信义的准则已经陈述了职责在哪儿的时候，可那个时候，若能正确地推断真相，就可以增强信义的实力了。

法国政府舍弃了忠诚的同盟国捷克斯洛伐克，随命运如何调弄它，这个错误确实让人痛心，因此还出现了不少可怕的结果。睿智公正的政策、游侠秉性、信义感，还有对陷于危险的小国的怜悯，会形成一股无法抵挡的势力，而英国要是被条约责任束缚了，必定会挺身一战。可不管怎么样，它已经被扯进去非常深了，历史这样可惜地做出如下记述：英国政府不但默认，且鼓励法国政府踏上了这条死路。

第十八章　慕尼黑的寒冬

波兰和匈牙利落井下石——英国生活的紧张——库伯先生的辞职演讲——针对慕尼黑问题的争论——10 月 9 日希特勒的演讲——重整军备还是维护和平，英内阁进退维谷——普选问题——与库伯先生的信件往来——分割捷克斯洛伐克——首相的权利与义务——1938 年 11 月意大利的亲近与出访巴黎的事得到了他的认可——博内先生向德国申明立场——慕尼黑的后果——英国和法国联合实力对比在事实与估算上的降低——英国空军局势好转——英国和德国空军在 1938 年到 1940 年的力量——德国人口在 1938 年多了一千万

捷克斯洛伐克在 9 月 30 日向慕尼黑决议妥协。他们说，对于自身没参加决议的抗议，希望能当着整个世界的面存档。贝奈斯总统提出辞职，因为"他或许已经妨碍了新国家对新进展不得不做的适应"。他走出捷克斯洛伐克，来英国借住。就这样，按照协议规定，捷克斯洛伐克解体了，然而并不是只有德国在争抢这块肉来吃。波兰紧随 9 月 30 日《慕尼黑协定》之后，给捷克斯洛伐克下发了二十四小时内马上把特申边境割让给波兰的最后通牒。此时，这种严苛的要求，捷克斯洛伐克已经抵挡不了了。

波兰民族虽然有英雄的品格，可他们犯的错，我们不能因为这个就忽略过去；数个世纪以来，他们因为这种错承受了不计其数的苦难。我们可以看见，在经历了长期的分裂和压迫后，他们总算在 1919 年因为西方协约国的取胜而再次成了一个独立的共和国，并成了欧洲的一个重要国家。眼下，就在 1938 年，它因为无关大局的特申问题，居然疏远了曾经帮扶过它，让它再次过上民族团结日子的法国、英国、美国等国，事实上，它没过多长时间，就又觉得这些国家非常重要了。我们可以看见，强悍的德国正对着波兰垂涎三尺呢，波兰却急不可耐地在那个已经遭到侵略和毁坏的捷克斯洛伐克身上给自己咬了一口。在此紧要时刻，波兰在英国、法国大使面前紧闭大门，英国和法国的大使想跟他们见一面都见不上。英雄的品格，这个民族的某些个体是有的，他们天赋异禀，英勇豪放，让人钦佩；可在政府生活的所有层面却一再显示出谬误的积习难改，这在欧洲的历史上真是一件让人无法理解的事，也是一个悲剧。现在波兰民众又遭到新的压迫，我们和他们的心是连在一起的。我们坚信，他们是有那种持续反抗暴力统治的力量的，面对自身遭受的苦难，他们可以用坚韧不拔的精神来应对。我们期待未来的光明。

*　　　*　　　*

慕尼黑的争论，匈牙利也差点儿参与了。霍尔蒂在 1938 年 8 月末出访德国，然而希特勒在面对他的时候，摆出的姿态非常谨慎。尽管希特勒于 8 月 23 日下午和匈牙利的那位掌权者谈了很久，可对于自己预备哪天攻打捷克斯洛伐克，他却没说。"具体的时间，他本人也不知道。只要是共同进餐的人，就必须帮忙做饭。"然而没公布用餐时间。不过匈牙利提出自身需求的时间现在却已经到了。

*　　　*　　　*

在之后的这段时间，在我们历经了这些心力交瘁的时期后，把英国境内当时因为《慕尼黑协定》的事引发的怒火解说给下一辈人的确有难度。我从没见过，在保守党内部，原本关系亲密、互有往来的各个家庭、朋友，却出现了这么大的观点上的矛盾。因为政治党派的原因、社会的原因，以及家庭的原因，素来亲近的男女却用藐视的情绪彼此横眉冷对。张伯伦从机场进城时对其列队迎接或者堵在唐宁街及其过道上的庆祝的民众是绝对解决不了这个问题的，就算是执政党议会领导或者党员竭尽所能也没有用。当时我们属于少数，拥护政府的人对我们冷言冷语，不过我们全不理会。内阁在源头上发生了动荡，可事情既然已经出了，他们也只能团结下去。挺身而出的内阁成员只有一个，海军大臣库伯先生从他的要职上辞职了。他曾经下决定召集舰队，海军部的地位因此得到了极大的提高。就在张伯伦可以彻底掌控民众言论的时候，他跳出欢呼的人群，公开表示他完全不认同首相的举措。

针对慕尼黑的事，下院讨论了一天。库伯先生在讨论开始的时候发表了辞职演讲。在我们的议会日子里，这件事实属罕见。他神情宁静，没有使用演讲稿，在其说话的四十分钟之内，不管是党派内部，还是和他敌对的多数派都凝神细听。此时，想得到强烈不赞同政府的自由党和工党的支持是非常简单的。可是在保守党内部，此次争论足以导致分裂。他说的某些真理，有必要记载在这里：

> 我祈求我的同僚，别总是从捷克斯洛伐克的角度来想这件事，别总是从那个小国家在战略上身处的困境来想这件事。我们反倒不如跟我们自己说："因为入侵捷克斯洛伐克，有一天会发生欧洲大战；等那天来临，我们不得不参战，没办法置身事外。我们将在那条战线上参战，问都不用问。"整个世界都该知道这一点，这会让那些预备打乱和平的人觉得有收手的理由……

> 接着，张伯伦先生在周三上午做出最后的倡议。在四周的磋商里，希特勒终于预备做出让步，不管怎样，到底对英国的要求做一些退让了。可我得提醒下院，要注意到首相送过去的信件，并不是希特勒当天早上最先拿到的消息。早在天亮的时候，他就已经知道了英国的舰

队在进行调动的消息。人的动机很难知晓；在两个消息里，到底哪个对他影响最厉害，使他答应出访慕尼黑，这可能是我们永远弄不清楚的。可我们知道，以前他从未退让过，可现在他却退让了。这么多天，我一直催着调派舰队。我曾经以为，这种行为上的言论，和外交上的那种谨慎且留有余地的辞令或者公报里的附加着需求的条款相比，希特勒理解起来更加容易。我曾力图促使在 8 月末之前，在首相出访贝希特斯加登之前，实施和这种调动相近的程序。我曾经提议，这种程序应该和威尔逊爵士按照命令出访德国一起施行。我记得首相说，这么做必定会影响到威尔逊爵士的责任，可我却觉得这会让他完成使命。

在这一切时间里，我和首相之间极大的矛盾就是这个。首相始终觉得和希特勒来往该用婉转顺耳、合情合理的话。然而在我看来，相比于这个，暴力语言更能触动他。首相极为信任希特勒的善心和他的话。尽管希特勒先生在违背破坏《凡尔赛和约》的时候，承诺会信守《洛迦诺公约》；而在违背《洛迦诺公约》的时候，又承诺不会做出更多干涉，或者在欧洲再无领土需求；在希特勒以大军攻打奥地利的时候，曾赋权自己的手下，做有名望的承诺，说自己不会再插手捷克斯洛伐克的事。这些事的发生还不到六个月，可到了眼下，首相居然还相信希特勒是讲诚信的！

*   *   *

这次长时间的讨论非常可以表明，与会人员那时情绪激动，商讨的问题重大。我的记忆非常深刻，当我说"我们已绝对完全地失败了"的时候，引发的抗议声就像是暴风雨一样，以致我的演讲只能小停一下，才得以继续。为了维护和平，张伯伦先生以坚韧不拔的努力，做了自己能够做的，让大家非常敬佩。可他在人和事情上做出的一系列不正确的预测和推断，并由此做出的错误的行动，此处不得不说一下。而他的初衷无可指摘，他走的道路，没有坚韧的精神气魄是施行不了的。对于这点，我在他离世两年后的演讲中，曾经高度赞赏过。保守党内部的要人之间，尽管存在重大的矛盾，可他们并不会因为这个就不敬重彼此，并且就大部分情况而言，个人关系受到的影响最多也就是短时间的。我们之间有个共识。为了获得民心，眼下热烈要求行动起来的工党、自由党这两个反对党，曾抓住一切机会以抵制、攻击政府施行的哪怕是最平缓、中和的防御手段。

另外，政府还提出了一个重大切实的缘由，尽管说了也无法替他们增光。我们的战争准备严重不足，这是所有人都得承认的。对于这一点，再没有人能比我和我的友人更踊跃地加以证实了。英国让自家的空军力量远在德国的之后。我们一切的弱项都还没有做出防御。用以防卫世界最大的城市和人员中心的，只是一百多门高射炮，并且大多数炮手都训练不足。希特勒要真是厚道，长期的和平要是真的能达成，那张伯伦先生就没什么错处了。要是倒霉的他被骗了，那我们起码得有个喘气的时间，好挽救因为疏漏导致的最糟糕的情况。这些顾虑，还有普通人因为短时间逃开了恐怖的战争而出现的那种安心的慰藉的感觉，让政府的拥护者做出了诚挚的认可。在下院，英王陛下政府的"在最近的危险里采用的防范战争"的政策，以三百六十六对一百四十四的票数获得了通过。抱有不同看法的三四十名保守党员，什么办法都没有，只能用弃权来证明自己不同意。我们全都这么做了。

在演讲中，我说：

此次长时间的争论里，我们真用不着花时间分析在贝希特斯加登、戈德斯贝格，还有在慕尼黑所形成的形势间的区别。要是下院不反对我改动一下某个比喻的话，我可以简要地进行解说。他起初用手枪指着你，让你拿一英镑给他。你给了他之后，他又用手枪指着你，让你交出两英镑。最后，那个霸权主义者同意，先拿一镑十七先令六便士，你得承诺之后交清余下的。

从未有过像首相这么果决、坚定地追逐和平的人。这是所有人都清楚的。如此激烈、坚韧地维护和守护和平的决心实在是史无前例。就算这样，我还是无法理解，要是英国和法国真的由始至终都预备牺牲捷克斯洛伐克，那英国、法国这次又为什么要陷入对德开战的大危机里呢？首相拿回来的条款，我敢说，在夏天的某个时段，用普通的外交渠道就能轻易签订条约。我想说的是，我认为要是让捷克斯洛伐克人自己去应对，并告诉他们，西方国家不会帮他们什么，那他们可能早就拿到比经历此次曲折更好的条件了，他们得到的条款无论如何也不会比现在更糟。

所有的事都成了过去。沉默的、悲伤的、被遗弃的、四分五裂的捷克斯洛伐克，已经处在黑暗里。长时间以来，他跟随着法国领导和政策，跟法国站在一起，最后自己在各个层面都损失巨大……

如果我国被纳粹德国控制，落入它的势力范围，受它的指使，或者我们的生存变得非依赖它的善心和恩典不可，那我就无法忍受了。为了防止这种情形发生，我曾尽力敦促政府做好各方面的防务。第一，要及时建立一支其实力要比任何攻击力量可达本国海岸的国家强大的空军；第二，要把许多国家的力量集合起来；第三，在国联盟约的范围内，结成联盟和订立军事条约，以便把力量集合起来，无论如何至少可以遏制德国的向前发展。然而一切努力都是徒劳的。每一个主张都被那些似是而非、煞有介事的借口破坏和抛弃了。

我们诚挚无畏的人民，他们预备付出所有代价以完成自己的任务，即使在上周的紧张局势面前，他们从未退缩。当他们得知暂时不用再承受艰苦的磨砺时，展现出了欢喜鼓舞和轻松自在，对此，我没什么要指责的。可他们该清楚真相。他们该清楚，我们的防御存在重大疏漏和劣势；他们该清楚，我们没开战就输了一次，其结果对我们影响重大；他们该清楚，我们已走过我们历史中的一个恐怖的里程碑——

欧洲的均势被打乱了。此时，西方的民主国已经听见过此种恐怖的说法："你们已经被放在天平上称量过了，发现重量不够。"别觉得到这里事情就结束了，这只是算账的最初一步。这只是将来每一年都要给我们递过来的第一口的苦酒，只是首次品尝下味道而已。我们要想像以前那样再一次站起来，为了守住我们的自由战斗，我们必须提起精神，重燃我们的斗志。

＊　　＊　　＊

对于英国人的善心和英国人诚挚地因为在慕尼黑得到英德和平而非常荣耀的心，希特勒却只是冷淡以对。10月9日，距离张伯伦强烈要求他在那个彼此友善的声明上签字还不足两周，他在萨尔布吕肯演讲的时候就说：

我们对方的政治家想要和平，可他们国内的政治体系，随时有机会让他们丢官，被别的某些不喜欢和平的人取代。这样的人已经在那守候着了。

英国的当权者，如果不是张伯伦先生，而变成库伯先生、艾登先生或者丘吉尔先生，那我们绝对能够清楚，马上发动新的世界大战就是这些人的目标。对此他们并未遮遮掩掩，是公开认可的。我们还清楚，有那么一个世界新闻力量专以谎话和污蔑为生。这让我们必须更加小心，时刻记得守护我们的国家，时时维护和平，不容许一分一秒的放松，要武装自己。

所以我决定像我在纽伦堡演讲时申明的那样，更努力地加速修建我们在西部的防御工事。现在，我要将亚琛区（埃克斯拉谢佩雷）和萨尔布吕肯区，这两个直至现在还处在我们防御工事前方的地区，放到防御工事内部。

他还说：

要是英国民众把他们从《凡尔赛和约》时期起传承的那种精神丢了，那可是件不错的事。我们再也受不了管家婆式的说教了。要是英国的从政者想干涉德国内部的德国人的命运，或者干涉附属于德国的其他人的命运，那可不合适。就我们而言，我们是不会干涉英国的事的。事实上，德国之外的世界非常应该处理处理他们自己国家里的事情，或者，举个例子，处理一下巴勒斯坦的事。

在《慕尼黑协定》带来的放松的感觉慢慢冷却后，张伯伦先生及其政府却发现自己陷入艰难的两难境地。首相曾说："我坚信和平属于我们这个时代。"可他的大部分同事却想用这个"我们的时代"抓紧再次武装起来。内阁在这点上出现了不同的见解。不管是慕尼黑危机引发的惊恐，还是我们的防御情况，特别是高射炮那边显示出的各种劣势，都告诉我们得全力整顿军备。可另一边，希特勒却因为这种想法极受震撼。他可能找到了理由说："你们就是这么对我们的《慕尼黑协定》展现信任、友善的姿态的吗？我们要是朋友，你们也信任我们，那你重整军备做什么？让我维持军备，你们继续相信我们吧。"按照议会得到的资料，这种观点看上去理由充足，可却不能让人认可。那个时候，国内存在着热烈的波澜壮阔的要求强力重整军备的情感。德国政府和他指派的报纸当然要进行控诉。可整个英国的舆论是千真万确的。他们一边因为首相让他们不用面临战争的灾祸而感到非常开心，高喊和平的口号直冲霄汉；另一边，他们又深刻地感觉到需要武装。全部的军事机构都提出要求，都说到了在危局里，显露出来的让人忧心的军备极其不足的状况。内阁形成了一个统一的中和方案，它的基本准则是：要尽量筹备，但与此同时，为了不干扰国内的贸易，或者不刺激到德国、意大利，不施行大范围的举措。

*　　*　　*

在慕尼黑事件后，张伯伦先生扛住了要求举办普选的引诱和压力，毫无疑问，这是他的功劳。要是此时举办大选，造成动乱更大。可是，就那些指控了《慕尼黑协定》，且拒绝投赞或票的保守党人而言，那一年的冬天确实让人心急、灰心。我们所有人在自己的选区里，都被保守党指控了。然而不少积极反对我们的人，一年之后成了拥趸我们的人。在我埃平选区里，形势的发展竟然让我不得不明确表示，要是本地的党部通过了对我弹劾的决定，我会马上辞掉我在下院的席位，去参与补漏选举的竞争，可霍基爵士——我那位赤胆忠心、鞠躬尽瘁的战友和主席，和他身边的一群果决的人，给了我极大的支持，争抢着每一寸的土地。终于，在党部的一次关键的会议上，让我在这黑暗的时刻获得了三比二的信任票。但这仍是个黑暗的冬天。

到了11月，针对国防问题，我们又进行了一次讨论。我发表了长篇演讲。

库伯先生致丘吉尔先生　　　　　　　　　　　　　　1938 年 11 月 19 日

我在上周四的演讲里说起你，听说你因此非常生气，真心觉得可惜。真弄不明白你为什么会如此。我说的只不过是首相在说起1914年的旧事的时候，他的主旨是想告诉大家在军事调动后，无论如何检查，都会发现某些劣势和缺点，因此我觉得他无法认可你对他的指控。自然，我原本是完全不用说起你的，可是我仅仅觉得在争论的时候，引用别人曾经的言论作为自己发言的根据，通常成效较好。另外，周四那天，我所处的情况有点儿复杂。你的那篇让我极其赞赏和敬佩的伟大激烈的进攻型演讲，攻击了政府三年来的政治成果。在这三年的时间里，我一直是政府成员，只有最后的六周除外。所以，你不会轻易期望我绝对支持你的观点，从而投赞成票。可是，无论你觉得我冒犯了你的证据够还是不够，对于侵犯了你的这件事，我都觉得非常遗憾，请你多包涵一些。因为对我而言，我们的交往和友情，还有你的劝告都是极其珍贵的。

丘吉尔先生致库伯先生　　　　　　　　　1938 年 11 月 22 日

　　接到你的来信，我感到非常开心，十分感谢。在眼下这种情形下，我们这么一小撮朋友要是再彼此责怪，就太不对了。尽量彼此支援，而不去彼此伤害——不让他人坐收渔翁之利，是仅有的准则。你擅长辞令，想表明自己的态度并不难，用不着说明我们之间存在不同的见解。我严守着这条准则。你的演讲自然毋庸置疑，可你在回应我的时候，脱离了正题，我的一些朋友因此当然会怀疑你这么做是不是别有所图，比如，是不是故意尽可能将我和反对政府的别的保守党人隔离开。我本人是没这样以为的。你婉转的来信，彻底打消了我的疑虑。我们的人员如此稀缺，可我们的政敌却那样多，目的却如此紧要，不管什么情形，我们都不该互相打压。

　　在我看来，你的部分演讲，特别是你罗列了近三年我们遇到的灾祸，就我听到的而言，讲得的确非常好。你连演讲稿都没用，我真不知道讲得如此全面，你是怎么做到的。对于这次争论，我觉得十分可惜。现在张伯伦已经无所惦念，平安无事。慕尼黑已经变成历史，防务短缺的状况已经被扔到了一边。截至目前，在国防武器方面，用心的努力还未曾见到。以恐怖的牺牲赢得的喘息之机也会徒然浪费掉。因为担心这些国事，你邀我共进晚餐的时候，我的态度看上去非常无礼，那个时候，你演讲的第一段到底说了什么，我是不清楚的。

　　然而，无论如何，你终究可以信任你诚挚的友人。

＊　　　＊　　　＊

　　哈查博士——一个微不足道的人，于 11 月 1 日获选，填补了捷克斯洛伐克剩余地区的总统的空额。布拉格建立了一个新政权。这个茕茕子立的政府，它的外交部部长说：“欧洲和全球的普遍情况，让我们在最新的未来无法期望有个安宁的时间。"希特勒也是这么想的。11月初，德国正式分派了夺取的赃物。波兰毫无愧疚地统领了特申。斯洛伐克人曾经被德国用作棋盘上的小卒，得到了岌岌可危的自治。以斯洛伐克为代价，匈牙利也得到了一块肉。在英国下议院说起慕尼黑的这些结果的时候，张伯伦先生是这么解释的，在《慕尼黑协定》之后，英国和法国对捷克斯洛伐克做出的国际承诺，仅是对这个国家平白无故受到袭击这个假设而言，并不包括它现在的边界。"我们现在正做的，"他以置身事外的姿态说，"是替重整《凡尔赛和约》限定的疆界作证。当初制定这些疆界的人是不是觉得只要划定好，就不会再变，对此我并不清楚。在我看来，他们这么想的机会很小。他们或许会料到，这些疆界免不了要常常变动。视这些人为不同凡俗的超人，觉得他们的目光能断定出永远正确的疆界，那是难以想象的。眼下的问题是这些疆界修改的手段，是谈判和辩论还是战争，而不是这些疆界该不该常常修改。修改正进行着，关于匈牙利疆界的情况，捷克斯洛伐克和匈牙利已经认可了由德意两国裁夺，以最终确定捷克斯洛伐克和匈牙利两个国家间的疆界。关于捷克斯洛伐克的问题，我认为这些就是我想说的了……"然而，用不了多久，还要再谈。

＊　　　＊　　　＊

我于 1938 年 11 月 17 日写道：

首相正施行的政策是最关键的，这所有人都得承认。对于自己想做的事，已经将要发生的事，他都有着不可动摇的观点。他有自己的价值准则、自己的看法。他坚信迁就希特勒先生和墨索里尼先生就能让欧洲和不列颠帝国非常不错地获得安宁。无人反对他的初衷，无人质疑他的信心、勇气。在这一切之外，他有权去做他觉得最棒的事。在我国外交政策的准则上，或者在我国不得不应对的真相和可能的事上，所有怀着不同看法的人都得承认，我们根本没有遏制他的权利，让他无法用自己可以使用的措施、办法走自己确信的路。他想负起责任，他有权负责。用不了多长时间，我们就能知道他的计划给我们带来怎样的后果。

由于首相觉得德国纳粹政府的食欲，在夺取、兼并了捷克斯洛伐克共和国后已经获得满足，所以他坚信在欧洲大陆上，希特勒不会扩充更多的领土。他或许想劝服保守党答应将现在英国拥有的托管地，或者被视为和托管地一模一样的地方，全部交还德国。他觉得让德国拿回自己的土地，就能让英国和德国维持长久的友好和稳固的关系。他还认为不管在哪个方面，这种友善关系的达成都不会降低我们和法兰西共和国间为了自保这一目标达成的基本团结，我们两方面全都认可这种团结，是一定要予以保护的。张伯伦先生坚信，这一切将引发一般协议的达成，安抚愤懑的国家，进而达成长久和平。

然而，这所有的事全都是期望和预测。我们不能忘了，还有一系列与之相反的可能。他可能会是让我们隐忍不了的事，他或许是必须让我们隐忍不了的事。再者，在此次艰难的磋商中，刺激首相的那种善意和诚信，对方可能并不拥有。我们不得不做出的牺牲，或者我们被逼着要做出的牺牲是很大的，并且可能还不够。这一牺牲可能还会让不列颠帝国损失巨大，严重受辱，却无法让欧洲大陆事情的发展停止或者改变方向。至多也只能延迟数月，到了明年的此时，我们就能知道，对希特勒先生和德国纳粹党，首相的观点到底是对，还是错；到了明年的此时，我们就能知道，绥靖政策是不是起到了安抚的作用，或者是引起了对方更加凶残的欲望。我认为在眼下的时间里只能做一件事——为防首相万一错了或者被骗时，我们还能在最糟糕的情形下得以苟活，那就是增强我们的抵抗能力和国防实力。

＊　　　＊　　　＊

无论怎么考虑"和平属于我们这个时代"，张伯伦先生始终觉得，一定要将意大利和德国割裂开。对此，他有确切的观点。他满怀希望地坚信希特勒的友情，他已经得到了；为了让自己的方案变成现实，他还一定要得到墨索里尼的意大利，以充当牺牲巨大的和德国和好的均衡砝码。在和意大利独裁者重归于好的过程里，他不得不拖着法国一起。全天下所有人一同彼此互相喜爱。在下章，我们将分析这一提议的结果。

首相和哈利法克斯勋爵在 11 月末到巴黎访问。对于首相出访罗马的提议，法国政府虽未反对，但并不热情。可是，因为知道法国正准备效仿英国发表声明，就像张伯伦和希特勒在慕尼黑签订的那份关于英德将来关系的声明，所以首相和哈利法克斯勋爵非常高兴。博内先生于 1938 年 11 月 27 日写给驻华盛顿的法国大使的信里，描述了法国政府的这一想法。信里说："张伯伦先生和哈利法克斯勋爵昨天在巴黎磋商的时候，对于他们觉得在性质上像英德声明一样的那个声明，明确表示认可，对于国际缓和工作，这一声明将是个直接的贡献。"[①] 为了进行这种讨论，里宾特洛甫带着沙赫特博士到巴黎。德国人不仅希望发表一个友好的一般性的声明，而且还希望签订一项具体的经济协定。对于前者，他们有了收获，于 12 月 6 日在巴黎签字了，至于后者，甚至博内先生也不愿接受，虽然他也很想充当法德谅解的缔造者。

里宾特洛甫访问巴黎的使命，其中还有一个更深一层的动机。正像张伯伦希望离间罗马和柏林一样，希特勒也认为他可以离间巴黎和伦敦。关于这件事，博内先生所叙述的他同里宾特洛甫的谈话是很有意思的：

> 至于英国，我和里宾特洛甫声明说，对欧洲形势的一切发展来说，英德关系的好转必定帮助非常大，而缓解欧洲形势的政策也是德国和法国之间所有行为的首要目标。德国外交部长想方设法要将眼下

---

① 《法国黄皮书》第 35 页和 37 页。——原注

形势的责任推给英国。他说，慕尼黑事件完结时，英国政府特别是英国报纸，看上去有段时间曾表示理解，可之后对柏林政府采取的态度却让人失望到了极点……在议会里，库伯、丘吉尔、艾登和莫里森等人越来越多地表述政治见解，还有某些报纸的评论让德国非常恼火；在德国，报纸对此做出的回应，没人挡得住。我再次重申，英法团结重要的根本和稳固，明确指出，除非和德法关系相对应的英德关系好转，否则以长期而言，德法关系的切实好转是难以想象的。[①]

　　慕尼黑事件发生后的一年中，对于希特勒的力量发展得快，还是协约国力量发展得快这一问题，人们曾经争论过。看到我们的空军每个月都在扩充，"旋风"式和"烈焰"式型战斗机也将大规模出产，英国不少清楚我们防务不足的人都由此长出了一口气。尽管空军中队一直在扩充，高射炮也增多了，工业步入战时状态的布置也在持续加速进行，这些改善好像来之不易，可要是和德国军备的大量增加一比，就不值一提了。就像之前说的，全国范围内军需物资的制造计划得用四年的时间才能实现：第一年生产不了任何东西，第二年产品只有一点点，第三年产品成批出产，第四年大量出产，持续不断。可眼下，德国的战争筹备工作，正繁忙地展开着，和战时几乎没什么差别，早就到了第三年或者第四年的地步。然而，英国仅仅是以并不紧急的状况为基础，有了些改进，且范围也差得很远。英国所有的军事支出在1938年至1939年总计三亿零四百万镑，而德国的军用支出少说有十五亿镑。在开战前的这一年，德国总共的军火制造量，或许是英国、法国加到一起的制造量的一倍还多，甚至是两倍以上，而它的某些大型的坦克制造厂也已经快马加鞭地全部开工。所以他们接连不断地得到的武器远比我们多。

---

　　①　《法国黄皮书》第43、44页。——原注

捷克斯洛伐克被占，让协约国丢了捷克斯洛伐克军的二十一个正规师和已经调动的十五到十六个后备师，还丢掉了他们在山区的防御工事；在慕尼黑的危局里，这条防御线曾经让德国不得不布置三十个师的军力，或者说是德国受过完善训练的主力机动部队。战争结束后，按照哈尔德和约得尔两位将军在接受审讯时候的供述，在慕尼黑事件的布置里，德国西线军力只剩下了十三个师，其中第一线的正规部队只有五个师。毫无疑问，捷克斯洛伐克的沦陷，等于让我们丢掉了和三十五个师差不多的军力。另外，还把欧洲第二个最要紧的兵器制造厂——捷克斯洛伐克的斯科达兵工厂也给了对方。在 1938 年 8 月到 1939 年 9 月这段时间，这个制造厂的制造量几乎等同于同一时期里英国所有兵工厂的实际生产量。在整个德国正忙碌地、差不多就像是处在战争时期的状况中那般努力工作时，法国的工作者却早在 1936 年就已经拿到了早就想要的每周四十小时工作制度。

　　更加糟糕的是，法国和德国的陆军力量的对比发生了改变。自 1938 年开始，德国的陆军无论是数量、编制，还是储备队的积累都逐月增加，不仅如此，素质和熟练度也逐月提高。在装备的持续增加中，对士兵的训练和普通士兵的技术熟练度，也每天都在提高。可相同的提升和发展，法国的陆军却没有。德国不管在哪个方面都超过了它。法国在 1935 年的时候就算不用前协约国家帮忙，也有机会不经大型战役就攻入并重占德国。到了 1936 年，法国绝对占优的力量还没到能被质疑的地步。现在我们按照德国那边的披露，法国的优势直到 1938 年还没消失。正是因为清楚自身的劣势，所以德国的最高指挥官才曾经尽全力阻止希特勒采取种种活动，可希特勒的威信因为这些活动的成功而得到了提升。德国的陆军截至我们现在正讨论的慕尼黑事件后的这一年里，尽管在拥有已受训的储备队这方面仍旧比不上法国，可它的效率却已经到了极高的水准。并且因为人口是军队的基石，德国的人数又是法国的一倍，因此德国的部队不管是按哪种标准而言，都将在法国之上，这只是时间问题罢了。从部队的精气神方面而言，德国人也占优。背弃盟国，特别是怯战，会削弱一切队伍的士气，被逼服软的感觉会让士兵精神沮丧。在德国那边，信心、成功和实力每天都在变强，诱发了这个民族的斗争天性，可法国却自认弱小，让法国的各个层级的兵将都非常沮丧。

*　　　*　　　*

不过我们在一个要紧的地方开始追上德国了，这让我们的地位有了一定程度的提升。我们用"旋风"式和后来的"烈焰"式等新型战斗机取代"斗士"式双翼战斗机的过程在 1938 年才刚起步。1938 年 9 月的时候，我们仅有五个中队配置了"旋风"式战斗机；并且旧式备用机和部件，由于已经无法再用，只能丢弃。在新型战斗机的配备上，我们远落后于德国，他们已经有不少"米式"飞机，我们的旧式飞机是比不了的。在 1939 年整整一年的时间里，因为我们配置了新型飞机的中队更多，所以我们的情形好了一些。在那年 7 月，我们的新型战斗机中队共有二十六个，每架飞机配有八挺机关枪；就是因为时间的问题，尚未大规模生产更换的配件。到了 1940 年 7 月不列颠空战的时候，我们能参战的新型战斗机是四十七个中队。

在德国那边，以下是其增长的数量：

1938 年	轰炸机	1，466 架
	战斗机	920 架
1939 年	轰炸机	1，533 架
	战斗机	1，090 架
1940 年	轰炸机	1，558 架
	战斗机	1，290 架

实际上，早在战争还没开始的时候，德国空军的扩张，不管是数量上还是质量上，就已经完成了大多数。和他们相比，我们的奋起大概晚了两年。

自 1939 年到 1940 年间，他们增加的只有百分之二十，可我们在现代化的战斗机上增加了百分之八十。1938 年的时候，在质量方面，我们远比不过人家。到了 1939 年，对于这种不平衡的情况，虽然我们曾经尽力做了些弥补，可在 1940 年正式跟德国比较的时候，我们还是比不过。

伦敦在 1938 年是有机会遭到空袭的，对此我们居然一点儿准备都没有，真是太悲哀了。不过，只要德国没有拿下法国，还有荷兰、比利时等低地国家，夺取了临近我国海岸的必需的基地，就没可能出现关键性的不列颠空战。因为只有拿下了这些基地，他们才能用在当时航程还不够长的战斗机，替他们的轰炸机保驾护航。而在 1938 年或者 1939 年，德国部队还是没有机会战胜法国部队。

直到 1940 年，德国才开始大规模制造用以冲破法国防线的坦克。在西线，法国仍然占据上风，而东线的波兰也还没夺取，在此之前，德国自然无法像之后法国被迫投降之后的状况那般，集合所有的空军力量攻击英国。这还没算上苏联的立场或者捷克斯洛伐克有机会采取的反抗。我认为该拿出这一时期空军力量的对比数字，可不管怎么样，这些数字都是改不了我得出的结论。

有人说，因为慕尼黑事件，我们"得到"了一年的喘息之机，可是按照上面的全部缘由，英法两个国家和希特勒的德国相比，却远远比不过上慕尼黑危机的时候。

*　　*　　*

最后，还有个真相让人震惊：希特勒在 1938 年一年以内，将奥地利六百七十五万人、苏台德三百五十万人，总计超过一千万人的居民、普通百姓和兵丁并入了德国，置于自己的霸权统治下。毋庸置疑，这恐怖的实力对比是对他有利的。

第十九章　布拉格、阿尔巴尼亚、英国对波兰的承诺

1939 年 1—4 月

张伯伦出访罗马——德军朝捷克斯洛伐克聚集——内阁的乐观主义——希特勒侵占捷克斯洛伐克——张伯伦在伯明翰的演讲——政策上的完全转变——我在 3 月 31 日致信首相——苏联政府提议举办六国会议——英国对波兰的承诺——同贝克上校的谈话——1939 年 4 月 7 日意大利在阿尔巴尼亚登陆——英国地中海舰队的错误部署——4 月 13 日我在下院的演说——我致信哈利法克斯勋爵——戈林、墨索里尼和齐亚诺的军事方案大会——德国在夺取捷克斯洛伐克后的战争优势——英国政府施行征兵——反对派（工党和自由党）的懦弱姿态——动员英国联合政府的宣传煽动——克里普斯爵士的倡议——史丹利先生声明愿意离职

　　张伯伦先生仍认为，只要自己亲自和两个霸权统治者面谈，世界的局势就能有极大好转。他不清楚，这两个霸权人物决心已下。他信心满满地提议，自己和哈利法克斯勋爵 1 月去意大利访问。意大利拖了些时候才发出邀请。双方于 1 月 11 日召开谈判。可眼下当我们在《齐亚诺日记》里读到，意大利私下对我国和我国的使者做出评价的时候，免不了让人无地自容。齐亚诺写道："实质上这次访问是很低调的……彼此之间从来没有真正的

接触。我们同这些人的距离有多么远！那是另外一个世界。我们在饭后向领袖说到这些事。墨索里尼说，这些人同创造了大英帝国的弗朗西斯·德拉克船长和其他伟大冒险家不是一类人。说到底，他们不过是富贵世家的没出息的末代子孙而已。"齐亚诺又写道，"英国人不想打仗。他们想尽可能退得慢一点儿，但并不想打仗……我们同英国人的会谈已经结束了，但毫无结果。我打电话告诉里宾特洛甫说，这是一个大失败，但没有什么害处……当张伯伦坐的火车开动时，他的侨胞们唱着'他是一个顶呱呱的好人'，这时他热泪盈眶。墨索里尼问道：'这是个什么歌？'"两星期后，日记又写道，"珀思勋爵将张伯伦预备在英国下院进行演讲的大纲给了我们，询问我们的意思，还说要是我们觉得有需要可以修正。对于这个演讲大纲，元首并无异议，还说在他看来，英国政府领袖将自己的演讲大纲交给外国政府审批，这种事还真是史无前例。对于他们而言，这可不是什么好兆头。"[①] 然而，最后却是齐亚诺和墨索里尼自己踏上了毁灭之路。

同时，里宾特洛甫于 1 月 18 日到达华沙，开始在外交上进攻波兰。德国夺取捷克斯洛伐克，接着又围困波兰。声明德国拥有在旦泽的主权，并将德国在波罗的海一域的掌控权延伸到立陶宛的主要海港梅默尔，借此掐断波兰出海的路径，就是此次开战的第一步。对于此种压榨，波兰政府表示激烈抗议。希特勒只得密切关注，静待开战的机会。

各种传言在 3 月第二周流传开来，说是德奥区域内部队频频调动，尤其是维也纳和萨尔斯堡间。有消息说，德国已经按照战时编制调动了四十个师。斯洛伐克人自以为得到了德国的拥护，正准备将自身从捷克斯洛伐克共和国独立出来。发现日耳曼民族的狂风已经朝别的方向吹去，贝克上校如释重负。在华沙，他公开发表声明，他的政府对于斯洛伐克人的期望深感惋惜。希特勒在柏林以接待国家总理的礼仪接待了斯洛伐克的领导人

---

① 《齐亚诺日记，1939—1943 年》（马尔科姆·马格里奇编），第 9、10 页。——原注

蒂索神父。12 日的议会上，有人问张伯伦先生关于承诺的捷克斯洛伐克边界的事，那个时候张伯伦提示下院，说这一提议的目的是抵制没有原因的入侵，可眼下这种侵略并未发生。不过没用他等多长时间，这种侵略就发生了。

＊　　　＊　　　＊

3 月的时候，英国政治舞台满是一种失常错乱的乐观主义情绪。支持《慕尼黑协定》的英国所有大臣和报纸，不管德国从内到外地给捷克斯洛伐克施加重压，局势越来越严峻，对于这个让捷克斯洛伐克被割让的政策依旧充满信心。比如，3 月 10 日内政大臣在其选举演讲的时候，说他期望有个五年和平计划，说要是有了这么个计划，用不了多长时间"黄金时代"就会到来。他们那时还信心满满地商讨和德国签订贸易协议的事。著名漫画杂志《笨拙》发表了一幅嘲讽画，画上的约翰牛刚被噩梦惊醒，才长出口气，晚上困扰他的所有凶残的流言、幻觉和担忧就都从窗户飞出去了。希特勒就是在这幅嘲讽画刚发布的当天，给那个由于慕尼黑决议而失去了疆界防御线的摇摇欲坠的捷克斯洛伐克政府下达了最后通牒。朝布拉格进发的德国部队彻底占有了这个完全没有反抗的国家。我记着刊登了这个大事件的晚报被送过来的时候，我和艾登正一起在下院的休息室里坐着。就算是我们这种觉得将来没有希望，且始终在尽全力证明此种时局的人也不由得对此非常震惊。而英国政府握着所有的机密情报，竟然也这么不知所措，的确让人无法相信。捷克斯洛伐克共和国于 3 月 14 日被击垮。斯洛伐克人正式宣告独立。匈牙利部队受到了波兰的支持，暗中进驻了他们所求的喀尔巴阡—乌克兰，位于捷克斯洛伐克东部的一个省份。希特勒抵达布拉格，声明捷克斯洛伐克将得到德国的保护，就这么将其并入了德意志帝国。

张伯伦先生于 3 月 15 日只得和下院说："今天早上六点，德国军队开始攻占波希米亚。捷克斯洛伐克民众按照政府的指令未予抵抗。"因此，他接着说，在他看来，承诺给捷克斯洛伐克的事已经无效了。五个月前，殖民地事务大臣英森金普爵士在慕尼黑会议后说起这份承诺的时候，说：
"给予捷克斯洛伐克的承诺，英王陛下政府觉得道义上有信守的义务（听
上去，这句话似乎在技术上已经起作用了一般）……因此，一旦有无理入
侵的行为出现，为保证捷克斯洛伐克领土完整，英国政府自然只能在力所
能及的范围内行动起来。"首相眼下却说："这份承诺直至昨天仍旧有效。
可是自斯洛伐克国会声明斯洛伐克独立后，局势就发生了变化。斯洛伐克
发表的这项声明，导致我们承诺过要守护其疆界完整的这个国家，因内部
分裂而消亡，于是这个责任就无法再制约英国政府了。"

看上去结局已定。首相最后说："眼下发生的情况，我当然该感到非
常遗憾，可是我们绝不能因为这样而走上歧途。我们不能忘了，世界上所
有国家民众的愿望，仍旧聚集于和平上。"

张伯伦先生原计划两天后在伯明翰进行演讲。对于所有发生的一切，
我觉得他必定会以最迂回的言辞认可。如此，就能和他在议会上的演讲保
持同一步调了。甚至我假设他可能会说，幸亏政府在慕尼黑问题上有先见
之明，让英国和捷克斯洛伐克的命运，其实就是中欧的命运决然断开。他
可能会说："去年9月，我们决定不插手欧洲大陆纠纷的风暴中，这真是
太幸运了。这些跟我们没关系的国家，现在我们可以让他们用不流血、不
消耗财物的办法来处理他们之间的纠纷了。"对捷克斯洛伐克的分解既然
是全都认可了的，大部分英国人在自己所知的形势内也表示同意，所以产
生这种想法没什么不符逻辑的。这也是某些对《慕尼黑协定》支持得最热
烈的人所有的想法。因此，我原本以蔑视的姿态等待着张伯伦在伯明翰的
演讲。

首相的反应让我非常震惊。他素来觉得自己对希特勒的个性知之甚详，
能精准地预估到德国行动的尺度。他信心满满地坚信慕尼黑会议是个赤诚
以对的会议，世界已经被他和希特勒、墨索里尼一起从战争的无尽恐怖里
挽救了回来。眼下，就像是一个突如其来的爆炸，将他的信仰和由他的言

行构成的所有东西都炸没了。对于真实情况，他做出了重大的误判，不仅骗了自己，还将这些谬误强制施加给百依百顺的同僚和可悲的英国舆论，他自然该义不容辞地背负起来这个责任。可是一夜之间，他突然从以往的谬误中走出来了。要说张伯伦没能了解希特勒，那希特勒也彻底小瞧了英国首相的个性。希特勒觉得首相温文儒雅的外在和渴望和平的热切绝对能代表他的个性，觉得他的雨伞就代表了他。可是他错了，他不清楚张伯伦的内心是坚强的，受不得蒙骗。

在伯明翰，他发表的演讲曲调和以往截然不同。他的传记的著作人说："他的口吻和从前有很大的区别……他得到了更加充足的情报，他知道议会、民众和所有的自治领都态度坚决，因此他将早就拟定好的有关国内情况和社会福利问题的演讲稿扔到了一边，无畏地站出来，和苦难厮杀。"他指控希特勒不守信义，撕毁《慕尼黑协定》。他引用希特勒做的所有承诺："在欧洲的土地方面，这是我最后一次提出要求""对于捷克斯洛伐克，我可以担保我不再关心了，任何一个捷克斯洛伐克人，我都不会再要。"在演讲中，首相说："我认为慕尼黑会议后，大部分英国民众都和我一样，真心期望这种政策能够继续施行，可是今天，我和英国人民一样觉得失望、恼怒，觉得对方无所顾忌地毁了这些期望。我刚刚读给大家的那些承诺和这周发生的事，能说是一样的吗？"

"这个忽然被侵略的骄傲、勇敢的民族，这个被夺走了自由、夺走了国家独立的民族，对于它，谁都会发自内心地感到同情……我们眼下听说之所以占领它的领地，是因为捷克斯洛伐克发生了暴动……那里若是发生暴动，难道不是因为外国的鼓动吗？这究竟是最后一次侵略一个小国家，还是其他侵略会紧随其后？实际上，这一步难道不是妄图以暴力统治世界吗？"

和他前两天在下院的宣言相比，这些话所持有的立场和政策都截然不同，出人意料。他肯定经过了极为激烈的思想斗争。他在15日那一天还说：

"让我们坚守正确的道路。"可眼下却忽然完全变了。

不仅如此，张伯伦思想的转变，并不局限于嘴上说一说就完了。波兰是希特勒名录里的第二个"小国"。因为首相做了重要的决断，他不得不和很多人探讨，在这段时间里，他自然是非常忙的。首相在两周之后（3月31日）在议会上说：

> 现在，我要向议会汇报，万一要是发生明显危急波兰独立的行为，波兰政府也因此觉得一定要动员全国的力量予以反抗，那英王陛下政府将立即全力声援波兰政府。英国政府已经将大体意思与之相同的承诺给了波兰。
>
> 我还要声明的是，法国政府已经赋予我权利，明确表示他们在这件事上和英王陛下政府的态度一致。（之后又说）所有自治领已经得到了详尽的告知。

现在并不是互相指责过去的时候。议院里所有党派的领袖全都表示支持对波兰的承诺。"上帝保佑，我们只有这个法子了。"我当时说的就是这么一句。到了这个地步，我们必须走这一步。所有清楚那时时局的人，就完全不会怀疑，这基本代表着我们必定要加入一场战争。

＊　　　＊　　　＊

现在，因为善心、精干的人的各种误判，所造成的惨剧已经到达了顶峰。让我们所有人都走进困境的这个实情，证明那些责任人，不论他们的初衷是怎样坦荡无私，都该受到历史的控诉。

让我们回过头来，瞧瞧我们以往曾持续接受或者丢弃的东西：德国撕毁神圣条约重整军备；我们丢了空军上的上风，甚至连空军均势也没了；德国靠武力夺取莱茵兰，吉戈菲防线不是正在建造就是已经建成；柏林—罗马轴心达成；德国兼并同化了奥地利；撕毁《慕尼黑协定》和消灭捷克斯洛伐克，德国拿下了它的防御工事，它强悍的斯科达兵器制造厂自此开始帮德国生产武器；罗斯福总统希望借助美国的干涉，让欧洲的局势得以稳固和澄清，却被推开了；而苏联明确表示希望和西方国家一起尽力帮助捷克斯洛伐克，可无人问津；在英国只需要拿出两个师来加强法国边疆的防御的时候，德国的部队还不完善，捷克斯洛伐克的三十五个师原本能够应付，也被舍弃了。这一切全都成了泡影。

可现在，这一切的上风和有利条件都没了，英国却自己带着法国朝前进发，要守护波兰领地的完整。仅仅是在六个月以前，这个波兰刚如同一只饿狼一般参加了对捷克斯洛伐克共和国的侵略和消灭。若1938年的时候，我们为捷克斯洛伐克开战还算睿智，因为德国部队当时还未必能调遣五六个训练有素的师去西线防守，法国当时用自己六七十个师的兵力，完全能以迅雷不及掩耳之势穿过莱茵河赶去鲁尔。可那个时候，但凡说起这种战争，别人就会觉得你蛮横无理，鲁莽草率，达不到现代人的思想道德水准。眼下到了最后的时候，两个西方民主大国又声明随时预备为保护波兰的领土完整而付出自己的性命。有种说法，大部分历史是在记载人类的罪恶、鲁钝和苦难。五六年以来随意使用安抚绥靖政策，近乎一夜之间就换了态度，宁愿接受明显就要发生的战争，而这场战争的条件和从前相比，要糟糕得多，其规模则更为宏大。同样的事，我们不妨在历史里仔细寻找一番，看看能不能找到。

另外，我们想保护波兰，践行自己的诺言，我们该怎么办呢？只能对德宣战，进攻曾在1938年9月还将我们吓走，眼下已经更加坚实的"西墙"和更强悍的德国陆军。这是灾难之路的一系列路标。这是朝日渐强悍的德国势力一再妥协的记录，只不过起初我们还能轻松应对，之后就日益艰难了。眼下，英国和法国总算不再妥协，在最糟糕的时候和条件最不好的时候，终于下定了必定会让千百万人被屠戮的决心。先是肆无忌惮地浪费掉一切的财富和有利条件，接着用调整过来的仔细描摹的言辞，宣布决心为正义事业拼死一战。在你不用流血牺牲就能轻松取胜的时候，在你胜券在握不用付出很大牺牲的时候，你不去为正义而战，那有一天就只能在极糟糕的情况下，在只有一点儿存活希望的时候被迫作战了。情况甚至可能更糟糕。或许在完全没有获胜机会的时候，仍要拼死一战，因为相比于当奴隶苟活，死在战场上还好一点儿。

＊　　＊　　＊

我和张伯伦先生因为伯明翰的演讲亲近了不少。我写信给他，说：

> 昨天下午我在议院待客室跟你提的建议，我冒昧地强调一下，即以后在防空方面应该进行充足的准备。我这么做，并不是视为侵略性质的，不过却能让英国政府在欧洲大陆显得更加威严。将这些将士整合起来，变成一体，他们的作战效率就会日渐提升。在国内，它的影响只会让人们信心增强，并不使人忧心忡忡。不过希特勒是最让我记忆犹新的。此时，他的精神必定高度紧张。他清楚我们正组建某种联合势力以遏制其进一步展开侵略。他这种人不管什么事都能做得出。他或许想突袭伦敦或者让我们更担心的航空工业。他们若是早就清楚我们准备好了一切，那就没有这种诱惑了，其实不会发生突袭了。所以一定要去掉会引发极端恐怖行动的理由，好做出更加谨慎的计划。
>
> 我在1914年8月曾建议阿斯奎斯先生，为了让舰队能在外交局势彻底无望前通过多佛尔海峡和爱尔兰海峡，请允许让我将舰队调去北边。我认为眼下为空防增员，和这个情况是相似的。我提醒你此事，请你不要介怀。

＊　　＊　　＊

波兰人在捷克斯洛伐克共和国被消灭的时候，用无耻的举措拿下了特申，然而用不了多久，他们就得为自己交罚款了。里宾特洛甫在3月21日见了驻柏林的波兰大使利普斯基先生。相比于从前会谈的时候，他的语调冷硬了很多。因为德国占领了波希米亚，建立了斯洛伐克卫星国，德国队伍于是到了波兰南部疆界。利普斯基告诉里宾特洛甫，德国为什么要启用保护斯洛伐克政策，波兰普通民众都无法理解，觉得波兰是这种保护的直接原因。他询问里宾特洛甫和立陶宛外交部部长近来磋商的情况，问到此次磋商，是不是会影响到梅默尔。在两天之后（3月23日）利普斯基就得到了答案。梅默尔被德国大军占领。

东欧那边，眼下一切可以调动起来反抗德国入侵的办法几乎都无法用了。匈牙利已站到了德国那边。波兰先是对捷克斯洛伐克人袖手旁观，眼下又不想跟罗马尼亚紧密协作。不管波兰还是罗马尼亚，都不同意苏联大军从自己的领地穿过去对抗德国。和苏联达成谅解是"大同盟"的重心。尽管慕尼黑危局的时候被关在门外，可3月19日被当时时局极大影响了的苏联政府仍旧提议举办六国会议。张伯伦先生对此事也早有决断。3月26日在一封个人的信件里，他写道：

> 对于苏联，我得承认我是非常不相信的，就算它愿意，我也不清楚它有没有能力完成一次如此宏大的进攻。而且我也不相信它的初衷，我认为它的初衷和我们的自由观念完全不相干。它就是惹是生非，想让天下大乱，好浑水摸鱼。不仅如此，不少小国家都憎恨它，对它心存疑虑，特别是波兰、罗马尼亚和芬兰。[1]

苏联有关六国大会的提议于是就这么受到了冷遇并被取消了。

英国官方的筹谋曾经对诱惑意大利离开轴心国的可能性很有信心，可眼下这种可能也慢慢消失了。墨索里尼在3月26日发表了言辞猛烈的演讲，对法国提出自己对地中海的诉求。他私下正准备增加意大利在巴尔干半岛

---

① 法伊雷恩，前引书，第403页。——原注

和亚得里亚海的力量，好让自己能和德国在中欧取得的成绩达到平衡。他进军阿尔巴尼亚的计划已经筹备妥当了。

张伯伦先生于3月29日在议会发表声明，说他预备将国内的防卫队翻一番，书面上增加的二十一万人（未配备武器）也在其中。希特勒的总参谋长凯特尔于4月3日就波兰问题下达秘密指令——"1939年至1940年军队命令"，暗号"白色方案"。针对此份指令，元首的指示是："筹备活动必须做到，自9月1日开始随时都可以展开军事行动。"

4月4日，政府在萨伏伊饭店为波兰外交部部长贝克上校设了午宴，我受邀参加。波兰外交部部长是为了做正式的重要访问才来的伦敦。我去年曾经在里维埃拉与他相识，当时我们两人曾一起吃过饭。现在我问他："你返程的时候，你的专车能安全地经过德国，然后回到波兰吗？"他答道："我觉得我们还来得及安全返回。"

* * *

我们眼前已经出现了一个新的危险。

意大利大军于1939年4月7日早上在阿尔巴尼亚上岸，没用多长时间就夺取了整个国家。就像捷克斯洛伐克即将变成德国入侵波兰的根据地一般，阿尔巴尼亚也将变成意大利入侵希腊、逼迫南斯拉夫两不相帮的垫脚石。对于东北部的和平权益，英国政府早就担下了责任。面对东南欧的逼迫又能如何？这艘庞大的和平之船已满身漏洞。

我在4月9日致信首相，说：

> 我希望最晚周二再开一次会。我给你写这封信是想说，我非常希望在议会上，你发表的宣言能像对待《波兰协定》那般，提议组建联合战线。
>
> 我认为眼下时间到底是非常要紧的。重获外交主动权已经到了片刻不能耽搁的地步。仅仅是发表宣言，或者废除《英意协定》，或者

将使臣撤回等举措已经不起作用了。

　　周日，各大报纸都坦率地说起我们正在给希腊和土耳其承诺。我还发现有几家报纸说到英国海军已经夺取了科孚。我们要是真的走了这一步，那就是守护和平的最佳时机。我们要是没走这一步，当然希腊得同意，那我认为既然报纸已经披露了此种想法，且明显是局势需要的，用不了多久意大利就会先拿下科孚。到了那个时候，恐怕就没什么机会再将它抢回来了。换个角度，如果我们先夺下科孚，那个时候一旦少量的几只英国军舰遇袭，墨索里尼就会因此面对一场开始入侵英国的战争。它的直接后果会让意大利境内所有不愿意和英国展开大型战争的势力得到最佳的机遇。这不但不会让眼下出现的重大危险恶化，还会让其好转，不过一定要在今天晚上就行动起来。

　　巴尔干半岛眼下非常危险。要是这些国家仍旧处在德国和意大利的压力下，我们又像他们预料中的那样表现，那为了求得最佳的条款，他们就只能屈服于柏林和罗马了。到了那个时候，我们将变得多么孤立无援！对波兰负责，把我们拉进了东欧的争斗里，而此时，又舍弃了组建一个只要建成就能得救的大联盟的希望。

　　在写下以上言论的时候，我还不清楚我国地中海舰队眼下的情形。我们的地中海舰队自然该聚拢，该在海上摆出恰当的、可有一定距离又能彼此援助的阵仗。

　　其实英国的地中海舰队此时正散落在各个地方。我们的五艘主力船舰，在直布罗陀有一艘，在东地中海有一艘，剩下的三艘停留在相距非常远的意大利各个海港的里外，并且其中还有两艘没有小舰队守护。至于驱逐舰，则分散在欧洲和非洲海岸线一域。另一大队的巡洋舰，并没有强悍的高射炮做掩护，聚集在马耳他港。我们舰队的力量因为这种分散被削弱了，就在这种时刻，听说意大利舰队在奥特朗托海峡聚集，而意大利的大军也正在聚集登舰，预备展开一种性质恶劣的阴谋行动。

4月13日，对此种布置上的疏漏，我在下院进行了控诉：

> 对于英国人过周末的习惯和英国人对于恰逢教会节日的假日的看重，外国已经在研究了。耶稣受难日恰好是议会解散之后的首日。据说英国舰队在那天仍旧遵照以往惯有的范例施行早就宣告的计划。所以舰队会分散在各个地方……要是那个时候，我们的舰队已经聚集到一起，在爱奥尼亚海南部各地航行，意大利就不会冒着风险入侵阿尔巴尼亚了，对此我非常相信……

> 二十五年的和平和战争的阅历告诉我，英国的情报工作是整个世界做得最好的，可是通过波希米亚被占、阿尔巴尼亚被攻击这两件事，有消息说，对于将要发生的事情，英国各部大臣似乎完全知道，或者起码了解得不详细。这是英国机密情报工作的失误？我并不这么认为。

> 为什么英国各部的大臣在德国侵略波希米亚恶行的头一天还在所谓的"温暖的会谈"中沉迷着，还预测说"黄金时代将至"？为什么明显有件属性截然不同，结局难料的事都要发生了，上周假期的老规矩居然还是照旧施行了呢？在我看来，要是各部大臣将情报机构收集且及时送到他们手上的情报，按照其影响力和重要性进行甄选、修饰、弱化；要是他们早有成见，觉得世界应当继续和平，于是只看重符合这个诚挚可敬期望的情报，那他们是在冒险，冒最为恐怖的险。

> 在同一时间，一切事情都发生了。一年又一年，一月又一月，这些事始终一起朝前行进着。实际上，当我们料想到某种情况，别人已经在事实上开始了行动。眼下危机已经临近，欧洲大多数国家已经展开了大规模征兵动员。不计其数的人正在为战争做准备。所有国家的疆界都布置了大量兵力进行防守，各地都感觉到新的进攻已经到了面前。战争一旦开启，我们就会被拉到风暴之中，这是毋庸置疑的。三

个月前的那种生活，现在我们已经过不上了。在所有方面，我们都已经担负了责任。在见到了发生的所有事情之后，在我看来，就该这么做。我们曾经直接对其做出承诺的国家，或者我们正在对其做出承诺的国家，现在用不着一一罗列了。不管在哪个方面，我们的实力在一年之前还是强的，那个时候，那些事就是我们做梦都想不到该去做，就是一个月前，我也想不到要去做，我们眼下都在做了。整个欧洲都处在危险悬崖的边上，要是我们想把它拉回来，带着它爬上守法、和平的高峰，我们自然必须做出最神圣的表率。我们不能有任何畏缩。这样的情况，我们还能接着在家过舒适悠闲的日子，就连"强制"这个词都不愿说出口，就连以必需的手段对我们承诺的部队进行扩充、配备也不愿意？黝黑的苦水迅速在四处泛滥。我们不妨说得坦率诚挚一些，我们又怎么能仍旧不将整个国家的人民兵力加到部队编制里面呢？

过了几天，在一封写给哈利法克斯勋爵的个人信件中，我又一次坦陈了自己对我国舰队布置方面的不满：

我国舰队的布置的确让人不知所谓。首先，4月14日，星期二夜间，海军大臣对国内舰队警戒的情况做汇报，说是十分紧张，甚至高射炮手都不能离开炮位来下边一趟。这个情况是因为一份让人吃惊的电文造成的。以我的意思，这已经超出了警戒的需要。

然而，在另一边，地中海舰队却和我在下院说的那般，分散在地中海各地，处在非常容易遭到攻击的状况中。并且按照报纸刊载的照片来看，"巴勒姆"号的停泊之地居然是那不勒斯码头。眼下地中海舰队已经集合，且已经在其该在的海面上了。所以地中海那边所有的事都已经就绪，这是毋庸置疑的。可警戒不足的情况又转到了我国的海面上去了。几天以来，因为大部分炮手都在放假，所以大西洋舰队除了少量几架高射炮，其实已经没了战斗的能力。在这种时候，所有人都会想着起码能借假期避开一些。扫雷艇全部都在重新配置，还不能行动。这种情况和所描述的周二那天的紧绷情形，能一致吗？看上去这极大地违反了持续合理警戒的规则。眼下所处的情况和上周的情况到底没多少本质区别。第一海务大臣眼下病得非常重，因此我猜想不少事都是斯坦纳普管着的。

　　我给你写这封信，是特地和你个人说的，好让你能自己去探明真相。因此，这封信我希望你能严格保密，因为我不愿意用这件事去给首相添麻烦，不过我觉得你该知道这些事。

＊　　　＊　　　＊

　　戈林与墨索里尼、齐亚诺为了将德国战争筹谋开展的情形和意大利人说清楚，在 1939 年 4 月 15 日，在德国声明保护波希米亚和摩拉维亚后举行了谈判。此次会谈的会议纪要已经拿到了，里面记录戈林说了这么一句话：“不论怎么说，捷克斯洛伐克的大型武器证明，就算慕尼黑会议告终，一旦发生重大的争端，情形会有多危险。德国的行径让两个轴心国的身份有了一定程度的好转。不算别的因素，由于德国得到了捷克斯洛伐克的庞大的制造力，进而增强了轴心国的经济潜力。捷克斯洛伐克的制造能力极大地增强了轴心国与西方国家对抗的能力。另外，现在德国就算大范围开启战争，也不需要派兵，不用一个师就能保护这个国家。说到底这也是对两个轴心国有益的好处了……德国会在捷克斯洛伐克采取那样的行动，应该被视为是为了轴心国的权益。眼下德国可以从两翼进行攻击这个国家（波兰），并且只飞行二十五分钟就能到达波兰的新工业区。由于波兰的这个新工业区离边疆较近，现在已经搬到了内陆，离波兰的其他工业区较近了。”①

---

　　①　《纽伦堡文件》，第二编，第106页。——原注

约得尔将军若干年后在一份演讲稿里说："我们在1938年秋、1939年春不战而屈人之兵，摆平了捷克斯洛伐克的争端并吞并了斯洛伐克，使得大德意志的版图得以恢复，让德国现在有机会按照或多或少是战略上相对有益这个前提来考量波兰的事。"①

罗斯福总统在戈林到访罗马那天写了封私人信件给希特勒和墨索里尼，竭力劝他们承诺十年以内，"或者甚至是二十五年以内，要是我们能看得更远的话"，不再发动侵略。这封信，意大利的这位元首起初没看，之后批注说："这是小儿麻痹症的结果！"他未曾料到，自己以后将要受得磨砺要远比这严重多了。

＊　　　＊　　　＊

首相以前多次承诺不施行征兵，然而到了4月27日，他毅然决然地推行了征兵政策。多亏了陆军大臣霍尔·贝利沙，是他花大力气让这晚来的醒悟得以施行的。他确实预备以自己的政治生涯为代价和首相做了若干次性质非常重大的磋商。在这重大的考验里，我发现了他的一些特点。这段时间，他每一天都说这是自己上班的最后一天。

在这个时段征兵，自然是不能马上就建立一支部队的。那个时候只招收二十岁的男性；他们得先经过训练，训练完还得配备武器。但是，对法国、波兰还有别的得到了我国豪爽承诺的国家而言，这意味着最要紧的表现。反对党在辩论里没能践行自己的责任。在英国从古至今树大根深的抵制征兵的偏见让自由党和工党退缩起来。工党的领导人动议如下：

我们正预备动用所有必需的程序以守护国家安危，践行国际职责，就在这时，对于政府违背承诺、丢掉从军自愿的准则，本院感到非常可惜，自愿原则从未让国防在人员上出现不足的情况。本院以为，现

---

② 同上书，第107页。——原注

在做出的举措确实有思虑不够详尽的地方。不仅不会明显增强国防力量，还会导致分裂，并让整个国家的努力受挫。这更深地表明了在这危急的时刻，政府采用的举措无法让全国人民和本院信任。

自由党的领导人也找了各种借口抵制这一政策。对于自己按照党派立场必须表现出的这种姿态，这两个政党的领导人觉得非常难熬。可他们仍旧采用这种态度，还说了大段大段的道理。他们在投票的时候分别按照各自党派的准则进行投票。表决结果是，保守党以三百八十票对一百四十三票获胜，并得以成功地实施其政策。在演讲中，我曾经竭尽全力告诫反对党，这个举措不可或缺，应该支持；然而，我的努力白费了。他们的困境，特别是在应对他们不赞同的政府的时候，我绝对了解。这件事一定要写下来，因为工党和自由党因为此事，此后永远失去了指责当时政府的权利。他们极为精确地陈述了对于眼下的时局，自己采用的举措。没过多长时间，他们就表示采用了另一种更加切实的办法。

*　　*　　*

张伯伦先生尽管仍旧希望能不开战，但战争一旦开启，他明显是不怕打仗的。他传记的著作人伊林先生说，首相在日记里写道："越有可能开战，丘吉尔就越有机会（参政），反过来也一样。"[①]这句话免不了有些藐视的口吻。除了想再次入阁当个阁臣，我心里还有很多其他的想法，可是首相的想法，我还是非常清楚的。他非常清楚，万一开战，他就得找我做帮手，并且他精准地料到我必定会同意。可是另一边，他又担心希特勒见到我参政，觉得是一种对峙的意思，进而让仅有的和平的希望也化为乌有。他有这种想法是正常的，但并不正确。尽管如此，张伯伦先生不愿意因为下院的某个议员参政而使如此恶劣而微妙的局势变得更糟，这也是无可厚非的。

---

① 法伊雷恩，前引书，第406页。——原注

3月的时候，我曾经跟艾登先生和三十位保守党成员一起提议建立联合政府。夏天，国内掀起了一阵提议建立联合政府的风潮。有人提议起码我和艾登先生得加入内阁。对于国内的此次危机，让立场中立的里普斯爵士十分担心。他曾经和我与众位大臣见面，尽全力支持建立他所说的"全国一致政府"。我是帮不上忙，不过贸易大臣史丹利先生却非常支持。他致信首相，说要是他离职对政府重组有帮助，他愿意辞职。

史丹利先生致首相　　　　　　　　　　　　1939 年 6 月 30 日

此时你正不胜其烦，我却在这个时候给你写信，我是非常犹豫的，不过考虑到情况紧急，希望你能谅解。在我看来，今年秋天的这场打仗，我们都相信只有一个办法可以避开——让希特勒明确知道，我们一定会承担对于波兰的责任，他们的侵略必定会造成一场大战。而我们所有人肯定都在想：我们是否能以某种行动，兼具不会引发对方复仇的危险，又有让人关注的戏剧效果。

除了现在就成立一个在战争爆发时必须成立的那种政府之外，我自己也实在想不出别的更有效的办法来。建立一个这样的政府，是全国一致、同心合力和鲜明的例证。在我看来，这对德国、美国都会有很大的影响，并且若是在最后的关头有机会得到满意的解决的话，那让这么一个政府主持会更加容易。你肯定考虑这一可能，对于有机会遇见的各种难题也必定了解得比我透彻，可我仍觉得给你写信，告诉你我的意见，并对你承诺，若你确实曾经考虑过建立这种政府的可能，我相信我们全部同事也同我一般，必定非常愿意出任一切官职，不论职位高低，也不论是不是政府内。

首相公开表示很满意这个主张。

数周之后，由《每日电讯报》（7 月 3 日）牵头，《曼彻斯特卫报》重申，几乎全部的报纸都开始支持这一见解。见到这种言论每天都在提，多次陈述，我觉得非常惊讶。写有"让丘吉尔回政府"的大字报不知道有多少，在首都布告板上贴着，一直延续了好几周。不少自动参与的年轻男女，在身体的前后挂上了贴着相同口号的布告板，在下议院门前来来回回地走。这种宣扬煽动的手段不是我弄的，不过政府若是邀请我，我自然要加入政府。这一次，就我个人而言，又交了好运。但其他事情却按照"想法合乎情理——过程顺理成章——结局可怕骇人"的顺序演变着。

第二十章　苏联谜团

希特勒撕毁《英德海军协定》——希特勒撕毁《德波互不侵犯条约》——苏联提议成立三国同盟——边疆国家动辄得咎——苏联和德国的来往增多了——李维诺夫被罢免——莫洛托夫——英苏会谈——5月19日的磋商——劳合·乔治先生的演讲——我针对欧洲时局的演讲——必须和苏联联手——德国和意大利的"钢铁盟约"——苏联的外交政策

英国和德国之间的一切关联已经到了无路可走的境地。现在我们自然都清楚，自希特勒上台开始，英国和德国的关系就从未真正友好过。希特勒只想劝服英国，恫吓英国，让英国随便他在东欧自由活动。张伯伦先生就整个心都想着要安抚他，感动他，让他温文尔雅。然而，英国政府的最终幻想眼下已经到了碎裂的时候。内阁总算明白纳粹德国是想开战的。因此首相向各个敞开大门的国家做出承诺及签订协议，也不管我们是不是能给这些国家有用的帮助。我们给予承诺的，除了波兰，还有希腊和罗马尼亚，之后又和土耳其结成同盟。

现在让我们回头说说张伯伦在慕尼黑得到的希特勒的签名，他在赫斯顿下飞机的时候得意扬扬地向民众挥舞着的不幸的纸片。他原本以为在他和希特勒中间，在英国和德国中间存在的两个承诺——《慕尼黑协定》和《英德海军协定》就在这张纸上。前一个承诺已经因为捷克斯洛伐克的被占完全破坏了，现在希特勒又想撕毁第二个承诺。

4 月 28 日希特勒在国会演讲，说：

现在英国的报纸和英国政府既然都同意在一切情形下都一定要抵制德国的这种主张，为了证明这一主张，还施行了我们知道的围困德国的策略。在此种情形下，《英德海军协议》的基础就没有了。所以我决定今天下通牒给英国政府，声明此项决议。由于我们并不想和英国展开军备竞争，因此这问题对我们来说还不是个重大的本质问题，仅是一种因为自尊心引发的行为。然而，英国要是想在这件事上和德国再次举行会谈，要是我们之间还有机会达成明确直白的谅解，那我是非常高兴的。①

在希特勒推行其策略的重要关头，《英德海军协定》明显让他得到了极大的好处：可眼下，这一条款在他嘴里却成了施加给英国的恩典，为显示德国的不满，就只能将这一恩典收回。希特勒告诉英国政府，他愿意和英国政府进行深入探讨海军的事，或者他甚至想让曾经被他骗过的人继续坚持绥靖政策。眼下这项海军协定对他而言，已经关系不大。他有意大利与其携手，他的空军占上风；他还夺取了奥地利和捷克斯洛伐克，还有这两个国家持有的全部资源。他已拥有"西墙"。只说海军，他早就不管所有协定，加快建造潜艇的速度。在形式上，他早就引用协定限定的权利制造和英国等量的潜艇了，可这完全没有制约德国制造潜艇的方案。而在大型舰艇方面，虽然海军协定豪爽地给了他承诺，可是他有心无力，没办法全然消化。于是，他就厚着脸皮精妙地表演一番，把协定朝着制定这一协定的傻瓜，当头扔了回去。

---

① 《希特勒讲演集》，第二卷，第 1626 页。——原注

希特勒在同一篇演讲里，还宣告废弃《德波互不侵犯条约》。他将英国对波兰的承诺变成直接的接口。他说："在某些情形下，要是德国和其他国家发生争执，而把英国扯进战争之中，这个承诺会让波兰对德国展开武力行动。不久之前，我和毕苏德斯基元帅签订的协议与这种条约的职责是矛盾的……因此在我看来波兰已经单方面违背了这一条约，于是这一条约已经被毁了。我已经下了通牒给波兰政府就这种观点进行说明。"

那时研究完这份演讲稿，我在一篇论文里写道：

纳粹德国的视线现在有很大的可能转到波兰身上。不论希特勒先生的演讲是否能揭露其真正意图，但上周五那场戏的首要目的却显然是为了孤立波兰。他讲了些看着像，但其实不是真正的理由，强力地攻击波兰，在它身上施加重压。德国的独裁者可能觉得，只要他的需求没出旦泽和走廊两地，就能让英国和波兰的协定化为乌有。他明显想让英国那些以前经常喊着"没人会为捷克斯洛伐克开战"的人，现在喊"没人会为旦泽和走廊地区开战"。他看上去还没发现，英国的言论因为他在《慕尼黑协定》上没有守信，已经发生了极大的改变；英国政府，特别是首相，因为他的恶行已经彻底改了策略。

1934 年的《德波互不侵犯条约》被撕毁，这一举动是非常重大且极具威胁性的。直到今年 1 月里宾特洛甫访问华沙的时候，对于这个条约，他还多次进行认可。和《英德海军协定》一样，这个条约是按照希特勒的意思经过磋商签订的。和"海军协定"一样，它也明显对德国有好处。在德国还脆弱的时候，这两个协议都曾经让德国的身份得以上升。其实"海军协定"等同于英国原谅了德国对《凡尔赛和约》的军事款项的违背，从而让斯特雷扎阵线的决议和国际联盟行政院的决议都失去效用。"德波协定"则让德国能够将视线聚焦在奥地利身上，之后又聚焦在捷克斯洛伐克身上，让这两个倒霉的国家悲惨地遭受折磨和毁灭。在一定时期内,"德波协定"削弱了波兰与法国之间的关联,还让东欧的各个国家之间无法展开紧密相连的利益聚集。现在等这个协议已经帮完了德国,就被单方面扔掉了。波兰接到暗示,从而明白眼下自己正处于可能受到袭击的范围内。

＊　　　＊　　　＊

英国政府需要抓紧考虑自己给波兰和罗马尼亚的承诺到底牵扯到了哪些现实问题。这两个承诺,只要没加入英国和别国形成的全面协定的体系内,就全都没有军事意义。驻苏联的英国大使就是因为这个才在4月15日和李维诺夫在莫斯科展开谈判。我们以往始终那般对待苏联政府,眼下对他们就不能抱有太大的希望。可是4月16日,他们仍旧正式做出提议,要求英、法、苏三国建成互相援助的联合战线。这一提议并未公开全部内容。苏联的提议是还想让这个三个国家,要是有机会,把波兰也算上,要对德国侵犯的中欧和东欧的国家做出承诺。妨碍这一协议的达成,是这些和苏联边境相邻的国家,生怕苏联帮了他们抵制德国的入侵之后,就会以大部队压境的手段将他们归入苏联体制下。波兰、罗马尼亚、芬兰和三个波罗的海国家都不清楚,最让自己恐惧的到底是德国的入侵,还是让苏联帮忙。英国和法国的策略之所以不能施行,就是因为这种恐怖的选择。

无论如何,就算是在事后来看,英国和法国也是毋庸置疑地早就该接受苏联的提议,宣布建立"三国同盟";而至于开战的支援手段,留给和一致的对手开战的盟国去处理就行了。因为在那种时候,心态就完全不一样了。同盟国在战时,彼此间总是更愿意倾听对方的意愿;前线一开战,战斗激烈,和平的时候无法接受的折中之策也会非常讨人喜欢。在这种原本或者已经建成的大联盟里,要是没接到邀请,一个盟国恐怕很难将部队开到另一个盟国的土地上。

可是,这个棘手的问题却把张伯伦先生和外交部闹得手足无措。在这种关键时刻,在局势以如此速度和如此大的范围迅速发展的时刻,见机行事是最睿智的举措。1939 年时，德国肯定会因为英国、法国、苏联的三国结盟而非常恐慌。就算是那个时候，也没人敢说战争就一定会发生。同盟国这边还能使用占优的力量迈出第二步，他们可以再次拿回外交上的主动权。希特勒一面受不了自己曾经竭力抵制的东西两线同时开战，一面也无法中途停止。我们那个时候没让他处在这种左右为难的境况中，说来真是遗憾。

希特勒有很大机会会因此种处境而丢掉性命。政治家的工作可不只是处理好简单问题，因为这些问题通常顺其自然就能处理了。仅仅是在均势不稳、势力的对比如同在迷雾里无法看清的时候，为拯救世界而做选择的机会才会出现。既然我们已经让自己处在了 1939 年的恐怖的逆境中，我们就该抓住相对好些的机会，最要紧的就是这个。就算到了现在，我们仍旧无法弄清，到底是什么时候，斯大林决定舍弃和西方民主国家携手的想法，进而考虑迁就希特勒的。其实这种时刻也可能从未出现。按照收缴的德国外交部的大批卷宗，美国国务院编辑出版了一本书，名为《1939—1941 年苏德关系》。在这本书里，有几个人们素来不知道的实情。这两个国家看上去早在 1939 年 2 月初就有些来往了，不过可以肯定，这些是贸易和商业上的事，之所以会如此，是因为捷克斯洛伐克的身份在慕尼黑事件后发生了变化，德国和苏联需要就这些事进行谈判。捷克斯洛伐克于 3 月中旬收归德国，问题再次升级。苏联曾经向捷克斯洛伐克政府签约，在斯科达兵器制造厂下了订单，现在斯科达工厂已经成了德国的兵器制造厂，那这些合同要如何处理？

按照德国外交部国务秘书魏茨泽克的记录，大概在一年之前递交国书的苏联使臣，曾在 4 月 17 日那天首次来拜会他。他那时问及斯科达制造厂的合同，魏茨泽克说："因为外界传言说苏联、英国、法国达成了空军协议等，所以眼下缺少将战争储备供应给苏联的有利条件。"说到此处，苏联使臣当即将话题从商贸方面拉到了政治上，他问这位国务秘书，对于德国和苏联的关系，他是怎么看的。魏茨泽克回答说："我觉得苏联报纸近来和美国报纸，以及某些英国报纸不太一样，不是彻底反对德国的曲调。"苏联使臣对这一点表示，既然意识形态上的矛盾没有对苏联和意大利的关系造成影响，那对德国而言，也未必会是一种妨碍。苏联从未利用眼下德国和西方民主国间的矛盾来抵制德国，也没这么想过。苏联没有道理无法和德国在常规基础上来往，而在正常的关系里，就能生出日趋好转的关系。

这次会谈非常重要，我们不得不这么看，特别是考虑到英国大使此时正和李维诺夫在莫斯科进行磋商，还有苏联在4月16日正式提议与英国、法国建立"三国同盟"。这是苏联第一次做出切实的一脚踏两船的行径。自此，它就按部就班地一方面操作苏德关系"正常化"，一方面举行磋商，以建立抵制德国侵略的"三国同盟"。举个例子，要是张伯伦先生在接到苏联提议时就回复，说："好，我们三个国家同心协力，将希特勒的脊柱打折。"或者说些和这个差不多的话，那英国议会就能让其通过，斯大林就能了解一些，而历史的进程就会走向截然不同的路。不管怎么样，这条路到底不能更糟糕了。

5月4日，我用以下言论对当时的时局做了评价：

> 失去机会不是最要紧的。苏联的建议已经提出十天或者十二天了。现在英国人民既然已经舍弃了素来遵守且又难以改掉的习惯，认可了征兵制的准则，那他们就有权利跟法国一起反对波兰在一致的事业之路上添加阻碍。苏联的完全合作，我们不但一定要接受，还必须让立陶宛、拉脱维亚、爱沙尼亚这三个波罗的海国家也加入这个大联盟中。这三个民族长于战斗，加起来差不多有二十个师的强军。一个友善的苏联为它们供应武器，并提供别的支持，这个援助是不可或缺的。
>
> 想要维系一条抵制纳粹入侵的东部战线，就少不了要让苏联踊跃帮忙。遏制希特勒对东欧的野心和苏联的利益休戚相关。

眼下为抵制新的暴行或者入侵，仍旧有机会将波罗的海到黑海之间所有国家和民族凝聚到一起，联合成一个牢固的战线。若以坚定的信仰将这条战线建立起来，联合成果断且高效的军事布置，再和西欧国家的势力联合，就足够应对希特勒、戈林、希姆莱、里宾特洛甫、戈培尔及其同伴，德国民众还会因为忌惮其势力而不愿意轻易挑战。

*   *   *

然而实际情况却刚好相反，一边正预备采用折中的办法和做出睿智的退让，此时另一边却很长时间都没有反应，对李维诺夫而言，这种拖延的打击是致命的。为了和西方国家一起直接明了地将问题处理好，他做出了最终努力，现在终究没能成功。我们的名望严重下滑。为了自身安危，苏联需要一种截然不同的外交策略，必须要找一个新政策的大使。5月3日莫斯科发布了一份公报，表示李维诺夫先生因为其个人要求，已经被免除人民外交委员一职，总理莫洛托夫先生将兼任这一职务。5月4日，德国驻莫斯科代办向柏林汇报，说："直至5月2日，李维诺夫还接受了英国的访问，在昨天的报纸上，他的名字还在观看游行的贵宾名录里出现，看上去，斯大林是临时决定免除他的职务的……斯大林在最近的一次党代会上，着重说明应当细心谨慎，以防苏联被扯进纷争里。莫洛托夫被视为'斯大林最亲近的战友与最亲密的伙伴'。他的出任明显是为了确保外交政策以后仍会严格按斯大林的主张执行。"

驻外的苏维埃代表遵照指令向其所在国的政府汇报，表示此次人事变更并不表示苏联外交策略发生了变化。5月4日莫斯科广播说，李维诺夫这些年一直孜孜以求西方安全策略，莫洛托夫也将继续施行。李维诺夫这个被德国视为死对头的优秀的犹太人瞬间被丢到了一边，就像一件残旧破烂的工具；没让他替自己辩解，就被冷酷地赶出了世界舞台，过着独居的日子，以少得可怜的薪资为生，还要接受警察的监控。成了外交人民委员的莫洛托夫，在国外没什么名气，和斯大林保持着最紧密的来往。他可以不用顾及过去做出的所有宣言，不被世界同盟的意愿束缚，只要是苏联自保需要，任何路线都能走。可实际上他眼下所能走的路只有一条。他素来支持和希特勒签订协议。在慕尼黑事件和其他不少事情上，苏维埃政府得到这么一个坚定的信念：英国也好，法国也罢，只要自己没被袭击就不想开战，可真到了那个时候，也没什么用了。阴云密布，风暴将至。苏联现在不得不为自身的安危考虑了。

李维诺夫被罢免代表着一个时代的终结。这意味着克里姆林宫已经彻底认为没机会和西方国家签订安全协议，建一条反抗德国的东欧战线了。当时德国报纸的评论虽然未必精准，却非常有趣。5月4日德国报纸刊登了一篇华沙通讯，说李维诺夫离职之前曾经和伏罗希洛夫元帅发生过激烈的争执。毫无疑问，伏罗希洛夫是按照切实的指令，表示红军不想为波兰战斗，不曾以苏联总参谋部之名，对"过于宏大的军事职责"发出谴责。5月7日，得到了充足消息的《法兰克福报》发表评论，说英法的"封锁"策略因为李维诺夫离职遇到了极大麻烦；离职的内涵，或许是因为这种策略引发的军事包袱受到了苏联国内某些人的关注，因此喝止了李维诺夫。这一切言论都不是假的，可是在一定时期内，对于这种严重的变化必须进行遮掩，而且苏联的态度就算到了最后一分钟，也还是莫测的样子。另外苏联只能双向同时展开，否则它如何跟自己素来既厌恶又惧怕的希特勒讲价呢？

*　　　*　　　*

犹太人李维诺夫的离职使得希特勒的极端种族成见得以缓解。德国通过各大报纸向苏联承诺，德国人的生活空间不会延伸到苏联的领地上；不管在哪个方面，它扩张的脚步确实停在了苏联的疆界前。所以，苏联只要不和英国、法国签订"封锁"协议，苏联和德国之间就没有争斗的借口。

德国大使舒伦堡伯爵奉召返回柏林进行周密商讨，之后回莫斯科呈交了一份对苏联有长远利益的物资信用贷款的合同，双方都有签订合同的意向。苏联的策略出现了严重和激烈的变化，只有极权国家才能实现这种巨变。苏联的陆军领袖，比如图哈切夫斯基和数千名最优秀的将领不久之前才因为有这种政治倾向被悲惨地杀害了。可眼下克里姆林宫里少数忧心忡忡的主人，又认为这种策略能够采用了。亲德主义在当时是妖言惑众，背叛家国。可现在，瞬间就成了国家策略。任何有胆子反驳的人，自然都应该倒霉，至于那些转变得慢的人，通常也遭遇了相同的命运。

还有谁能比新任的外交人民委员更适合，或者有更好的便利去完成马上就得完成的任务呢？自然是没有的。

＊　　　＊　　　＊

斯大林布置在苏联外交策略讲台上的这个人是有必要稍加说明的，那时的英国和法国政府对此并不清楚。莫洛托夫才华横溢，但冷酷无情。和一切布尔什维克的领导人一样，在革命成功的时期中，他也经历了众多恐怖的危机和磨砺，不过他没受到什么伤害。他存活、发家的社会，各种阴谋诡计迭出，个人时常会遇到被清剿的危险。他炮弹一般的脑袋，他黝黑的小胡子，他锐利的眼睛，他没有棱角的面孔，他圆滑、灵动的言辞，冷静稳重的行为，这一切都恰如其分地展现着他的个性和才华。

再没有人或者机器，比他更适合在一个瞬息万变的国家机器里担当其政策的推广代言人。我和他的会面只在偶尔出现的某些诙谐休闲的会议上，或者在他踊跃地发起一系列没有价值的干杯时，以相同的身份和他会面。我见过的所有人中，再没有人比他更能彻底地展现出现代人心目中的"机器人"的形象。可是，就算这样，他仍旧算得上一个貌似讲理、追求修饰的外交家。而他是如何对待身份比他低的人的，我并不知道。在德黑兰会议上，斯大林同意在击退德国之后，马上攻打日本。莫洛托夫自此之后，对待日本使臣的态度，从他的会谈记录里就能有所了解。在后来此起彼伏召开的会议中，这些会议也是微妙的、试探性的，让人非常窘迫。他一直表现得非常沉稳，不吐露自己的意愿，维持着疏离又正式的礼仪。他的言辞找不到漏洞，一点儿多余的刺激都没有。他带着西伯利亚寒流的笑容，他经过字斟句酌，通常说得非常巧妙的言辞，以及他谦逊守礼的气质，让他成了这个残酷的世界中最完美地推行苏联政策的使者。

别想通过信息沟通来解决意见分歧，这始终都没有效果，并且要是逼得太狠，他免不了要用谎话或者羞辱性的词汇来处理。这种例子在这本书里很快就会有，我可能就得到了一次符合人性的回应。那是1942年春天，在他从美国回国的路上，飞机在英国着陆。当时我们已经签署了英苏协议，他要冒险坐飞机回国。在我们开秘密会议的唐宁街那所花园的大门口，我抓着他的手，两人面对着面注视着彼此。他忽然像是被极大地感动了一般，将深藏在外貌下的实实在在的人显露了出来。他用同等的力道回握我的手，借此作为回应。我们两个什么都没说，仅仅是彼此用力握手。当时我们众志成城，同生共死。在他的生命里，在他的身边，动乱和破坏随处可见，他要么自己有危险，要么把别人推进危险之中。找到莫洛托夫，苏联确实拥有了一个精干的、在所有方面都具有代表性的人——他始终是个忠诚的共产党和共产主义的信徒。我若是直到生命终结，都不用过他曾经承受的那种紧绷的生活，那实在是让我开心。要是过他那种生活，还不如不要出生。人死之后要是确实有另外一个世界，而布尔什维克党人也愿意过去，那么马扎兰、塔莱朗、梅特涅肯定都愿意跟他们一起做外交。

＊　　　＊　　　＊

自莫洛托夫出任外交人民委员这一职务的那天开始，他就施行了牺牲波兰和德国签订协议这一策略。这种情况，法国没过多长时间就知道了。5月7日法国在《黄皮书》上曾经刊载了一份驻柏林的法国大使的电文，非常值得关注，说是他私下得到消息，他敢说第四次分割波兰将变成德国和苏联议和的基础。达拉第先生在1946年4月写道："苏联自5月到现在举行了两次会谈，一次是跟法国磋商，一次跟德国磋商。看上去他想要的不是守护波兰，而是瓜分波兰。这直接引发了第二次世界大战。"[1] 不过其他原因自然也是有的。

＊　　　＊　　　＊

对于苏联 4 月 16 日的照会，英国政府在 5 月 8 日总算做了回复。虽然英国回应的内容不曾公开，但 5 月 9 日，塔斯社发稿罗列了英国提议的关键点。5 月 10 日政府机关报《消息报》刊载了一份公报，大概意思是说：路透社报道说英国提出反建议——"苏联必须分别承诺给所有邻国；若是苏联因为做了这些承诺而陷入战争，那英国必须承诺会支援苏联"，这与事实不符合。公报说，苏联政府于 5 月 8 日已经拿到了英国的反建议，里面没说苏联有责任分别对所有邻国做出承诺；恰恰相反，英国提出的反建议说的是，要是英国和法国因为践行对波兰和罗马尼亚的承诺而陷入战争，苏联有责任马上给英国和法国以支援。可英国的反建议却没说要是苏联因为履行对东欧哪个国家的责任而陷入了战争，英国和法国对苏联的支援。张伯伦先生在当天晚些时候说，对于东欧的新职责，政府已经承担下来了，不过因为各种难题，所以没让苏联直接参与进来。英国政府曾经建议苏联也发一份这样的宣言，表示如果那些有机会被侵略的国家同意，他们愿意做出支援，并预备守护其独立。

几乎同一时间，苏联政府提了一个更普遍、更周密的计划。英国政府觉得这个计划虽然或者会有些其他好处，但它一定会造成英国政府提议中想避开的那些麻烦。于是，他们将难处告诉了苏联政府。与此同时，他们对原来的建议进行了一些改动。他们（英国政府）特地表明，要是苏联政府想先看英国和法国是否插手，再决定自己是否插手，英国政府也认可了。

遗憾的是，这些话两周之前没有明确说明。

---

① 雷诺书里引用，前引书，第一卷，第 585 页。——原注

此处得说一下，5 月 12 日土耳其议会正式通过了《英土协定》。我们希望危急时刻，自己在地中海的身份能因为承担了这一新责任而有所提高。这是我们对于意大利夺取阿尔巴尼亚的回答。其实就跟我们和德国的谈判已经告终一般，现在我们和意大利的关系也走上了僵局。我们和苏联人的磋商仍旧一点儿成果也没有。5 月 19 日下院提出了所有问题。辩论短暂而庄严，演讲的人只局限在各个党派的领导人和担任过内阁大臣的要人之间。劳合·乔治先生、艾登先生和我尽全力主张政府一定要马上按照公平的条件和苏联达成最广泛的协议。劳合·乔治先生率先发言，他用凄惨的基调描绘了一幅晦暗危险的图画：

眼下的情形让我极大地想起了 1918 年春天开始时的那种普遍扩散的感受。当时我们得到消息说德国将要发起一次大规模的进攻，可是没有人知道，它朝哪儿进攻。我记得那时法国人觉得他们的前沿阵地会最先遭到攻击；至于我国的将领们，却觉得将遭受进攻的是我们。法国的将领们甚至连自己方前线的什么地方会先遭受攻击，也无法达成统一的见解；而我方的将领们也有不同意见。我们唯一知道的就是总会有个地方要遭受重创。整体氛围尽管说不上是恐慌，起码也是忧心忡忡的。那个时候，我们能看到德国战线后方动作频繁，我们清楚他们正做准备。在我看来，这些或多或少和眼下的情形有些相似……我们都非常忧心，全世界都觉得侵略者正预备再一次展开进攻。没有人能够切实知道这次攻击会发生在哪儿。我们能够知道的是，他们增加军事储备的速度是前所未有的，特别是对攻击性武器——坦克、轰炸机、潜水艇的增加。我们知道的是，他们正在夺取、建造新的阵地，在他们与法国还有我国开战的时候，在战略上，这些阵地可以让他们占上风……他们正在分析研究，从利比亚到北海一域开战时，获取非常要紧的所有情况。战线后面的行为存在某种秘密活动，有着极其凶恶的征兆。

这样的秘密，1918年也有，其目的就是让我们无法弄清他们的意图。他们的筹备并不是为了防范，他们的筹备也并不是为了抵御法国、英国或者苏联的攻击。他们从未处于险境。说我们正考虑对意大利或者德国的哪个地方发起攻击的所有暗示或者提议，我都从未听见过，不论是在个人方面，还是公开得到的信息中，这点他们却知之甚详。所以这一切的预备，都不是以防范为目的而是要施行某种已经制订好的攻击计划，进攻某个和我们有利益往来的国家。

*　　*　　*

随后劳合·乔治先生又说了一些话，见解非常独到：

尽量避免持久战，以快速的战术结束战局，是两个独裁者的首要军事目标和计划。对独裁者而言，持久战到底不妥当。跟伊比利亚半岛战争似的持久战会把他们累到崩溃。俄国坚固的防守尽管没打下什么大胜仗，却到底拖垮了拿破仑。德国眼下的目标，也是素来目标，都是速战速决地打一场。1866年德国攻打奥地利只用了几周；1870年攻打法国，其实只用了一两个月就完结了。1914年的战斗方案原本也想达成此种目标，且差点儿就成功了；若是没有俄国，他们可能就成功了。可是，他们只要无法马上取胜，就什么都结束了。我所说的话你们可以相信，德国神圣的军事思想家始终在分析这种问题：1914年哪里出错了？少了什么？这些缺憾，他们在下次的战斗中如何挽救？这些重大失误，怎么改正或者避开呢？

劳合·乔治先生从真相延伸到假想，随后又说，德国人已经有"坦克两万辆"和"轰炸机数千架"。这些话离真实情况有很大的距离，且不合适地引发人们的恐慌。我们这一小撮人这些年忙忙碌碌地呼喊，一再强调应该重整军备，他怎么不跟我们一起努力？全院都因为他的话痛心失望。

这种言辞、演讲里包含的悲观主义，两年前或者说三年前更合适，肯定会受到讽刺和嘲笑。不过那个时候，时间还有很多，可眼下，无论这些数字准不准确，这些话都说得太迟了。

首相在回复中首次告诉我们他对苏联提议的想法。对于这一提议，他的态度自然不热情，并且也确实是藐视的。他说：

> 我们要是能找到一个方法可以和苏联携手，并有助于打造和平战线，我们是期待的。我们需要和看重这个方法。说我们不重视苏联的支援，完全没有根据。而怎么精准地估算苏联部队的力量，或者怎么让苏军的效果彻底发挥出来的问题，既然我们没有认可一切没验证过的传言，那就不会有人那么蠢，觉得在我们眼下所处的形势里，这么个地大物博、人口众多、物资充沛的大国，起到的作用不值一提。

一年前，就像他拒绝罗斯福总统提议的那些没有分寸的言辞一样，这些话再次显露了出来。

因此，我针对这一问题继续说：

> 我一直无法理解什么原因妨碍了和苏联签订协议。首相自己说他很愿意这么做，又说会遵照苏联政府提出的广泛简洁的模式进行。
>
> 苏联政府的提议无疑是想建立英法苏"三国同盟"，以抵制侵略，别的国家若是或者想要借助这一同盟得到好处，这个同盟还能增加它彼此援助的范围。抵制未来将会出现的侵略行径和保护受到侵犯的国家才是联盟的目标。在我看来，苏联的提议没什么问题。这个简单的提议哪里不好？有人说："你可以相信苏联政府吗？"我相信莫斯科那里他们也会说："我们可以相信张伯伦吗？"我希望我们可以说，

这两个问题全有肯定的答案。我真心期望是这样……

这个土耳其提议得到了广泛的认可，是一种使得全黑海和东地中海地区团结稳定的庞大的能量。和我们达成这一协议的土耳其，和苏联有着最亲密友善的关系。它跟罗马尼亚也非常亲密友善。这些国家团结一致正彼此守护他们的首要利益。

英国和南欧所有联合的国家之间的利益非常相近，就是在北欧，这种相同利益也是存在的。就拿波罗的海的各个国家为例，彼得大帝就曾为立陶宛、拉脱维亚和爱沙尼亚作战。眼下，不让纳粹德国夺取这些国家，是苏联非常重视的事，是北欧的首要利益。至于（德国攻打）乌克兰的议论，我也不需详细说明，因为这代表着进攻苏联领地。你们可以发现，全部东线的确关系到苏联的首要利益，所以我们差不多可以断言，他们会将自己的利益和遭受相同影响的国家关联起来。

你若是预备在战时和苏联建立同盟（没有比这个考验更大的事情了）；你若是预备在守护我们曾付出承诺的波兰和罗马尼亚的时候，同苏联建立同盟，那现在和苏联建立同盟你又有什么可不放心的呢？在此时建立同盟这一事情本身就能起到阻止战争开启的作用。这些外交方面的小心谨慎和委决不下到底有什么价值，我真弄不明白。要是最坏的情况出现了，我们和他们一起被扯进这种局势里，还是不得不尽全力和他们一起奋战。要是没到引发困境的程度，那就太好了，我们也能在最开始的时候得到安全。

英国政府对波兰做出承诺。听见政府做出这种承诺的时候，我非常惊讶。现在，我仍旧支持这一承诺，可在听见的时候，我的确是吃惊的。因为在此之前，没人觉得以后会走到这一步。我希望委员会可以留意，在十天之前以及今天，劳合·乔治先生多次说起的问题尚未得到回应。这个问题是：在没做出承诺以前，和参谋部讨论过这种承诺恰不恰当，可不可行，是不是有办法能让这项承诺实现之类的事吗？整个国家都知道这个问题已经问了，可却一直没有得到答复。这实在让人忧心。

苏联明显不预备加入协议了，除非它得到同等待遇，事实上，不光是同等待遇，还得让它相信盟国及和平战线才能有很大的机会成功。没有人想同瞻前顾后的领袖和变幻莫测的政策携手。政府也得知道，全部这些东欧国家，是没办法只靠自己的实力坚持一年左右的战争的，除非有一个和西方所有国家携手的友善的苏联在身后强力地支持他们。我大体上是认同劳合·乔治先生的这一提议的：若想组建一条强悍的东线，即一个东方的和平阵营，或者若战争爆发，则变身战斗的战线，那就一定要有个友善的苏联站在东欧国家身后给予强力的支援才有机会。

东线一定要建立，若是不能，在西线的国家会怎么样呢？比如比利时、荷兰、丹麦、瑞士这些国家，就算我们不曾给予他们承诺，通常也觉得我们有支援他们的责任，他们又会怎么样呢？我们不妨追忆一下1917年的时候我们的经历。那一年，俄国的战线已经被打垮，没了气势。那支纪律严谨的大军因为革命和兵变渐渐没了斗志，前线一片混乱，无法描述；就算这样，直到签订和约结束战争，就算它完全没有斗志，处在非常糟糕的情形下，它仍旧拖住了超过一百五十万的德军。之后那条战线刚一终结，德国的一百万的大军和五千门大炮就马上被派去了西线。在战争的末尾，这差点儿改变了战争的进程，让我们不得不认可一个灾害般的和平。

东线的事非常重大。现在没有更多的人在这件事上花费更多的心力，这让我觉得非常吃惊。我的意思自然不是要奉承苏联。现在不是奉承哪个国家的时候。这里有个提议，一个公正的提议，并且我认为相比于政府列的条款，这个提议的需求更合适；这个提议更简单、直白，也更加强劲。我们别将其扔到一边，让它无疾而终。我希望政府能将这些残酷的真理记在脑袋里。我们在西欧的利益必须有强悍的东部战线才能获得令人欣慰的防御；而想要得到强悍的东部战线，则一定要有苏联。在不短的时间里，政府曾忽视了我们的国防，还扔了捷克斯洛伐克和它所有武装力量承载的全部内容，眼下没考虑技术难度就担负了守护波兰和罗马尼亚的责任，在这种背景下，现在又否决了苏联的必不可少的支援，这会让我们在最糟糕的情形下陷进最恶劣的战争里，如此一来，他们就对不起民众的信任，并且我还要再说一句，也对不起民众对他们的宽容。

现在无论是什么都已经太晚了。艾德礼、辛克莱和艾登的演讲，简要地介绍了危险很快就会降临，以及和苏联结成同盟的价值。几周之前，工党和自由党的领导人还带领他们的党员对国家征兵体制投反对票，这使得他们的地位极大地降低了。对外交政策的不认可是他们常用的借口，可是他们的这个借口经不起推敲；因为要是作为依仗的力量不够强大，要是整个国家的民众不预备为了制造这种力量而担负起必需的付出，那任何外交策略起不了作用。

＊　　　＊　　　＊

在西方国家以建设反抗德国的防御战线为目标进行各种努力时，德国也在做相同的行动。5月初，里宾特洛甫和齐亚诺在科莫进行磋商，得到了"钢铁盟约"正式公开的结论，两国外交部部长于5月22日在柏林签了字。这是对英国给予东欧各国的薄弱承诺的挑衅般的回答。齐亚诺在日记里写下了这一盟约签订时的一段同希特勒的谈话：

对于这一盟约，希特勒表示他十分欣慰，且承诺将由意大利主理地中海策略。对阿尔巴尼亚，他也非常有兴趣，极为支持我们想将阿尔巴尼亚成为掌控巴尔干的强大的堡垒的方案。[①]

"钢铁盟约"签署的第二天，也就是 5 月 23 日，希特勒和参谋长们召开会谈。会上，他自鸣得意的情绪表现得更加鲜明。这是此次会谈的机密纪要：

如今，我们正处在爱国主义的浪潮中，其他两个国家——意大利和日本也是这样。对于我们自身以往的时间，我们确实善加使用了。我们每一步都是遵照目标按部就班地走的。波兰并非是"后备对手"，波兰将一直和我们的敌人站在一起。尽管签订了友好协议，可波兰始终在暗处刻意借助所有的机会来残害我们。争执的重心根本不是旦泽。重心是我们要在东方扩大生存领地，并保证食物供给。所以，我们不能放过波兰，这是毋庸置疑的，我们必须下定决心，只要时机合适就攻打波兰。我们不能寄希望于捷克斯洛伐克的事再发生一次。肯定要打仗。我们的工作是把波兰隔离起来，将波兰成功地隔离起来，会是关键的一步。

要是无法确定德国和波兰的战争不会引发西线之战，那战争的首要目标将是对抗法国和英国。要是法国、英国、苏联结成同盟以抵制德国、意大利和日本，那就必须对英国和法国进行几次毁灭性的攻击。我不认为能和英国形成和解。我们一定要为开战做准备。英国会是我们的对手，因为我们的发展，在它看来会影响它的地位，是在为霸权奠基。和英国人的战争将会是生死之战。我们必须以军事力量夺取荷兰、比利时的空军基地，不用顾虑他们的中立声明。

英国要是有意插手波兰战争，我们就一定要迅疾如电地拿下荷兰。

---

① 　《齐亚诺日记》，第 90 页。——原注

我们一定要专注地占领从荷兰至须特海的新防线。那种觉得我们会一帆风顺获得成功的想法非常危险，这种可能绝不存在。我们必须背水一战。眼下的问题不再是正不正义，是八千万民众的生死。所有国家的军事力量或者政府机关都必须把速战速决当成目标。然而政府也必须做好争战十年或十五年的准备。

英国清楚，若战争失败，自己在世界上的统治地位就会终结。英国在推动对德国的抵制。

英国人骄傲、英勇，也坚强，有着顽强的反抗能力，且拥有组织能力。他们清楚如何运用所有新的发展。他们有着乐于冒险的精神及北欧民族无畏的精神，然而他们和普通的德国人比，还是差了一些。第一次大战的时候，要是我们多有两艘战列舰和两艘巡洋舰，或者日德兰海战发生在早晨，那英国的船队就会被打败，[①]而英国就得下跪认输了。除了预备突袭，我们还得为长时间的战争做准备。与此同时，我们还得让英国在欧洲大陆找不到机会。陆军一定要守住我方海军和空军必要的基地。要是可以成功夺取并守住荷兰和比利时，要是可以击败法国，那就有了最基本的打败英国的条件。[②]

5月30日德国外交部下达以下指令给驻莫斯科公使："不同于我们以往的方案，我们如今已经决定要跟苏联展开切实的会谈。"西方国家和苏联的主要往来，在轴心国收拢部队并展开军事布置的时候已经结束了。5月30日外交人民委员莫洛托夫进行演讲，对5月19日张伯伦先生

---

① 《纽伦堡文件》第一编，第167、168页。对于日德兰海战的真实情况，希特勒明显完全不清楚。英国舰队在此次海战中，由始至终都想将德国的舰队引诱出来一决雌雄，却没能成功，要是真的一决胜负，那英国舰队绝对占上风的火力，肯定用不了多久就能起到关键效用。——原注

② 《纳粹—苏联的关系》，第15页。——原注

在下院发表的演讲做出回应，在此，我们能够发现双方意见的根本矛盾。

（他说）早在 4 月中旬，苏联政府与英法政府就展开了磋商，针对必须动用的手段进行探讨。直到现在这个会谈也没完成。情况早就非常明白了，要是真心想建立一条由和平国家构成的强悍的抵制侵略的战线，那就少不了以下最基础的条件：

由英法苏三国签订一个完全防御性的、强大的反侵略互助公约。

由英法苏这边承诺给中欧和东欧国家，和苏联临近的所有欧洲国家没有例外地全部包含在内，反对侵略者的攻击。

英法苏三国签订切实的协议，规定只要侵略者开始入侵，三国就互相给予直接的强势的援助，并制定施加给被承诺国家直接而强势的援助及其手法和程度。

谈判看上去已经陷入了僵局。波兰和罗马尼亚政府尽管接受了英国的承诺，可苏联政府以相同的手法做出的承诺，他们却不预备接受。另一个战略意义极大的地方——波罗的海的各个国家的态度也是这般。苏联政府明确表示，苏联追求的互助条约，芬兰和波罗的海国家必须全都被算在全面承诺之中。这四个国家如今都没接受这条，因为担心，他们或者早就不同意这条了。芬兰和爱沙尼亚甚至宣告，要是没经过他们的同意就对他们做出承诺，他们会将其视为侵略活动。6 月 7 日爱沙尼亚、拉脱维亚和德国签署了互不侵犯协议。如此，那个反对希特勒的委决不下的联盟，希特勒轻轻松松就冲破了它的最后一道防线。

第二十一章　踏上战争边缘

旦泽受到威胁——甘默林将军邀请我视察莱茵河战线——和乔治将军一起出行——某些感觉——法国进行防守——原子能的研究情况——我针对防空工作的信件——为了和苏联签订协议做出的新的努力——波兰的干扰——莫斯科军事会谈——斯大林在 1942 年对我做出的解说——欺骗行为的记载——里宾特洛甫受邀出访莫斯科——苏德互不侵犯条约——震惊世界的消息——希特勒的军事命令——"任何政策都比不过坦诚"——英国的防范举措——首相写给希特勒的信——桀骜的回答——希特勒将进攻的时间延后——希特勒致信墨索里尼——意大利元首的回答——最后几天

　　夏天慢慢过去，整个欧洲都在马不停蹄地备战，外交家的姿态、政治家的演讲、人类的主张日渐被忽视。德国的武装部署似乎预兆着它将以暴力手段处理它和波兰在旦泽问题上的争端，并将此作为入侵波兰的第一步。6 月 10 日张伯伦先生在议会透漏，局势让他觉得忧心，且多次表示，要是波兰的独立有危险，英国必定会进行支援。6 月 23 日，比利时政府在国王的干涉下，基本以事不关己的精神发表声明，他们不会和英国、法国举办参谋大会，并宣布比利时决定严格保持中立。事情发展方向让英国和法国的部队及两国内部日益靠紧。巴黎和伦敦在整个 7 月来往频密。7 月 14 日是法国国庆节，这是个非常好的显示英国和法国团结的机会。法国政府邀请我参与了此次庆典。

游行结束，我正预备离开布歇，甘默林将军提议说，我应该去看看法国的前线。他说："你从未见过莱茵河的扇形阵地，等 8 月再邀请你过来的时候，我们能让你看所有的东西。"我们因此制定了一个方案。8 月 15日我和斯皮尔斯将军得到了其好友乔治将军的欢迎。作为法国东北战线的陆军总司令，乔治将军有可能会继任最高将领。能见到这位温和友善且非常精干的将领，我非常开心。十天的时间里，我们始终在一起，就军事问题互相探讨。我随时都能见到甘默林，他此时也正在这部分前线的其他几个地方进行巡视。

从临近劳特堡的莱茵河的拐弯处开始，我们走过了所有防区，一直到了瑞士的疆界。就像是 1914 年的情况一样，此时喜笑颜开的英国人正在畅享自己的假期，跟他们的孩子一起在沙滩上玩乐。可顺着莱茵河一域，却又是另一番情景。全部的临时桥梁都被移至河的这边或者那边。永久的桥梁全都派了大军严守，并且铺设了地雷。忠诚的、值得信赖的战士不分白天黑夜守护着永久性的大桥，只要有信号，就能按下按钮炸了它。因为阿尔卑斯山上雪水融化，这条大河的水位上涨，奔涌着流向前方。法军前哨中队在树林的哨兵坑中蹲守。他们跟我们说，为了不暴露目标，我们不能围成一群朝河边走，只能零零散散地走。在河另一边大概约三百码外，能见到德国人在森林里闲适地用镐头和铁锹建造防御工事。居住在斯特拉斯堡沿河的全部民众很早就撤离了。我站在桥上待了一会儿，看见开过去了一两辆汽车。桥的两头，双方都仔细地检查护照，盘问身份。德国哨所在这儿离法国哨所大概有一百米，他们是不来往的。可是欧洲那时还算稳定，德国和法国之间也不曾发生争执。莱茵河一直以每小时六七英里的速度滚滚向前，汹涌澎湃。一两只载着孩子的小游艇穿过水面。此次之后，我有五年多的时间都没再见到莱茵河。1945 年 3 月我和蒙哥马利元帅坐着小船横渡莱茵河，不过那个时候是在遥远的北方临近韦塞尔的地方。

　　回国之后，我将收集到的笔记给了陆军大臣，可能还给了跟我有联系的别的大臣。我写道：

　　　　突袭法国的前沿阵地是做不到的。必须牺牲大量的生命，消耗很多时间，否则不管在哪个层面上都没办法冲过去，而在战斗进行的时候，全局都会改变。德国那边的情况也是一样，尽管程度稍微小些。

　　　　不过这条防线的两翼依靠的是两个中立的小国家。比利时的姿态通常让人十分恼火。法国和比利时之间如今什么军事往来都没有。

　　　　在我可以仔细观看的防线的另一边，法国已经尽其所能地进行筹备，以防御从瑞士过来的进攻。要是德国用这种军事行动，它会顺着阿勒河前行，并让部分队伍进入或者朝着贝尔福山峡前进，以掩护朝主力进攻的右翼。我个人的意思是，德国在战争爆发的时候，对法国的前线或者在它两侧的那两个小国家，肯定没什么大野心。

　　　　在攻打波兰以前，德国没必要做军事调动。他们现有的战时体制大军，已经足以应对东线的战斗了。就算开始猛攻波兰时再进行调动，仍有足够的时间去支援吉戈菲防线。因此要是觉得德国的调动才是预警的征兆，在开战之前是不会见到了。另一边，法国眼下所处的这种非常紧张的时间段，看上去有必要启动特别手段。

　　　　直到现在，一般认为希特勒似乎得等阿尔卑斯山一域下雪，好让墨索里尼能用冬天作为遮掩的时候才会展开行动。这些条件在9月初那两周，甚至再早一点儿，就可以有了。10月末或者11月初是泥泞的时候，德国的进攻会受到阻碍。不过希特勒在这个时间段到来之前，仍旧有足够的时间重创波兰。因此9月前半个月，看上去是最危险的时候。德国如今预备在纽伦堡展开示威活动，如宣传之类的，这和以上的结论好像是符合的。

*　　*　　*

我认为此次出访最引人注目的是大部分担负重责的法国军官们全都觉得只能进行防守，且不容辩驳地这样告诉我。跟这些十分精干的法国将领们讲话，让人不由得生出这么一种感觉：在他们看来，他们比不上德国，并且展开大范围进攻的那种生机盎然的气魄，法国也已经没有了。法国将会为了自己的存活战斗，也仅仅这样！前方就是稳固的吉戈菲防线，它装备了新型武器。回想起前次大战的时候，在松姆和帕森达勒的进攻，我还心惊肉跳。相比于慕尼黑事件的时候，德国眼下自然强大多了。我们并不清楚德国最高指挥部当时感受到的那种极大的忧虑。不管是在物质上，还是精神上，我们都落后到了这种程度，以至于连一个责任人（截至目前，我都不在政府之内，没责任可负）敢按照和实际情况相符的推断来采取措施都不敢。这个推断是：在这条从北海到瑞士的冗长的防线上，德国仅有四十二个师，装备不足，训练程度也尚欠火候。而在慕尼黑时期，德国这条防线就只有十三个师了。

*　　*　　*

在最后的几周里，最让我忧心的是英国政府有可能无视我们的承诺，在德国攻打波兰的时候缩手缩脚，没胆量和德国一战。毫无疑问，张伯伦先生此时已经毅然决然地换了政策，尽管对他而言，这件事十分艰难。不过那个时候，我对他的了解还不像一年之后那么深入。我担心希特勒可能再装模作样地恐吓一番，说他有哪些新部署或者哪些秘密武器一类的，把我们的已经压力非常大的内阁吓住，或者被弄得手足无措。过去林德曼教授曾时常和我说起原子能的事情。因此，我问他眼下这方面怎么样了。和他谈完，我给金斯利·伍德写了一封信。之前说过，我和伍德关系非常近。

丘吉尔先生致空军大臣　　　　　　　　　　　1939 年 8 月 5 日

　　几周前，在一份周日的报纸上刊登的一篇文章里说，按照最新的发现，有一种特别的原子叫作铀，在被中子击碎的时候，会造成连锁反应，进而释放出庞大的能量。猛一看，这似乎预兆着将要发明一种极具破坏力的新爆炸物。在这件事上，关键得注意到：这种发现不管在科学上引起的反响有多么大，或是以后在现实应用中起到怎样的重要价值，这种发现是绝对不会造成在数年之内在战斗中大面积运用的危险的。

各种迹象表明，在世界形势极紧张的时候，某些人会刻意扩散消息，说这种办法能制造出恐怖的全新可爆炸的秘密武器，瞬间将整个伦敦夷为平地。第五纵队自然也会想办法用这种恐吓的言辞，引诱我们再次妥协，所以我们一定要将实际情况解释清楚。

首先，在最有威望的学者眼里，铀中能够引发这种效果的成分是非常少的。若想大面积起效，这种成分得先提炼出来。要想成功，这就得用好些年；其次，想要出现这样的连锁反应，不聚集大量的铀是不行的。能量一旦释放，还没等真的造成剧烈的效果，稍一触发就会爆炸。[①] 它可能跟我们现有全部的各类爆炸物同样有效，可造成的效果未必就危险多少；再次，想小范围做这种实验是不可能的。他们若是已经成功地做了大范围的实验（也就是得到了切实的足够胁迫我们的结论，而非装模作样的恐吓），就没什么机会保密了；最后，原本属于捷克斯洛伐克，现在被柏林掌控的领地里，铀的数量非常少。

因为这种新发现会让纳粹拥有残暴的新型秘密爆炸品，足以毁掉对手，所以某些人觉得非常惊恐。而以上的一切理由告诉我们，这明显是无稽之谈。以后肯定还有各式各样的不利的传言，让人忧心的小道消息。我希望没人会相信这些。

---

① 这个难题之后自然是被解决了，不过它的解决是花了几年的时间，用了非常周密的手段的。——原注

真奇怪，我居然预料得这么准。德国在原子能上没找对路。事实上，他们走了一条错路，就在罗斯福总统和我决定，且拿到了有纪念意义的协议，以进行原子弹的大范围制造的时候，德国人却丢掉了原子弹的研究，去研发火箭或者无人机了。这份协议，在以后合适的地方我还会说起。

我在交给防空研究委员会的最后一份建议书里，也说：

1939 年 8 月 10 日

在空袭的防御上，英国的主要手法是在侵袭者身上抽过境税。要是每次空袭都能把敌人五分之一的飞机击落，那就能让空袭结束……我们可以想象，进攻开始的时候规模肯定不小，在若干小时以内，持续不断过海进行空袭。不过空战的结果并不是第一次空袭的结果可以决定的。对英国进行空袭可不是儿戏。庞大的伤亡数让敌人必须谨慎地考虑得失。等到白天，用不了多长时间就会证明牺牲过大，那个时候，我们要应对的就只是胡乱地对建筑物多的地方进行夜袭了。

*　　*　　*

7 月 7 日墨索里尼告诉英国大使说："和张伯伦说，英国要是准备为了守护波兰战斗，意大利肯定会和我们的盟国德国一起战斗。"但在幕后，他的态度恰好相反。他在这个时候所企求的目标，无非是巩固他在地中海和北非的利益，摘取他在西班牙进行干涉的果实，消化他在阿尔巴尼亚所夺取的东西。他并不想因为德国意图夺取波兰而陷入欧洲战争。他尽管不止一次地公然夸夸其谈，可没有人比他更了解意大利在军事政治上的虚弱了。在 1942 年的时候，德国要是在武器方面支援他，他是愿意主张作战的，可是在 1939 年，就绝不是这样了。

夏天，波兰承受的压力越来越大，此次墨索里尼又想跟慕尼黑事件的时候一样，再当一次调解人。他提议开世界和平大会，可在希特勒的敷衍下，这个想法被打消了。8 月 11 日齐亚诺和里宾特洛甫在萨尔斯堡展开会谈。

齐亚诺在日记中写道：

　　元首极希望我能以书面的证据明确证明，此时开战真的不明智……想将战争局限在波兰是做不到的，可全面战争又会让所有国家受损。元首从未这么彻底这么强烈地期望过和平……里宾特洛甫一直推脱回避。当我就德国政策的详情对他进行询问的时候，他言辞闪烁。至于德国对波兰的野心，他说的谎太多了，所以对自己现在必须告诉我的事，以及他事实上预备做的事，感到有些担心……德国想开战的决心是改变不了了。就算他们得到的好处超出了他们想要的，他们仍要发动攻击。因为他们已经被破坏的恶魔吸引了……我们的会谈有时非常紧张。我果断地坦陈了自己的意见，可他却不为所动。渐渐地，我就发现在德国人眼中我们有多卑微了。[①]

　　齐亚诺次日去拜访希特勒。我们现在拿到了德国那边对此次会谈的记录。希特勒明确说明，他要完全摆平波兰，就算要被逼和英国、法国开战，他也要这么做，他会让意大利加入。他说："英国若想在国内维持必需的兵力，那派去法国的军力至多也只会是两个步兵师和一个装甲师。另外，还可以支援几个轰炸机中队，不过绝对不会派战斗机过去。由于德国的空军马上就要攻击英国，英国的战斗机得用来守护本国领地。"至于法国，他说等拿下了波兰，这用不了多久，德国就能在西墙聚集数百个师的军力，那时法国就不得不将自己在殖民地和意大利疆界，以及别的地区的全部军队都聚集到马其诺防线来一决生死。对于自己听见这番言辞的重大性，齐亚诺在回复中表示了震惊。他抱怨说，德国那边什么消息都不曾透漏过，他们不知道波兰之争已经到了这么严重危急的程度。恰恰相反，旦泽的事，里宾特洛甫曾经

――――――――――――――――

　　① 《齐亚诺日记》，第123页。——原注

说过可以等到以后再处理。意大利的元首尽管坚信和西方各国的争端避无可避，可在他看来，为这件事制定方案也得用两三年。

齐亚诺在此次会谈结束后，心情沉重地回了意大利，向他的主子报告。他发觉此时墨索里尼已经更确信民主国宁愿打一场，也更希望自己可以不被卷到这场争斗里。

＊　　＊　　＊

为了和苏联签约，英国和法国政府再次做出努力。英国决定往莫斯科派个大使。艾登先生早在数年之前就成功地和斯大林来往过，主动请缨要过去，可首相却拒绝了这一豪爽的提议。6月12日，他把这份极为要紧的工作交给了斯特朗先生。斯特朗先生这个人虽然精干，可只在外交部还有些身份，在外交部之外就没什么特别的了。这又是一个失误，派这么一个次级人员对别人而言无疑是种羞辱。不管怎么样，如今什么都晚了。从1938年8月麦斯基奉命来恰特威尔探望我直到现在，中间已经发生了不少事。希特勒大军已经又发展了一年的时间。他的武器制造厂得到了斯科达工厂的增援，不分白天黑夜地运行着。对于捷克斯洛伐克，苏联政府非常重视，可是捷克斯洛伐克已经陷落了。贝奈斯已经在国外流亡。德国的一个总督在布拉格进行管理。

另一边，苏联觉得波兰是截然不同的一连串年代久远的政治上的和战略上的问题。1920年的华沙之战是两国最近的一次重大争端。当时加米涅夫带领苏联红军打进波兰，在法国的魏刚将军和达伯农勋爵率领的英国代表团的提议下，毕苏斯基打退了红军，并进行追击。波兰在之后的数年里，始终是抵制布尔什维主义的前沿阵地。它左手连着支援抵制苏联的波罗的海各国，右手在慕尼黑时期参与侵略捷克斯洛伐克。苏联政府知道波兰对他们的仇视，也清楚面对德国的攻击，波兰没有反抗的力量。可他们也很清楚自己的危机，很清楚他们需要时间去修复自身最高领导层所受的损失。在这种背景下，斯特朗先生的使命前景并不乐观。

会谈一直围着一件事，也就是波兰和波罗的海各国并不希望从德国手里将他们救出来的是苏联，会谈在这点上一直没有进展。《真理报》在6月13日发表的社论中表示，对苏联的安危而言，芬兰、爱沙尼亚和拉脱维亚的切实中立关系重大。社论还说，这种国家安危就是对英法也是极要紧的。这点"就是丘吉尔先生这样的政治家"也认可。6月15日莫斯科就这一问题进行了磋商。次日，苏联报纸表示"在苏联的外交部看来，首次会谈的结果不太顺畅"。会谈在整个7月时断时续地进行着。最后苏联政府提议跟法国和英国的代表接着在军事上磋商。因此英国政府委派海军上将德拉克斯于8月10日带使团出访莫斯科。这些将领不曾得到进行会谈的纸面授权书。法国使团由杜芒克将军统领。至于苏联那边，参加并主持会议的是伏罗希洛夫元帅。如今我们知道，当时苏联政府在同一时间也答应德国派谈判使团来莫斯科。没过多久，英国、法国、苏联的军事谈判就因为波兰和罗马尼亚不同意苏联过路而宣告终结。波兰人的想法是："德国人来，我们的危机是失去自由，可苏联人来，我们的危机是失去灵魂。"[①]

*　　*　　*

后来，斯大林在1942年8月的某天早上，在克里姆林宫将苏联当时的某些情形跟我说了。斯大林说："我们那时的感觉是：波兰若是遭到侵犯，英国和法国政府也没想开战，他们只想跟苏联建立外交关系，觉得如此就能遏制住希特勒。我们则坚信这么做是遏制不住的。"斯大林那时曾经问过："在调动的时候，法国可以派出来对抗德国的师有多少？"回复是："差不多一百个师。"于是他问："英国能派出多少呢？"回复是："两个师，之后还能再派出两个。"斯大林重复说："哦，两个师，之后还能再派两个。"他问："你们知道要是我们和德国开战，我们会派多少师去苏联的前线吗？"此时稍停了一下，"超过三百个师。"他并没有把

---

① 雷诺，前引书，第一卷，第587页。——原注

这番谈话的对象和具体的时间告诉我。不得不说，这些话说得非常有道理。可对我们外交部的斯特朗先生而言，这却非常糟糕。

为了方便讲价，斯大林和莫洛托夫觉得一定要隐瞒真实目的，等到最后再揭晓。莫洛托夫和他的手下在跟英、德双方来往的时候，显露了他们在应对两方面的让人吃惊的才能。德国大使舒伦堡直至 8 月 4 日，从莫斯科发出电报的时候还只是这么说："莫洛托夫的整体态度表明，苏联政府其实明显更想让德苏的关系好转，可他们之前就极不信任德国。我的总体感觉是：要是英国和法国接受了他们的需求，苏联政府如今是决定跟他们达成协议的。自然，会谈可能还得谈很长时间，特别是因为他们对英国极不信赖。我们这边要是想让苏联政府改变方向,要做的事还有很多。"事实上，他用不着担心，局势已经改不了了。

斯大林在 8 月 19 日晚告诉政治局，他预备和德国签署协议。同盟国使团直至 8 月 22 日晚才见到伏罗希洛夫元帅。他告诉法国使团团长，说："这些年，跟法国展开军事合作的事一直没能解决。捷克斯洛伐克去年被消灭的时候，我们等着法国的消息，可一直没有音信。我们的部队都准备好了……现在法国和英国政府在政治军事会谈上一直拖着，且已经拖了太长时间。既然这样，就不能排除某些政治事项的可能。"里宾特洛甫第二天就到了莫斯科。②

＊　　　＊　　　＊

这个应该永远铭记的买卖，如今我们在纽伦堡的资料里，在美国最新公布的缴获的文档里，已经彻底了解了。按照里宾特洛甫的重要助手高斯的说法，他和宾特洛甫一起坐飞机去的莫斯科，"里宾特洛甫和斯大林在 8 月 23 日下午进行了首次谈判……在谈了不短的时间后，德国外交部长回来时，看上去非常欣慰"。也就是在这天的晚些时候，《苏德互不侵犯条约》

---

① 雷诺，前引书，第一卷，第 588 页。——原注

② 雷诺，前引书，第一卷，第 588 页。——原注

正式签订，没遇到什么麻烦。高斯说："里宾特洛甫亲自在前言里加了一句话，描述苏德两国建立良好关系的重要价值。对此，斯大林并不同意。他说纳粹政府没头没脑地往苏联政府的身上倒了六年的大粪，不能忽然就在民众面前把友好声明拿出来。所以前言里的这句就被抹掉了。"德国在某个秘密协议中宣称，它对拉脱维亚、爱沙尼亚和芬兰都不关心，不过觉得立陶宛成为它的势力之中。肢解波兰的分割线已经划好了。德国只想要波罗的海各国的经济利益。直至 8 月 23 日深夜，这份条约和秘密协议才签署完成。[①]

*　　*　　*

所有的事我在这章和前一章都以平静的心情做了记述。就算这样，我仍旧要说，只有两个国家的专制极权主义者才能应对得了这种反常的行动所引发的责难和厌恶。希特勒和斯大林，我们不清楚他们两个到底谁更讨厌这一条约。双方都清楚，这仅仅是临时的折中。这两个国家和两种体制间的仇恨非常大。毫无疑问，斯大林明白，等希特勒和西方国家打上一年，德国就算不上是苏联的强敌了。希特勒那边选用的方针是"逐个击破"。这种条约居然能够达成，这个真相代表着英国和法国数年来外交政策和外交举措的最大失败。

我必须解释清楚，苏联那边最需要的是让德国大军的阵地布置在西边，越西越好。这能让苏联有时间在其广阔国家的各个地方把军队收拢到一起。他们永远记得苏联部队在 1914 年的惨况。他们那时才调动了一部分军队就开始进攻德国部队。他们如今的边界和上次大战的时候相比，极大地朝东偏移了。所以在遭受攻击以前，他们不论用什么办法，暴力或者欺骗都行，都得先夺取波罗的海各国和波兰很大一块。他们的政策自然是残忍的，可在那个时候，现实价值却非常高。

---

① 《纽伦堡文件》，第十编，第 210 页及以后。——原注

这个糟糕的情报就像是个炸弹一般在整个世界炸响。苏联塔斯社说，里宾特洛甫在 8 月 21 日到 22 日，正坐飞机去莫斯科和苏联签署互不侵犯条约。不管英国政府那时的感受如何，但是丝毫没有感到害怕。他们马上宣布："英国已经下定决心要践行的责任，绝不会因为此事而发生变化。"如今任何方法都无法再拖延或者阻止战争的爆发了。

*　　　*　　　*

该条约的某些条例我们仍旧有记录的价值：

> 缔约国双方约定彼此之间不单独，也不伙同别的国家进行一切武力行为、一切侵略行为和一切进攻行为。

这份协议的有效期是十年，要是在协议期满的前一年，双方都没有提议解除，就自动续约五年。会议桌的四周，欢声雷动，喝酒庆祝。斯大林还主动为德国领袖祝酒，他说："我清楚德国民众非常敬爱他们的领袖，让我们干杯，祝他身体健康。"在这些实情中，我们能够得到一个极其普通，也非常简单的道理，就是"任何政策都比不过坦诚"。这样的例子，在本书中，还要说好几个。狡猾的人和政治家尽管挖空了心思，却总让自己受害。这就是个鲜明的例子。斯大林和苏联成千上万的人民在二十二个月之后就为此付出了可怕的代价。一个政府完全不讲道义，看上去总是会得到极大的好处，想怎样就怎样，可"一天落幕，所有的事都得结清，全部的时间终结，就更要结算明白了"。

*　　　*　　　*

在秘密会谈里，希特勒知道 8 月 22 日和苏联磋商的条约肯定能签署，因此甚至里宾特洛甫还没从莫斯科返回，或者这个条约还没公布的时候，他就写了下面这封信给他的总司令：

在最初的时候，我们就必须下定和西方国家战斗的决心……和波兰的战斗迟早会来，我春天时就有了这种决定，不过觉得应该先和西方开战，之后再掉头和东方开战……我们不用担心封锁。东边支援我们粮食、牲畜、煤等物资……我唯一担心的是某个流氓会在最后的时刻提议调停……政治目的已经往前走了一步。毁掉英国霸权的工作已经展开。等我部署完政治工作，接下来就看你们军人的了。

＊　　　＊　　　＊

《苏德互不侵犯条约》的信息一公开，英国政府就马上启动了防范举措，下达各种指令让海岸的主要地点的防卫军和防空军集合待命，守护容易遭受攻击的所有据点。政府致电各自治领和殖民地，告诫他们短时间内可能得进行戒备了。掌玺大臣接到命令将所有的地方单位全都变成战时体制。8月23日，内阁授命海军部征集二十五艘商船，并把它们变成军用商船巡洋舰，另外还征集三十五艘渔船拉网，配备潜水艇监测器。英国政府替驻扎在海外的部队征集六千预备兵。所有雷达站进行了防空布置，全面调动防空军。两万四千人的空军预备役和全部的空军辅助武装，各雷达站中队也算在内，都奉召服役。全部的军人都不能请假。商船航运也得到了海军部的示警，另外还启动了不少别的程序。

＊　　　＊　　　＊

英国的这些预备工作，首相决定告诉希特勒。法伊雷恩先生著作的传记中并没有记录这封信，不过其他地方刊登过。为了对张伯伦公平，自然该告诉大家：

英国政府采取的一些举措，阁下可能已经了解了，这些举动在今晚的报纸和无线电广播里已经公布过了。

这些程序在英国政府看来是必需的，因为有汇报显示，德国那边已经在做军事动员。与此同时，在德苏条约宣告之后，柏林的一些人明显觉得英国不会因为波兰而插手，觉得用不着顾虑这种微小的可能。实在没有比这更大的错误了。不管德苏条约的属性怎样，英国对波兰的协议责任都不会更改。英国政府多次公开切实表明过这件事，他们也决定一定要执行。

某些人说，1914年的时候，英王陛下政府要是能更加明确地表明自己的态度，或许能免除一场大难。无论这种论点有没有根据，这次英王陛下政府决定不会让人再生出这种悲惨的误会。要是有需要，他们决意，也准备马上使用他们所有的能量；而对抗行为一旦开始，那就无法预计结果了。要是觉得万一战争开始，也用不了多长时间就能结束，就算在战争所有战线的某一部分能得到一点儿成功，这种想法也是极其危险的奢望。

我承认此时我的确找不出办法让这场将欧洲扯进战争旋涡的灾祸不发生。考虑到统治者的行为有机会对人类造成恶劣的影响，我请阁下以最谨慎的态度考虑我上面罗列的一切。[1]

希特勒在回复中详细介绍了德国预备用"无与伦比的宽容"处理旦泽和走廊的事之后，说了下面这段无耻的谎言：

英国不计条件地承诺波兰，不论引发争端的原因可能是什么，英国无论在什么情形下都会支援波兰。这样的承诺，只有一种解释，在激励那个国家，有了这张许可证的掩护，以后他们对波兰境内的一百五十万日耳曼民众可以随意施加让人震惊的恐怖活动。[2]

---

① 《纽伦堡文件》，第二编，第157、158页。——原注

② 同上书，第二编，第158页。——原注

8月25日英国政府发布和波兰签订的正式协议，明确之前给予的承诺。那时走这一步是想把最佳的机会提供给德国和波兰的直接会谈，因为这一协议声明，要是直接会谈处理没能成功，英国会和波兰站在一边。战争结束之后，戈林在纽伦堡审问中说：

> 在英国正式向波兰做出承诺那天，元首曾经给我打过电话，说原本制订好的攻打波兰的计划他已经停下了。因此我问他，是暂时停下来了，还是永久停下来了。他说："不，我看看我们是否可以让英国不插手。"①

希特勒其实把攻击的时间从8月25日延迟到了9月1日，并且如同张伯伦期望的那样和波兰举行直接谈判。不过他这么做是为了给英王陛下政府各种可以不履行承诺的借口，而非真的想和波兰签订协议。而英国的政府和议会、全国没什么不同，完全不是如此。英国岛民的个性有些特别，他们不喜欢军事操练，近千年来从未遭遇过敌军侵略，不过在危险越来越近，越来越大的时候，他们反倒愈发平静了，等危险近在眼前，他们反倒更加勇猛，等危险到了关乎生死的时刻，他们反倒英勇无畏了。在很多次的险境中，他们曾因为这些特性而逢凶化吉。

＊　　　＊　　　＊

希特勒此时致信墨索里尼。最近，这封信在意大利得以发布：

元首：

一段时间以来，德国和苏联都在考虑是不是可以让两方面的政治关系在一个新的基石上构筑。最近，按照以下各种理由，在这方面得

---

① 同上书，第166页。——原注

到切实结果的需求更强了。

1. 世界政治的全局。

2. 日本内阁仍旧推迟明确表态。日本尽管预备加入反苏同盟，德国（我认为意大利也是如此）按照如今的情况，觉得这种考量是次一级的。对于英国，日本什么切实的责任都不想担负。可这在德国那边却是个关键问题，在我看来在意大利那边也是。

3. 德国和波兰的关系自今年春天开始就让人不满意，而近几周已经变得让人受不了了，这不是德国的错，英国的行为是主要原因……这些原因导致我们急于在德苏会谈中拿到结果。截至目前，我还无法将这个问题的详情告诉你。不过在对德关系的风向上，克里姆林宫最近几周明显发生了变化——自李维诺夫被免职起，这种趋向就存在，且日趋显著了，这让我们得以在形势稍微沉淀之后，能让我的外交部部长出访莫斯科，制定世界上现存的属性最广泛的互不侵犯条约，用不了多久，它的所有内容就能向世人宣告。这是个无条件协议，另外还规定只要关系到德国和苏联的利益，就该共同协商。元首，我还可以跟你说，这些规定让苏联友善的态度得到了切实的承诺。更要紧的是，要是现在打起来，就灭绝了一切来自罗马尼亚那边的进攻的可能。

拿到这封信后，墨索里尼马上回复说：

你写给我的信，马肯森大使刚刚转交给我了，现做如下回复：

1. 我完全支持和苏联签订协议。

2. 为了不让日本和民主国团体越走越近，我认为不该切断和日本的关系，或者慢待日本……

3.《苏德互不侵犯条约》孤立了罗马尼亚，可能还会让土耳其转变态度。英国曾贷款给土耳其，不过没和土耳其签署协议。英法在地中海的战略布局会因为土耳其采取了新立场而受到影响。

4.至于波兰，德国的态度我是绝对可以明白的，这种紧张的形势，我们非常清楚，不会永远持续下去。

5.采取武装行动之后，意大利的真实立场，我的想法如下：

要是德国攻打波兰，且战争的范围又不是整体，那德国需要的所有政治和经济上的支援，意大利都会提供。

要是德国攻打波兰，而波兰的盟友国也在反攻德国，那个时候我不得不严正声明，就意大利当下的武装筹备情况而言，军事方面我不能进行主动行为，这点我已经多次且及时地告诉过你和里宾特洛甫先生了。

不过，德国要是能马上为我们提供武器和原料，让我们有能力应付可能会发生的来自英法的进攻，那我们自然能够马上参战。上几次会谈的时候，我们预测战争爆发的时间将会是1942年以后。我的陆军、海军和空军那时就能按照我们定好的方案预备好了。[1]

希特勒若是过去没想到，那从此时开始，他就清楚，想让意大利在战争开始的时候施行军事干预是不可能了。墨索里尼全部的这种奢望：在最后一刻再演一次慕尼黑时的角色，已经全都被无视了。德国最终行动的信息，意大利元首好像不是从德国那边得到的，是从英国这边得到的。在自己8月27日的日记里，齐亚诺写道："德国对伦敦的提议，英国把全文告诉了我们，在这之前，我们是完全不清楚的。"[2]墨索里尼如今只有一个要求，希望希特勒可以默认意大利保持中立的事。对于这点，希特勒同意了。

* * *

8月31日希特勒下达"第一号作战命令"。

---

① 《希特勒与墨索里尼，书信与文件集》，第10页。——原注

② 《齐亚诺日记》，第136页。——原注

1. 如今东部边疆的局势已经到了让德国忍无可忍的程度，已经没有了以和平的手段在政治上解决的可能。我决定用军事手段解决。

2. 应该根据"白色方案"攻打波兰，唯一的变动就是近乎完成所有陆军方面的布置，可以不受这一限制。而职责和战斗目标的划分都保持原样。

发动攻击的日期为 1939 年 9 月 1 日。发动攻击的时间为四点四十五分（用红铅笔标注）。

3. 西线那边的重点是必须把争斗行为开始的责任清清楚楚地推给英国和法国。对方无关紧要的越境冒犯行动，起初只能用完全局部的行为给予回应。[①]

* * *

从莱茵河回来之后，我在巴尔桑夫人那儿待了几天。一群满脸笑容、心里却忧心忡忡的人跟我一起。我们留宿在纳瓦尔的古堡，伊夫里战役之前亨利王曾在那住了一夜。我们一起在那住的还有华莱士夫人和她的几个儿子。她的丈夫担任内阁部长，她正等他来这儿。没多久，她接到他的电话，说他来不了了，至于为什么来不了，之后再跟她说。其他的危险预兆也接踵而至。大家都非常忧虑。就连讨喜的厄尔山谷的阳光，它的光线也不再温柔了。在这种焦虑的氛围里，我也很难画画了。至少在国内，我起码能知道正在开展的所有的事，因此我决定于 8 月 26 日回国。我跟我的妻子说，时机合适的时候，我会联系她。途经巴黎的时候，我邀乔治将军共进午餐。用餐的时候，他说了法国和德国部队的全部数目，并按照质量对这些师划分等级，进行对比。这给我留下了极深的印象。我第一次克制不住，说："这样的话，占上风的是你们呀！"他回道："德国的部队很厉害，我们绝不

---

① 《纽伦堡文件》，第二编，第 172 页。——原注

应该率先出手。要是他们发起攻击，我们两个国家就携手践行自己的职责。"

到了英国的那天晚上，我住到了恰特威尔的家中。次日，我邀埃恩萨伊德将军过来跟我一起。他刚从波兰回来，带来了关于波兰部队的非常有用的资料。他见到一个师的人在炮兵实弹攻击的配合下展开进攻演习，最后稍有死伤。波兰的气势很猛。他跟我在一起待了三天。我们想对这一未知的形势进行预估。此时，我将自己宅院厨房的砖墙砌好了，这所宅院去年就开始建，预备之后数年我一家都在这里住。我发电报给我的妻子，她接到后在 8 月 30 日途径敦刻尔克回国了。

*　　*　　*

英国那时有组织的德国纳粹党，已知道的有两万人。就他们在其他亲善国在战争开始前的活动而言，破坏和刺杀往往是他们采取的第一步行动。那时，我没有官方庇护，我也不愿意提这种要求，不过我认为自己非常惹人注意，一定要以防万一。不少情报让我坚信，在希特勒眼里，我是敌人。过去曾在伦敦警察局巡查的巡官汤普森如今已经退休。我让他带枪住到我这儿。我也把自己的武器找了出来，倒还没坏。因此，一人睡觉一人戒备。如此就不会让人有机可乘了。此时我清楚一旦战争爆发，这点已经没人会怀疑了，我必定要扛起重担。

附　录

一、同戈兰迪伯爵谈话的内容

丘吉尔先生致范希塔特爵士　　　　　　　　　1935 年 9 月 28 日

　　尽管他为意大利事件找了不少巧妙的借口，可是全局如何，他自然是清楚的……

　　我跟他说，自从议会停会开始，舆论上的变动非常大。英国，其实是全不列颠帝国，可以以世界同盟为基础进行统一的活动，并且所有政党都觉得这个系统是遏制未来一切地区出现危险的最强大的依仗。他说，世界同盟要是缺少了意大利，会受到损害。意大利如今政权落败，亲近德国的意大利就会出现，避无可避。他好像宁可启动经济制裁。他们预备予以接受农村公社形式的日子。不管多穷，他们都可以忍。他提及英国舆论的变化多么难以预料。我说，这自然不是驻外大使的错，可是必须注意到这个实情已经因为舆论而发生了变化。除此之外，还得想到，要是埃塞俄比亚爆发战争，开了炮，出现了伤亡，农村被炸……人们的情感更加无止境地膨胀。他好像觉得刚开始启动经济制裁的时候怕是不会有效；可制裁的压力会越来越大，某个机会一到战争就会爆发。

　　我说英国的舰队非常强悍，尽管很快就必须重新整顿，可眼下它的效率还是不错的，且已经做了足够的自保的准备。不过我又多次重申，就我们在地中海的利弊而言，这些行动完全是自卫型的，并且我们的态度和世界同盟的其他成员国是一样的。听见这话，他苦笑了一下。

因此我说我们必须想办法解决。"和夺取一个城市的人相比，一个能掌控自己的人更伟大。"他回道。在所有地方，他们都会这么想，除了意大利。他们不得不和二十万手拿步枪的人对战。墨索里尼的独裁是人心所向，而独裁体制力量的本源就是胜利。最后，我说我同意召开三国政府首脑大会——单个人的力量做不到的事，三个人聚到一处总能完成些。意大利提出条件，在埃塞俄比亚那儿拥有更高的身份，还有埃塞俄比亚一定进行内部变革，这到底已经得到了英国和法国的完全认可。我跟他说，要是大家不反对这种主张，我肯定赞同。为了光辉的和平，英国民众愿意动用所有方法。在我看来，应该召开三国首脑大会。他们签订的协议自然得呈送世界同盟批准。我认为这是仅有的一个机会，能让意大利这个欧洲的一个强大而友善的国家不会被毁。这个方法就算没能成功，也没有损害。可如今，我们却走向了完全的毁灭。

二、我在海军航空兵方面的备忘录

1936 年致国防协调大臣英森金普爵士

1. 海军元帅认为，舰队的飞机，不管是侦察用的、射击用的，或者是对敌军舰队进行空袭用的，都该彻底受他统领，而且要得他信任。这个主张没什么可反对的。这些飞机是他的眼睛。所以以此为目标的所有行动，都得遵照海军部的意思来。

2. 有人觉得这种情形和陆军、空军协同作战没什么区别。我们并不认同这种想法。和陆军协同战斗的飞机，起航的地方是飞机场，这根普通的空军战斗一模一样，可飞机自战舰起飞，协同海军战斗，情形就彻底不一样了。前面那种情形确实完全是配合协同战斗的事，可后边的情形却是现代海军战斗的一环。

3. 所以海军部统领的空军，跟空军部统领的空军一定要进行区分。它的不同在于两者有着不同的职责，而不是飞机起落架的型号，或者起航的地点。

4. 这些防守工作，大多是可以进行精确界定的。比如，所有必须装备在军舰或者航空母舰上的各式飞机（不管是用了着陆轮的飞机、装了浮舟的水上飞机，还是飞艇；不管是侦察机、战斗机、轰炸机，还是发射鱼雷的水上飞机），这些飞机做的所有工作自然都是海军的范畴。

5. 这个问题于是就缩小到了该派什么飞机从海岸基地起航到海上战斗的问题了。这个问题又只能按照海军职务和使命进行确定。对于护卫商船而言，军舰上配备的飞机，其作用非常大，在宽阔的大海上更是这样。所以在宽广的海面上，一队配备了自己的侦察机或两艘小型航空母舰的巡洋舰，就能在一千英里的范围内巡视侦察。不过，不能要求海军，海军也没提出过，有强悍的空中实力足够在英国海峡应对劲敌的强大空军实力，以集中进攻商船。其实，我们的原则只能是用空军对付空军，用海军对付海军。对于敌人的空军主力，或者其派出的特种机队的攻击，就得让英国皇家空军进行应对。

6.在这件事上，我们得记着，我们可以选用或者改装一艘或者几艘军舰和纯粹的空军战斗进行配合，比如进攻某个远在敌后的根据地或者主要据点。这是空军战斗，选用的飞机一定要是那些平时不和舰队协同战斗的。在此种背景下，海军部和空军部的用处就对调了。海军就得按照空军部战略战术的需求来调派舰队。这种特别的情形，绝不会扰乱计划，正好是"按职责分配指挥权"思维的一个例子。

7.在限定的区间里，应该将所有分给海军的都给海军。对于海军航空部队，海军部应该有绝对的领导权，并配备所有的工作人员。这个部队需要的军官、见习士官、基层军官和技术兵等，海军部可在皇家海军中选。选出的人将在皇家空军的培训学校接受飞行技术和飞机管理方面的培训（或许还得为这些学校配备海军军官），不过就像皇家空军的飞行员也得去空军学校学空中战斗一般，这些人在具备了飞行驾驶员和飞机机械人员必备的熟练技能后，就必须调到海军部所在的陆上机构去接受训练，以完成海军航空兵的使命。因此，海军航空兵部队所使用的所有人都是海军的一个构成部分。他们的训练、晋升，还有他们的工作和年金等，全都归海军部管。这一方针适用于每一个战士、将领和各类后勤人员，船舰上的员工和陆地的机关成员也算在内。

8.等海军航空兵部队彻底变成海军兵种，与此同时，应该重新分配所有职务。空军部应当担负起积极主动的空中防御的工作。对海军而言，这意味着每个口岸的海港高射炮、探照灯、飞机、防空气球，以及别的装备都得受一个战斗指挥部掌控，不过司令官和他的下属自然得由要塞司令管。

9. 同样，伦敦的空防，还有其他有配备大量空防装备的容易遭到攻击地区的空防，也应该一起归到空军部名下统一调度。这个指挥单位除了肩负指挥战斗的责任，并且要是有可能，还得负责主动空防的所有成员的培训、教育和管理方面的事务。

10. 就像海军部就该有自己的"耳目"一样，对于主动空防，空军部自然得有明确的控制权。为了这一目标，空军部应当建立一个名为"空防"的新机构，以调度全部的高射炮、探照灯、防空气球，还有跟这个工作相关的各类工作人员和皇家空军里随时有机会受命参与这项工作的人。在这个新机构下面，应当配备一些负责管理的空军军官，得有合适的人对特定地点或者区域里的一切积极空防事务进行辅助、处理。

11. 这并不表示这个新的重任，空军部或空军参谋部如今就可以独立承担起来。这个主动空防指挥机构在组建时候，必须以现有的两个军种为依托。陆军部和海军部里受过良好训练的参谋人员必须和现存的空军参谋部的军官融合。

要注意征召新兵的事，还有给防空司令部战斗和培训用的所有机关的内部行政事务，不能变成一种阻碍。只要不是以后有了更加方便的处理方案，还得保持现有的吸收人员的渠道。

12. 到现在，这份备忘录还没说到武器装备的事，不过这件事没什么难度。海军部自然会按照分给他们的工作来决定需要什么型号的飞机。在国家的财政和资源里，他们占的比例是多少，得让国防协调大臣管理下的优先权组委会审查，再交给内阁批准。这一阶段，这个机构的大臣自然该调配现有的成员。不过要是战争爆发了，或者急需战备，这些事就得交给军需部处理了。在普通的航空制造上，优先权自然不是海军能有的，这是毋庸置疑的。所有的事都得按照最高需求来考量，不能让海军部把其他需求挤走。

13. 我们并不想让海军部再建立一个设计飞机的技术单位，跟海军部或者军需部需要的这种现存的机构对抗。但海军部可以建立一个技术参谋中心。他们可以就科学可能的发展走向跟两个部门提议，并以合适的技术把海军部的特殊需求提给军需部。

14. 总而言之，我们的意见是：

（1）为了能让海军范畴的一切职务得以完成，海军部应该对海军航空兵部队有绝对的指挥权。

（2）必须在海军、陆军、空军里抽调人手建立归空军部管的新机构，负责指挥积极空防。

（3）在武器装备的提供上，得交给国防协调大臣下属的优先权组委会决定。眼下，可以让现存的组织机构负责，但最终得建立一个军需部去管。

三、军需系统方面的备忘录

1936 年 6 月 6 日

1. 国防协调大臣的职务眼下包含一些彼此无关和分配不妥的工作。负责战略协调的大臣，他的职责和负责以下工作的大臣的职责并不相同（尽管这两位大臣的职责范畴并非互不相干）。这些职责是：（1）确保已定方案的施行；（2）让英国工业尽快进入战时情况，为了这一目标，也为了眼下的目标，设立可发挥作用的最高指挥。

2. 因此，最先要做的就是将属于战略思想的工作和平常、战时物资供给的工作进行区分，并建立一个部门去统领后者的事务。一个互相配合的部署是建立海军部、陆军部、空军部和军需部四个不同部门，国防协调大臣在四部之上最终决定优先权。

3. 组委会就不要再额外设立了。这个目标，就是再专业，分工再细致，再多组委会也实现不了。供给工作，没个下命令的部门是完不成的。一定要有个掌权的指挥机构担起责任，它的权力必须在整个英国工业畅行（不要觉得这代表着国家在插手工业的现实活动）。海军、陆军、空军机构眼下分别控制着自己的供给。至于第四个，也就是正在构想的权力部门，其属性完全是咨询性的。现有的供给方式，只有在战时才会舍弃。现在要做的是将海陆空三军的军需部合成一个部门，掌握战时工业扩张工作的权限（对于军舰的制造和一些特别的海军储备，海军部可以留有控制权）。

4. 除了供给工作，这种部门合体还包含设计工作。海陆空三部用普通技术词汇提交各自需要的军需用品的类型、质量和数目，而军需部要做的就是尽一切努力去实现。换句话说，军需部的职责是在各军想要的时候，将得到批准的各种军需用品拿给他们用。

5. 想完成此事，或者及时完成一切已经得到批准的计划，眼下采取的是一般和平时期的布置，以这种状况实现不了。想在此时使用战时权限，运用战时手法，一是没必要，再者也做不到。我们该宣告一个过渡状态，紧急筹备期这个名字就行。

6. 此项法令的草案该分成两部分——第一部分适合紧急筹备期，第二部分适合战时状态。眼下，第一部分就该施行了，而第二部分则该认真分析，考虑周详，制定方针，拟定文案，以备战争一爆发，只要提交给议会就能施行。因为整体方案早已拟定，所以我们一定要让紧急期可以迅疾且尽量平稳地步入战时期。

7. 应该先设一个军需大臣，好让这个新方案化为实际行动。这个军需部可以建立一个军需组委会。所有委员都该负有对其掌管的四个或五个制造机构的事务进行研究的责任。之后，海陆空三军下属负责供给、构想和签订协议之类的部门，要迅速地将工作交给新建的军需部。未来能和财政部就资金事务来往的只能是这个军需部（这里说的"资金"指的是在已经得到批准的方案范畴里应当支付的钱款）。

四、两院保守党议员使团
1936 年 7 月 28 日拜见首相时我的言论

我们微小的陆军的需求，还有在一定程度上空军和海军也包含在内的需求，特别是军火和弹药，都是陆军部提供的。为了这个目的，陆军部有几个政府建的工厂和时常来往的个人承办商。这种方法应付一下和平时期的日常所需还行，它储备的资源仅能维持我们人数不多的正规部队战斗若干周。几周之前，除了这些就什么都没有了。陆军部的购物范畴，直至大概三四个月前，才被核准增加到普通民用工业上。

然而在全部大陆国中，一段时间以来，整个工业已被妥当、科学地重组，让其自和平体系走进了战时体系。其中德国自然是最显著的，甚至希特勒还没登台，这件事就已经变成了德国政府最重大的研究科目。按照协议，德国是不能建立海军、陆军和空军的，可它立志于报仇雪恨，在这种情感的激励下，其实已经聚集所有的力量尽快改组整个工业，让它适于战争所需了。别人早就将事情处理好了，如今才开始仔细分析这件事的只剩下我们。1932 年和 1933 年的时候，我们还有时间拔足追赶。三年前希特勒夺得政权时，我们差不多有十几位官员在对战时工业体系进行分析，可德国持续研究这件事的人超过五六百。希特勒政府启动了这个巨大机构。除非所有工业都快马加鞭，否则他们绝没有胆量毁坏协议里关于陆军、海军和空军的条规，由于他们期望，到了那个时候协约国只要不曾马上进攻他们，他们就能迅速变成一个武装国。

我们如今是如何做的？政府只提了某些有机会让那些不熟悉情况的人知道的小工程，除此以外，其他情况都没跟议会说过。比如，上周我们得到消息，政府曾经考察了五十二家工厂，并跟他们签订了武器制造的协议。诺丁汉的老枪炮制造厂要再次动工，伍尔维奇加油站将搬去西岸。可三个月以前，连一份购货单都没给，从订货那天开始，这些武器制造少说十八个月一项，能大规模交货的都没有。如果所谓的武器是指发射物（炮弹和炸药）还有填充射击火药的弹壳，那全部这些制造厂就得增加一些特殊用途的机械用具，这些工厂现有的格局也得修改。另外，现实生产需要的钻模和规测器也必须加以制造……在通常情况下，这些特定的机械用具、钻模和规测器的生产必须由别的和承接炮弹制造的工厂不同的工厂生产。等这些特定的机械用具交货，将它们装备到工厂里再开工，还得一些时候。只能等到那个时候才能交货，起初是一点儿，之后是一批，最后才是持续不断的大规模制造。军用物资的积累只有到了那时才能起步。这种避无可避的冗长的步骤，我们直到现在施行的也还仅仅是非常微小的数量。订货工厂总计五十二家，其中上周拿到协议的有十四家。眼下这个时候，德国军火制造厂可能已经增至四五百家，且已经忙忙碌碌地生产了将近两年，这一点儿都不夸张。

而大炮的事，我说的大炮，指的是投射炮弹的炮。建立一个炮厂走的程序肯定少不了。特定的厂房和机械用具会更多，它的安排也会更细致。以往十年我们平时在和平时间大炮的制造数，不算军舰上用的大炮，确实是太少了。所以未来两年之内，能交货的野战炮和高射炮绝对不会很多。德国去年生产的大炮恐怕少说也有五千门，且在战争时期还能增加不少。因此我们应该建立炮厂，为了在需要的时候，我们能建立和装备大规模的国家军队。

为什么我要说发射物和大炮的事？因为这是国防的中心；不过这

些缘由和要求，只要稍微改动一下就能用在全部的配备方面。英国的工业并不死板，要是马上动手，用不了多长时间应该就能制造出各种设备，比如卡车，还有坦克和装甲车之类的装备，还能制造陆军需要的各式轻型武器。不过到底动没动工呢？我们得到消息，说要是正规军没配备好，就不能武装本国的防卫队，这是什么原因？步枪和步枪弹药的情况，我不清楚，我希望起码数量足以支持一百万人使用。不过让新渠道交付步枪，得等不少时间。机关枪的生产甚至更值得一提。勃朗宁机关枪和轻机关枪的制造计划我完全不清楚。不过要是数个月前才下达指令建立必需的制造厂，那在1938年初以前，我们不用指望交货可以让人欣慰了，除非直接跟外国买。相似的制造厂在德国已经启动，且能大规模交货，提供给全国的能用机关枪的男性使用还有富余。

同样，这些理论在爆炸物、发射火药、信管、毒气、防毒面具、探照灯、迫击炮、手榴弹、空袭炸弹等的生产制造上也一样适用，海军需要的深水炸弹和水雷的制造事务，也可以据此考量。我们得记得，海军需要的很多小型军需用品得靠陆军部，得靠整个国家工业的走势。少一个，都能让海军损失惨重。所有这些事的后面，自然还有原材料供给及其各式无尽繁杂的事。

能得到什么结论呢？起码从陆军部过去负责的所有交付量，还有海军部和陆军部因此做出的全部回应上看，在国防的资源配备方面，差不多两年之后，我们才能取得让人欣慰的进展。不过要是以我们现存的规模展开，就算是过了两年，我们交付的情况跟我们战时的需求，或者跟别国在和平时期达到的标准比，也有不小的距离。

这些实情要是跟实际情况相近——在我看来，说少了倒是更可能——那明显不能说紧急情况不存在。怎么能这样说？我们绝不能插手国内的常规贸易；我们不用跟工会来往就能处理劳动力降低的事；

我们可以泰然自若地相信国防协调大臣说的"因为工作所需多培训些人"的话；我们别做会让民众受惊的事。

某些人埋怨说，民众无法满足国家需求；工会起不到效果；招募陆军和本土防卫队的事弄得一点儿都不可靠，并且备受舆论妨碍。可是政府要是承诺他们说，完全没有紧急情况，那这种妨碍怎么能消除呢？

法国政府曾经暗中给了我一份对于1936年德国空军势力的预估。这份预估和我去年12月在国家国防委员会上给出的预估数据几乎一模一样。空军参谋部眼下觉得法国估算得太高，按照我个人的意思，却是预估得太低了。德国如今能够一起派出的飞机数怕是近两千架，而非只有一千五百架。而且有什么理由觉得他们有了两千架就会收手？德国空军全部装备和格局的规模非常庞大，他们可能已经在构想一个史无前例的宏伟的发展蓝图。就算我们同意法国预估的大概一千四百架这个数，那以能够参战和持续战斗的训练有素的飞行员和军用飞机来计算，跟我们首都的空军相比，德国此时的力量就超出一倍。至于对两个国家的实力进行比对，那两个国家的补充能力就不能不计算在内。德国工业机构肯定能让工业最大限度起效，一个月制造一千架飞机，以后还能每月扩充。英国工业现在每月能制造的飞机有三百架到三百五十架吗？和德国等量的潜在军需制造数，我们要多久才能实现？两年以内是完全没机会了。要是算上战争里高昂的耗损率，那两国的战争还没打半年，我们的力量就连他们的三成都不到了。好像没什么比准备好战争时期的工业扩张更紧急的事了，起码得是如今规模的三倍。德国空军今年的支出可能不低于一亿二千万。因此，起码以今年的情形而言，我们明显没追上他们。正相反，我们远比不上他们。到了明年，这种情况还得持续多长时间？没人知道。

按照声明，1937年4月1日建一百二十个空军中队和一千五百架一线飞机的国内防御计划就能变成现实。在飞机、人员、组建或者物资供给上，这个计划到底怎么施行的，议会什么消息都没得到过。这件事我们完全没听说过。在这，我并不是想控诉政府不把详情告诉给议会。因为现在这么做太不安全了。然而，什么都不知道的时候，免不了会让人非常着急，当然也会导致私下讨论……到了明年7月，我们真的能有三十个装备新型飞机的空军中队吗？我非常怀疑。按照我知道的，一年或十五个月以内，新型飞机开始大规模交付的可能并不存在。我们这段时间用的是老式旧装备。

在这些新型飞机上，还有第二个问题。十五个月后，等这些飞机从工厂里大规模制造出来时，它们把所有必不可少的机械设备都配备齐全了吗？以机关枪为例。要是我们想拿到二千架最新的新型飞机，就意味着从眼下开始的十八个月内得新增一千五百架飞机，另外还有五百架备用的，那这些飞机应该配备的机关枪到底有没有预备好？有些新型战斗机的机翼上配备的机关枪多达八挺。也就是说，按照每架飞机平均配四挺机关枪来算，再算上合适的储备，如此总计得有一万挺机关枪。大量生产勃朗宁机关枪和轻机关枪的决定，不是数月之前才做的吗？

现在让我们以投射的重量和投射的范围为测试轰炸能力的标尺，来考察我们已经打造和正打造着的空军吧。我们还得和德国进行一次对照。以后的一切时间，德国都能派这么一队飞机在某次飞行中，朝伦敦扔起码五百吨炸弹。我们的军事统计告诉我们，一吨炸弹平均能炸死十人，炸伤三十人，还能造成五万镑的损失。觉得德国的所有轰炸机部队会持续对英国进行轰炸，这自然是毫无根据的。因为其中还有各种其他因素需要考虑。就算这样，以一次飞行可以扔炸弹的总重来真实估算两国轰炸机队的力量对比，仍称得上是个非常合适的标准。现在我们假设，德国所有轰炸机每次飞往伦敦起码能扔五百吨炸弹，那对于德国，我们能回报些什么呢？从现在开始，他们就能这么做了。我们可以做什么？第一，我们怎么向柏林复仇？我们现在还没有一支飞行队能带着很大数量的炸弹飞去柏林。明年此时，我们能有什么？我希望你可以想想，德国的飞行队明年此时或者已经能装一千吨左右的炸弹了。可那个时候，我们连带超过六十吨的炸弹去柏林空袭作为复仇都做不到。

我们眼下不说柏林，航程短是新轰炸机队最严重的缺陷。我们大多数全新重型轰炸机和中型轰炸机，自国内起航，只能飞到德国海边。在这些轰炸机航程里的德国城市，仅有那些离我们最近的。因此，事实上，到明年此时，我们要是从国内起航去向德国复仇，仅从投弹的重量而言，简直就是笑话，且打击的地点也只能是德国的边疆。

我们的飞机要是能从法国和比利时的机场起航，情况自然会好一点儿。若真能如此，那德国的某些庞大且紧要的工业区就在我们飞机的打击范围内了。和单独战斗相比，我们的空军要是能和法国和比利时的空军协同战斗，效果就好多了。

现在我换个问题。这个问题就是我们国内的积极空防和消极空防、地面空防和空中空防。我国的重要城市和首要补给口岸或许得承受社会从未承受过的重大考验。请告诉我，在这件事上，到底做了哪些部署？就以伦敦及其七八百万民众为例。差不多两年前，在下院，我曾经说起过铝热剂烧夷弹带来的空袭危机。当时德国已经生产了几百万个这种比橘子稍大一点儿的炸弹。一架中型飞机能零散地扔五百个下来。我们不得不考虑到，的确会有数万个这种炸弹在一次小型空袭里被扔下来，把地上的屋子层层烧毁。假设着火的地方只有一百个，可仅有九十支消防队，我们还能做些什么？实际的进攻明显会比这个假设厉害多了。重磅炸弹会同时被扔下来，这是我们不得不去想的。自来水、灯、煤气、电话等种种设施均会严重受损。请问这会导致什么情况？这是世界历史中从未发生过的。有很大的可能得安排众多民众撤离，政府于是就要面对公共秩序、卫生、食物供应等事项，他们都得格外留心这些事，并且可能还得把所有受过训练的军队都派出。

所有的补给口岸，特别是泰晤士河、索斯安普敦、布里斯托和默尔西河，全都在敌人的打击范围内，万一遇袭，情况会怎样？如何通过众多的补给渠道运送粮食，在这件事上，又做了哪些安排？在守护我们的空中防御中心上，又做了哪些安排呢？民众和他们承受的磨难是一件事，我们能用来战斗的举措又是一件事。在伦敦动荡时将政府搬去那里？我们已经部署好、建造完了吗？当然，有人已经在报纸上探讨过这件事了，可是后备的、配有埋得很深的电话线和无线电的一到两个控制中心是不是已经有了呢？可以让某种有组织的出谋划策的机关在哪儿下达必需的指令？

五、一线飞机产量对照

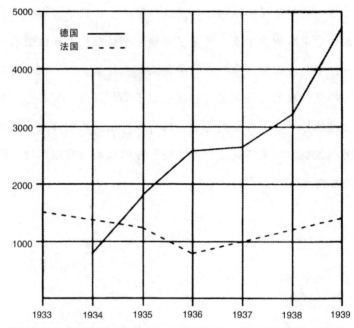

德国的数字来源于搜缴的资料，法国的数字来源于法国那边的文件。